◇ 现代经济与管理类规划教材

管理沟通——理念与技能

（修订本）

主 编 叶 龙 吕海军
主 审 宋守信

清华大学出版社
北京交通大学出版社
·北京·

内容简介

全书共有 12 章内容，分为理念、技能两个部分。理念部分内容包括：管理沟通概述、建设性沟通、沟通主体策略、沟通客体策略、管理伦理与管理沟通。技能部分内容包括：倾听技能、口头表达技能、书面沟通技能、谈判技能、团队沟通技能、跨文化管理与沟通技能、危机管理与沟通技能。全书贯彻案例教学的思想，编入了许多国内外管理沟通的案例。结构完整，每章附有学习要求、复习思考题，有助于读者理解课程知识和掌握课程的重点与难点。教材还附有一些研讨案例，便于组织案例讨论。

本教材适合高等院校本科生、MBA 类课程教学使用，也适合经济管理类专业教学及各类管理干部培训使用，还可供政府部门及企事业单位从事经济管理工作的相关人员参阅。

本书封面贴有清华大学出版社防伪标签，无标签者不得销售。
版权所有，侵权必究。侵权举报电话：010-62782989　13501256678　13801310933

图书在版编目（CIP）数据

管理沟通：理念与技能／叶龙，吕海军主编．—北京：清华大学出版社；北京交通大学出版社，2006.8（2019.1 重印）
（现代经济与管理类规划教材）
ISBN 978-7-81082-819-2

Ⅰ．管… Ⅱ．①叶… ②吕… Ⅲ．管理学-高等学校-教材 Ⅳ．C93

中国版本图书馆 CIP 数据核字（2006）第 072115 号

责任编辑：吴嫦娥

出版发行：	清华大学出版社	邮编：100084	电话：010-62776969	http://www.tup.com.cn
	北京交通大学出版社	邮编：100044	电话：010-51686414	http://press.bjtu.edu.cn

印　刷　者：北京鑫海金澳胶印有限公司
经　　　销：全国新华书店
开　　　本：185×260　印张：19.75　字数：493 千字
版　　　次：2019 年 1 月第 1 版第 1 次修订　2019 年 1 月第 10 次印刷
书　　　号：ISBN 978-7-81082-819-2/C·23
印　　　数：21 001～23 000 册　定价：49.00 元

本书如有质量问题，请向北京交通大学出版社质监组反映。对您的意见和批评，我们表示欢迎和感谢。
投诉电话：010-51686043，51686008；传真：010-62225406；E-mail：press@bjtu.edu.cn。

前 言

管理活动离不开沟通，沟通是管理艺术的精髓。在企业生产经营活动中，到处都存在着沟通，管理沟通已经成为与计划、组织、领导、控制等同样重要的管理职能。美国 IBM 公司创始人托马斯·沃森曾指出："一个公司的成败，在于它如何有效地运用组织成员的才能，如何帮助大家找到共同的目标，以及如何通过代代相传的改变而保持共同的目标与方向。"人力资源的有效开发、组织目标的确立与实现都离不开有效的沟通。无数的事实证明，良好的企业必然存在着良好的管理沟通，良好的管理沟通是实现企业目标的保证。

在全球经济一体化和知识经济的今天，各级管理者比任何时候都需要在组织外部和内部更好地进行信息交流与管理沟通。因此，沟通的重要性在现代社会中日益凸现，沟通在市场经济的今天正日益发挥出强大的作用。正如美国著名未来学家奈斯比特所指出的那样："未来的竞争是管理的竞争，竞争的焦点在于每个组织内部成员之间及其与外部组织的有效沟通上。"正因为如此，国内外许多企业纷纷开始重视对管理者沟通技能的培养和训练，许多大学的管理学院也都相继开设了管理沟通课程，并把它纳入工商管理专业的主干课程之中。为了总结多年来在管理沟通教学和研究中的成果，我们编写了这部教材。

本书具有以下特点。

1. 反映企业管理实践的最新发展情况。本教材力求反映企业管理实践领域的最新进展，增加了管理伦理与管理沟通、跨文化管理与沟通技能、危机管理与沟通技能等新内容。

2. 贯彻案例教学的思想。本教材编入了一些国内外管理沟通的案例，以便学习参考和课堂案例教学研讨。

3. 注重系统性。本教材根据管理沟通学科的特点，分为理念与技能两个部分。在理念部分，从管理沟通概述出发，构建建设性沟通的原则、沟通主体策略、沟通客体策略、管理伦理与管理沟通，系统地提升了管理人员的沟通思维；在技能部分，编入了倾听技能、口头表达技能、书面沟通技能、谈判技能、团队沟通技能、跨文化管理与沟通技能、危机管理与沟通技能，较全面地阐述了各种沟通技能。全书安排了12章内容，完整地体现出本课程的知识体系，便于教师授课和学生学习。

4. 结构完整。本教材结构完整，每章附有学习要求、复习思考题，有助于学生理解课程知识和掌握课程的重点和难点。书中还附有讨论案例，便于进行课堂案例研讨。

5. 注重实用性。管理沟通的内容庞大而复杂，涉及面较为宽泛，本教材坚持从实用出发，紧紧围绕提升理念、培养能力这条主线，不仅注重介绍管理沟通的理念与知识，而且更加注重管理沟通方法和技巧的培养与训练，力求通过对管理沟通基本原理、基本方法和技能的学习，为学生提供更为有效的方法和工具。

全书共分12章，写作分工如下：叶龙编写第1~4、11~12章；吕海军编写第5~10章。全书由叶龙、吕海军统稿，宋守信教授主审。

本书配有教学课件，可从北京交通大学出版社网站（http://press.bjtu.edu.cn）下载，或发邮件至 cbswce@jg.bjtu.edu.cn 索取。

在本书的写作过程中，吸收和借鉴了国内外管理沟通方面的最新研究成果与有益经验，参考和引用了国内外有关教材、专著、案例和文献资料，因各种原因，未能一一注明，本书中列举了主要参考书目，在此谨向各位作者深表谢意。

目前管理沟通既是一门应用性比较强的学科，也是一门正在发展中的学科。由于中西方在社会环境、文化背景、经济环境、发展水平等方面存在较大的差异，使中西方在管理沟通的内容、途径、手段、方式方法等方面也存在着很大的差异。如何形成中国本土化特色，仍需学界同仁的继续探讨与研究。由于我们的学术水平有限，书中难免有不当之处，敬请同行专家和读者批评指正。

编　者

2006 年 8 月

于北京交通大学红果园

目　　录

第1章　管理沟通概述 (1)
　1.1　管理沟通的内涵 (1)
　1.2　管理沟通的过程 (14)
　1.3　管理沟通的障碍 (19)
　1.4　领导模式与沟通风格 (25)
　◇　复习思考题 (31)
　◇　案例分析 (31)

第2章　建设性沟通 (34)
　2.1　建设性沟通的含义与特征 (34)
　2.2　建设性沟通的原则 (34)
　2.3　建设性沟通的框架和策略 (45)
　◇　复习思考题 (50)
　◇　案例分析 (50)

第3章　沟通主体策略 (52)
　3.1　沟通主体分析的两个基本问题 (52)
　3.2　沟通者的可信度 (56)
　3.3　沟通主体的目标与策略 (59)
　3.4　自我沟通 (67)
　◇　复习思考题 (79)
　◇　案例分析 (79)

第4章　沟通客体策略 (81)
　4.1　以客体为导向沟通的内涵与意义 (81)
　4.2　沟通客体的特点分析 (84)
　4.3　激发沟通客体兴趣 (88)
　4.4　沟通客体类型分析和策略选择 (92)
　◇　复习思考题 (97)
　◇　案例分析 (97)

第5章　管理伦理与管理沟通 (100)

5.1　企业社会责任 ·· (100)
5.2　管理伦理的内涵、构成及功能 ·· (105)
5.3　伦理的管理功能和管理价值 ··· (116)
5.4　管理伦理与沟通 ·· (122)
　◇　复习思考题 ·· (125)

第 6 章　倾听技能 ··· (126)
6.1　倾听概述 ··· (126)
6.2　倾听的过程 ·· (130)
6.3　倾听障碍 ··· (132)
6.4　倾听策略 ··· (135)
6.5　有效倾听技巧 ··· (137)
6.6　倾听中的提问与反馈 ·· (140)
　◇　复习思考题 ·· (145)
　◇　补充材料 ··· (145)

第 7 章　口头表达技能 ··· (147)
7.1　口头表达概述 ··· (147)
7.2　有效演讲技能 ··· (152)
7.3　会见技能 ··· (163)
7.4　面谈技能 ··· (170)
　◇　复习思考题 ·· (175)
　◇　案例分析 ··· (176)

第 8 章　书面沟通技能 ··· (178)
8.1　书面沟通概述 ··· (178)
8.2　书写的技巧 ·· (182)
8.3　报告的书写 ·· (197)
　◇　复习思考题 ·· (203)
　◇　案例分析 ··· (203)

第 9 章　谈判技能 ··· (205)
9.1　谈判概述 ··· (205)
9.2　谈判的一般过程 ·· (210)
9.3　谈判的策略与技巧 ··· (215)
9.4　谈判中的语言沟通和非语言沟通 ··· (226)
　◇　复习思考题 ·· (230)
　◇　案例分析 ··· (230)

第 10 章　团队沟通技能 ··· (232)

10.1 团队的概念及特征⋯⋯⋯⋯⋯⋯⋯⋯⋯⋯⋯⋯⋯⋯⋯⋯⋯⋯⋯⋯⋯⋯⋯⋯⋯⋯⋯（232）
 10.2 团队沟通技能⋯⋯⋯⋯⋯⋯⋯⋯⋯⋯⋯⋯⋯⋯⋯⋯⋯⋯⋯⋯⋯⋯⋯⋯⋯⋯⋯⋯（239）
 ◇ 复习思考题⋯⋯⋯⋯⋯⋯⋯⋯⋯⋯⋯⋯⋯⋯⋯⋯⋯⋯⋯⋯⋯⋯⋯⋯⋯⋯⋯⋯⋯（253）

第 11 章 跨文化管理与沟通技能⋯⋯⋯⋯⋯⋯⋯⋯⋯⋯⋯⋯⋯⋯⋯⋯⋯⋯⋯⋯⋯⋯（255）
 11.1 文化与跨文化沟通⋯⋯⋯⋯⋯⋯⋯⋯⋯⋯⋯⋯⋯⋯⋯⋯⋯⋯⋯⋯⋯⋯⋯⋯⋯（255）
 11.2 文化差异模型⋯⋯⋯⋯⋯⋯⋯⋯⋯⋯⋯⋯⋯⋯⋯⋯⋯⋯⋯⋯⋯⋯⋯⋯⋯⋯⋯⋯（257）
 11.3 跨文化管理的沟通原则及总体策略⋯⋯⋯⋯⋯⋯⋯⋯⋯⋯⋯⋯⋯⋯⋯⋯⋯（264）
 ◇ 复习思考题⋯⋯⋯⋯⋯⋯⋯⋯⋯⋯⋯⋯⋯⋯⋯⋯⋯⋯⋯⋯⋯⋯⋯⋯⋯⋯⋯⋯⋯（276）
 ◇ 案例分析⋯⋯⋯⋯⋯⋯⋯⋯⋯⋯⋯⋯⋯⋯⋯⋯⋯⋯⋯⋯⋯⋯⋯⋯⋯⋯⋯⋯⋯⋯（276）

第 12 章 危机管理与沟通技能⋯⋯⋯⋯⋯⋯⋯⋯⋯⋯⋯⋯⋯⋯⋯⋯⋯⋯⋯⋯⋯⋯⋯（281）
 12.1 危机管理概述⋯⋯⋯⋯⋯⋯⋯⋯⋯⋯⋯⋯⋯⋯⋯⋯⋯⋯⋯⋯⋯⋯⋯⋯⋯⋯⋯⋯（281）
 12.2 危机管理过程⋯⋯⋯⋯⋯⋯⋯⋯⋯⋯⋯⋯⋯⋯⋯⋯⋯⋯⋯⋯⋯⋯⋯⋯⋯⋯⋯⋯（287）
 12.3 危机处理的沟通策划⋯⋯⋯⋯⋯⋯⋯⋯⋯⋯⋯⋯⋯⋯⋯⋯⋯⋯⋯⋯⋯⋯⋯⋯（291）
 12.4 与新闻媒体沟通的技巧⋯⋯⋯⋯⋯⋯⋯⋯⋯⋯⋯⋯⋯⋯⋯⋯⋯⋯⋯⋯⋯⋯⋯（297）
 ◇ 复习思考题⋯⋯⋯⋯⋯⋯⋯⋯⋯⋯⋯⋯⋯⋯⋯⋯⋯⋯⋯⋯⋯⋯⋯⋯⋯⋯⋯⋯⋯（302）
 ◇ 案例分析⋯⋯⋯⋯⋯⋯⋯⋯⋯⋯⋯⋯⋯⋯⋯⋯⋯⋯⋯⋯⋯⋯⋯⋯⋯⋯⋯⋯⋯⋯（302）

附录 A 自我认知风格测试⋯⋯⋯⋯⋯⋯⋯⋯⋯⋯⋯⋯⋯⋯⋯⋯⋯⋯⋯⋯⋯⋯⋯⋯⋯（305）

参考文献⋯⋯⋯⋯⋯⋯⋯⋯⋯⋯⋯⋯⋯⋯⋯⋯⋯⋯⋯⋯⋯⋯⋯⋯⋯⋯⋯⋯⋯⋯⋯⋯⋯⋯（308）

管理沟通概述

学习目标

- ✓ 理解管理沟通的概念、目的和作用；
- ✓ 理解管理沟通的分类及其优缺点；
- ✓ 理解管理沟通过程及其基本要素；
- ✓ 理解管理沟通的障碍；
- ✓ 理解影响管理沟通的基本因素；
- ✓ 掌握领导模式与沟通风格。

1.1 管理沟通的内涵

1.1.1 管理沟通的概念

对于沟通的定义，目前在学术界可谓是众说纷纭。10年前，美国威斯康辛大学的F·丹斯教授就统计过，人们关于"沟通"的定义，已达126种之多。

《大英百科全书》认为，沟通就是"用任何方法，彼此交换信息。即指一个人与另一个人之间用视觉、符号、电话、电报、收音机、电视或其他工具为媒介，所从事交换信息的方法"。

《韦氏大词典》认为，沟通就是"文字、文句或消息之交流，思想或意见之交换"。

西蒙认为，沟通"可视为任何一种程序，借此程序，组织中的一成员，将其所决定意见或前提，传送给其他有关成员"。

斯蒂芬·P·罗宾斯认为，沟通就是"意义的传递和理解"。

从一般意义上讲，本书将沟通定义为：沟通就是为了设定的目标，人们在互动过程中，发送者通过一定渠道（也称媒介或通道），以语言、文字、符号等表现形式为载体，与接收者进行信息（包括知识和情报）、思想和情感等交流、传递和交换，并寻求反馈以达到相互理解的过程。

那么，本书主要讨论的管理沟通与沟通又是怎样的关系呢？管理沟通是指在一个组织的范围内，为了达到组织的目标，围绕组织的管理活动而进行的沟通。管理沟通的本质仍是沟通，只不过它是从沟通的目的来定义的。

1.1.2 管理沟通的目的

管理沟通是人类各种活动中最重要的活动之一，管理沟通是管理活动中不可缺少的组成部分，也是管理者最重要的职责之一。著名管理大师彼得·德鲁克就明确把沟通作为管理的一项基本职能。无论是计划的制定、工作的组织、人事的管理、部门间的协调、与外界的交流，都离不开沟通。可以说，良好的沟通是组织效率的保证。正如美国著名未来学家奈斯比特指出的那样，"未来竞争是管理的竞争，竞争的焦点在于每个社会组织内部成员之间及其与外部组织的有效沟通上。"

组织是由许多不同的部分、成员所构成的一个整体，这一整体有其特定的目的和任务。为了要达成组织的目标，各部门、成员之间必须有密切的配合和协调，只有各部门、成员之间形成良好的沟通意识、机制和行为，各部门及成员间才能彼此了解、相互协作，进而促进团体意识的形成，增强组织目标的导向性和凝聚力，使整个组织体系能围绕终极目标而进行良性运作。

纵观人类社会的发展史，其实质是一部人类在不同历史时期进行不同沟通的历史，沟通伴随着人类社会的诞生而产生。当一个人呱呱坠地之时，只标志一个生物学意义上的人的诞生，而要真正成为社会学意义上的人，任何个体都必须以一定的社会及其关系作为自己存在的前提。因为在其出生之前，个体就先在地存在于前任所创造的一定社会文化和时代氛围及其家庭关系中，对于每个个体来说，这是没有选择的选择。正是在这个不以个人意志为转移的社会前提下，个体开始通过各种活动和训练逐步锻炼和提高自己，成为一个接收社会与被社会接收的成员。同时，人除了具有自然本能之外，还具有自我意识、合群交往以及创造和实现自身价值的精神需要，这是人类特有的本能。然而，这是人的社会本能。这不仅是由于社会的发展水平、文化积淀在一定意义上决定实现个体社会本能的可能性，而且个体选择什么、怎么选择及其方式与手段也内在地与社会相联系，从这个角度而言，否定人的社会性等于使人沦为与禽兽为伍；而承认人的社会性，就不能不承认沟通是体现人的社会性的基本方式。

大千世界无奇不有，但唯有以生活作为自己的存在方式，其余都仅仅是存在着。雨果说："你要了解生活与生存的不同吗？动物要生存，而人则要生活。"马斯洛的需求层次论，揭示了人在生活的各个时期上的不同需要。无论是人的生理需要、安全需要、文化需要乃至是人的尊重需要和自我实现需要，都需要在沟通过程中才能获得。因为没有一定的沟通形式与他人联系且产生一定的作用，就无法体现个人在固有的社会网络中的交流范围，受尊重的程度与自我实现的标准；同时对于每个环节的需要的满足也必须通过自我意识和社会认同才得以体现，而这种自我意识、社会认同与他人评价也都是通过沟通才能实现的。

综上所述，从人的社会性来看，沟通是人作为人的首要条件；没有沟通，人便不能称为人。而从马斯洛的心理学角度考察，人的各种情绪也需由沟通来加以调节，从社会学与经济学的角度分析，沟通是人们为了满足各自的需要，减少内部冲突，调节情绪与促进情感交流，促进相互理解的目的；而从管理学的角度分析，沟通可以实现企业内部任务目标，使企业的行为协调一致，通过信息的彼此交流，实现高效率管理的目标。实践证明，有效的沟通是信息传递给接收者后，接收者所感知的心理图像与发讯者完全一致。在组织中，个体或群体彼此之间的信息传递和理解都对组织的绩效产生影响。

1.1.3 管理沟通的作用

管理沟通是为了实现组织目标而进行的沟通，那么它的作用也是和组织的目标紧密相关的。具体而言，管理沟通对于组织的作用有以下几个方面。

1. 组织与外部联系的基本前提

在当今社会中，任何组织都存在于一个开放的环境中，组织无时无刻都在与组织外部的政府管理部门、竞争者、顾客、供应链成员等发生各种各样的联系。尤其在纷繁复杂、瞬息万变的市场经济条件下，与外界保持良好的沟通状态，处理好与外界各方的关系，及时地把握商机、应对危机，将成为关系企业成败的重要因素。

2. **管理者实现内部有效管理的基本保证**

沟通与管理密不可分。成功的管理需要有效的沟通来促成。管理具有计划、组织、领导、控制四大基本职能。每一项基本职能的实施都离不开良好的管理沟通。在这方面，国内的康青等学者进行了深入的研究，他们的主要观点是：计划是一个组织所进行的重大活动的基石，在整个管理活动中有着不可替代的作用和地位。有效的计划，不仅指计划本身，还包括如何使组织成员充分了解计划，明白组织目标，理解行动方案；否则实施计划、实现组织目标就无从谈起。而为了达到这两个目的，都必须依靠有效的管理沟通活动，尤其是与下属的沟通。组织职能是管理者为实现目标而进行资源配置，设立一个正式的职权分明的职位结构或职务结构。也就是说，组织工作就是精心策划组织内部的角色结构，并将每一个角色分配给每一位能够胜任的成员。因此，这就要求管理者进行组织工作时，要通过充分有效的管理沟通过程，了解人员和工作的特点，进行人员与工作的匹配，从而结成和谐的工作关系。显然，管理沟通在这里成为了使人员与工作协调一致的"润滑剂"。领导的职能是管理者通过自身的行为活动对员工施加影响，使其努力达成组织目标并做出贡献。越来越多的研究和实践表明，建立在职位基础上的权威对追随者行为所施加的影响是有限的，因敬畏而带来的服从是被动的。因此，管理者必须借助管理沟通来展示自身的人格魅力、知识才华和远见卓识，淡化地位、身份与权威的作用，才能赢得追随与支持。许多事实表明，有效的领导者同时必须是掌握娴熟沟通技巧的人；控制职能是衡量与纠正员工行为并促成计划完成的各种活动。从实质上讲，控制就是不断获得反馈，并根据反馈制定对策，确保计划得以实现的过程。这个过程也有赖于管理沟通的正常开展，没有有效沟通提供的准确信息，就无法准确进行监控和采取相应的纠错行动，最终导致组织目标没有达成的后果。

综上所述，有效的管理离不开管理沟通，良好的管理沟通是管理者实现内部有效管理的基本保证。

3. **管理者实施有效激励的基本途径**

1999年在企业管理界中引起轰动的四川"潘传中现象"与吴士宏毅然离开微软（中国）有限公司而加盟广东TCL集团之举，再次引起国人的深思：随着社会的不断发展，人们逐渐开始由"经济人"向"社会人"、"文化人"的角色转变。无论是当局者还是旁观者，随着经济的开放，人们从单纯追求物质待遇和享受过渡到追求精神满足与自我实现，而这种自我实现与精神满足体现于能否直接参与或者多大程度上参与企业的管理。因为，在企业管理中，管理者的知识、经验及观念往往影响着职工的知觉、思维与态度，进而改变他们的行为。特别是当管理者为适应发展的需要，必须进行某项改革时，他的一个重要任务就是通过信息沟通转变职工态度，改变其无法适应现状的传统行为，这样才能实现他们之间的良好合作，搞好企业的改革。因此，沟通既可以促进领导改进管理，又可以调动广大职工参与管理的积极性，使职工增强信心，积极主动为本企业献计献策，增强主人翁责任感，从而增强企业内部的凝聚力，使企业蓬勃发展。因此，管理沟通是有效激励的基本途径。

4. **组织创新的重要来源**

随着我国管理民主化的不断加强，目前许多企业都采取了各种各样的形式在本企业中展开全方位的沟通活动，如高层接待日、意见箱制度、恳谈餐会、网上建议等，都可以通过各种渠道让员工进行跨部门的讨论、思考、探索,而这些过程往往潜在着无限的创意,所以一个成功的企业,其沟通渠道往往是畅通无阻的。此外,基层的员工处于组织生产和管理的第一线,对组织活动有着更深刻和直接的理解,他们往往能最先发现组织出现的问题。有效的沟通机制可以使组织中高层及时了解组织出现的问题,并在相互的沟通和交流中提出革新的办法,并顺利得到实施,这也是企业创新的重要来源之一。

1.1.4 管理沟通的分类

管理沟通已被看作是组织协调及行为的一项重要功能。管理沟通是达到组织目标的一项重要手段。然而,在沟通的类型划分上,可谓仁者见仁,智者见智。根据不同的划分标准,可以把沟通划分为不同的标准。国内研究沟通的学者王磊等人在总结国内外研究成果的基础上,把沟通分为以下几个类型:浅层沟通和深层沟通,双向沟通和单向沟通,正式沟通和非正式沟通,语言沟通和非语言沟通,人际沟通、群体沟通、团队沟通、组织沟通和跨文化沟通。应该说,以上分类是比较全面的。

1. 浅层沟通和深层沟通

根据沟通时信息涉及人的情感、态度、价值观领域的程度深浅,可以把沟通分为两种:浅层沟通和深层沟通。

(1) 浅层沟通

浅层沟通是指管理工作中必要的行为信息的传递和交换。如管理者将工作安排传达给部属,部属将工作建议告诉主管等。企业的上情下达和下情上达都属于浅层沟通。

浅层沟通的特点如下。

① 浅层沟通是企业内部传递工作的重要内容。如果缺乏浅层沟通,管理工作势必遇到很大的障碍。

② 浅层沟通的内容一般仅限于管理工作表面上的必要部分和基本部分。如仅靠浅层沟通,管理者无法深知部属的情感态度等。

③ 浅层沟通一般较容易进行,因为它本身已成为员工工作的内容之一。

(2) 深层沟通

深层沟通是指管理者和部属为了有更深的相互了解,在个人情感、态度、价值观等方面较深入地相互交流。有价值的随便聊天或者交心谈心都属于深层沟通。深层沟通的作用主要是使管理者对下属有更多的认知和了解,便于依据适应性原则满足他们的需要,激发员工的积极性。

深层沟通的特点如下。

① 深层沟通不属于企业管理工作的必要内容,但它有助于管理者更加有效地管理好本部门或本企业的员工。

② 深层沟通一般不在企业员工的工作时间内进行,通常在两人之间进行。

③ 深层沟通与浅层沟通相比,更难于进行,这是因为深层沟通必然要占用管理者和接收者双方的大量时间,也要求相互投入大量情感,深层沟通的效果严重地影响着沟通过程本身。

2. 双向沟通和单向沟通

根据沟通时是否出现信息反馈,可以把沟通分为双向沟通和单向沟通。

(1) 双向沟通

双向沟通是指有反馈的信息沟通。如讨论、面谈等。在双向沟通中,沟通者可以检验接收者是如何理解信息的,也可以使接收者明白其所理解的信息是否正确,并可要求沟通者进一步传递信息。其优点是:准确性高,接收者可有反馈的机会,接收信息者对自己的判断比较有信心,并有参与感与光荣感。缺点是:信息接收者有心理压力,传递信息速度慢,易受干扰,并缺乏条理性。

(2) 单向沟通

单向沟通是指没有反馈的信息沟通。例如电话通知、书面指示等。对当面沟通,有人认为属于双向沟通,也有人认为属于单向沟通,如下达指示、做报告等。严格说来,当面沟通信息,总是双向沟通。因为,虽然沟通者有时没有听到接收者的语言反馈,但从接收者的面部表情、聆听态度等方面就可以获得部分反馈信息。单向沟通的优点是:传达信息速度快,发送信息不会受到另一方面的挑战,能保持发送信息者的尊严。缺点是:有时难辨是非,准确性差,信息接收者易产生挫折与抗拒心理。

在企业管理中,双向沟通和单向沟通各有不同的作用。一般情况下,在要求接收者接受的信息准确无误时,或处理重大问题时,或作出重要决策时,宜用双向沟通。而在强调工作速度和工作秩序,或者执行例行公务时,宜用单向沟通。

双向沟通与单向沟通相比,在处理人际关系和加强双方紧密合作方面有着更为重要的作用。因而现代企业的沟通,也越来越多地从单向沟通转变为双向沟通。因为双向沟通更能激发员工参与管理的热情,有利于企业的发展。

管理者在促进双向沟通时,要注意以下两点。

(1) 平衡心理差异

上下级之间由于权力的差异导致的心理上的差异有可能严重影响双向沟通的效果,部属不敢在主管面前畅所欲言,战战兢兢说出自己的想法,担心自己的言语可能会损害自己在领导心目中的形象。作为管理者应努力地消除部属的心理不适,创造一种民主、和谐、轻松、随便的沟通气氛,这样才能得到部属的真实看法和意见。

(2) 增加容忍度

双向沟通时,不同意见、观点、建议的出现是正常现象。作为管理者不应该因反面意见的猛烈而大发雷霆、恼羞成怒,而应该心平气和地与员工交换自己的思想和看法,以求达成共识,共同做好工作。

3. 正式沟通和非正式沟通

在正式组织中,成员间所进行的沟通,可因其途径的差异,分为正式沟通和非正式沟通两类。

1) 正式沟通

正式沟通是指组织中依据规章制度明文规定的原则进行的沟通。例如组织间的公函往来、组织内部的文件传达、召开会议等。按照信息流向的不同,正式沟通又可细分为下向沟通、上向沟通、横向沟通、斜向沟通、外向沟通等几种形式,如图1-1所示。按照沟通形态的不同,正式沟通一般可以分为5种:链式沟通、轮式沟通、Y式沟通、环式沟通与全通道式沟通,如图1-2所示。

(1) 上向沟通

指组织成员通过一定的渠道与管理决策层进行的信息交流。它有两种表现形式:一是层层传递,即依据一定的组织原则与组织程序逐级向上反映;二是越级传递,即减少中间层次,让决策者与组织成员直接对话。在日常的组织管理中,常表现为下级对上级的请示汇报、

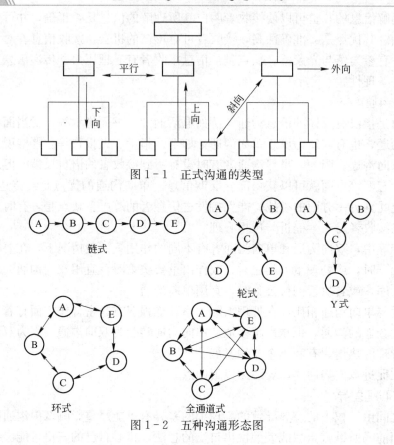

图1-1 正式沟通的类型

图1-2 五种沟通形态图

申诉意见、提供建议等。但在不少组织中,上向沟通阻碍重重,主要原因有以下几个方面。

① 高层管理者不鼓励上向沟通。一些企业的管理者,尤其是高层管理者,认为自己是了解下级员工需要的,也坚信自己的决策是正确的。因此,他们不鼓励上向沟通,他们既不安排上向沟通的渠道,又不重视上向沟通的信息,久而久之,就会严重损害或全面排除上向沟通,其危害之大,无法估量。

② 各级管理者过滤上向沟通信息。在上向沟通过程中,信息流动的速度既慢又不断地被简化。这是由于各级管理者过滤上向沟通信息的结果。过滤上向沟通信息的主要原因是不愿上交问题。上向沟通中的一部分信息是反映问题的,各级管理者都希望在自己这一层面解决问题,如果问题解决不了,会被看作无能或无力。因此,延迟了信息的流动。一旦问题解决了,信息就不流动了;一旦问题解决不了,各层管理者可能会歪曲信息,或过滤信息,尽量使某些信息不向上流动。这样就易出现"报喜不报忧"的现象。

③ 下层员工缺乏上向沟通的动机。由于上述两个原因,致使相当部分的下层员工认为上向沟通是无意义的行为,结果严重缺乏上向沟通的动机,使整个企业死气沉沉,效率明显下降。

总的来说,上向沟通虽有重重阻碍,但仍不乏优点:下级可以把自己的意见向上级反映,激发组织成员的参与热情,获得一定程度的心理满足;管理者也可以通过这种方式了解企业的经营情况,与下属形成良好的关系,提高管理水平。缺点是:在沟通过程中,上下级因级别不同而造成心理差距,形成一定的心理障碍,可能抑制或歪曲反映情况的真实性与客观性,最终导致信息失真。

(2) 下向沟通

指组中信息从较高层次流向较低层次的一种沟通。也可以理解为企业的领导对职工进行的信息传递与交流。这是传统组织内最主要的沟通渠道。一般体现于上级给下级发布的指示、命令、规章制度、工作程序、方针目标等。这是组织与上级领导使下级了解其意图、统一思想与行动的一种重要手段。

卡兹与卡恩认为,这种沟通方式大体有 5 种目的:
① 传递工作指示;
② 促使员工对工作及其他任务的了解;
③ 向下级提供关于程序与实务的资料;
④ 向下级反馈其工作绩效;
⑤ 向职工阐明企业的目标,使职工增强其"责任感"。

这种沟通的优点是:使下级主管部门和组织及时了解企业总的奋斗目标和具体措施,增强职工的责任心和使命感;并且可以协调企业各层次之间的活动,加强各层次之间的联系。缺点是:如果企业的结构包括多个层次,则通过层层转达,其结果往往使下向信息发生歪曲,甚至遗失。尼柯斯(R. G. Nichols)曾经调查过 100 家工业企业的沟通效率,发生在逐级传递中信息有如表 1-1 所示的损失;同时这种沟通过程迟缓,影响其传递效果。所以,如果组织内部缺乏民主管理的传统与气氛,这种沟通极易导致一种权利氛围,影响气势,挫伤职工的积极性,压抑其创造性,易使下属在具体决策的执行中形成心理负担。

表 1-1 信息逐级损失程度表

层 次	收到信息百分比/%	层 次	收到信息百分比/%
董事会	100	工厂主管	40
副总裁	63	总领班	30
高级经理	56	职 工	20

(3) 横向沟通与斜向沟通

横向沟通是指组织中同一层次不同部门之间的信息交流。比如在一个公司总经理领导下的三位副经理,即生产副经理、供销副经理与财务副经理之间就属于平等沟通的一种。它能够加强组织内部同级单位之间的了解与协调,是力求减少各部门之间矛盾与冲突的一种重要措施。

早年的法国管理理论大师亨利·法约尔提出了著名的"联系板原则",他认为这种平等沟通可以克服信息传递的延误。

斜向沟通是指在正式组织中不同级别又无隶属关系的组织、部门与个人之间的信息交流。在直线部门与参谋部门之间,如果有参谋人员拥有职能职权的,常有这种沟通发生,主要是业务性的,了解下级部门的业务情况,以便运用于指导与领导的沟通形式。

一部分管理心理学家认为,在正式沟通渠道中不应该运用横向沟通或斜向沟通,因为这两种沟通会破坏统一指挥。但是由于横向沟通与斜向沟通都能缩短沟通距离,提高工作效率,因此企业中还是广泛地运用横向沟通和斜向沟通。

由于横向沟通和斜向沟通脱离了正式群体的沟通渠道,为了避免或消除不良影响,在运用这两种沟通时应遵循以下原则:

① 在沟通前,尽可能先得到直接上级的允许,有时是自己的上级,有时是对方的上级;

② 在沟通后，尽快把沟通结果直接向上级汇报。

综上所述，正式沟通的优点是：沟通效果好，比较严肃，约束力强，易于保密，可以使信息沟通保持权威性。重要的信息与文件传达，组织的决策，一般都采取这种形式。缺点是：由于依靠组织系统层层传递，所以很刻板，沟通速度慢。

(4) 链式沟通网络

这是一个平行网络，其中居于两端的人只能与内侧的一个成员联系，居中的人则可以分别与两人沟通信息。在一个组织系统中，它相当于一个纵向沟通网络，逐级传递，信息可以自上而下或自下而上进行传递。在这个网络中，信息经层层传递、筛选，容易失真，各个信息传递者所接收的信息差异很大，平均满意程度有较大差距。链式沟通形态居于控制型结构，如果某一组织系统过于庞大，需要实行分权授权管理，那么，链式沟通网络是一种行之有效的方法。

(5) 环式沟通网络

此形态可以看成是链式形态的一个封闭式控制结构，表示组织成员之间依次联络和沟通的关系。其中，每个人都可以同时与两侧的人沟通信息。在这个网络中，组织的集中程度和领导人的预测程度都较低；畅通渠道不多，组织中成员具有比较一致的满意度，组织士气高昂。如果在组织中需要创造出一种高昂的士气来实现组织目标，环式沟通是一种行之有效的措施。

(6) Y 式沟通网络

属于控制型网络，其中只有一个成员是各种信息的汇集点与传递中心。在组织中，大体相当于一个主管领导直接管理几个部门的权威控制系统。此网络集中程度高，解决问题的速度快。主管人员（成员C）的预测程度很高，而沟通的渠道很少，组织成员的满意程度低，士气低落。

(7) 轮式沟通网络

此种网络形态是加强组织控制、争时间、抢速度的一个有效方法。如果组织接受紧急攻关任务，要求进行严格控制，则可采取这种网络。

(8) 全通道式沟通网络

这是一个开放式的沟通网络，其中每个成员之间都有一定的联系，彼此了解。此网络中组织的集中化程度及主管人员的预测程度都很低。由于沟通渠道很多，组织成员的平均满意程度高且差异小，所以士气高昂，合作气氛浓厚。但在解决复杂问题、增强组织合作精神时，易造成混乱，且又费时，影响工作效率。

上述 5 种沟通形式和网络各有其优缺点。作为主管人员，在管理实践中，要进行有效的人际沟通，就需要发挥其优点，避免其缺点，使组织的管理水平逐步提高。

2) 非正式沟通

非正式沟通是指以一定社会关系为基础，与组织内部明确的规章制度无关的沟通方式。和正式沟通不同，它的沟通对象、时间及内容等各方面，都是非经计划和难以辨别的。非正式组织是由于组织成员的感情和动机上的需要而形成的，所以其沟通途径是组织内的各种社会关系，这种社会关系超越了单位、部门及级别层次等。

管理学家认为，一个组织中，无论设立多么精明的沟通系统，总是还要由非正式沟通渠道来弥补其缺点。传闻与小道消息是非正式沟通的两个主要形式。所谓"传闻"或"小道消息"是不按组织结构中正式的沟通系统传达消息，而让消息在组织结构中任意流动。其具有三个特点：一是传闻或小道消息属于非正式消息，这种消息总有不确切的成分，但也有许多合乎事实的成分，传播的渠道是非正式的，它可以作为正式渠道的补充；二是传闻或小道消息依靠的是密集传播线，这种传闻或小道消息，有自上而下的、自下而上的，也有平等和斜向，多属于口头传播，因此这种传播没有永久的成员，易于形成，也易于消散；三是传播速度快，呈现多变性与动态性。

传闻或小道消息，不一定是不确切的消息，其中往往也有合乎事实的消息。赫尔希（R. Horshey）曾对 6 家公司的 36 条小道消息做过分析研究，其中有 9 条确实，16 条全无根据；5 条有些根据，但有些歪曲。

小道消息传播的途径都是非正式的，所以几乎不可能追查其来源。在每一个组织中，每一个人都可能在传播小道消息中扮演一个角色：有的是谣言传播者；有的是谣言制造者；有的只听不传；有的夸大扩散。美国心理学家戴维斯在 1953 年发表的《管理信息沟通与小道消息》一文中介绍了他在一个小公司里对 67 名管理人员进行的一次调查研究，他采用顺藤摸瓜的方法追踪小道消息的来源，发现只有 10%的人是消息的传播者。另外，两位心理学家也在政府机关做了同样的调查，发现传播小道消息的人也在 10%左右，而且搞"小喇叭广播"的，几乎是固定的那些人，绝大多数的人往往是听了不传。

非正式沟通的最大的特点是具有偶发性和随机性，因此不可预知性很强，给管理者造成很多困难。正因为如此，非正式沟通在管理沟通中占有不可忽视的地位和作用。

非正式沟通的形态有 4 种（如图 1-3 所示），依照最常见至较少见的顺序分别为：群体链式、密语链式、随机链式、单线链式。群体链式指在沟通过程中，可能有几个中心人物，由他们转告若干人，而且有某种程度的弹性，图 1-3(a)中的 A、F 两人就是中心人物，代表两个集群的"转播站"。密语链式指由一个人告知所有其他人，犹如其独家新闻（如图 1-3(b)所示）。随机链式，即碰到什么人就告诉什么人，并无一定中心人物或选择性（如图 1-3(c)所示）。单线链式就是由一个人转告另一人，他也只再转告一人，这种情况最为少见（如图 1-3(d)所示）。

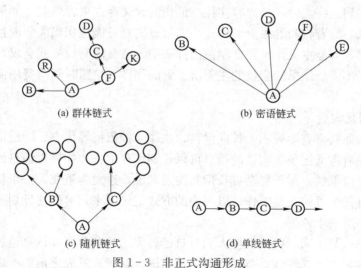

图 1-3 非正式沟通形成

4. 语言沟通和非语言沟通

根据信息载体的异同，管理沟通可分为语言沟通和非语言沟通。如图 1-4 所示。

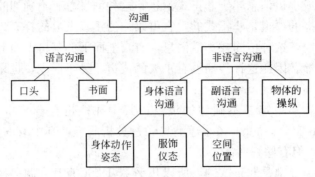

图1-4 管理沟通按信息载体的分类

1) 语言沟通

语言沟通建立在语言文字的基础上，又可细分为口头沟通和书面沟通两种形式。人们之间最常见的交流方式是交谈，也就是口头沟通。常见的口头沟通包括演说、正式的一对一讨论或小组讨论、非正式的讨论及传闻或小道消息传播。书面沟通包括备忘录、信件、组织内发行的期刊、布告栏及其任何传递书面文字或符号的手段。

(1) 口头信息沟通

口头信息沟通方式十分灵活多样，它既可以是两人间的娓娓深谈，也可以是群体中的雄辩舌战；既可以是有备而来，也可以是即兴发挥。口头信息沟通是所有沟通形式中最直接的方式。它的优点是快速传递和即时反馈。在这种方式下，信息可以在最短时间内被传递，并在最短时间内得到对方回复。如果接收者对信息有疑问，迅速的反馈可使发送者及时检查其中不够明确的地方并进行改正。此外，上级同下级会晤可使下属感到被尊重、受重视，《三国演义》中刘备三顾茅庐，充分表现了自己求贤若渴、礼贤下士的诚恳态度，才终于请出了卧龙先生诸葛亮。但是，口头信息沟通也有缺陷。信息从发送者一段段接力式传送过程中，存在着巨大的失真的可能性。每个人都以自己的偏好增删信息，以自己的方式诠释信息，当信息经长途跋涉到达终点时，其内容往往与最初的含义存在重大偏差。如果组织中的重要决策通过口头方式，沿着权利等级上下传递，则信息失真可能性相当大。而且，这种沟通方式并不是总能省时，官僚主义作风常常制造出许多毫无意义的马拉松式会议，正如那些参加了毫无结果、甚至不需要结果的会议的主管所了解的那样，按照时间与费用而论，这些会议的代价很大。

(2) 书面信息沟通

书面信息沟通具有有形展示、长期保存、法律保护依据等优点。一般情况下，发送者与接收者双方都拥有沟通记录，沟通的信息可以长期保存下去。如果对信息的内容有疑问，过后的查询是完全可能的。对于复杂或长期的沟通来说，这尤为重要。一个新产品的市场推广计划可能需要好几个月的大量工作，以书面的方式记录下来，可以使计划的构思者在整个计划的实施过程中有一个依据。

其次，把东西写出来，可以促使人们对自己要表达的东西更加认真地思考。因此，书面沟通显得更加周密，逻辑性强，条理清楚。书面语言在正式发表之前能够反复修改，直至作者满意。作者所欲表达的信息若能被充分、完整地表达出来，减少了情绪、他人观点等因素对信息传达的影响。其三，书面沟通的内容易于复制、传播，这对于大规模传播来说，是一个十分重要的条件。

当然，书面沟通也有其缺陷。相对于口头沟通而言，书面沟通耗费时间较长。同等时间的交流，口头比书面所传达的信息要多得多。事实上，花费一个小时写出来的东西只需15分钟左右就能说完。

书面沟通的另一个主要缺点，是不能及时提供信息反馈。口头沟通能使接收者对其所听到的东西及时提出自己的看法。而书面沟通缺乏这种内在的反馈机制，其结果是无法确保所发出的信息能被接收到，即使接收到，也无法确保接收者对信息的解释正好是发送者的本意。发送者往往要花费很长的时间来了解信息是否已被接收并被准确地理解。

美国心理学家T·L·戴尔对口头沟通与书面沟通的效果进行了比较研究。他对某大公司员工从口头沟通、书面沟通、口头与书面混合沟通三种方式中获得的信息内容进行测验，分别得到的平均分数如表1-2所示。

表1-2　不同沟通方式的比较

沟通方式	员工人数	测验平均分数
书面沟通	100	4.91
口头沟通	94	6.17
口头与书面混合沟通	102	7.70

从表1-2的实验结果可以看出：口头与书面混合沟通的效果最好，口头沟通次之，书面沟通最差。

(3) 语言沟通中的术语问题

余秋雨的作品《酒公墓》中有这么一段：

他开始与上海文化圈结交，当然，仍然三句不离逻辑。……在一次文人雅集中，一位年长文士询及他的"胜业"，他早已变得毫无自信，讷讷地说出了逻辑。文士沉吟片刻，慈爱地说："是啊是啊，收罗纂辑之学，为一切学问之根基！"旁边一位年轻一点的立即纠正："老伯，你听差了，他说的是巡逻的逻，不是收罗的罗！"并转过头来问张先生："是否已经到巡捕房供职？"张先生一愣，随即明白，他理解的"逻辑"是"巡逻侦缉"……

上文揭示出了环境如何塑造语言，以及如何常常运用这种被承认的语言。事实上，在每一个行业、组织中，都存在一些用于相互沟通的特殊语言。例如，某管理学教授在课堂上用了很多字母的缩略词："总之，MIT SPSS分析表明，对于MBA来说，对LBDQ的反应，JDI和MSQ测量之间的关系受到JDS和PAQ的制约（MIT SPSS——麻省理工学院社会科学统计；MBA——企业管理硕士；LBDQ——领导行为种类调查表；JDI——工作种类指标；MSQ——明尼苏达满意调查表；JDS——工作诊断调查法；PAQ——职位分析调查表）。

由此表明，在具有同等知识背景的听众进行交流过程中，术语是一种有效的手段，并且对那些掌握它的人来说保证了一种接触状态，但是，它也可能成为一种基于不同专业背景间沟通的障碍。管理人员运用启发式决策、特尔菲法、角色认同等术语会降低同技术人员沟通的效力。对于不同的职能部门来说，术语可能成为沟通的障碍。

罗伯贝斯·莫斯·康特博士在对一家大公司的研究中，发现经理有一种鼓励运用"共同词汇"的意图，其目的是便于地理位置上经常分开、互不了解、通过电话或函件联系的雇员进行沟通。共同词汇为实际上陌生的人相互了解、相互影响奠定了基础。另外，经理们对共同词汇做了他们自己的非正式补充。有研究表明，管理者的妻子能够形成103个为其丈夫所运用的与工作有关的陌生名词和词组。

2）非语言沟通

人们往往重视语言沟通，而忽视了非语言沟通的重要意义。姿势沟通的主要研究者之一雷·伯德惠斯特尔把姿势沟通称为运动学，他估计两人沟通的局面中，有65%的"社会含义"是通过非语言传送的。非语言沟通是指通过某些媒介而不是讲话或文字来传递信息。事实上，在语言只是一种烟幕时，非语言的信息往往能够非常有力地传达"真正的本质"。扬扬眉毛、有力地耸耸肩膀、突然离开，能够交流许多具有价值的信息。激动人心的会议备忘录（甚至一字不漏的正是文件）使人读起来十分枯燥，因为他们抽去了非语言的线索。美国心理学家艾伯特·梅拉比经过研究认为：在人们沟通中发送的全部信息中仅有7%是由语言来表达的，而93%的信息是由非语言来表达的。非语言沟通内涵十分丰富，熟为人知的领域是身体语言沟通、副语言沟通、物体的操纵等。

（1）身体语言沟通

身体语言沟通通过动态无声性的目光、表情、手势语言等身体运动或者静态无声的身体姿势、空间距离及衣着打扮等形式来实现沟通。

人们首先可以借助面部表情、手部动作等身体姿势来传达诸如攻击、恐惧、腼腆、傲慢、愉快、愤怒等情绪或意图。举例而言，在你一日最忙碌的时刻里，有位职员来造访，讨论一个问题，你和他把问题解决之后，这位职员却站着不走，并把话题转向社会时事。在你的内心里，很希望立即终止这个讨论而去继续工作，可是在表面上，你却很礼貌，专注地听着，然后你把椅子往前挪了一下，并坐直了身子且整理你桌上的公文。不管这举动是潜意识的抑或故意的，它们都刻画出你的感觉并暗示这位职员"该是离开的时候了"，除非这位职员没有感觉或太专注于自己的话题，否则谈话很可能因彼此间默契而获得结束。

固然任何身体上行动都会把一些信息传达给接收人，但是，我们必须根据我们过去对于各种不同类型人物的经验，而不是眼前的情况来对人下定论，以免造成错误。

即使是人与人之间的空间位置关系，也会直接影响个人之间的沟通过程。这一点不仅为大量生活中的事实所验证，严格的社会心理学实验也证明了这一点，国外有关研究证实，学生对于课堂讨论的参与直接受到学生座位的影响：在倾向上，以教师讲台为中心，座位越居中心位置，学生对于课堂讨论的参与比例也越大。图1-5是该研究的具体结果之一。

讲台		
57%	61%	57%
37%	54%	37%
41%	51%	41%
31%	48%	31%

图1-5 空间位置对学生课堂参与的影响

沟通中空间位置的不同，还直接导致沟通者具有不同的沟通影响力，有些位置对沟通的影响力较大，有些位置影响力较小。我们都有体会，同一种发言，站到讲台上讲，与在台下自由发言所引起的作用是不同的，高高的讲台本身具有某种权威性。

沟通者的服饰往往也扮演着信息发送源的角色。有学者在经过广泛的调查研究后指出，在企业环境中，组织成员所穿的服装传送出关于他们的能力、严谨和进取性的清楚的信号。换句话说，接收者无意识地给各种服装归结了某些定型的含义，然后按这些认识对待穿戴者。例如，该学者坚持认为，黑色雨衣会给有抱负的男管理者带来不利影响。他声称，黑色雨衣标志着"较低的中等阶层"，而米色雨衣在公司内外会得到"管理者"的待遇。出于同样理由，他强烈反对女管理者穿厚运动衫。当对这项研究的正确性难以评价后，有一点很清楚，人们首先从他人穿戴的服装上看到某种信息。

（2）副语言沟通

副语言沟通是通过非词语的声音，如重音、声调的变化及哭、笑、停顿等来实现的。心理学家称非语词的声音信号为副语言。最新的心理学研究成果揭示，副语言在沟通过程中，起着十分重要的作用。一句话的含义往往不仅决定于其字面的意义，而且决定于它的弦外之音、话外之意。语音表达方式的变化，尤其是语调的变化，可以使字面相同的一句话具有完全不同的含义。比如一句简单的口头语——"真棒"，当音调较低、语气肯定时，"真棒"表示由衷的赞赏；而当音调升高、语气抑扬，说成"真棒"时，则完全变成了刻薄的讥讽和幸灾乐祸。

（3）物体的操纵

除了运用身体语言外，物体的操纵是人们通过物体的运用和环境布置等手段进行的非语言沟通。例如，历代中国皇帝通过威严神圣的皇宫建筑和以"龙文化"为特征的日常器具，来显示自己是"真龙天子"；而世界各大宗教派别纷纷凭借自己独具匠心的建筑风格和宗教仪式，来向世人昭示自己的宗教。日常生活中，人们也往往通过对拜访者的办公室或住所的房间布置、装饰等，来获得对拜访者的性格、特征等方面的初步认识。这方面最经典的一个常举的企业例子是：一位车间主任，他在和工长讲话时，心不在焉地拾起一小块碎砖。他刚一离开，工长就命令全体员工加班半小时，清理车间卫生。实际上，车间主任并未提到关于清理卫生的任何一个字。

5. 人际沟通、群体沟通、团队沟通、组织沟通和跨文化沟通

管理沟通按照主体的不同，可以分为人际沟通、群体沟通、团队沟通、组织沟通和跨文化沟通等不同类型。

（1）人际沟通

人际沟通，就是指人和人之间的信息和情感相互传递的过程。它可以分为三类：领导与员工的沟通；员工与员工的沟通；领导与领导的沟通。它是群体沟通、组织沟通，乃至管理沟通的基础。

（2）群体沟通

当沟通发生在具有特定关系的人群中时，就是群体沟通。

（3）团队沟通

团队沟通是指特定环境中，两个或两个以上的人利用语言、非语言的手段进行协商谈判以达到一致意见的过程。

（4）组织沟通

组织沟通，就是涉及组织的各种类型的沟通，它不同于人际沟通，但包括组织内的人际沟通，是以人际沟通为基础的。一般来说，组织沟通又分为组织内部沟通和组织外部沟通。其中，组织内部沟通又可以细分为正式沟通和非正式沟通；组织外部沟通则可以细分为组织与顾客、股东、上下游企业、社区、新闻媒体等之间的沟通。

（5）跨文化沟通

跨文化沟通是指发生在不同文化背景下的人们之间的信息和情感的相互传递过程。它是同文化沟通的变体。相对于同文化沟通而言，跨文化沟通要逾越更多的障碍。

此外，沟通交往的形式还可以根据沟通的目的分为说服型沟通、征询型沟通与判断型沟通；根据沟通的层次分为决策性沟通、管理性沟通与执行性沟通；根据沟通的方式分为交谈式沟通、会议式沟通、文件式沟通与信函式沟通；根据沟通的效果分为正效沟通、负效沟通与无效沟通；等等。在组织系统中，沟通交往具有复杂性与多样性的特点。为了实现有效沟通，应从沟通的具体条件出发，把沟通的有效实现作为衡量标准而选择不同的沟通交往方式。在沟通交往形式的选择上，应扬长避短，把各种沟通形式巧妙地结合起来，共同发挥它们的积极作用。

1.2 管理沟通的过程

1.2.1 管理沟通的过程模型

管理沟通的过程就是发送者将信息通过选定的渠道传递给接收者的过程。图1-6描述了一个简单的沟通过程。这一模型包括8个要素：发送者、编码、通道、解码、接收者、背景、反馈、噪声。

在图1-6描述的人与人之间信息交流过程的基本模型中，表示了信息交流得以发生所必需的要素和子过程。具体来讲，信息沟通过程涉及发送者与接收者、通道与噪声、反馈等要素，以及两个黑箱操作过程：一个是发送者对信息的编码过程，另一个则是信息接收者对信息的解码过程。这两个子过程之所以被视为黑箱过程，是因为我们无法监测而且难以控制这两个过程，这是人脑的思维和理解的过程。前者是反映事实、事件的数据和信息如何经过发送者的大脑处理、理解并加工成双方共知的语言的过程，而后者是接收方如何就接收到的表述数据和信息的语言经过搜索大脑中已有的知识，并与之相匹配，从而将其理解，还原成事实、事件等的过程。

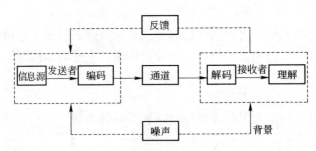

图1-6 管理沟通过程模型

下面通过一个范例来解释说明上述过程。假设制造经理发现需要一种零件，他必须与采购经理沟通，把这个消息传达给他，图1-7描绘了这一过程。从图1-7中可以看到，传送者必须编码，把他的思想转化为某种能传递到接收者的形式。在图1-7的情况下，经理选择用文字形式将他的思想编码并通过内部信箱传递。作为一种选择，经理也可以选择用讲话的形式把他的思想编码，并通过面对面的谈话传递。而作为一名接收者，采购经理获得便函后要把信息回译为自己的思想，这样就将信息转化为接收者的主观了解。为了提供反馈，采购经理或许送给制造经理一份订货单的副本。这种反馈还包含另一种沟通，它告诉最初的传送者，他的信息已经收到和理解。而且在这个沟通过程范例中，还存在一个隐含的因素，那就是沟通背景。如果双方缺乏共同背景，信息沟通就难以实现。譬如，采购经理如无法理解E97到底是什么，这个沟通就无法实现。

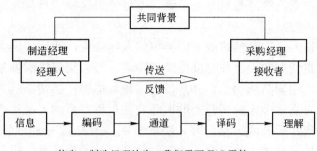

信息：制造经理认为，我们需要 E97 零件。
编码：给采购经理写便函，指示定购 E97。
通道：通过内部信箱将便函传递给采购经理。
译码：把便函信息回译为自己的思想。
理解：认识到他需要购买汽车半轴。

图 1-7　管理沟通过程模型的例证

因此，貌似简单的沟通过程事实上存在很多环节，这些环节都有可能产生问题和麻烦，从而影响沟通的游说、交流、了解和密切关系等目的的实现。从现实生活中众多的沟通失败事例中，可以理解为什么每天我们都有可能至少遇到一例因沟通而出现的误解、尴尬甚至是矛盾和冲突。两个人或更多的人之间准确的信息交流，只有在双方共享或分享经验、感知、思想、事实或感情时才会发生。个人内部和外部存在的某些因素，往往会产生不准确的感知，并导致不尽如人意的信息交流。但是，这并不一定需要双方个人之间的观点、意见完全一致，只要这些对立的观点是按照原来的打算表达的含义被传递、接收和理解了，就会发生准确的个人之间的信息交流。

1.2.2　管理沟通过程的基本要素

1. 发送者与接收者

个人之间的信息交流显然需要有两个或两个以上的人参加。由于个人之间的信息交流往往包含人们相互间一系列的互换和互动、沟通与交流，所以把一个人定义为发送者，而把另一个人定义为接收者，这只是相对而言。这两种身份可能发生转换，取决于我们处于信息沟通模型中的某一个位置。

在信息交流过程中，发送者的功能是产生、提供用于交流的信息，是沟通的初始者，具有主动地位。而接收者则被告知事实、观点或被迫改变自己的立场、行为等，所以处于被动的位置。发送者和接收者这种地位对比的特点对于信息交流的过程有着重大影响。

根据沟通的目的是否明显，可以将沟通分为两种：一种是目的明确的沟通；另一种是潜意识的沟通。作为社会或群体中的成员，人们无时无刻都在进行有意识或无意识的信息交流。但在大多数情况下，人们是有目的地传递各种信息。企业领导者向员工发表演讲，无非是向其部下宣传一种理念，灌输一种思想或阐明一种观点。因此，一般来讲，发送者参与信息交流目的明确，如表达观点、阐明情感、改变接收者的行为或强化与接收者的关系等。如果接收者对这些目的持对抗态度，那么发生曲解与误会的可能性就会很大。信息交流的目的与双方的感知、态度及价值观方面越一致，则个人之间信息交流就可能越准确。

另一类信息交流是介于有意识或无意识之间，许多情景下则属于下意识的，这就是所谓的"自我发泄"。公司的员工因为日积月累的工作压力，会朝着顾客大发雷霆。要想长期提高与某些对象的沟通效果，增进与对方的了解，不可忽视这种"自我发泄"的沟通形式，并随时给以关注、引导和控制。

由于沟通的主体是人，这必然造成不同类型的人际交流沟通比相同类型的人际交流沟通要困难些的事实。如直觉型的人往往态度冷淡或冷漠，与人交流措辞抽象、富有哲理；感觉型的人往往一针见血，用词简洁明了，并且带有一种紧迫感；感情型的人则充满感情，措辞幽默，通常倾向于带有高度个人感情色彩的人际交往；思考型的人往往严谨、精明，更倾向于按部就班，有条不紊，听、说、读、写，层次分明，总是按一种独特的、规范的程式来做。这些特征都有可能影响两人或更多人之间的信息交流的准确性。进行沟通前，了解对方的特性，自然有利于沟通效果的提高。

2. 编码与解码

编码是发送者把自己的思想、观点、情感等信息根据一定的语言、语义规则翻译成可以传送的信号。解码就是把所接收的信号翻译、还原为原来的含义。

沟通的编码和解码的两个过程是沟通成败的关键。完美的沟通，应该是发送者的信息经过编码与解码两个过程后，接收者形成的信息与发送者发送的信息完全吻合，也就是说，编码与解码完全"对称"。"对称"的前提条件是双方拥有类似的经验，如果双方对信息符号及信息内容缺乏共同经验，也就是缺乏共同语言，编码、解码过程不可避免地会出现误差。因此，甲方在编码过程中必须充分考虑到乙方的经验背景，注重内容、符号对乙方的可读性；乙方在解码过程中也必须在考虑甲方经验背景下进行，这样才能更准确地把握甲方欲表达的真正意图，而不至于曲解、误解其本意。

编码是信息交流和人际沟通及交往极其关键的一环。若此环出现脱节，那么整个信息交流过程则会变得混乱不堪。毫无疑问，我们所拥有的语言水平、表达能力和知识结构，对于我们将自己的思想、观点、感情等进行编码的能力，起着至关重要的作用。评价发送者的编码能力有三个标准：首先是认知，即"对不对"的问题；其次是逻辑，即"通不通"的问题；第三是修辞，即"美不美"的问题。这也就是说，发送者在编码过程中，必须系统分析，充分考虑接收者的情况，注重内容、符号对其的可读性。接收者在解码的过程中，也必须考虑前者的背景，这样才能准确地选择和分类，准确地把握对方所想表达的真正意图。

3. 通道

通道是由发送者选择的、借由传递信息的媒介物。

不同的信息内容要求使用不同的通道。政府工作报告就不宜通过口头形式而采用正式文件作为通道。邀请朋友吃饭如果采用备忘录形式就显得不伦不类。

有时人们可以使用两种或两种以上的传递渠道，例如，双方可先口头达成一个协议，然后再予以书面认可。由于各种渠道都各有利弊，因此正确选用恰当的通道对有效的沟通十分重要。但是，在各种方式的沟通中，影响力最大的，仍然是面对面的原始的沟通方式。面对面沟通时，除了赐予本身的信息外，还有沟通者整体心理状态的信息。这些信息使得发送者和接收者可以发生情绪上的互相感染，因而即使是在通信技术高度发达的美国，总统大选时，候选人也总是不辞辛劳地四处奔波去演讲。

4. 背景

沟通总是在一定背景中发生的，任何形式的沟通，都要受到各种环境因素的影响。比如，据研究发现，配偶在场与否，对人们的沟通影响甚大。丈夫在妻子在场时，与异性保持的距离更大，表情也更冷淡，整个沟通过程变得短暂而匆促。而对沟通者而言，他们并没有意识到这种明显的改变。在企业中也是一样，在总经理办公室与自己的工作场所，采用的沟通方式是存在重大区别的。从某种意义上说，与其认为沟通是由沟通者本人把握的，不如说是由背景环境控制的。

一般认为，对沟通过程发生影响的背景因素包括以下几个方面。

（1）心理背景

心理背景是指沟通双方的情绪和态度，它包含两个方面的内涵。其一是沟通者的心情、情绪处于兴奋、激动状态与处于悲伤、焦虑状态下，沟通者的沟通意愿、沟通行为是截然不同的，后者往往沟通意愿不强烈，思维也处于抑制或混乱状态，编码、译码过程受到干扰。其二是沟通者对对方的态度。如果沟通双方彼此敌视或关系淡漠，沟通过程则常由于偏见而出现误差，双方较难准确理解对方思想。

（2）社会背景

社会背景包含两方面的含义。一方面，指沟通双方的社会角色关系。对不同社会角色关系，有着不同的沟通模式。上级可以拍拍你的肩头，告诉你要以企业为家，但你决不能拍拍他的肩头，告诫他要公而忘私。因为对应于每一种社会角色关系，无论是上下级关系，还是朋友关系，人们都有一种特定的沟通方式预期，只有有关沟通在方式上符合这种预期，才能得到人们的接纳。但是，这种社会角色关系也往往成为沟通的障碍，如下级往往对上级投其所好，报喜不报忧等，这就要求上级能主动改变、消除这种角色预期所带来的负面影响。另一方面，社会背景还包括沟通情景中对沟通发生影响但不直接参加沟通的其他人。前面提到过，自己配偶在场与否，人们与异性沟通的方式是不一样的。我们也都有这种体会，上司在场与否，或竞争对手在场与否，自己的措辞、言谈举止是大不相同的。

（3）文化背景

文化背景是指沟通者长期的文化积淀，也是沟通者较稳定的价值取向、思维模式、心理结构的总和。由于他们已转变为我们精神的核心部分而为我们自动保持，是思考、行动的内在依据，因此通常人们体会不到文化对沟通的影响。实际上，文化影响着每一个人的沟通过程，影响着沟通的每一个环节。当不同文化发生碰撞、交融时，人们往往能发现这种影响，三资企业的管理人员，可能对此深有体会。

例如，在美国等西方国家，重视和强调个人，沟通风格也是个体取向的，并且直言不讳，对于组织内部的协商，美国管理者习惯于使用备忘录、布告等正式沟通渠道来表明自己的看法和观点。而在日本等东方国家，人际间的相互接触相当频繁，而且更多是非正式的，一般来说，日本管理者针对一件事先进行大量的口头磋商，然后才以文件的形式总结已作出的决议。这些文化差异使得不同文化背景下的管理人员在协商、谈判过程中遇到不少困难。

（4）物理背景

物理背景是指沟通发生的场所。特定的物理背景往往造成特定的沟通气氛。在一千人礼堂与在自己办公室慷慨陈词，其气氛和沟通过程是大相径庭的。

5. 噪声

噪声是指通道中除了所要传递的那些信息之外的任何干扰，即妨碍信息沟通的任何因素。它存在于沟通过程的各个环节，并有可能造成信息的失真。比如：模棱两可的语言、难以辨认的字迹、不同的文化背景等都是噪声。在个人之间信息的交流过程中，沟通要素产生的噪声会干扰信息的正常交流。

主要噪声来源，一是情绪状态与环境情景对正确发送或接收信息形成的障碍；二是双方个性特点（如气质、性格、能力等）会影响沟通顺利进行；三是价值标准与认知水平的不同导致无法理解双方的真正意思；四是地位差别所造成的心理落差和沟通距离；五是编码和解码时采用的信息符号系统的差异；六是信息通道本身的物理性问题。总之，噪声作为一种干扰源，无论产生于交流过程中的哪一个层次、哪一个环节；无论有意或无意为之，其本身也是一种信息，只不过这种信息通常增加信息编码和解码中的不确定性，导致信号传送和接收时的模糊和失真，并将进一步干扰个人之间的信息交流。一般可以借助于重复传递信息或增加信息的强度（如提高音量）来克服。

典型的噪声包括以下几个方面的因素。

1）影响信息发送的因素

这方面容易出现的噪声主要有以下几个方面。

① 表达能力不佳，词不达意，或者逻辑混乱、艰深晦涩，从而使人无法准确对其进行解码。

② "信息-符号系统"差异。信息沟通使用的主要符号是语言，语言也只是一种符号，而不是客观事物本身，它只有透过人们的"符号—信息"联系才能导致对信息的理解。由于不同的人往往有着不同的"信息-符号系统"，因而接收者的理解有可能与发送者的意图存在着偏差。

③ 知识经验的局限。你无法向一个小学生解释清楚相对论，也无法向一个乡村老农解释超导的原理，因为每个人只能在自己的社会经历及知识经验范围内解码，当信息超出这一范围时，他是无法理解的。企业内不同部门的交流也会因各自使用的专业知识、术语而困难重重。

④ 形象因素。如果接收者认为发送者不守信用，则即使其发出的信息是真的，接收者也极有可能用怀疑的眼光去理解它。在春秋时期，周历王烽火戏诸侯即是典型例子。管理者注重树立自己诚实守信、言行一致的形象是至关重要的。

2）影响信息传递的因素

① 信息遗失。

② 外界干扰。比如，在马达轰鸣的环境下交谈将是一件十分吃力的事情。

③ 物质条件限制。没有电话，你自然无法与千里之外的总部进行口头沟通。

④ 媒介的不合理选择。用口头的方式布置一个意义重大、内容庞杂的促销计划，将使实际效果大打折扣。

3）影响信息接收和理解的因素

① 选择性知觉。由于每个人的心理结构及需求、意向系统各不相同，这些差异性直接影响到他们接收信息时知觉的选择性，即往往习惯于对某一部分信息敏感，而对另一部分信息"麻木不仁"、"充耳不闻"。事实上，我们对能印证自己推断、论点的信息常表现出高度的兴趣，而对相反的信息却漠然视之，正如有的学者指出，我们不是看到事实，而是对我们所看到的东西进行解释并称之为事实。

② 信息"过滤"。接收者在接收信息时，往往根据自己的理解和需求对信息加以"过滤"。当一个信息传送下来，每经过一个层次，都要产生新的差异，最后则有可能突破了允许的极限范围。过滤的程度与组织的层次和组织文化密切相关。

③ 接收者的解码和理解偏差。由于个人所处社会环境不同，在团队中角色、地位、阅历也各异，从而对同一信息符号的解码、理解都会有差异。即使同一个人，由于接收信息的心情、氛围不同，也会对同一信息有不同解释。

④ 信息过量。管理人员在作出决策前需要足够的信息，如果信息量过于巨大，则过犹不及，使管理者无法分清主次，眉毛胡子一把抓；或是浪费大量时间，坐失良机，沉没于信息的汪洋大海中。

⑤ 阶层差别。特别需要强调和说明的是，社会地位的差异对沟通产生着十分重大的影响。

⑥ 目标差异。企业内各部门的分目标差异而造成的冲突和互不信任，也往往会干扰他们之间的有效沟通。技术人员与营销人员常常会有意见冲突，前者往往责怪后者提出一些不切合实际的要求，或是不支持高层次的理论研究；而后者则认为前者不能顺应消费趋势的变化。

6. 反馈

沟通过程的最后一环是反馈回路，反馈是指接收者把信息返回给发送者，并对信息是否被理解进行核实。为检验信息沟通的效果如何，接收者是否接收并理解了每一个信息的状态，反馈是必不可少的。在没有得到反馈之前，我们无法确认信息是否已经得到有效的编码、传递和译码。如果反馈显示，接收者接收并理解了信息的内容，这种反馈称为正反馈；反之，则称为负反馈。

反馈可以检验信息传递的程度、速度和质量。获得反馈的方式有很多种。直接向接收者提问，或者通过观察接收者的面部表情以获得对传递信息的反馈。但光借助观察来获得反馈，还不能确保沟通的效果。观察接收者的反馈的方法必须结合直接提问法，才能获得可靠的反馈信息。反馈也不一定来自对方，往往可以从自己发送信息的过程或已发出的信息获得反馈，当我们发觉所说的话含混不清时，自己就可以作出调整，这就是所谓的自我反馈。

与沟通一样，反馈可以是有意的，也可以是无意的。对方不自觉流露出的震惊、兴奋等表情，能够给发送者很多启示。但作为一个管理者，应能尽量控制自己的行动，使反馈行为能处于自己意识的控制状态之下。

1.3　管理沟通的障碍

企业中的沟通主要是以信息的有效性传递来判断沟通的保真程度。所谓沟通的保真程度是指信息源的意图与接收者对信息的理解的一致性程度。事实上，任何信息在沟通的过程中会发生或多或少的损失。也就是说，由于在沟通过程中的某些障碍的存在，无法绝对保证沟通的准确性和完整性。表1-3列出了企业在沟通中产生障碍和失真的一般表现形式。

表 1-3 管理中的沟通问题

问题的根源	问题的类型	问题的根源	问题的类型
信息来源	过滤	反馈	忽视反馈
编码与译码	缺乏共同经验 语义不同	组织因素	噪声 地位差异 时间压力 信息超载 网络结构
	属于理解不同 媒介问题		
接收者	选择性注意 价值判断 对信息来源缺乏信任 信息超载		

从表 1-3 可以看到，有许多障碍会影响有效的信息沟通。如果由甲发给乙的某信息很小，按甲的原意原封不动地由对方接收下来，沟通障碍的出现使整个沟通过程复杂化。造成组织内部沟通障碍的原因，主要概括为以下几种情况（如图 1-8 所示）。

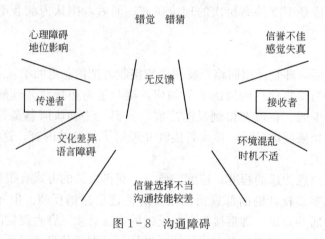

图 1-8 沟通障碍

1. 发送者对信息表达的障碍

发送者要把自己的观念和想法传递给接收者，首先必须通过整理变成双方都能理解的信号，即把要传达的信息表达出来，并表达得十分清楚。而这方面容易出现障碍的情况主要有以下几个方面。

(1) 错觉

错觉是歪曲的知觉，也就是把实际的事物歪曲地理解为与实际完全不相符合的事物。精神病人常有错觉，比如把屋顶上的圆形灯看成人头悬挂。正常人也可以有错觉，如照明不良或视觉减弱状态下，疲乏、精神紧张、恐惧等时候都可以产生错觉，如杯弓蛇影、风声鹤唳、草木皆兵等均为错觉。但正常人的错觉一般通过验证能较快地被纠正和消除。

(2) 错猜

错猜是指人们的思想里往往存在着某种偏见或某些先入为主的观念。这样，接收信息的人只听到他自己想要听的话，往往在没有全面听完别人的话时，就按想当然的先入为主的观念来理解别人的话，从而对收到的信息做出错误的猜测，往往会引起信息接收人的不正确的推论或猜想。如果信息接收人已有某种偏见或某种先入为主的观念，这就更容易形成有效沟通障碍了。

(3) 信息发送人的信誉不佳

信息发送人发出的信息之所以不被信息接收人重视，常常是因为接收人对发送人的能力或人品、经验等不信任，甚至厌恶。所谓不可信的信息从字面上解释就是不相信这些信息是真实的。而对于这些信息不相信的原因往往是对发送人的不信任。信息发送人要使他人相信，必须经受信息接收人长期的考验。因此，管理者在与人交往中必须努力做到"言必信"，以便获得信誉。

(4) 信息来源上的问题

信息来源主要涉及沟通者的问题。这种问题主要是过滤信息，沟通者假设接收者不需要理解这些信息，就故意截留了一些信息。另外，也可能提供一些无意义的信息，以及容易引起错误解释的信息。

例如，在一次销售会议上，销售部经理认为没必要把所有有关客户的信息全部告诉销售主管，后来销售主管知道了这些信息，他们可能会作出以下解释：经理希望自己与这些顾客联系；经理不愿意全力帮助我们开发这些客户；经理记忆不好，忘了；等。

在管理层沟通中，选择性过滤信息常常会引起沟通障碍。为了避免这种现象的出现，在沟通时应该做到以下几个方面。

① 理解过滤问题为何会发生。过滤问题的发生全在于沟通者本身。沟通者通常不站在接收者的立场考虑问题，沟通者通过限制接收者的信息通道来源以保护自己的权利；或者沟通者怀疑接收者对某些信息的不感兴趣。

② 沟通者必须决定要求接收者理解什么信息，应该给予接收者足够的有关信息，要相信接收者能正确地运用信息，但又要注意，不要使信息超载。

(5) 语言障碍

由于人们语言修养上的差异，虽然是用同一种语言，但对同一信息的理解却会发生差异。这或者是因为发送信息者表达欠清晰，或者是因为接收信息者未能正确地理解信息的含义。有时，虽然对语言的意义没有发生错误的理解，但由于脱离了沟通时的语言情境，也不能正确地理解信息的意义。

语言不是客观事物的实体，而是通过人的思维反映客观事物的符号，它与事物之间只存在间接的关系。加上客观事物及人的思想意识的复杂多变，语言的表达范围和人的语言与文字又是多义的，对不同的现象会产生不同的意思、不同的理解，从而引起误会与错译。例如，我国的"麻雀"是鸟，但这两个字在日本就是麻将，麻雀店就是赌博场所，一些行业用语、技术用语等对外行人来说，往往会理解成大不相同的含义，成为有效沟通的障碍。

同时，在沟通过程中如果发送者表达能力不佳，词不达意，口齿不清，或字体模糊，使接收者难以了解发送者的真实意思，从而使信息失真。

(6) 地位与心理障碍

在阶级对立的社会中，由于阶级地位不同而形成不同的阶级意识、价值观念和道德标准。这种沟通困难，是因为不同阶级的成员，对同一信息会有不同的甚至截然相反的认定。政治差别、宗教差别、职业差别等，也都能造成沟通障碍。不同党派成员对同一政治事件往往会持有不同的看法；不同宗教或教派的信徒，其观点和信仰迥异；职业的不同常常造成沟通的鸿沟——"隔行如隔山"，甚至年龄也会造成沟通障碍，所谓"代沟"就是一例。老一代和青年一代对不少问题有不同的看法，难以沟通，这是不可否认的事实。

心理障碍主要是由于人们不同个性倾向和个性心理特征所造成的沟通障碍。需要、动机的不同,兴趣、爱好的差异,都会造成人们对同一信息的不同理解;气质、性格、能力的不同,也都会对沟通造成不良影响。

(7) 社会环境和知识经验的局限

当发送者把信息翻译成信号时,他只是在自己的知识经验范围内进行编译;同样,接收者也只能在他们自己的知识经验范围有交叉区,这个交叉区就是双方的共同经验区(如图1-9(a)所示)。这时,信息就可以容易被传达和接受。双方彼此很熟悉时,往往有这样的情况:一方只需稍微说一点,另一方很快就能理解对方的意思,因为他们之间有很大的共同区。相反,如果双方没有共同经验区(如图1-9(b)所示),就无法沟通信息,接收者不能译解和理解发送过来的信息的含义。因此,信息沟通往往会受到知识和经验的局限,只有存在共同区才能进行有效的沟通。小孩子听不懂成年人的话,是因为它没有足够的知识和经验,同样地,如果不将原子科学中的一些术语做详细的解释,一个社会科学界就难以正确了解裂变反应和聚合反应。

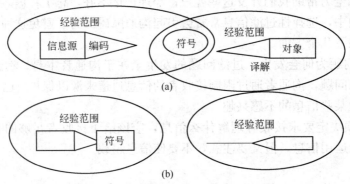

图1-9 信息沟通所必需的经验共同区

社会经验与知识经验的差异往往已通过发送者与接收者的文化差异体现出来。文化差异影响到组织内部各个部门之间的人际交流。例如研究与发展部门和生产部门之间的文化差异。研究与发展部门的人员具有长期意识,注重未来,而生产部门的管理者只关心装配流水线的运行,关心完成每日的生产指标。另外,在经历不同的社会和宗教环境的人员之间,也经常产生文化差异。

(8) 沟通技能障碍

人们的沟通能力有相当大的差别,这种差别往往影响有效的信息沟通。沟通技能的一些差别有的源于个人的教育和训练水平,有的则源于更为重要的个人秉性。例如,有的人擅长辞令,善于劝服并取信于人,善于激发对方的兴趣。他是一位专家,说得中肯,或者说得动听,其沟通效果更为显著。人的个性如果精于审时度势也会对沟通效果产生积极影响。在春节联欢晚会上,如讲生产计划或反复强调纪律,就是使大家"倒胃口"、扫兴,听不进去。

2. 信息传递的障碍

在信息传递过程中,常出现以下几种障碍。

(1) 时机不适

信息传播的时机会增加或减低信息的沟通价值,不合时机地发送的信息,对于接收者的理解将是一个难以克服的障碍。时间上的耽搁与拖延,会使信息过时而无用。

(2) 媒介障碍与方式不恰当

主要是指沟通渠道问题。如果沟通渠道不对,沟通一定不能完成,因为接收者接收不到信息。例如向不通英语的经理讲英语,向一名文盲员工发一张书面通知等。又如传讯者可能希望在一定的时间内尽可能多地将信息传送给接收者而没有考虑到对方对于这个话题先前已有的知识和理解能力。再者,传讯者说话太快太慢,或滥用术语往往也会导致沟通的失败。

除了最高层的管理者和最基层的执行者外,组织中的大部分管理人员在信息传递中起着承上启下的作用,接收到来自上级、同级或下级的信息后,经过自己的理解和加工,以一定的方式再传递给其他的下级、同级或上级。在这个过程中,逐字逐句地接收和传递是不可能的;必须选择适合不同对象的形式,对接收到的信息进行改编,并加上对方能理解的解释。然而,改变后传递的信息并不一定符合接收者的特点:喜欢数据材料的领导,你却送去文字分析的报告,或者正好相反。这样,就可能造成接收者对信息理解的困难,产生错误的解释,从而使信息失真。解决媒介问题最有效的方法是沟通者事先要了解接收者擅长的沟通渠道是什么,然后用这个渠道来传递信息。

(3) 媒介互相冲突

当信息用几种形式传送时,如果相互之间不协调,会使接收者难以理解传递的信息内容。如领导表扬下属时面部表情很严肃甚至皱眉头,会让下属觉得迷惑。

(4) 沟通渠道过长

组织机构庞大,内部层次多,从最高层传递信息到最底层,从低层汇总情况到最高层,中间环节太多,容易使信息损失较大。

(5) 外部干扰

信息沟通过程中经常会受到自然界各种物理噪声、机器故障的影响或被另外事物干扰所打扰,也会因双方距离太远而沟通不便,影响沟通效果。

3. 接收者对信息理解的障碍

在沟通过程中,接收者接收信息符号后,进行译解,变成对信息的理解。在这一过程中常出现的障碍有以下几种。

(1) 知觉的选择性

接收信息是知觉的一种形式,由于人们知觉的选择性,往往习惯于接收某一部分信息,忽略其他信息。他们选择性的目标往往是:自己感兴趣的内容,与自己的利益紧密相连的事情,自己必须负责的项目等。例如,在一次全公司大会上,总经理介绍了公司明年的计划。小王只接收到——"明年1月份开始加工资10%";小陈只接收到——"明年全年要完成销售额2亿元";老郑只接收到——"明年7月份公司有一批优惠房要出售";老尤只接收到——"明年3月份前要融资1 000万元"。有一幅漫画最恰当不过地说明了这个问题:对于同样的一个"○",数学家说它是一个圆,运动员说它是一个球,画家却说它是一轮明月。

(2) 接收者对信息的过滤

接收者在接收信息时,有时会按照自己的需要对信息进行过滤。美国通用汽车公司的前副总裁德洛里恩曾说过:"从下级接收者报上来的情报经过层层过滤,往往使上面接触不到实际情况。下级提供资料,往往是为了获得他们所希望的回答。或者是报喜不报忧,猜测领导需要什么,然后上报什么。"

图1-10反映多层次组织的信息过滤,图中上面的箭头显示允许的理解差异的区域,表示在理解与阐述高层管理者的方针政策和思想时,允许在一定范围内有某些弹性。图中右边的箭头显示信息传播方向。途中黑点表示多层次人员在传播信息时对信息理解的正确度。当

一个信息传送下来。每经过一个层次，都要产生新的差异，最后就会脱离允许的差异范围。

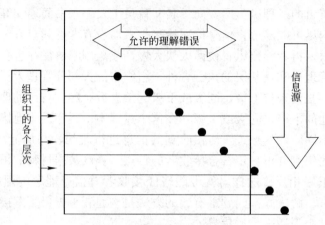

图 1-10　层级组织中的信息过滤

(3) 接收者的理解差异和曲解

接收者往往会根据个人的立场和认识解释其所获得的信息。基于个人的社会环境、生活背景和思想愿望的不同，人们对同一信息的理解将有所差异。即使是同一个人，由于其接受信息的情绪状态不同，或者场合不同，也可能对同一信息有不同解释，因此所采取的反应行动也会完全不同。譬如，接收者可以出于个人的愿望、个人的目的而有意强调某一方面，忽略另一方面，或者曲解信息的本义。如果认为符合自己的价值观，就会高度重视，并完全接收；如果认为不符合自己的价值观，就会轻视信息，并排除信息。例如，某公司广告在宣传他们制造的鸟枪如何优良，可是许多环境保护主义者完全排除这则信息，因为这则信息不符合他们的价值观。另外，要判断信息是否有价值，心理学家哈维、克拉普及史密斯通过试验，得出下列结论：

① 接收者从不太可信的来源得到一个比他原来期望好一些的坏消息，他对这来源会重视；

② 如果这个消息同原来期望的一样坏，他对这来源就不太重视；

③ 如果得来的信息比原来期望的更坏，他对这来源就更不重视。

(4) 信息过量

在现代组织中，一些管理人员经常埋怨他们淹没在大量的信息传递中，因而对过量的信息采取了不予理睬而搁置起来的办法。美国一个大企业的一位经理人员估计，他每天要收到600 页的计算机输出资料。这些资料详细记录了每条生产线的产量，各种原料的地址及操作中的其他指标，他只能找一间空的存储室来存放这些资料，最后转给废品公司运走。

4. 组织内部固有的障碍

(1) 组织结构不合理引起信息沟通障碍

一个组织内部结构以及组织长期形成的传统及气氛，对内部的沟通效果会直接产生影响。如果组织机构过于庞大，中间层次太多，那么信息沟通从最高决策层传递到最基层不仅容易产生信息的失真，而且还会浪费大量的时间，影响信息的时效性。同时，自上而下的信息沟通，如果中间层次过多，同样也浪费时间，影响效率。这是因为，在进行这种信息沟通时，各级主管部门都将花时间把接收到的信息进行甄别，一层一层地过滤，然后将断章取义的信息层层上报。此外，甄选过程中还渗杂着大量的个人因素，尤其是当发送的信息涉及传递者本身时，往往会由于心理因素的影响，造成信息失真，使信息不能完整准确地传递给最终的接收者。这种情况也会使信息的最初提出者畏而却步，以后不愿提供某些关键的信息。因此，如果组织机构臃肿，结构设置不合理，各部门之间职责不清，分工不明，形成多头领导，或因人设事，庙小和尚多，人浮于事，就会给沟通双方造成一定的心理压力，引起传递信息的失真和歪曲，从而失去信息沟通的有效性。

（2）组织气氛不和谐

一个组织的气氛对信息接收的程度也会产生影响，信息发自一个相互高度信赖和开诚布公的组织，它被接收的可能性要比来自那些气氛不争、相互猜忌和提防的组织大得多。影响信息的另一组织气氛是命令和请示是否拘泥于形式。如果有的组织，除例行公事外，任何工作都必须下达正式命令来完成，那么在这个组织中，一般性的或不是正式传达的信息则比较难被接收。

5. 反馈的忽视

所谓反馈，是指接收者给沟通者一个信息，告知信息已收到，以及理解信息的程度。反馈的目的是证实。

反馈不足可能产生两个问题。

① 沟通者可能发出第二次信息。由于沟通者没有收到反馈信息，他不知道接收者是否接收或理解了信息，因此他往往会发出第二次信息以重复第一次信息，或询问是否收到了第一次信息。

② 接收者可能按不确定的信息行动。如果接收者对信息的理解正确，那么不会产生严重后果；一旦接收者对信息的理解错误，那么后果有可能不堪设想。

因为反馈很重要，所以沟通者必须努力获得反馈，而接收者也必须经常反馈。尤其是对重要信息的沟通，一定要及时反馈。反馈的方法主要有：重复原来的信息，回答自己理解的信息，用表情或身体语言来反馈。

1.4 领导模式与沟通风格

管理沟通能否有效进行，受多方面的影响。管理沟通首先是人际沟通。人际沟通模型中涉及的要素和过程也同样是管理沟通中基本的要素和过程。但同时，管理沟通不同于一般的人际沟通，有其特殊的影响要素。这些要素主要是指沟通的主体和客体，以及沟通的环境和反馈在组织中表现出来的特殊性。可以从组织内外两方面来讨论影响管理沟通的基本因素。

1. 外在因素

外在因素主要从管理沟通客体方面来分析影响管理沟通的外在因素，主要包括组织结构和沟通环境两个方面。

1) 组织结构

组织结构是指一个正式的有意形成的职位结构或职务结构。根据不同的工作需要，进行充分的设计与描述，得到某种职务，同时根据这些职务（职位）的要求确定担任职务的人员，这样建立起人与工作、工作与工作（即人与人）的相互关系，这就是组织结构的实质。人们在完成工作过程中需要根据工作关系进行相互配合并协调一致，这自然离不开管理沟通这个"润滑剂"。这是因为每个员工的个性、价值观、生活经历等方面的差异，个体之间在工作中难免会有磕磕碰碰，产生矛盾冲突，要将组织中的个性聚集在一起，将个体与组织粘合在一起，使他们紧密与其他个体协调合作，这就增加了管理沟通的难度；同时组织结构本身就为管理沟通设定了一些必须遵守的规范和工作程序。因此，不同的组织结构会对管理沟通造成不同的影响。如直线职能型、矩阵型等。特别是处于变革转型时期的组织，更应该考虑到这个课题。

（1）直线职能型组织

这是最传统的组织结构形式，也是最常见的组织结构形式（如图1-11所示）。首先，直线权力由最高管理者开始，经过中层管理者直至低层管理者和员工。同时在每个层面上横向展开的是围绕一种专门领域如销售、营销或生产等而建立起来的职能部门。每一个职能部门都由一个该领域的管理专家主管。因此，总的来讲，在这种结构中每个管理者在其工作范围内对所有雇员有直线管理权利。正是这种上下级职权关系贯串着组织的最高层和最底层，从而形成所谓的命令链（Chain of Command）。在命令链中的每个链环处，拥有直线职权的管理者均有权指挥部下的工作而无须征得他人意见，并作出决策。

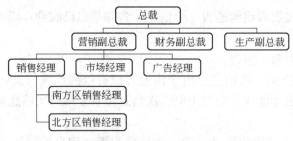

图1-11 直线职能型组织结构

在这种组织结构中，存在着明确的正式沟通路线，所有的人都明了组织关系与职责。这种组织结构的弱点是直线管理者必须履行特定范围的职责。一旦组织的规模扩大并变得更为复杂以后，管理者就会发现自己没有足够的时间、技能和方法去进行管理沟通并提高管理效率。同时，若不同职能的协调工作无法保证有序的沟通，可能会将整个组织的目标肢解得支离破碎。

（2）矩阵型组织

这种类型的组织采用双重的指令系统去运作复杂的项目或产品开发（如图1-12所示）。具有一技之长的成员被临时安排（从公司的各职能部门借调、聚集在一起），他们可能被安排全职或兼职去从事一个项目。矩阵结构创造了双重命令链，超越了古典的统一命令原则。这种结构利用职能部门化来获得专业经济，同时在这些职能部门之上建立了项目或产品经理。矩阵中的每个成员必须向两个上司汇报，即职能部门的管理者和项目或产品经理。这种结构的最大优点在于既能促进一系列复杂而独立的项目的协调性，同时又保持专家聚集在一起所具有的经济性。

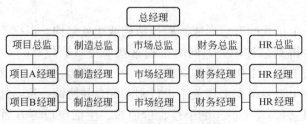

图1-12 矩阵型组织结构

由于矩阵结构会引发沟通问题，它要求项目领导和部门领导要对共管的资源的使用作出调配，并对任务、目标的认识达成一致。显然，矩阵型组织对管理沟通提出了更高的要求，也使管理者面临更大的挑战。

2）沟通环境

任何一个组织都是在一定的环境下运行的。组织内外部环境都对管理沟通渠道产生一定的影响。良好的组织内外部环境会推动管理沟通的良性发展，不好的组织内外部环境会对管理沟通产生一定的限制性影响。

(1) 内部环境

组织内部环境和企业文化密不可分。可以说，有什么样的组织文化，就会产生什么样的管理沟通方式；组织文化是否良好，直接影响管理沟通的效果。组织文化是一个组织内共有的价值观、信仰和习惯体系，该体系与正式组织结构的相互作用形成行为规范；组织文化是组织成员共有的基本假定、价值观、行为准则和人为现象的模式。组织文化统领着组织诸多方面，如组织倡导什么、如何进行资源分配、如何设计组织结构、招聘和选用什么样的员工、绩效评估与薪酬体系等。一方面，组织文化的建设和推广离不开管理沟通与全员培训，管理沟通是传播与倡导组织文化的重要工具；另一方面，管理沟通的展开又与开明、积极向上的组织文化息息相关。在当前全球经济一体化和知识经济时代，组织开展管理沟通会越来越多地遇到许多新的问题和挑战，建设优秀的组织文化是提高管理沟通效果的前提和基础；要在不断强化实践证明有效的沟通方式的基础上，不断创新符合时代特点的新的管理沟通方式。

(2) 外部环境

组织外部环境对一个组织的管理沟通有着重要影响。组织作为一个与外界保持着密切联系的开放系统，需要不断与外部环境进行资源和信息的交换。外部环境各种因素的复杂性及其发展变化，不可避免地会带来组织及其管理沟通系统的变化，特别是外部环境的不确定性变化，给组织带来更复杂的协调工作，从而影响组织内部的管理沟通形式和效果。

具体来讲，不确定性包括两个变量：环境的复杂性和环境的变化性。环境的复杂性取决于环境的构成要素，它对组织的影响表现在结构复杂性和集权化程度上。随着组织所处环境的复杂性程度的增加，组织就要设置更多的职位与部门来加强对外的联系与沟通，并配备更多的管理者来协调公司内部的沟通与工作，这样组织结构的复杂性就不断提高，同时组织的集权化程度反而降低。环境的变化性不仅仅取决于环境中各构成要素是否发生变化，而且还与这种变化的预见性密切相关。若预见性高，公司可以制定各种规章制度来规范制约成员的行为；若预见性低，则要求组织具有弹性机制和柔性管理的模式，以适应变化多端的外部环境。环境的变化性比环境的复杂性对组织的影响更大。

2. 内在因素

外在因素的分析对确定管理沟通的形式和风格还是不够的。也就是说，假设由特定的外在因素形成了一个特定的管理沟通的背景，管理沟通所表现出来的形势仍然会不同，因为还存在影响管理沟通的沟通过程的内在因素。内在因素主要从沟通的主体方面来分析影响管理沟通过程的内在因素，主要是管理者特点及其管理风格、沟通风格等。

1）管理者的特点及其管理风格

在管理中，管理者必须依靠员工才能完成各种工作和任务。对于如何管理员工完成组织的任务即进行领导工作，每个领导都有自己的领导模式，当管理人员与员工进行沟通交流时，领导模式对这种沟通交流具有很大的影响。

领导模式具有不同的划分，根据勒温的领导风格理论，这种理论以权力定位为基本变量，把领导风格分为三类：独裁式、民主式和放任式。这三种领导风格的比较如表 1-4 所示。

表 1-4　三种领导风格的比较

领导风格	权力定位	与员工的沟通情况	管理员工的程度
独裁式	领导者	低	高
民主式	群体	高	适度
放任式	每个成员	低	低

另外，根据利克特的领导系统模型，分为 4 种领导方式：专制独裁式、开明独裁式、协商式领导、参与民主式领导。这 4 种领导风格的比较如表 1-5 所示。

表 1-5　4 种领导风格的比较

领导风格	权力定位	与员工沟通情况	管理员工的程度
专制独裁式	领导者	缺乏沟通	高
开明独裁式	授予下级部分权力	有一定的沟通	较高
协商式领导	中下层具有较低层次的决策权	双向信息沟通	较低，相互比较信任
参与民主式领导	共同协商，最高领导层作最后决策	沟通充分	较低，相互信任，建立友情

无论对领导风格怎么划分，按照与员工的沟通程度与管理员工的程度来划分，基本的领导模式有 4 种：命令型、指导型、扶持型、委托型。如图 1-13 所示。

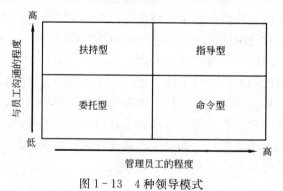

图 1-13　4 种领导模式

（1）命令型

这种领导方式的特点是管理者对员工以命令和强制为主，员工只能服从而不能表达自己的想法和意见。

如果管理者要完成一项非常复杂的工作，而员工又经验不足，工作又不主动，但又必须按时完成，时间紧迫，最适合的方式就是命令型的领导模式。管理者需要向大家解释有哪些工作需要做，该如何去做，及时发现员工的困境，关心工作进展。在这种情况下，切忌陷入过分单向沟通的陷阱，即过多解释可能会浪费时间，打乱工作部署。沟通特点是自上而下的单向模式。

这种管理方式的高明之处在于，作为上司要毫不犹豫地将有关决策迅速而准确地传达下去，奖勤罚懒，决不手软。管理者目标明确，并且能够控制整个进程，对最终的结果承担所有责任。

（2）指导型

这种领导模式的管理者注重对员工进行指导，而不是单纯的命令方式。

如果员工工作比较主动并具有较为丰富的工作经验和热情，管理者适合选择指导型领导模式。管理者花时间与员工进行沟通，以友好的方式向他们比较详细地说明工作，并帮助他们理解工作并达到目标，实行双向沟通。

指导型管理最大的功效是帮助员工热爱他的工作。为了提高能力给予持续的指导，为了避免热情下降而强化支持。同时，上司有义务帮助员工实现个人愿景，给予员工忠诚的奖赏，明确的反馈。沟通特点是自上而下为主，也会采取其他的沟通方式。

这种管理方式的特点是，上司大权在握，但是非常重视收集、分析并整合下属的建议或意见，在此基础上才作出决策。管理者必须充分利用下属的聪明才智，同时又能控制过程与结局。

（3）扶持型

这种领导模式强调领导应帮助员工成长，通过塑造合适的组织氛围，提供支持，使员工完成工作绩效。

若员工对所要求的技术娴熟，而领导者与员工之间的关系比较密切，这种情况下适合选择扶持型领导模式。

作为上司，需要经常赞赏部下良好的工作表现与绩效，与部下一起讨论问题，倾听部下的"心声"，共同"头脑风暴"，寻求改善方案。尤其是高支持行为对于重新获得彼此的信任与信心、保持热情将有很大的益处。沟通方式是一种自下而上的模式。

与上述两种管理模式不同之处是：权力与责任的转移，部下与上司分担责任，部下视上司为教练。上司基本上以培养部下解决问题的能力为己任，积极倾听，适时提供援助，共同分享成功的喜悦。

（4）委托型（授权型）

委托型领导模式是把工作委托给员工完成，领导者很少或不进行干预。

如果领导者与部下的关系十分密切，而且他们能够独立且有效地工作，此时，领导者可以大胆、放心让员工自己去做。这时领导适合选择委托型领导方式。

对于具有一定成熟度的员工，领导者应该让他们承担重要职责，与其他同事共享成功，培训其他员工，共同讨论公司愿景，让其参与上层决策。

这种管理模式的特点是尊重并欣赏部下的能力和观点，上司应该寻找合适的部下，向他们授权。不仅给予他们权力，更应给予他们充分的能力，即所谓的既要授权又要灌能。如果你只给部下权力而不给予能力方面的培养与选拔，其实这也是一种资源浪费。如果能真正做到既授权又灌能，那么不仅提高了管理效率，提升部下的能力，更为公司创造了人力资源财富。在这种方式中，管理者与员工相处融洽，平等友善。

权变理论认为，任何领导模式都不能使我们成为有效的领导者，有效的领导模式受三方面的影响：领导者自身、员工、应完成的任务。管理者只有理解、分析这三个要素才能在既定的环境中选择正确的领导模式。在上面4种领导模式中，没有最好的领导模式，管理者可以根据情况选择任何一种，但是由于管理者的不同性格偏好，如果使用一种模式，就很难更改为其他模式，但是无论采用何种模式都应根据具体情况进行选择。

如果领导者把这4种基本领导模式与员工的特点及工作经验有效结合起来加以考虑，并结合所处的环境加以分析，就能在特定的环境中确定哪一种领导模式最适用。

为了能选择正确的领导模式，为了改变现在模式以适应具体环境的需要，管理者必须具备以下三个方面的特别技能。一是分析技能，即评价下属完成任务的经验和主动程度。二是变通技能，即根据具体环境的分析结果，变更并选择最佳领导模式。三是沟通技能，即向下属解释为什么领导模式要随着环境的不同而变化。每个人执行某项任务的经验和主动性各不相同。倘若你把领导模式从委托型改为命令型，而你又未能与下属人员进行有效的沟通，说明改变领导模式的原因，那么员工会对命令型作出敌对的反应。这是因为员工对于要求完成的管理工作是完全陌生的。因此，管理者需要在某段时间里运用4种领导模式实施管理，同时必须具备以下几种沟通技能：一是怎样简明扼要地说明任务性质；二是怎样去告知员工去做什么、如何去做；三是怎样鼓励圆满完成任务的员工；四是怎样与员工建立和谐的关系；五是怎样与员工一起探讨问题、听取他们的意见、了解他们的感情；六是怎样有效委托职责，以便了解员工应该向你提出的问题；七是作为领导，怎样解释在特定环境中的失常行为，实际上，领导者本身就是一个矛盾的统一体。

2）沟通风格

在一个群体、团队乃至整个组织中，个性差异和沟通风格不同，对于团队合作和激励员工努力提升工作绩效至关重要。

根据人们在工作与生活中的个性特征，管理沟通主要涉及构成行为的两个基本要素，即控制性与敏感性。控制性与敏感性是一个人行为中最为重要的两个因素，两者结合在一起也就确定了人们的沟通风格。如表1-6所示。其中控制性反映了个人的行为在他人眼中显示出来的坚强有力与始终如一，而敏感性则反映了个人在他人眼中显示个人情感或关心他人的程度。控制性强、弱与敏感性强、弱的个体具有表1-6所示的沟通特征。这4种典型的沟通风格分类，为我们了解和把握自己与他人的沟通风格，更好地提高管理效果，是大有益处的。当然，尽管每个人身上都具有一种典型的沟通风格，但对大多数人而言，其沟通风格都是4种类型的混合体。

表1-6 沟通特征

控制性较强	控制性较弱	敏感性较强	敏感性较弱
精力旺盛	精力不太充沛	真情流露	情感深藏不露
走路很快	走路很慢	显得友善	拘谨缄默
手势较有力	手势不太有力	表情丰富	表情很少
较多地运用眼神	较少运用眼神	手势随便	较少手势
身体前倾	身体后仰	说话时抑扬顿挫	说话平铺直叙
说话较快	说话缓慢	喜好聊天	对琐事不感兴趣
声音较响	声音较轻	善谈闲闻轶事	注重事实
滔滔不绝	沉默寡言	注重人的因素	关心具体工作
处理问题迅速	处理问题优柔寡断	喜好与人共事	喜好独立行事
决策时坚定果断	决策时举棋不定	衣着随便	衣着讲究
善冒风险	回避风险	利用时间缺乏规律	时间安排循序渐进
喜好与人正面交锋	宁愿退避三舍		

续表

控制性较强	控制性较弱	敏感性较强	敏感性较弱
表达时直截了当	表达时语气委婉		
急于行动	行动缓慢		
爱发脾气	不易发火		

因此，要改善和提高管理沟通的效果，首先要了解和把握自己的沟通风格与他人的沟通风格及其差异，在不同的情形中采取不同的管理模式。这对于有效管理至关重要。总之，管理者要灵活、聪明地处理问题。常言道："山不转水转"，管理者必须清醒地意识到，没有一成不变的沟通风格与管理模式。若要取得成功，管理者应该根据不同的情形采取不同的对策。

其次，了解自己沟通风格的特点，认同他人的沟通风格，并持宽容的态度，有助于成功地进行沟通，达到沟通的目的。沟通风格与人的个性、价值观、认知、文化背景等有一定的联系，并逐步成为一种习惯性的行为，成为与人交往的"舒适区"。每一种沟通风格都有其潜在的动力，若要持续保持并不断开发则要精心培育；反之，弱点也许是一种潜在的阻力，若想获得成功，必须减轻或避免。较为有效的方式是，不要轻易改变自己的沟通风格，但可以尝试打破你的"舒适区"，适度调整自己的沟通风格，向你的沟通对象靠拢。

复习思考题

1. 什么是管理沟通？
2. 管理沟通的作用体现在哪些方面？管理沟通要达到的目的是什么？
3. 管理沟通有哪些类型？
4. 如何理解管理沟通的过程模型？
5. 管理沟通的障碍体现在哪些方面？
6. 影响管理沟通的因素有哪些？
7. 常见的领导模式有哪些？各自的沟通模式及适用性如何？
8. 常见的沟通风格有哪些？不同沟通风格的人如何实现有效沟通？

案例分析

案例1.1　　　　阿维安卡52航班

1990年1月25日晚7：40，阿维安卡（Avianca）52航班飞行在南新泽西海岸上空37 000英尺的高空。机上的油量可以维持近两个小时的航程，在正常情况下飞机降落至纽约肯尼迪机场仅需不到半小时的时间，这一缓冲保护措施可以说十分安全。然而，此后发生了一系列耽搁。首先，晚上8：00整，肯尼迪机场航空交通管理员通知52航班的飞行员由于严重的交通问题他们必须在机场上空盘旋待命。8：45，52航班的副驾驶员向肯尼迪机场报告他们的"燃料快用完了"。管理员收到了这一信息，但在9：24之前，飞机没有被批准降落。在此之前，阿维安卡机组成员再没有向肯尼迪机场传递任何情况十分危急的信息，但飞机座舱中的机组成员却相互紧张地通知他们的燃料供给出现了危机。

9：24，52航班第一次试降失败。由于飞行高度太低及能见度太差，因而无法保证安全着陆。当肯尼迪机场指示52航班进行第二次试降时，机组成员再次提到他们的燃料将要用尽，但飞行员却告诉管理员新分配的飞行跑道"可行"。9：32，飞机的两个引擎失灵，1分钟后，另外两个也停止了工作，耗尽燃料的飞机于9：34坠毁于长岛，机上73名人员全部遇难。

当调查人员考察了飞机座舱中的磁带并与当事的管理员讨论之后，他们发现导致这场悲剧的原因是沟通的障碍。为什么一个简单的信息既未被清楚地传递又未被充分地接受呢？下面我们对这一事件进行进一步的分析。

首先，飞行员一直说他们"油量不足"，交通管理员告诉调查者这是飞行员们经常使用的一句话。当被延误时，管理员认为每架飞机都存在燃料问题。但是，如果飞行员发出"燃料危急"的呼声，管理员有义务优先为其导航，并尽可能迅速地允许其着陆。一位管理员指出，"如果飞行员表明情况十分危急，那么所有的规则程序都可以不顾，我们会尽可能以最快的速度引导其降落的。"遗憾的是，52航班的飞行员从未说过"情况紧急"，所以肯尼迪机场的管理员一直未能理解到飞行员所面对的真正困难。

其次，52航班飞行员的语调也并未向管理员传递有关燃料紧急的严重信息。许多管理员接受过专门训练，可以在这种情境下捕捉到飞行员声音中极细微的语调变化。尽管52航班的机组成员之间表现出对燃料问题的极大忧虑，但他们向肯尼迪机场传达信息的语调却是冷静而职业化的。

最后，飞行员的文化和传统以及机场的职权也使得52航班的飞行员不愿意声明情况紧急。当对紧急情况的正式报告之后，飞行员需要写出大量的书面汇报。另外，如果发现飞行员在计算飞行中需要多少油量方面疏忽大意，联邦飞行管理局就会吊销其驾驶执照。这些消极的强化因素极大阻碍了飞行员发出紧急呼救。在这种情况下，飞行员的专业技能和荣誉感可变成赌注。

问题讨论

1. 使用沟通过程的模型来分析52航班飞行员与肯尼迪机场交通管理员之间的沟通。
2. 具体陈述如何使用积极倾听技巧以阻止这场空难。
3. 目前在主要的国际机场中大量航班是国外航班，因而飞行员与国际空中管理员所使用的母语通常不同，而且文化背景也不同，那么，管理员如何才能做到有效的沟通，避免出现52航班这样的悲剧？

案例1.2　　　　　彭志欣准备如何与李总经理见面

经过3年的磨炼，彭志欣已经成长为东海汽车轴承有限公司的销售经理助理。彭志欣仍然衣冠楚楚，风度翩翩，但是显得成熟了许多。彭志欣准备与可能成为关键客户的长江汽车饰件有限公司的李总约定见面时间。李总乃是当初的采购部经理李海洋，他工作努力，去年从一家著名的国际工商管理学院的EMBA班毕业，使得原本毕业于复旦大学工程数学专业的李海洋，平添了许多现代管理与营销理念的技能。原来的总经理任期期满后调任亚太区总裁，董事会经过讨论任命李海洋担任长江汽车饰件有限公司的总经理一职。李总处事严谨而不失风趣，讲究数据但是不拘泥于数据，稳重而又敢于拍板。

而彭志欣与李总的行政助理梅先生已经改了两次日程表，第一次是李总出国了，第二次是参加临时董事会，现在正在与李先生商定第三次约会的时间。

梅先生在电话中告诉彭志欣说："如果你能够在16：50到我们公司的话，或许我可以安排你与李总见面，但是你千万不能迟到，一定要分秒不差。若我是你的话，我肯定会将各种资料准备齐全，尤其是贵公司的报价，产品的销量，已购买该产品的公司与厂家，还有技术指标等参数都要一一准备。李总想尽快结束这桩买卖，因为他要出国参加一个第二世界国家建造汽车工厂的招标活动。B公司（竞争者）的副总经理洪先生已经来过了，但是他们没有将李总的要求给予回复，这也是李总愿意见你的原因……我们李总曾经……"

问题讨论
1. 你能够推测李总的个性特征与沟通风格吗？
2. 你能够推测梅先生的个性特征与沟通风格吗？
3. 你打算如何通过提问来强化对李总的认识与了解？
4. 你准备如何应付李总并接到订单？

案例1.3　　　　　　　回款拖欠问题的解决

西北某国有企业一直从事轻化工（医药包装材料、食品添加剂）的生产。为将主业向下游拓展，寻求新的利润增长点，公司决定进军医药领域，遂于2001年出资2 500万元，收购了四川某民营药厂。

该药厂成立于1998年，总投资为人民币1 800万元，主要生产治疗乙肝的四类中药。产品于1999年投放市场，主要采取代理销售的模式，当年销售收入仅为700余万元，亏损为200余万元。原民企老板经过深刻总结，认识到药品销售的重点在于拥有一支强有力的销售队伍，于是以年薪人民币20万元重金聘请了一国有大型药厂的销售副总张某，组建了公司的营销队伍，并全面负责销售工作。2000年，该药厂在华南、华东、华北三个地区新开了6个片区，拥有70余人的销售队伍，当年完成销售额1 800余万元，实现利润300万元。但由于原民企老板转型从事房地产行业，于是将该厂作价2 500万元卖给了上述西北某国有企业。

西北某国有企业收购该药厂后，委派了陈某出任该药厂总经理，李女士出任该药厂的财务部经理。而张某仍为销售部经理，其个人收入也遵从国企的薪金分配制度，原有的20万年薪没有得到确认。

2001年9月底，刚上任3个月的陈总接到财务部李经理汇报，上半年公司在市场上铺货已达到2 000万元。按照3个月回款规定和以前的回款状况，这些货款本月都应该回收完毕，而到目前仅回来了210万元，尚余90%未收回，不知道问题出在哪里。这种回款状况已影响到了原料和包装品的正常采购。

陈总找到销售部张经理，张经理解释说："这件事情我最近也在调查，据各片区反映，这些客户大多与我们原老板很熟，老板在的时候，他们基本上都能按照3个月的时间打款，因为这样做，原老板也给他们兑现返利。但现在你们国有企业收购了这个药厂，这个返利措施未明确，人家打款当然不积极了，所以就以资金紧张为由拖欠我们的货款。加之原老板也给我们销售部每年销售收入5%的提成，现在这个政策也未明确，销售队伍目前不太稳定，我也没什么办法，还是公司来解决吧。"

陈总通过私下了解，原老板给张经理的20万年薪及销售部5%提成均为口头小范围承诺（仅在药厂盈利后一次吃饭时给张经理及几个片区负责人的口头承诺）。但这个问题的后遗症在收购后凸现出来，目前已影响到销售。面临困境，陈总陷入了长久的沉思中……

问题讨论
1. 从沟通过程及构成要素方面，陈总应该如何策划这次沟通？
2. 陈总应该采取什么样的领导模式及沟通策略来进行沟通？

第 2 章

建设性沟通

学习目标

- ✓ 理解建设性沟通的含义与特征；
- ✓ 掌握建设性沟通的原则；
- ✓ 掌握建设性沟通的框架；
- ✓ 理解建设性沟通的策略。

有研究表明，良好的员工间关系以及管理者与员工间关系会产生最基本的竞争优势。例如，美国管理沟通研究专家汉森在调查中发现，在预测 40 家大公司以后 5 年内的赢利能力时，良好的管理者与下属关系的权重是市场占有率、资本紧缺性、公司规模及销售增长率 4 个重要变量之和的 3 倍。因此，建设性沟通不仅仅是"做人的技巧"，而且是管理者与组织获取竞争优势的关键要素。

2.1 建设性沟通的含义与特征

所谓建设性沟通，是指在不损害、甚至改善和巩固人际关系的前提下，帮助管理者进行确切、诚实的人际沟通方式。建设性沟通具有以下三个方面的重要特征：一是实现了信息的准确传递；二是沟通双方的关系因为交流而得到巩固与加强，从而形成积极的人际关系；三是建设性沟通的目标不仅仅在于为他人所喜爱，或为了被社会承认，而是为了解决现实的问题。建设性沟通是强化积极性人际关系前提下的一种实用管理工具。比如，没有建设性沟通，就不可能为顾客提供完善的服务，不可能建设性地解决好顾客的抱怨与误解等问题。因此，管理者不仅要培养熟练的建设性沟通技巧，而且要帮助下属学习这种技巧。

建设性沟通的本质是换位思考，即以客体为导向的沟通思维，也就是无论何时、何地、何种环境、采取何种方式进行沟通均必须站在沟通对象的立场上去考虑问题，从"对方需要什么"作为思考的起点，不但有助于问题的解决，而且能更好地建立并强化良好的人际关系，达到建设性沟通的目标。在换位思考的基础上，要进一步把这样的思考方式贯彻到自己的沟通语言和沟通过程中，就应在沟通信息组织、沟通语言表达等方面加强理念和技能提升，即要遵守信息组织的完全对称等原则，三个合理定位原则——问题导向、责任导向、事实导向的原则，以及尊重他人的原则。

2.2 建设性沟通的原则

2.2.1 信息组织原则

1. 全面对称原则

在信息组织中坚持全面对称原则包含两层含义，第一层含义是所传递的信息是完全的，第二层含义是所传递的信息是精确对称的。沟通过程的信息接收者和发出者之间由于背景、观点、需要、经历、态度、地位及心理差别,信息发送者应向接收者发出完全信息,否则信息接收者就不能完全理解信息发送者所发出信息的含义,产生信息失真,或信息不对称。强调有效沟通的完全性原则,就是要求沟通者在沟通过程中掌握三个方面的信息组织原则:沟通中是否提供全部的必要信息;是否回答询问的全部问题;是否在需要时提供额外信息。

这里必要信息的含义,就是要向沟通对象提供5W1H,即谁(Who)、什么时候(When)、什么(What)、为什么(Why)、哪里(Where)和如何做(How)6个方面的信息。在提供全面信息的同时,沟通者还要分析所提供信息的精确性,如分析数据是否足够、信息解释是否正确、关键因素是什么等问题。

信息的完全性,就是要求沟通者回答全部问题:以诚实、真诚取信于人。例如,一客户向某销售人员询问7个有关所销售产品的信息,而销售人员只回答了其中4个,并认为另外3个信息已经在所提供的产品说明书或图表中反映出来了,没有给予回答。那么,客户会认为自己被轻视,销售人员对顾客不友善,结果是公司失去了一笔订单。以举办一个国际展览会或订货会为例,通过比较可以发现,国外的展览会或订货会的组织者会非常详细地把所有有关的信息事宜告知对方,有时接到信息的人似乎会觉得"对方好像把我看作是一无所知的人",但正是因为这样,才能使每一个接到信息的人对全部信息有充分的了解;相比较而言,国内的会议通知就非常简单,参加会议的人有时为了完全了解清楚会议的信息,不得不几次向会议的组织者询问详细信息。结果是,国外的有关信息提供方式给人以重视的感觉,而且提高了沟通的效率。

必要时提供额外信息,就是要根据沟通对象的要求,结合沟通的具体策略向沟通对象提供原来信息中不具有的信息或不完全信息。

全面对称的第二层含义是,所提供的信息是精确对称的。如果第一层含义是要求信息源提供全部必要信息,那么第二层含义就是要求根据对方的需求提供精确的信息。

沟通信息的精确性,就是要求沟通者根据沟通环境和对象的不同,采用相应的语言表达方式,并采用正确的数据资料,让沟通对方精确领会全部信息。为实现沟通信息的精确性,要求做到以下三个方面。

一是采用正确的语言层次,根据沟通信息接收者的对象不同、沟通场合不同,选择相应的沟通信息编码方式。沟通的语言层次可以分为正式语言、非正式语言和非规范语言三个层次。以笔头沟通为例作说明,正式语言如学术论文、法律文件、政府文件等;非正式语言更多地出现在商业活动中,如外贸函电、一般信件等;非规范语言在笔头沟通中一般不出现,但在口头沟通中出现得比较多,如口语化的语言。

二是在信息内容上要注意其正确性,如检查图表、事实和语言是否正确使用。比如在市场分析报告、学术论文中,要正确表明每一个数据的来源,并采用正确的表述方式进行信息编码。

三是采用能为信息接收者所接受的写作模式。比如,同样是严格规范的学术性文章,在同行专家之间交流时,可用严格的术语表达;但在科普性的文章中,就要避免学术味太浓的语言风格,要把这种语言转化为大家可以接受的语言,当然这种语言风格仍然是逻辑严密的。

信息的对称性,就是要求信息发送者所编码的信息能为接收者完全接收。沟通双方传递和接收信息的不对称是沟通不精确性的最主要原因。许多有关人际沟通的论述都关注所交流信息的精确性，普遍认为沟通过程中的信息在传播与接收过程中基本不改变原意或偏离愿意，是有效沟通的基本要求。沟通技巧最关注的就是传播清楚、确切信息的能力。在现实中，由于沟通信息的不精确导致惨重代价的事情到处发生。

信息不精确的第二个主要原因是沟通双方在文化和语言上的不对称。来自不同国家或地方的沟通者，由于语言含义的不对称而导致沟通信息出现偏差的例子比比皆是。如从语言方面看，我国的语言语意比较含蓄，美国比较直白；再如从数字表达看，在英国，billion 表示 10^{12}，而在美国与加拿大 billion 表示 10^9，这样，当涉及财务问题时，经常会产生误会。类似的情况还如，在美国，如果会议上你"table"（搁置）一项议题，就是将推迟它的讨论；而在英国，"table"（放到桌面上）一个主题，即现在就开始讨论它。从文化方面看，美国商务人士非常讲究效率，谈判过程往往不吃午饭，搞连续作战；但阿拉伯民族的商务人员讲究轻松的环境，不太讲究效率。

信息技术的不断发展，使得信息传播的精确性（包括信息的清晰度和准确性）等方面有了很大的进步，同时，信息沟通的速度也迈出了重要的一步。尤其是多媒体功能的计算机网络的广泛应用，人们可在很短的时间内将信息、文件、图像、声音发送到世界任何地方。可以说，未来的商业决策和竞争优势几乎将依赖于这种现代沟通手段的精确性。

信息不精确的第三个原因是提供的原始数据的可靠性与接收者所理解的数据可靠性之间的不对称。在我国，由于统计部门在制度上的不规范，以及数据采集上的巨大工作量，不得不在数据采集时大量依赖于最基层所提供的原始数据，事实上，这样的数据可靠性是很小的——"你应该永远不要忘了，其中每一个数据最初都来自于各个街道、村庄的统计员，而他们往往是凭着当时的喜好写下那个数字的"——这已经是大家的"共识"，而原始数据的真实性，只有最基层的统计员才知道；越到上面的统计员越不清楚，因此在统计工作中根本无法对数据作修正，由此导致的数据真实性的不对称，也严重影响了沟通的精确性。即使国家统计局采用多么精美的公式、图表，多么复杂先进的运算工具，结果都是徒劳的，而且会南辕北辙。

2. 简明清晰原则

所谓简明性，就是在沟通时要用尽可能少的语言，既节约自己的时间，更重要的是节约受众的时间，提高沟通的效率。许多管理者在实际工作中存在这样一个问题，在举行会议时，习惯于长篇大论，废话连篇，结果是沟通过程中真正提供给受众有用的信息却很少。由于沟通时不注意简明性原则，受众在参加会议时显得很无聊，会后留在脑海里的信息极为有限，这也是大多数人不愿意参加会议的原因。

注意简明性原则在节约自己和受众时间的同时，也是尊重人的表现。沟通者要善于从受众的角度去思考信息的组织方式，要认识到受众在付出时间听取你所提供信息后能获得的实际效用，尊重他人的时间。

坚持简明性原则，可以从三个方面出发：一是避免冗长乏味的语言表达；二是避免不必要的重复；三是组织的信息中只包括相关的有用信息。如宝洁公司有一个规定：提供给高层管理者的报告或备忘录不得超过两页纸，这就对沟通者如何以尽可能少的语言完成信息的完全传递提出挑战。

清晰性原则，就是要求沟通者认真准备沟通的信息，包括清晰的思考和清晰的表达两个方面。信息的内容在追求简单明了的同时，也要强调清晰度。尤其是针对不同的受众，由于各方面的差别，对有的受众可以一句话完成沟通，而对有的受众则可能有一段话，其目的就在于沟通者能够让受众清晰掌握沟通的信息。贯彻清晰性原则，有两个要求：一是选择精确、具体、熟悉的词语，避免深奥、晦涩的词语；二是构筑有效的语句和段落，包括长度、统一度、内在关系逻辑、重点四要素。一般而言，一个句子不能太长，超过 14 个字的句子，应该分解为几个句子，当然，都是 10 字之内的短句也不好，就是要运用演绎推理和归纳等语言学技巧，增强语言的说服力；强调重点，就是在信息组织时要突出重点，而且表达时也要突出重点。

沟通信息的清晰，内在地要求沟通者清楚自己想要表达的想法和想要传递的信息，并选择那些能够清晰地表达你的想法的词汇，如应用"KISS（Keep It Short and Simple）"准则，用词简明。

3. 注重礼节

注重礼节，一方面要求沟通主体在传递信息时，考虑对方的情感因素，做到真诚、有礼貌；另一方面要求沟通者在信息内容的组织上能站在对方立场来传递信息，在理念上能够全面周到。

注重礼节，首先就是要求沟通者不但要意识到接收者的观点和期望，还应考虑接收者的感情。礼节来自你态度的真诚，不但应习惯性、礼貌地运用"谢谢"、"请"等词语和社会规范，关键在于你对他人的尊重和关心，是发自内心的。具体应注意以下几个方面：一是沟通者应该是真诚而机智、全面周到、感人的；二是沟通者要以尊重人的语气表达沟通的信息；三是沟通者应选择非歧视性的表达方式。

在实际生活中，尽管随着沟通工具和手段的日新月异，沟通速度越来越快，沟通信息的正确性要求也越来越高，但人与人之间的沟通状况并未产生相应的进步。人们还是会因别人的无礼而恼怒；或者自己在沟通过程会讲一些侮辱人的话，与人交流时显得相当笨拙。现举一个非常普遍的例子来说明这一点。

客观地讲，在平时的沟通中，我们对自己的上级或长辈比较注重礼节，而且沟通过程也比较注重策略。但对于自己的下级则往往忽略这一点，因为很多管理者习惯于对下属发号施令，习惯于让下属按照自己的意愿去做事，却忽略了对下属的尊重。所以对于有效的管理者，在平时更应该注重与下属沟通的礼节。具体要注意以下几个方面。

① 坚持平等相待的原则。要从一般的人与人之间关系的视角来看待与下属的关系。

② 坚持相信下属的原则。要相信下属的创造力和工作主动性。

③ 坚持以平常心看待自己的原则。无论你身处什么位置，只不过是他人赋予你更多的权利，而不是赋予你高高在上的权利。

注重礼节，还要求沟通者从信息接收者的角度去准备每一个沟通的信息，要设法站在受众的位置去思考问题，充分关注受众的背景和需要，尽可能向受众提供全面系统的信息，也就是要求管理者以全面周到的理念去传递信息。其中最为重要的是，沟通者要去领会和认识受众的愿望、问题、环境、情绪和可能的反应。为实现沟通信息的全面周到，可以从以下三个方面入手。

① 理念上要着重于"你"而不是"我"、"我们"。也就是要求沟通者站在对方的立场去考虑问题，但在表达时，有时用"我们"则又表现出客体导向，用"你"就显示排斥情绪。因此，在思想上永远是"你"，而言行上是"我们"。要恰当地处理和运用好"你"、"我"的关系。比如当你去拜访客户时，交谈过程中应采用"我们都希望……"，"让我们共同想办法把这件事处理好"等这样的语言。

② 关注并告知受众的兴趣和利益。这是着重"你"的最本质的特征，语言是表面的，而利益是内在的。如在会议的开始，主持人可以这样开头："会议的目的在于就这次工资改革的方案，征求大家的意见，让我们充分提出和讨论可能的建议，共同努力把工资改革搞好。"

③ 运用肯定的、令人愉悦的陈述。要学会肯定对方，要善于从对方的语言中提炼出正确的思想，肯定对方是对对方的尊重，不要显示自己高人一等，好为人师。

当然，对一部分沟通对象是有效的沟通语言，对其他的人则不一定有效，因此，一定要根据沟通对象的不同而选择陈述的方式。

4. 具体生动

强调语言的具体、生动、活泼，而不要用模糊的、一般性的说法。在沟通过程中，应该运用风趣幽默的语言风格。具体在沟通信息组织上，可运用以下4种方式。

一是用具体事实和数据图表，并运用对比的方法加强语言的感染力。如今年同期销售额比去年有大幅度的增长，去年同期为300万元，今年为358万元，增长近20%；或者用图表方式表示，如比尔·盖茨睡了8个小时醒来，发现自己的口袋里多了400万美元，如果把比尔·盖茨的钱，以100美元一张叠起来，其高度超过多少。

二是强调句子中的动词，或突出关键词，这样会给人以明确、人格化、简洁等感觉。

三是选择活泼的、有想像力的词语，如毛泽东同志提出的并为大家所共识的"正确路线确定后，干部是决定因素"；海尔的张瑞敏提出的"有了思路才有出路；没有思路只有死路"、"人才，人才，人人是才"；浙江东方集团的腾增寿提出的"金钱面前不动摇，美色面前不动心"，等等，以形象上的语言来表达自己的观点，给人留下深刻的印象。

四是通过类比的方式，突出要说明的主题，给人以深刻的印象。以井植薰在《我与三洋》书中的一段话举例说明。当1979年三洋电机的海内外总销售额突破1太日元大关时，他这样描述"1太"的概念：

假如我们把这1太日元同时间联系起来，比如说1太秒等于多少年，那么你大概就会被这个数字下一跳。1年有365天，每天有24小时，每小时有60分钟，每分钟有60秒。最后，你可以计算出，1太秒等于31 710年！如果再假定，一个人1秒钟可以赚1日元，那么等他日夜不停地赚到了1太日元时，时间已经过去了300多个世纪，比整个人类迄今为止的文明史还要长出五六倍。如果再设想把一个日元的硬币一块块地叠起来，那么1太日元的硬币足足可以叠成100万公里的长度，这个长度等于地球赤道的25倍，足足可以从地球到月亮打个来回。

5. 谈话连贯

连贯的沟通就是前后话题的延续性，如果沟通过程中出现偏离先前的话题，就出现沟通的中断。在平时沟通过程中，三种最常见的出现沟通中断的问题有三种。第一，缺少平常的说话机会。当一个人打断另一个人，或当某人控制了气氛，或当两人或更多的人想同时说话时，沟通就被打断了，互相交流会变得不流畅。第二，过长的停顿也会使沟通中断。停顿不应是完全沉默，期间可填入"嗯"、"啊"之类语气词或重复先前说过的话，做简单地连接。第三，主题的失控可能导致沟通中断。如当一个人单方面决定下一个谈话的主题；或突然将主体转到与先前所说毫不相干的方面，谈话就可能中断。

因此，"轮流讲话、时间控制、主题控制"三个因素是有效地进行建设性沟通的关键。有经验的沟通者在保持沟通连贯性方面的经验有4个方面。

① 在相互交流时，为形成连贯沟通的气氛，要学会多提问，而不要急于就对方的观点下结论，推销自己的观点；在回答对方的问题之前，先要听完对方的话，不要轻易打断别人的话，即使需要提出问题，一次只说二三句，给别人以插话的机会。

② 要避免长时间的停顿。

③ 话语应与先前讲过的相关。

④ 轮流讲话，肯定他人话语的价值，目的在于共同帮助解决问题。

连贯性谈话的连续性可用图2-1表示。

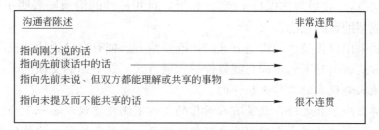

图2-1　连贯性谈话的连续性

2.2.2　合理定位原则

1. 问题导向定位：对事不对人原则

人们在沟通过程中常会出现两种不同的导向：问题导向和人身导向。所谓问题导向，沟通关注的是问题本身，关注的是如何处理和解决好问题；而人身导向的沟通关注的则是个人品质而不是问题本身，沟通者以给他人的人身作评判的方式进行沟通。建设性沟通的"对事不对人"原则就是要求沟通双方不要搞人身攻击；不要轻易给人下结论，要学会克制自己，从解决问题的角度考虑沟通策略。即使在进行以行为和事件为中心的人事评估时，问题导向的沟通还是有用的，如果以人身导向的沟通方式发出信息，那么还是解决不了问题。

人身导向的沟通，典型的沟通语言就是"你独裁"、"你麻木"、"你这个人不可理喻"等。人身导向一般着眼于对方的动机，而忽视问题本身，如"原因在于你想控制他人"。人身导向沟通的结果是，人们能改变他们的行为却很少能改变他们的个性，因为人身导向沟通没有什么具体措施，这种方式往往导致人际关系的恶化而不是解决问题，如你对下属说："你是一个不合格的经理，一个懒惰的人或一个感觉迟钝的办事员。"结果是引起下属的反感和防卫心理，因为大多数人对自身是认可的，即使沟通所表达的意见是正向的，如"你是个出色的人"，若它没有与行为或成就联系在一起，也可能被认为是虚言。当出现极端现象时，即使你本意在于表扬对方，而对方还会认为这是讽刺，或者觉得"你很虚伪"。可以说，没有具体指向的人身评判是人身导向沟通的最大弱点。

问题导向的沟通，关注的是问题的发生、发展和解决，以事实说话，来表达沟通者的思想。"我不参与决策"、"我们并不那么认为"这样的语言，往往是从描述问题出发的，常被用于问题导向沟通的表达方式。问题导向着眼于描述外部行为，如"在今天的会议上，你做了几番讽刺性的评论"等。为实现问题导向的沟通原则，沟通者应与普遍接受的标准或期望结合起来，而不应是个人观点，通过与行为、外部标准比较得出的陈述，给人以信服感。

当然，有效的建设性沟通者也没有必要完全避讳讲出他人态度或行为得出的个人印象或感觉。只不过在必须这么做时，应当关注其他建设性沟通的原则。

2. 责任导向定位：自我显性原则

自我显性的沟通，承认思想源泉属于个人而非他人或集体，承担个人评论的责任。使用第一人称"我"、"我的"，以表明自我显性的沟通。如果采用第三人称或第一人称复数，如"我们想"、"他们说"或"有人说"，则是自我隐性的沟通。自我隐性的沟通将信息归之于不为人知的第三者、群体或外部环境，而沟通者就逃避了对信息承担责任，因而也就逃避进入真正的交流。自我隐性的沟通，给对方这样一个信息：沟通者很淡漠，或对对方漠不关心，或者对所说的话没有足够的自信以承担责任。有的人认为自我隐性的沟通似乎在告诉对方这样一个暗含的信息："我想与你保持距离"。相反，自我显性的沟通则表明了希望建立联系，希望成为伙伴或帮助者的意愿。

当你的下属采用自我隐性的沟通方式时，既要给下属拥有自己说话的权利，同时应通过要对方举例的方式，引导下属走向自我显性的沟通方式。如下面的交谈例子：

下属：其他人都说我的工作是很棒的。

管理者：那么除了我之外，就没有人对你的工作不满或建议改善一下吗？

下属：……×××抱怨我有时因为取巧想走捷径，结果要他帮我收拾残局。

管理者：他这种抱怨对不对？

下属：也许是吧。

管理者：那你为什么取巧？

下属：我的工作堆积如山，我怕完成不了。

管理者：工作积起来了，就去取巧。这种情况经常发生吗？

下属：不时有。

这就是一个管理者如何使用连贯性问题引导下属从自我隐性的答复，到承认个人表现的行为——沟通答案的自我显性化。

3. 事实导向定位：描述性原则

先看一个例子。

假设你想告诉你的下属，他们接电话时唐突的方式和说话的语速可能会给顾客留下不好的印象。你就此事与下属沟通，可能出现下面两种方式。

方式一："小刘，你接电话的方式真是太唐突了，你需要从现在开始接收职业化的训练。"

方式二："小刘，我正在关注你在电话中与顾客的交谈方式，我想和你讨论一下。我注意到你讲话的速度相当快，因而我担心对一些顾客来说，可能很难理解你所表达的，毕竟你比顾客更了解、更熟悉情况。"

显然，第一种方式可能会使小刘感到不安，也不会改变小刘的接电话方式，因为缺乏明确清晰的指导对小刘是无益的。小刘可能会想："我怎么唐突了，唐突和职业化是什么意思？"这样的批评既不会改变她的唐突，也不会使她职业化，而且用"你太唐突了"这样的结论给人以排斥情绪；"从现在开始就……"这样的口气又太强硬，结果达不到沟通的效果。

建设性的沟通就要避免这种给人简单下结论、贴标签的评价性方式。"你错了"、"你不合格"，这样的评估会使他人感到受了攻击而产生防卫心理，因而对方可能会这样回答："我没错"、"我的能力并不比你差"。结果是问题没有解决，双方情绪会变坏，甚至破坏人际关系。评价性沟通的问题在于沟通一方自视甚高，习惯以命令的方式给别人贴标签，结果往往又使对方将标签贴到你身上，会进一步引起你的防卫心理。于是沟通的准确性和质量遭到破坏。

避免评价性沟通所造成的负面影响的策略是描述性沟通,描述性沟通尽量避免给人做评价和下结论,也避免了无穷无尽相互防卫的倾向。实现描述性沟通的过程可分为以下三步。

第一步:描述客观事情、行为或环境。要求:避免指控。

例如:这个月有三个顾客向我抱怨,你没有对他们的要求作出答复。

第二步:关注行为与你的反应,而不是他人的态度。要求:描述你的反应和感受;描述已发生或将发生的客观结果。

例如:每一个顾客都威胁说,若我们再不对他们作出更有效的反应,他们将不再到我们这里来了,我对这种情况很担心。

第三步:关注解决问题方案。要求:避免讨论谁对谁错;建议另一可接受的替代方案;对其他的替代方案要开明。

例如:我们俩都需要重新获得他们的信任,并向他们表明你是负责的。例如,你可以对他们的系统作一次免费分析。

另外,如果沟通时必须要作评价性的描述,则要注意以下三个原则。

① 评价应以一些已建立的规则为基础。如"你的行为并不符合公司现有规定的要求,会在同事中留下不好的影响"。

② 以可能的结果为基础。如"你的行为继续下去会导致更糟的结果"。

③ 与同一人先前的行为作比较,如"你做得没以前好"。

上述三个原则,最重要的一点在于要避免引起对方的不信任和激起防卫心理。

在沟通中要坚持客观描述性原则,一个有效的策略是沟通的信息具有针对性,沟通主体能针对具体问题与对方交流自己的看法。总的来说,沟通语言越有针对性,就越能起到良好的沟通效果。先比较下面两种说法:

① "你不会利用时间";

② "你今天花了一小时安排会议,这可以由秘书去干的。"

这两种说法中,前面的说法就太泛了,作用不大,对方不会认可,甚至很可能会反驳这种说法;后一种说法就很有针对性,能帮助对方认识自己的行为,并对以后工作的开展提供启示。

针对性的沟通,要求采用特定的陈述方式,比如,"这次活动,你60%的时间都用于评价性议论,而描述仅占10%"。就具体问题作特定的描述,远比非特定性的"你需要提高沟通技巧"这种说法有效得多。特定的陈述可以避免走极端和绝对化;相反,极端的陈述将会导致防卫心理,而使对方难以接收。

例子:试分析下述三组沟通的效果。

第一组 A:"你从不征求我的意见。"
　　　　B:"不,我征求了。在我作决定之前总是向你请教。"

第二组 A:"你从不考虑其他人的感情。"
　　　　B:"不,我是考虑的,我是非常为别人着想的。"

第三组 A:"这工作糟透了。"
　　　　B:"不,这是项非常伟大的工作。"

针对性的沟通,还要求避免绝对化的选择句式,例如"你要么照我说的去做,要么辞职","生活要么是勇敢的冒险,要么啥也不是"。这种极端化和选择性的陈述带来的结果就是否认了任何其他可能性，使得沟通接收者可能的答复受到限制，如果对方反对或否认，则又往往会导致防卫性争论。阿道夫·希特勒在1933年的一段陈述就表明了这种极端性、选择性的破坏性："每一个德国人都是国家社会主义者；少数的党外人不是疯子就是白痴。"

在建设性沟通中，特定而非一般的陈述，因为它们关注行为事件本身，对帮助解决问题非常有用。在前面的一组例子中，如果采用针对性的表述，结果就会大不一样。

第一组 A："你昨天做的决定没有征求我的意见。"
　　　　B："是的。尽管我通常征求您的意见，但我原以为这件事不重要。"
第二组 A："你给我们的答复带着讽刺。让我觉得你不太考虑我们的感受"
　　　　B："真对不起！我也知道自己常常讽刺他人而不顾其感受。"
第三组 A："按时完工的压力影响了我工作的质量。"
　　　　B："按时完工是我们工作的一部分，让我们想想办法来减轻压力。"

2.2.3　尊重他人原则

沟通过程中要达到既解决问题，又强化良性人际关系的目的，很重要的一点就是要学会尊重他人。沟通过程中主张尊重他人，就要做到表里一致、认同对方、双向沟通。

1. 表里一致原则

优秀的人际沟通和人际关系的基础是沟通双方在所表达的和所思考的之间具有一致性，就是说，语言和非语言的交流应与个人的所思所感一致。表里不一致主要表现为以下三种情形。一是沟通双方处事的态度与他们所意识到的态度之间的不一致。一个专注于自我的人可能不会意识到他的语言和方式正构成对别人的威胁，而对方已经感到非常难堪，比如一个事业有成的人向一个不很熟悉、同时工作遇到不顺心的人大谈自己如何富裕，无意识中使得对方心理难以接受。二是个人的感觉与所表达的不一致。例如，个人可能感到愤怒但又拒绝承认自己的心态。三是所说的内容与举止、口气的不一致。如果想表达对某件事物的自我真实想法，但你用一种含糊、嘲讽或者玩世不恭的口气说出这种想法，对方就会对你思想的真实性表示怀疑，尤其是沟通双方的关系在历史上曾有过不良"记录"，更会反映出这样的情况。

有研究者认为，沟通的一致性处于人际关系的中心位置。沟通者的实际情况、感受和言语越一致，与沟通对象所形成的关系就越可能产生相互一致性倾向，双方能够共同正确理解沟通对方的心理倾向，提高双方心理适应性，并不断提高和强化对相互关系的满意度；相反，实际情况与感觉状况越不一致，所形成的关系越可能会影响到沟通的质量，导致相互之间的适应性下降，导致双方之间关系的不满意度得以提高。

当然，致力于表里一致性并不意味着要压制自己的一切不良情感，如愤怒、失望、攻击等，也不是强调一致性原则至上论。在实际沟通过程中，其他建设性沟通的原则要综合起来考虑，不能为了追求一致性原则，而抛弃其他原则，这往往会得不偿失。如在交换意见时，有时过于直截了当的说法会使对方下不了台，或者自己在"真实地回答"和"冒犯对方"之间难以取得平衡，此时还是应该考虑其他建设性沟通的原则。

2. 认同性原则

当我们去观察他人甚至自己的沟通时，会发现人们对别人的话总是不愿花时间去听、去理解，而经常会打断他人的谈话，或者对他人的谈话漠不关心；但自己在讲的时候，往往说话啰嗦、不连贯、不诚实或教条化。如果你的下属不注意听你的讲话，你就会认为这样的下属没有积极性和上进心。那么，为什么会有这样的心态呢？从建设性沟通的角度看，就是在沟通过程中没有遵循认同性原则，对沟通对方在心理上产生排斥情绪。

认同性的沟通使对方感到自己被认可、被承认、被接收和有价值；而排斥性沟通通常会使对方在自我价值、认知能力和人际关系处理能力上产生消极情绪，这种沟通实际上否认了他人的存在，否认了他人的独特性和重要性。

排斥性沟通最突出的表现是沟通者的自我优越感、严厉、冷漠和冥顽不化。

优越感导向是排斥性沟通中第一种重要类型。以优越感导向的沟通给人一个印象就是谈话一方是博学、合格、胜任而有力的；另一方却是无知、不合理、不胜任而无力的，这在双方间造成了障碍。优越感导向的沟通，主要表现形式如下。

① 奚落。这样使沟通者显得很棒，而对方却显得很糟；或表现为救世主的态度，在别人的敬意中太高估自己。

② 自夸。如"如果你懂得像我一样多，就不会这样了。"

③ 事后诸葛亮。如"如果你早跟我说，我就会告诉你这计划是通不过的。"

④ 以行话、惯用语、术语等形式将圈外人排除在外，形成关系障碍。有些医生、律师、政府员工，还有其他许多职员都是以使用行话、缩语来排斥他人抬高自己而闻名。在不懂外语的人面前讲外语也给人一种高高在上的印象。要记住，在大多数场合，用听者不懂的词或语言是不礼貌的，因为你在排斥他人。

过于严厉是排斥性沟通的第二种主要类型。过于严厉的沟通表现为绝对不容怀疑、不容质问；对其他观点不加考虑。在独断的气氛中，排斥性沟通会降低对他人成绩的认可，甚至会使他人对自我价值产生怀疑。除了独断态度外，还有下面的一些态度也会导致沟通的过于严厉。

① 根据自己的意愿和观点去重新解释他人的观点。

② 从不说"我不知道"，对每一件事都要表现出自己能行而提供答案。

③ 不愿忍受批评或接收其他观点。

④ 复杂问题简单化，在他人面前要显示出自己"非凡"的洞察力，总是设法给复杂的事情下简单定义或加以归纳。

⑤ 喜欢在讨论之后作总结性发言，并设法要在他人心目中制造一种该总结是结论性的、完全的和绝对的印象。

排斥性沟通的第三种类型是冷漠，这种类型一般发生在他人的存在或重要性未被承认的情况下。人也许会表现出沉默，不作语言回答，不作眼睛接触或无任何面部表情，经常打断他人，用非指称词汇（用"人不应该"而不是"你不应该"），或在交谈中干别的无关的事。信息传达表现为对他人不关心，给人以对他人情感或愿望漠不关心的印象。

漠不关心意味着信息传达者不承认他人的感情或观点。他人或被贴上非法的标签——"你不该那样认为"或"你的看法是错的"——或被贴上天真的标签——"你不懂"、"你被误导了"或"你的观点是误导的（更糟）"。

与排斥性相对应的，建设性沟通强调认同性原则。认同性原则要求在沟通过程中做到尊重对方、灵活开放、双向沟通。

尊重对方，就是不管与谁沟通，要设法克服自己的优越感导向，尤其在管理者给下属作指导或提建议时，如果自我感觉与下属有明显的等级差距，下属就很容易感到一种被排斥感。相反，建设性沟通者在尊重人的基础上，通过平等交流的方式，使下属意识到双方是在讨论问题，而不是简单地下达指令；而上级凭借自身的修养、知识和洞察力，树立在下属中的威信，使下属意识到存在的问题，从而设法提高自身解决问题的能力。

管理者如果将下属看作是有价值的、能胜任的、有洞察力的问题解决者，就会从理念上强调合作解决问题，而不是高高在上。要做到这一点，有效的建设性沟通应采用灵活开放的沟通方法和用语。沟通中的灵活就是沟通者要从内心里承认，除了自己已经想到的解决问题的可能办法之外，还可能存在别的数据和方法，承认他人也能为解决问题和建立良好的关系做出贡献。这是一种真正的谦虚，是一种对新观点的开放态度。如本杰明所说："认识到无知是走向有知的第一步。"沟通中的开放，解决打破自我的心智模式，不要以自我为中心，沟通的目的在于双方达成良好的合作解决问题的意愿，而不是要控制他人或自视为师长和传教士，不要把自己的观点或假设当作真理来宣布，而应该认识到自身由于知识、资料和信息的有限性，应该从他人处获得更多的信息支持。

双向沟通是尊重和灵活的自然结果。当沟通双方都给予自由表达观点的机会，并参与到问题解决的过程中来，他们的价值就得到了认同。双向交流就达到了认可下属的价值，使团队气氛的形成成为可能。为了达到双向沟通的目的，建设性沟通策略有：

① 在沟通时先提炼出对方的主要观点，后是其他零碎的看法；
② 先指出沟通双方的一致之处，后讨论不同之处；
③ 先肯定下属观点和行为中的优点，后对缺点提出批评；
④ 先提出下一步解决问题时可采取的正确做法，后指出以前的错误；
⑤ 先帮助下属确立他们的自我价值与自信，使他们实现自我激励，然后让他们考虑如何提高工作业绩。

3. 积极倾听原则

在平时，有的人为了一件无关原则的小事，吵得面红脖子粗，好像自己的嗓子比他人低，就是自己没有主见。极端的是，有的人明知自己的观点是站不住脚的，碍于面子问题，还是争论不休。这种过分的争论，其结果是：一方面失去了听取他人意见的机会；另一方面给人留下难以沟通的印象而失去更多的学习机会。

主张建设性倾听方式，因为建设性倾听是有效领导者的第一素质。建设性倾听既是解决问题的有效方式，也是提升自我意识的有效工具。每个人在形成对某种事物和观念的正确判断之前，往往只有一个模糊的、朴素的认识，这些认识往往是混沌和秩序、随机和准则、自由和约束、感性和理性等矛盾的概念按照某种特定的方式组合在一起的。在矛盾交杂的心境下，依靠自己的思考往往很难找出"到底是什么"的答案。在这种状况下，有效的倾听有助于从他人的理念、思维模式和思考途径中去探寻出适合自身的结果出来，这种境界就是"听君一席话，胜读十年书"的写照。这种写照反映在积极倾听过程中，就是自我思想和他人思想的交融过程，一方面可以不断廓清自己的思维；另一方面，思想的交叉是产生灵感的最有效途径。一旦当沟通对方的思想撞击你原来的理念时，就产生了新的思想，这就是创造性思维活动。

要学会积极倾听，首先要从内在地认识到倾听的重要性。其次，要从肯定对方的立场去倾听。积极倾听的态度是："从个人来讲，我对你很感兴趣，我认为你的感觉很重要；我尊重你的想法，即便我不赞同，我知道这些想法对你是合适的；我相信你是有理由这么做的，我认为你的想法值得听听，并希望你能知道我是愿意听的那一类人。"其三，要有正确的心态，克服先验意识。当管理者有强烈的先验判断，或当他们对沟通者或信息原本就持否定态度时，就会阻碍有效的倾听。另外，不要为了面子，或者因为担心自己的权威或地位受到挑战，不能接收与自己观点相左的思想，要以"有容乃大"的气度去倾听他人的建议。其四，要学会给对方以及时、合适的反应。建设性倾听者的标志是能对他人的话作出合适的反应，通过反应来加强人际关系。大多数人首先采用的是评价性或判断性的反应，也就是说，他们在听别人陈述时，倾向于作同意或不同意的判断，但建设性倾听要避免简单地作评价与判断之类的第一反应；相反，应该采取灵活的反应方式，使之与环境相适应。

根据人们在平时沟通过程中倾听技巧的情况，可以把积极倾听的技巧分为以下5种。

① 解释。倾听者要学会用自己的词汇解释讲话者所讲的内容，从而检查自己的理解。

② 向对方表达你对他感受的认同。当有人表达某种情感或感觉很情绪化时，传递你的同感。

③ 要适当地表达反馈意见。即把讲话者所说的内容、事实简要概括。

④ 能够综合处理对方信息，即综合讲话者的几种想法为一种想法。

⑤ 大胆地设想，即从讲话者角度大胆地设想。

通过不断实践自己的倾听技巧，你的倾听技能将会得到不断提高。而且，你还会发现这些努力是非常值得的。没有人为了给你面子才去积极倾听。

2.3 建设性沟通的框架和策略

从管理沟通的过程看，一个完整的沟通过程离不开沟通主体、沟通客体、沟通信息、信息沟通渠道和媒介等基本沟通要素。在这样一个沟通过程中，沟通主体可以是人，也可以是机；沟通客体也既可以是人，又可以是机。在管理沟通中，由于沟通主体、沟通客体的复杂性、不确定性、差异性，使得管理沟通的整个过程要比人-机沟通和机-人沟通复杂得多。由前面的人-人沟通特点分析可知，由于沟通双方在生理、心理（包括情感、思想、观点和态度等）、社会背景、价值观、思维方式等方面错综复杂，为实现成功的沟通，必须深入、细致、有针对性地分析沟通的主体和客体，然后才能够选择沟通的信息内容和安排、沟通的渠道和方式。因此，成功的管理沟通要求沟通主体和客体（尤其是沟通主体）从战略角度来思考沟通的策略。

根据管理沟通的要素分析，管理者要实现有效的沟通，应该从管理沟通的七要素——受众、信息源、信息、目标、环境、媒介和反馈入手，系统全面地考虑管理沟通的策略。在这七要素中，信息源往往是沟通的主体；沟通目标策略将结合客体策略作分析。这里简要地就客体策略、主体策略、信息策略、渠道选择策略和文化背景策略（见图2-2）作一概述。

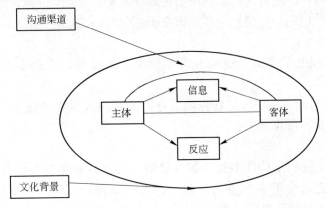

图2-2 管理沟通的策略框架

1. 沟通客体策略

成功管理沟通的本质是换位思考，因此沟通者在每次沟通前，要分析以下 4 个基本问题：第一，受众是谁？第二，他们了解什么？第三，他们感觉如何？第四，如何激发他们？这 4 个问题，归结到一点，就是要明确受众需要什么，然后尽量给予他们。为此，沟通客体可以分为上级、平级和下级三类。在这三类沟通对象中，管理者普遍认为最难解决的是与上级以及上级的上级的沟通。

2. 沟通主体策略

美国著名管理学家斯蒂芬·罗宾斯和玛里·孔特认为管理中的沟通障碍主要来自 5 个方面：信息过滤、选择性感觉（主要由于接收者的愿望、动机、经验、背景和其他个人因素差异而产生）、语言、民族文化、非语言暗示等。为了克服这些障碍，沟通者就必须客观地认知自身的特征，界定自身的沟通地位，运用建设性沟通的策略，选择恰当的渠道，采取积极倾听策略和自我控制策略，取得有效的沟通结果。总体来说，沟通主体策略分析即沟通者自身如何明确沟通的目标，并在该目标的引导下，结合自身的身份地位、良好意愿、专业知识、外表形象和价值取向，选择相应的沟通策略。

在沟通主体分析过程中，关键要明确三个问题：第一，我是谁？第二，我在什么地方？第三，我能给受众什么？要明确这三个问题，沟通主题应注意识别并提升自身的可信度，通过持续的自我沟通过程，不断提高主体的沟通意识和沟通技能。

3. 信息策略

构筑信息策略是沟通策略的第三个重要环节，成功的沟通者在每次信息沟通发生之前，首先要思考如何完善沟通信息的组织结构。因此，信息策略的制定，关键在于解决好怎样强调信息、如何组织信息两个问题。

1）怎样强调信息

根据记忆曲线的研究，信息的开头和结尾部分最易为受众记住，因此在信息的组织上，要坚持以下几个方面的组织：

① 千万不要将沟通的重要内容"埋葬"在重要地带；
② 要充分考虑那些吸引受众注意力的因素来保持受众自始至终对沟通内容的兴趣；
③ 开场白和介绍部分至关重要；
④ 应将沟通的重点放在显著位置上，或开头，或结尾，或两者兼有。

如果在开头就阐述重点，称为直接切入主题；在结尾说明重点称为间接靠入主题。采用直接切入主题的策略，沟通者先将最后的结论放在开头，比如，"公司决定下个月开始采取以下措施：(1)…，(2)…，(3)…其原因在于：(1)…，(2)…，(3)…"这种策略的优点在于以下 3 个方面。

① 增进对全部信息的掌握。受众一开始就能了解结论，有助于人们吸收与理解全文内容。
② 以受众为导向。直接切入主题强调了分析的结果或最终的做法，使得整个沟通面向受众，而不是以沟通者自我为中心。
③ 有利于节省时间。

由于直接切入主题的结构能更快、更容易被人接受，故在商务场合中应尽可能多地采用。一般来说，它更适合于 90% 左右的场合，尤其是在以下场合，更应该采用这种策略：对于无感情倾向的不敏感信息的处理；对于受众具有正确倾向的敏感内容的处理；对于受众更为关注结论时敏感信息的处理；沟通者可信度特别高时对敏感信息的处理。

间接切入主题的策略，只在记忆曲线末端才列出结论，包括先列举各类论证后以结论或总结收尾。比如"由于以下原因：(1)…，(2)…，(3)…，公司决定下个月开始采取以下措施：(1)…，(2)…，(3)…。"这种策略在以下状态可以采用：信息中含有敏感内容（含主观感情成分）；这种内容对受众有负面影响；受众很注重分析过程；沟通者的可信度较低。这种策略的优点在于：

① 循序渐进，以理服人；

② 缓和因观点不同可能引起的冲突；

③ 以逐步转变受众的态度，步步推进，达到"推销"自己观点和主张的目的。

2) 如何组织信息

沟通者在每次沟通之前，可能会遇到很多素材或信息，这些素材和信息中有好的、坏的；完整的、零碎的；论据性的、结论性的；……如何组织好这些信息是沟通者制定策略的关键组成部分。只有当沟通者强调并组织一个清晰的概念传达给受众时，才能实现有效的沟通。这个清晰概念的组织应包括确定目标、明确观点、安排主体内容和结构三个方面。

(1) 目标确定

作为沟通者在沟通之前必须有一个明确的目标，正如在许多管理现状中，管理者的管理行为中总预先设定一个目标一样。沟通目标可能是规定某一个问题，使你的建议被采纳或赢得下属（同事或领导）的尊重。尽管这些目标多种多样，但根据沟通者策略的不同，目标各有区别。对于指导性策略，沟通者的目标是要求受众接受沟通者的观点，或产生所期望的行为或结果。对于咨询性策略，沟通者的目标可能是为了获取某种信息、得到某个结论、或者是得到对方的支持。

(2) 观点明确

成功的沟通，要确定成功观点的目标。这个目标的基本出发点，就是使沟通双方达成共同的愿景。沟通中最困难的问题是说服你的反对方最后赞成你的观点。如果目标实施沟通双方都能从沟通中达成共同的愿景，那么，观点就是打开达到这个目标大门的钥匙。

沟通者在观点的明确上，要注意以下几个提出观点的基本要求：明确自己的立场，并分析反对方的立场；就评价一个状态提出发现和建议所蕴含的愿景；提供可靠的信息；提供不同的（常常是冲突的）价值观和利益；其他观察者和参与者的意见；要着眼于事实、价值、意见，不能采取中性的态度。

上述几点要求的落脚点在于把你的观点融入到行动中去。现实情况是：一个观点的提出，必将影响他人的利益。所以，在方案的选择时，要考虑自己的主张付诸实施会产生什么样的反馈，然后根据对可能出现的反馈意见的分析，调整自己的观点。

例子：

机械行业某企业的生产部门主管和技改部门主管在一次公司例会上，就技术改造的投入策略展开争论：生产部门经理A认为，公司的当务之急是降低成本，不要在效益不好时还加大技术改造的力度，他认为那样做是"找死"；而技术改造部门经理B认为，如果现在再不加大技改投入力度，将会阻碍资本扩张、延迟新技术的采用，这无疑是在"等死"。

针对上述两人的观点，如果A经理要说服B经理，就应强调成本比延迟新技术的采用更重要，而不是以后也不能搞技改；而B经理要说服A经理应通过阐述新技术的采用从长远来看是有利于成本下降的，并不与经理的观点相矛盾。由此，双方在沟通中，有可能在行动目标上先得到统一，最终在总体目标上达到一致。

(3) 内容和结构的组织

沟通内容确定的两个基本原则：一是用一个简单的句子概括你的沟通目标，让他人能理解并能与你沟通；二是"沟通不是我们说了什么，而是受众理解了什么"。前一原则在目标分析、信息的强调中已有论及；而第二个原则，就是要求沟通者根据不同对象修正沟通的信息表达方式和内容的结构安排。

根据不同对象来选择信息表达方式，指导思想是针对不同的受众，明确他们所要求的最重要的信息是什么。以下例子为根据不同对象的信息内容安排。

假如我将在一个较忙的时候去休假，在休假前，我要向领导请示，并要向同事和下属交代一些事情。那么，在不同对象面前，我可能会以以下不同的方式沟通：

对领导：我已经向同事们安排好了工作，而且在休假后我可以投入更多的时间和精力以保持工作的最好状态。

对同事：为了这个假期，工作计划和日程我已经重新安排好了；我会感谢你们的关照的。

对下属：我个人经过反复考虑后，认为在这个时候休假是一个较适合的时间段，而且其他人也给予了相似的看法。希望你们按计划组织开展好工作。

在信息结构的安排上，要分析内容、论证和结构的组合与统一。

(1) 从信息的论证分析

在确定你的中心信息时，为实现沟通过程的一致性，应在接收者分析的基础上，首先获取直接受众的支持，其次是平衡次要受众的利益，设法获取反对者的承认或中立，并解释为什么你的建议比其他方案更具有可行性。在此基础上，为了让所有受众能接受你的观点，在论证过程中就要有效地使用逻辑和依据。

逻辑有两种思维：演绎和归纳。其中演绎是从一般到特殊的过程；而归纳是从特殊到一般的过程。演绎包括一个大前提（如我们需要一个安全的工作环境），一个小前提（我的建议可以使我们的工作场所变安全），得出的结论（因此，我们应该采纳我的建议）。在使用演绎逻辑之前，要对大前提、小前提的正确性进行评判。归纳方式同样要分析归纳的依据，即归纳的前提是否正确。也同样需要分析基本结构：大前提、小前提和结论。如大前提——我们都已经分析了全部现有的资料；小前提（原因）——我们对这些资料的分析，表明了以下几个方面的发展趋势和原则；结论——我们必须马上采取以下行动，解决面临的问题。

① 以合作者的态度与接收者沟通，把接收者看作能帮你选择所论证的标准。在三段论中，当接收者对前提很明白时，就不要过于强调；但不要把你的前提强加于人，想当然地认为代表大家的心愿。

② 在展开论证时，要强调对接收者来说最重要的那部分内容。

③ 一旦你已经勾画出论证，考虑如何表述能让你的接收者能更好地接受。通常以结论开头，开门见山，能直接给接收者以兴趣。

(2) 要提出具有说服力的论据

一般来说，论据包括：事实和数据、共同的知识、大家普遍认同的例子、权威观点。以这些论据作为论证的大前提和小前提，才可能推理出为大家接受的结论。

(3) 信息结构的合理安排

尽管运用逻辑和依据，可以使你的沟通更具有说服力。但如果沟通者不能把这些依据和论证在整个沟通内容中进行合理组织，同样会给人一种信息堆砌的感觉，没有最好的说服力。根据经验，你还得考虑以下几个方面的问题，以有效地设计你的信息：

① 从一开始就理清你的目标和观点，不管接收者接受与否，他们能理解你的论述；
② 通过勾画不同的冲突观点，引用合理的反对建议，表明你已经明白决策制定的背景；
③ 表明为什么你的解决方式是最佳的；
④ 承认并中立合理的备选方案；
⑤ 通过勾画下一步计划，向接收者强调采纳你的建议是有长期利益的。

信息结构安排中，一种被大家普遍认为比较有效的结构形式是"行动导向的结构"，即根据沟通对象的地位、身份、心理等特点，从便于对采取行动或便于理解的角度组织信息。这种结构有利于行动者的具体操作，使得他们更为直接、直观地根据沟通的信息组织自己的工作。

4. 渠道策略

沟通渠道的选择是指对传播信息的媒体选择。过去，这一策略的选择基本上局限于两种渠道：口头和笔头。现在，还包括传真、电子邮件、语音信箱、电子会议、电话、电话会议、电子公告版、新闻小组等。这些新的渠道改变了我们对于沟通渠道的传统认识。因此，当分析沟通渠道策略时，除了考虑口头和书面策略外，还应考虑现代技术发展背景下的新型渠道的开发和利用。下面先简单地讨论不同渠道与选择的影响因素。沟通渠道主要包括以下内容。

（1）书面沟通或口头沟通渠道

书面沟通一般发生在沟通信息需要记录和保存；处理大量细节问题；采用精确的用词或让受众更迅速地接受信息时采用。而口头沟通一般发生在需要更为丰富的表达效果；在严格与持久性方面的要求较少、无须永久记录时采用。

（2）正式或非正式沟通渠道

正式渠道一般适用于法律问题的谈判或关键要点和事实的表达。它具有精确、内敛、技术性与逻辑性较强、内容集中、有条理、信息量大、概括性强、果断、着重于行动、重点突出、力度大等特点。非正式沟通渠道适用于获取新的观念和新的知识的场合。它具有迅速、交互性强、反馈直接、有创造力、开放、直接、流动性强、较灵活等特点。它包括电子邮件、通知、个人之间的口头交流（面对面交流、语音信箱）等。

（3）个体或群体沟通渠道

个体渠道是用于个人关系的构造，获取他人的反应，获取属于隐私或机密的信息。具体形式如当面交流、电话沟通、传真和电子邮件等。群体沟通则是用于团体形象和关系的构建，取得团体反应，防止排除某人并确保团体中的每个成员都同时接受你的信息，如各种会议形式。

5. 文化背景策略

每一个沟通策略的制定都要受到国家、地区、行业、组织、性别、人种、工作团体之间不同文化内涵的影响。上面论述过的沟通客体策略、沟通主体策略、信息策略和渠道策略，无一例外地要受到文化因素的影响。

（1）从沟通者策略看

由于文化的不同，就可能影响到沟通者的沟通目标、沟通形式和沟通者的可信度。

① 在沟通目标的确定上，由于不同文化对时间的态度不同，在懒散、松懈、传统观念

强的文化中的目标设定与准时、精确、未来观念强的文化中的目标设定就可能完全不一样。

② 在沟通形式上，团队观念强的组织中，沟通者往往倾向于咨询性沟通策略，而在个人观念强的组织中，可能更倾向于指导性的沟通策略；独裁者喜欢指导性策略，而民主观念强的人喜欢以咨询性策略进行沟通。

③ 在可信度方面，在注重人际关系的文化中良好意愿的可信度备受重视，在尊崇实施和以任务为重的文化中专家可信度的地位很高。同样，在某些文化中，更倾向于注重地位、头衔和权威力量。

（2）从受众策略看

文化因素会影响受众策略的选择。根据文化取向中对地位、权威和组织形象的不同期望，可能对主要受众的选择有所不同。同样，不同的文化也会决定不同刺激方式的有效性。比如有些文化强调物质财富与"关系"，而另一些则注重工作关系、挑战性因素和个人地位；文化中团体关系和团队形象的相对重要性决定了个人关系和可信度的变化。

（3）从信息策略看

文化差异导致对不同信息结构的选择。例如，喜欢节奏缓慢、仪式性强的谈判方式的文化大多倾向于间接靠入主题的结构；偏向节奏快、高效率否定方式的文化则倾向于开门见山。

（4）从渠道策略看

文化也可以影响沟通渠道的选择。例如，注重个人信义的文化，选择口头沟通和协议；而注重事实和效率的文化，则倾向于书面的沟通和协议。

另外，文化的不同，还会影响沟通风格、沟通语言、非文字信息（包括身体语言、声调、语速、实物和空间等）的选择。

复习思考题

1. 建设性沟通的含义和特征是什么？
2. 如何理解建设性沟通的本质是换位思考？
3. 建设性沟通的原则是什么？如何理解？
4. 建设性沟通的策略有哪些？

案例分析

找他人会谈

陈××是某制造机器工具集团的新任总经理，一天，他去手下的一个分公司。他安排了与郭××的会谈，郭××是向他负责的分公司经理。

陈：小郭，在看了你的业绩报告后，我安排了这次会谈。我想与你谈一些问题。我知道我们从未面对面谈过，但是我想我们该谈谈你在做些什么了。只是我担心我要说的事情可能不太受欢迎。

郭：陈总，不要客气，我想我会听的。在这之前，我与那些新来乍到并自认为懂得这儿一切的人已经谈过几次了。

陈：小郭，我希望今天的谈话是一种双向沟通。我不是来给你下判决，也不是来听你汇报的。我只想知道哪些方面需要改进。

郭：好吧，这我从前也听到过，您就直说吧，屈尊了。

陈：我不认为这是屈尊。但这儿有几件事你应听一听。一件是我在这次调研中发现的，我认为你与一些女员工太亲密了。

郭：噢，你以前没来过这儿，并不知道这儿非正式的融洽关系。办公室人员与楼下的女职员经常会听到一些开玩笑的恭维话。

陈：也许是这样的，但你该注意些。也许你对她们究竟怎样不敏感。我注意到了厂子里的另一件事。你该明白，在我们公司，整洁的厂房多么重要。今天早上我走过时，发现这里没有像我希望见到的那么整洁有序，东西放得杂乱无章，够糟的。

郭：在整洁方面，我敢说我的厂子肯定能打败我们集团中的其他任何厂，你也许发现一些工具不在原位，那是有人在用它们。但我们还是以整洁而自豪。我不明白你为什么说一切杂乱无章。你在这儿没经验，下什么判决呢？

陈：我非常高兴你能关注整洁问题。我要说的也就是你该注意一下，不再说整洁了。我发现你穿得不像一个分公司经理。我想你在创造一种不戴领带的标准形象。但便装可能会成为员工穿得拖拉的借口，那可不好。

郭：我不希望在经理与员工之间有距离。我认为穿得像车间中的员工，能帮我们减少许多障碍。另外，我也没有多么多钱去买那些衣服，它们每天都可能被油弄脏。这似乎对我太挑剔了。

陈：小郭，我不是在挑剔。我所提到的事对我感触太深了。然而还有其他一些事需作改正。一个就是你交到总部的报告，有太多错误，拼写错误，我猜想还有数字的错误。我想知道你是否对这些报告很上心，看来你只是敷衍了事。

郭：我们这里太多的一件事就是报告。我要花3/4的时间用于填写这些表格，为总部汇总数据。你为什么不给我们一些机会去干工作而取消这些文件工作？

陈：你的想法与我一样。我们的确应多控制一下我们的生产率、质量和成本。你是应该更加关注工作职责的那一部分。

郭：我不想再争论那些问题了，对我来说，每提到这个问题，我最后总是失败者。总部从来都不会减少要我们写的浪费时间的报告，但是，陈总，我也有一个问题想问您。

陈：说吧。

郭：你为什么不去找其他人了解一下情况呢？我要回去工作了。

问题讨论

1. 建设性沟通的哪些原则在这儿被打破了？
2. 哪些交流可以被改进一下以产生一个更好的效果？
3. 将语言分类，并标上遵守或违反的建设性沟通的原则。
4. 在下一次与郭××会谈中，陈××应该做些什么？

第 3 章

沟通主体策略

学习目标

- ✓ 了解沟通主体分析的两个基本问题；
- ✓ 学会评价自己的信用度；
- ✓ 掌握提高信用度的技巧；
- ✓ 掌握如何确定沟通目标和策略；
- ✓ 了解自我沟通的重要作用；
- ✓ 掌握自我沟通的过程、特点；
- ✓ 学会运用自我沟通技能，提高自身内在素质要求。

在沟通过程中，沟通主体需要进行自我认知和自我定位，目标在于识别自身的优点、不足、所处环境和具体任务，针对沟通对象不断改善沟通方法。

3.1 沟通主体分析的两个基本问题

沟通主体分析的根本是解决"我是谁"、"我在什么地方"这两个问题。沟通者分析"我是谁"的过程，就是自我认知的过程；而分析"我在什么地方"的过程就是自我定位的过程。

要弄清楚"我是谁"，关键在于解剖自身的物质认知、社会认知和精神认知，分析自身内在动机和外在动机之间的统一程度。分析"我在什么地方"，就是要对自身的地位、能力、个性特点、价值观和形象等方面有客观的定位。

3.1.1 自我认知

1. 自我及自我认知的概念

"自我"是在社会关系和社会实践活动中所形成的每个人的活动、心理、意识及其机体自身的统一体。广义上说，它既包括个体的躯体、生理活动、心理活动，也包括所有与个体有关的存在物，如个人的事业、成就、名誉、地位、财产、权力等；狭义的自我，仅指个体对自己心理活动的认识与控制。

美国心理学之父威廉·詹姆斯（James）把"我"分为主体的我（I）和客体的我（me），自我认知即主体的"我"对客体的"我"的意识。如一个人对自己的身高、外貌等生理状况的了解，对自己能力、性格、思想、感情、需要、欲望、动机、个性等心理状况的认识，以及对自己的行为表现、自己与他人相处的融洽程度和自己在他人眼中的地位和理解等。总之，即人在社会实践中对所有属于自己的以及自己同周围关系的认识。

自我认知可以激发人的自尊心、自信心、荣誉感等，有助于自觉认识他人、认识人际关系，增强自我控制和自我调节，改善沟通效果，是人际关系、社会互动的基础。

2. 自我认知的构成要素

人的自我知觉既有整体性，又有可分性，它由许多要素构成。早在20世纪末，威廉·詹姆斯就探讨过自我的问题，他认为自我有三个方面。第一是物质自我，指在个人躯体条件基础上形成的自我。第二是社会自我，指被他人所了解的个体。他认为，社会自我是复杂的，有多少个群体的他人对某人形成印象并被某人所在意，某人就会有多少个不同的社会自我。一个人在他的孩子面前所呈现的作为父亲的自我，不同于他作为一个俱乐部成员而呈现的自我；他在顾客面前呈现的作为经营者的自我，不同于他在企业员工面前作为管理者的自我。因此沟通主体在进行自我认知时应分析自己所处的环境，这个过程将通过自我定位得到体现。第三是精神自我，指个人内在的心理的自我。

(1) 物质自我

物质自我是自我认知的最原始形态，它的核心内容是指个体自身的躯体，也称生理自我。同时，物质自我还包括外部世界反映在个体头脑中的属于自我的那一部分，如一名企业家多年总结整理的企业管理资料。

(2) 社会自我

社会自我是个体对自己被他人或群体所关注的心理反映，也就是个体在社会上的地位和声誉，是自我认知的重要内容。在社会生活中，个人都需要其他个体或群体关注自己，尊重自己，而且特别需要他自己认为最重要的那些个体和群体来关注和尊重他。社会自我首先要受到社会制度的制约，其次还要受到其他个体或群体的道德规范的制约，同时也要受到个体自身的制约。

(3) 精神自我

精神自我是个体对自己心理活动的知觉，并且能够通过这种知觉来调节个体心理活动的过程、状态及其特征，控制自己的某种行为，修正自己的经验和观念。实际上，精神自我既是个体对自己思想状况的一种认知，也是一种精神追求。

3. 个体统一性

个体的自我概念是多重的、动态的，同时又是统一的、稳定的。就个体本人来说，尽管在不同时刻、不同情境中其自我呈现出多重性、动态性，但通常在各种情形下都对"自我"有一个清晰而持续的概念。个体的"自我"的统一性的基础之一，是个人对他追求自己的公开形象统一性的倾向。

在他人看来，一个人的个体独特性虽然表现得多重而波动，但同样可把握其统一性和稳定性。首先，一个人个性表现的波动，毕竟是有限度的。其次，人们了解和评价一个人，毕竟着重把握其更加惯常表现出来的特征，而不至于总是根据偶尔一次的表现去以偏概全。再次，人们的实际生活教会他懂得人的个性特征的丰富性和多侧面性，因此人们在认识和描述某人个性时总习惯于分侧面地有条件地加以概括，并从总体方面加以评价。

在进行自我分析时，要善于自我反思，勤于了解自己在他人心中形成的较为统一的形象特征，在沟通过程中强调此特征中的优势方面，给他人稳定的沟通感受，提高沟通可信度。关于沟通可信度的具体内容将在3.2节说明。

4. 自我认知的管理

自我认知并非生而俱有，它是在社会化进程和社会交往、社会实践活动中逐渐形成并随着社会的进步不断发展的。

(1) 以人为镜，获得对自我认识

社会心理学家古里认为，人与人相互之间可以作为镜子，照出他面前的人的形象。每个人借外显行为将自己介绍给别人，被别人认知评价；反之，别人对自己的看法，又会像镜子一样反馈于本人。若一个人对自己品质的评价能与他人的评价相一致，就会巩固和发展自己的这些品质；反之，如果他人的评价和自我评价相矛盾，就会改变或部分地改变自己的这些品质，改变对自己的认识。

心理学家瑞德等曾设计实验证明：自我概念是在与他人的交互关系中形成的，他人的印象起着重要作用。该实验将美军基地技术人员44人分为8组，每组同在一间房房子居住数月之后，书面调查以下问题：

① 本组中最好的领导者是谁？依次列名。
② 你认为他人将你列为第几名领导人？

此外，还有谁的头脑最好、谁的工作效率最高等问题。根据回答可以得到：

其一，自我的估价（S、R）；
其二，他人的实际反应（O、G、R）；
其三，你所估计的他人的反应（E、O、G、R）。

将实验结果进行统计比较发现：对某一种特性（如领导性）的调查，若S、R较高，则O、G、R与E、O、G、R也较高；若E、O、G、R较高，则O、G、R也较高。

此实验结果表明：自我概念不但与他人的实际反应有密切关系，而且也与个人对他人反应的估价相关联。

日常生活中，许多事实还说明：他人评价这面镜子，并非在任何情况下都起积极的、有效的作用。有时与自己关系不大的人偶然作的一次评价，不易引起自己的关注。当他人评价不一致时，还可能引起消极反应或自我认识的冲突。通常由父母、好友、领导等人评价自己，比较容易对自我知觉、自我形象的形成起较大影响。应特别强调的是，地位较高的管理者应善于识别他人对自己评价的真伪，避免陷入虚幻的、自我感觉良好的心境，反而强化了自身的缺点。因此，要想获得真实的"人镜"，以便纠正自己的问题，就必须为人正派且能从善如流，礼贤下士。

（2）角色扮演，促进自我知觉发展

角色理论是自我知觉发展过程中的一个重要的社会知觉理论。米镕认为：个体在各种角色的扮演中，与他人发生交互作用，并由此而参与社会生活，了解社会上各种行为规范及习俗，逐渐使自我概念得以发展。角色对自我知觉发展的影响，实际上是社会要求、社会行为规范、社会文化背景对个体的影响。其影响程度既取决于社会对角色的期待，也取决于个体对角色的理解和追求，以及个体对角色的社会文化背景的认识。如果个体对角色认识有偏差，或个体在某个方面（诸如体力、能力、知识经验、个性特征等）不能承担某种角色时，则其角色行为将会受阻，其社会化行为和自我知觉的发展也会受到影响。

（3）社会比较，认识、评价自我

马克思指出："人起初是以别人来反映自己的。名叫彼得的人把自己当作人，只是由于他把名叫保罗的人看作是和自己同种的。"这表明一个人的自我认知和评价不是孤立的，而是通过把自己与和自己相类似的人加以比较来认识、评价。美国社会心理学家弗斯廷格把一个人通过与他人的能力和条件的比较而实现的对自己价值的认知和评价过程，称之为"社会化比较过程"。比如，一个人要认识、评价自己的能力、知识，总是在与自己相当的人进行比较后才能得出结论。这种比较有时是在自己所在团体之间进行的。

社会比较的主要动机，是为了准确地认识自己。人在认识自己的能力、情绪与人格特点时，往往需要社会比较。例如，某人想获得关于自己经营管理能力的准确认识，就会把自己的管理能力与他人的管理能力相比较。弗斯廷格指出，当人们难于得到而又需要有关自己的准确信息时，人们会与自己相似的人进行比较。总之，要选择具有可比性的对象；不恰当的社会比较，反而可能使人落入误区。

（4）自我心理活动分析

人们对自己的认知是主客观的统一，即不仅可以通过以人为镜、扮演角色、社会比较等方法来认识自我，还可以用直接观察（即自我观察）自己心理活动的方式来认识和评价自我。这种自我观察也叫内省法，它通常有两种形式，一种是对自己正在进行的心理活动、心理状态的观察与分析；另一种是对已有的心理经验的回忆与反思。内省法虽然较主观，但与其他方法配合使用，也会收到正确认识自我的良好效果。日本已故企业家松下幸之助，在晚上睡觉前，总要坐在床头静静反省自己的一天，把一天作个总结。他认为企业管理者应该一日"五省"或"十省"甚至"百省"，他认为"反省产生绩效"。可见，自我分析或经常反省自己，是正确认知自己的重要途径。

国内外许多学者对自我评价做过研究。美国哥伦比亚大学霍林沃斯教授让被试者用9种品质（文雅、幽默、聪明、交际、清洁、美丽、自大、势利、粗鲁）并采用排队法对自我与他人进行评价比较，结果优良品质的评价有自我夸大倾向，不良品质则自我忽略。美国另一心理学家凯吉塔的研究结果是：自我评价高的人，容易接受他人对自己的高评价；自我评价低的人则相反。这些研究表明，自我评价不完全以他人评价为根据，主要还是靠自我评价完成的。

运用自我分析的方法来认识自我应注意以下几点。

① 要严于律己，善于运用回忆与反省的方法正确分析、剖析自己。

② 要实事求是，一分为二地认识自己的长处与短处。

③ 应在良好的情绪状态下分析评价自我。如果处于激动（或极度悲观或盲目乐观的情绪）状态下，往往会感情用事，自我认识出现偏差。

3.1.2 自我定位

自我定位与前面提到的自我认知紧密相关。自我认知的目的在于通过外部环境与自省了解自身；而自我定位的目的在于根据外部情况，结合自我认知分析，确定对外反馈的态度基础。

沟通者自我背景测试的内容包括：你在组织中的地位、可获得的资源、组织传统和价值观、人际关系网络、领导者的利益和偏见、沟通渠道、竞争者的经营现状、文化环境等。表3-1列出沟通者策略选择的测试框架。

表3-1 沟通者自我背景测试框架[①]

- 我的沟通目标是否符合社会伦理、道德伦理？
- 在现有内外部竞争环境下，这些目标是否具有合理性？
- 我就这个问题作指导性或咨询性沟通的可信度如何？
- 是否有足够的资源（如信息、资料等）来支持我的目标的实现？
- 我的目标能否得到那些我所希望的合作者的支持？
- 我的现实目标是否会与其他同等重要的目标或更重要的目标发生冲突？
- 目标实现的后果如何？能否保证我及组织得到比现在更好的结果？

---

① 魏江. 管理沟通：理念与技能. 北京：科学出版社，2001.

3.2 沟通者的可信度

3.2.1 沟通者可信度的概念

自我认知和自我定位是沟通者通过对自己和自己周围环境的分析，对自身的认知过程；而沟通者可信度分析（Communicator's Credibility）是沟通者在策略制定时分析受众对自己的看法，从受众需求角度对自己在对方心目中的可信度进行规划的过程。即沟通者可信度分析是自我认知和自我定位向沟通实践的进一步深化，是影响沟通者与受众沟通方式的重要内容。

沟通者的可信度包括初始可信度和后天可信度。

初始可信度是指在沟通发生之前受众对沟通者的看法。作为沟通策略的一部分，沟通者可能需要向接收者强调或提醒他们自己的初始可信度。在那些沟通者拥有很高初始可信度的场合下，应该把它当作"可信度银行账户"。假如人们对你推崇备至，即使你的决策或建议不受欢迎或者不能完全与他们的预先期望相一致，他们仍可能对你充满信任，但应意识到的是，就像使用银行存款后储蓄减少一样，使用初始可信度会降低可信度水平，因此必须不断通过良好意愿和专业知识来提高在"可信度银行账户"上的储蓄水平。

后天可信度是指沟通者在与受众沟通之后，受众对沟通者形成的看法。即使受众事先对沟通者毫无了解，但沟通者的好主意或具有说服力的写作和演说技巧有助于其赢得可信度。因此，获得可信度的最根本办法是在整个沟通过程中表现出色。

3.2.2 沟通者可信度分析的意义

亚里士多德谈到过讲话人的特征问题，他认为，一个讲话人的行为表现如果被接收者认为是良好的、聪明的和善意的，那么其说服效果会大大增加。

一项著名的心理学实验——"南加州大学医学福克斯博士的演讲"证明了在演讲中演讲者的表现比内容重要得多。当福克斯博士在一个以心理学家、精神病医生、管理者和教育家为主要接收者的会议上，讲述了自己的思想和观点后，接收者的反应是好评如潮，他们对他的评价是"博学多才"、"讲话精彩"。但实际上，福克斯博士只是个演员，实验人员训练他去做了这次讲话。尽管他的讲话以一篇真实的论文为底稿，但演讲本身充满了矛盾、重复和杂乱无章的句子，然而人们对有"博士"头衔的人的信任使他赢得了赞誉。由此可见，沟通者声望对接收者对其思想的真实性和内容价值的判断及评价具有很大影响。

这个简单而有趣的实验说明了威信所产生的效应。如果接收者认为发信者是有很高威信的人，那么他们接收信息和受到的影响就大。而对于"威信"、"说服力"等特性，发信者可能有，也可能没有，重要的是沟通那一时刻有没有这种特性。这里形成了一个十分有趣的心理学原理，即发信者影响力的大小，取决于接收者是否赋予他们这种特性。

除威信以外，外表也是产生吸引力的外在因素。政治家们一直都在努力给接收者留下值得信任的、专业和有干劲的印象。这样的印象至少有一部分是靠他们的外表所得到的，这里指的是他们的形象和讲话的方式。美国前总统罗纳德·里根的最出色的能力是让观众觉得他特别真诚，这就是为什么许多美国人可能并不赞同他的某些政策，但却仍然相信他。露面次数的增多，以及利用那些看上去真实可信的包装技术，可以使人显得更加真实、可靠。

另外,成功的沟通者的另一个共同之处是他们都有一套清清楚楚、毫不含糊的信念。要劝说别人得先说服自己。具有明确的信条决定了讲话者自信的语言和表达方式,接收者也会投入其中,为之激动。那些令人生疑的论调,只会使人觉得词不达意和无聊,而每个接收者又都会把自己的感觉传递给其他人。

总之,结合自身特性分析受众希望的沟通者形象,并与之达成自我认知、自我定位和外在行为表现上的一致,对于与受众迅速建立感情基础、有效沟通起着重要的作用。

3.2.3 可信度的影响因素

根据福兰契(French)、莱文(Raven)和科特(Kotter)的观点,将影响沟通者可信度的因素经过细分,可分为沟通者的身份地位、专业知识、良好意愿、外表形象、共同价值5个因素。

① 身份地位分析时要明确自身的等级权力,有时为了增强沟通效果或达到沟通目的,可以强调头衔与地位,增强自身可信度。

② 沟通者的良好意愿状况,可根据个人关系、长期记录来获得沟通对象的信赖。

③ 沟通者自身的专门技术水平和素质,特别是知识和能力是构成沟通者可信度的内在要求。

④ 沟通者的外表形象,是产生吸引力的外在因素,当沟通者有良好的外表形象时,能强化接收者喜欢其欲望。

⑤ 沟通者和沟通对象的共同价值,包括道德观、行为标准,是沟通双方良好的人际关系和持续沟通的本质要素,尤其是沟通双方在沟通开始就建立共同点和相似点,将信息和共同价值联系起来,可迅速提升沟通者的可信度。

沟通者通过对自身这5个因素的分析(见表3-2)和提升,不但可强调整自己的初始可信度,而且还可增加后天可信度,增强沟通者在受众心目中的整体可信度。

表3-2 影响可信度的因素和技巧

因 素	建立基础	对初始可信度的强调	对后天可信度的加强
身份地位 rank	等级权力	强调其头衔或地位	将自己与地位很高的某人联系起来(如共同署名或进行介绍)
专业知识 expertise	知识和能力	包括经历和简历	将自己与接收者认为是专家的人联系起来,或引用他人话语
良好意愿 good will	个人关系、长期记录	涉及关系或长期记录	通过指出接收者利益来建立良好意愿
		承认利益上的冲突,做出合理的评估	
外表形象 image	吸引力,接收者具有喜欢其欲望	强调接收者认为有吸引力的特质	通过认同你的接收者利益来建立你的形象;运用接收者认为活泼的非语言表达方式及语言
共同价值 shared values	道德准则	在沟通开始就建立共同点和相似点,将信息与共同价值结合起来	

注:资料引自:玛丽·蒙特. 管理沟通指南:有效商务写作与交谈. 钱小军,张浩,译. 北京:清华大学出版社,1998.

1) 身份地位

科学技术的发展，思想文化的繁荣，促进了人们批判思维能力的发展，因此威信和权威的力量似乎应该被减弱；但是，有关文献却表明了相反的趋势。由于人们的知识过度分化，一个人很难对各门学科都形成独立的观点，人们需要有权威和崇高威信的信息源，并在许多复杂的情况下依靠这些信息源提出自己的看法。对权威的需要，有其客观性和现实性，在沟通之前，可以通过各种方式强调自己的头衔或地位，或在沟通中将自己与地位很高的某人建立联系。但需要指出的是，滥用权威的最终结果会导致影响力的丧失。

2) 专业知识

如果一个人曾经作过可靠的判断，证实过自己知识丰富，或者以善于提建议而闻名，或者是公认的高手和业务尖子，那么，他就会被认为具有较高的专业知识水平。例如，某公司一个高级经理具有在5年中7次把新产品成功投放市场的历史记录，显然，他的主张很容易赢得同事们的尊重。

3) 良好意愿

具有高度可信度的人在人际关系方面，显示出明显的重感情和诚实，人们相信他会怀着极大兴趣去听取别人的意见并为了别人的最大利益工作。如一位经理被同事认为是公正和非常值得信任的，因此很多人都愿意向他（她）倾诉；另外，他（她）也经常与同事分享荣誉，为下属提供接触高层经理的机会。那么，这位经理的慷慨和诚实就可以为他（她）建立强大的人际关系网，他（她）的下属和同事总是愿意认真地考虑其建议。

4) 外表形象

外表形象不仅包括与环境相协调的外在修饰，在沟通中更主要地体现于气质、感情及沟通方式。有效的沟通者常用一些独特的方式使用语言，比如在提供数字时补充一些例证、事实，擅长使用比喻、类推，使其主张变得生动活泼等。

一般而言，接收者对于他喜欢的讲话人所讲的观点，接受起来较快也较容易；而对他所讨厌的讲话者的观点却本能地加以批判。在组织和工作中，尽管每个人都希望理性决策，但事实上，常常是感性在起作用。沟通时信息的真实性、确切性和逻辑性往往不是充分条件，也远不是沟通效果的保障。有效沟通的取得往往取决于沟通主体的心理需求，而感情也是必需的。亚里士多德说："言语只有在挑动了人们的情绪后才算完成了说服工作。"接收者可以把讲话人的"表现"与其思想或内容分开，因此有效的沟通必定有感情的投入。带有感情地介绍自己的思想和主张，表明你对问题的思考不仅是基于理性的，而且还是感情和精神上的。如果没有这些感情示范，接收者可能会怀疑你是否真相信你自己的主张。

同时，沟通者对接收者的感情状态要有比较准确的判断，要使自己的热情程度与接收者所能接受的能力相匹配。如果表现得过分感情，受众可能反而产生逆反心理，认为沟通者欠缺理性而失去可信赖性。

恰当地与接收者建立感情联系，首先要测试沟通对象对沟通可能产生的反应。比如在说服受众之前，先游说那些对被说服对象情绪和情感有很大影响的关键人物，从中得知自己的主张从感情上将如何影响被沟通者；或者在一些非正式的场合与人们的闲聊中获得相关的信息，然后确定自己在沟通过程中所表现的情感强度与接收者所期望感受的强度是否一致。在讲话时，有效的沟通者会根据接收者的情况来调整自己的声调。他们对要强调的观点用比较强的声调，而在其他的时间里则用比较低的声调。

没有感情，任何说服都不能成功，但是表现得太多的感情与表现得太少的感情一样没有用。重要的是，沟通者必须将自己的感情与接收者的感情相匹配。

5) 共同价值

在精神分析理论中有一个重要概念——"认同"。认同是指一个人把外界事物的特点，特别是其他某个人的特点，纳入自己的人格中。对于那些具有与我们相类似特点的人，我们往往倾向于把自己同他们等量齐观。认同作用促成了同一团体中成员的紧密联系。只要人们之间有共同之处，大家就可能看成是等同一致的。这共同之处可以是生理上或心理上的特征，可以是一种兴趣或价值观念，也可以是共同拥有的某种特性等。

用物理学的比喻来说，当两个等频的音叉放在一起时，拨动其中的一个，那么未拨动的音叉也会发出声音，这就是所谓的"共振"。它要求两个物体间有相同的共振频率。人类有相似的心理共振频率。我们与自己最亲密的人之间的相互影响是最大的。在沟通中，当讲话人一方与接收者一方对事物的思考有着共同的方式和利益时，讲话人就能够表达出接收者心里所想、希望表达的想法和观点。

一些情况下，沟通者和受众的共同利益很明显，沟通者只要选择适当的角度向对方说明自己目标的价值就可以了。但通常的情况是，沟通者与他人的共同利益并不明显，或者共同利益并不大。在这种情况下，沟通者必须调整自己的立场。

首先，必须充分理解接收者，甚至在开始对话和说服之前，就要非常细致地研究与接收者有关的问题。

其次，利用谈话、会议及其他对话方式倾听接收者的心声和收集信息。

再次，与能够推心置腹的朋友一起检测接收者的思想。

最后，向那些日后要说服的人提问。

这些步骤有助于沟通者透彻地思考自己的整个观点、论据及将要提出的要求，也能使沟通者在开始进行说服之前修改或折中自己的计划。

3.3 沟通主体的目标与策略

3.3.1 沟通主体目标

沟通者策略，即沟通主体为达到某一目标，通过自身的特点、身份、背景、地位、素质等的分析，采取相应的策略去实现沟通的目标。任何一个管理者在沟通行为的发生之前，都必须明确自己沟通的目标。

这种目标可分为三个层次：总体目标、行动目标和沟通目标（见表3-3）。

① 总体目标（General Objectives）：指沟通者期望实现的最根本结果。

② 行动目标（Action Objectives）：指导沟通者自身走向总体目标的具体的、可度量的、有时限的步骤。

③ 沟通目标（Communication Objectives）：沟通者就受众对笔头、口头沟通起何种反应的期望。

例如，某公司为了实现研究开发部门、制造部门和市场部门的有机协调，公司总经理决定这三个部门的负责人每月举行一次例会，共同讨论在研究开发、生产、市场几个部门之间如何高效协调的对策，在这个协调会上，总经理的总体目标是为了实现公司内部各部门之间的沟通；行动目标是要求各部门每隔一个月协调讨论一次；而沟通目标是要求各部门的负责人能够了解各个部门之间工作的实际情况,并且让各部门的负责人能够领会每个阶段公司的意图。

表 3-3 沟通目标实例

总体目标	行动目标	沟通目标
沟通各部门工作情况	每隔一定时间报告 N 次	这次演讲后我的老板将了解我这个部门本月的成绩
加强顾客基础	每隔一定时间与 N 数量的客户签订合同	读完此信客户将签订合同
建立良好的财务基础	保持不超过 N 的年债务与资产的比率	读完这份电子邮件后会计将为我的报告提供确切信息;这份报告的结果是董事会将同意我的建议
增加雇用的女工数	在某日之前雇用 N 数目女工	通过这次会议我们将构思一项策略以达到这一目标; 通过这次演讲,至少有 N 数量的女性将报名参加我们公司的面试
保持市场份额	在某日之前达到 N 数量	通过这一备忘录,我的老板将同意我的市场计划; 通过这次演讲,销售代表们将了解我们产品的发展

3.3.2 沟通主体策略

沟通主体策略的确定取决于沟通主体沟通风格、沟通者对沟通内容的控制程度及沟通对象的参与程度。下面主要对个体沟通风格和常见的沟通主体策略进行介绍。

1. 沟通主体沟通风格

有不同人格特征的沟通者会有不同的沟通方式。由于工作时间、场所的限制和其他人不同的工作模式的压力,按自己偏爱的方式工作和生活是件难事,必须相应调整自己的沟通方式。但虽然如此,我们还是极少改变核心价值和基本的动机风格,只要有可能,仍愿意回复到按自己最熟知的典型方式行事。查尔斯·马杰利森(Charles Margerison)和拉尔夫·刘易斯(Ralph Lewis)把荣格的心理类型理论应用于工业和商业组织,并以 849 名经理的调查资料为基础,描绘了经理们的风格模式。他们的方法在评估自己和他人的偏爱以及沟通风格方面很具有启发意义。

1) 内倾和外倾

按照荣格的理论,在建立关系方面主要有两种方式:一种称为"外倾"(Extraverted),一种称为"内倾"(Introverted)。当然,没有一个人完全内倾,也没有一个人完全外倾,每个人都在不同的时间以任何一种方式行动,但是在建立相互关系时总是有所偏爱。

外倾的人喜欢寻求多样化和刺激,由于喜欢社交,经常被看成是很有影响力的人。外倾的人较少受到抑制,他们在建立关系方面往往采取主动的方式。在业务会议上,外倾的人一般愿意发起谈话的主题,在交流观点和想法方面相当自如。一般外倾的人很难按照有结构、有计划的方式做事;喜欢做他们想要做的事,即使可能这件事并不符合计划。

一位外倾的经理可能会持有一种"门户开放"的政策,他可能故意让他的门开着,这样他就能和办公室里正在发生的事保持联系并受到激励。电话铃响对外倾的人来说不是一种干扰,而是一种工作刺激。

内倾的人喜欢在沟通之前把事情想清楚。内倾者对信息也很开放,他们能够收集非常微妙的信息或感情,并且能从非常少的信息中很好地把握思想。因此他们需要关上灯、坐下来彻底思考。但是由于内倾的人对事情很敏感，可能容易认为其他人也以同样的方式理解了该问题（但事实并非如此），因此内倾的人可能会被指责为不擅长向别人传达他们的理解。其实，内倾的人在与他们所信任的人或者在有情境要求时会沟通得很好，许多内倾的人能对会议做一个优美的演讲或介绍。内倾的人的另一个特点是，愿意在相当长的时间里全神贯注地解决一个问题，喜欢钻研某个问题，因而通常当内倾的人提出某个选择或建议时，都会有相当坚实的基础；当内倾的人的建议在会议上遭到拒绝或怀疑时，会感到心烦意乱，因为他们曾非常彻底地思考过这些问题。

一个内倾的经理可能更倾向使用备忘录而不是召开非正式的会议；而一个内倾的下属，可能很多情况下会让人感觉到相对闭塞，难以理解。然而，为了进行有效的沟通，应该与这些人单独、秘密地谈论其观点，或者最好请他们在讨论前写下其思想。

2) 感觉和直觉

对于获取信息的理念，存在两种方式：感觉（Sensing）和直觉（Intuition）。

使用感觉方法的沟通者一般非常在意事实，不轻易相信某些信息，直到能够真正接触到这些信息并对其加以衡量、评价和验证时才信任它们。他们喜欢具体而清晰的任务，对能发展和使用他们的技能或体现他们影响力的事情感兴趣；偏爱制度和方法，对常规的细节很耐心；把注意力放在事实和细节上，擅长收集有关机械方法的信息；喜欢使用工作日程表，寻求解决问题的标准方法。

对于这些具有强烈实践基础的沟通对象，要使用常规性的和确定性的沟通方法，他们在产生新思想和进行"头脑风暴"方面并不一定非常成功。然而，他们的想法应用于某个具体问题上会极具价值。他们喜欢运用他们的能力去解决实际问题。

直觉方法的人有丰富的想像力，可能会在不知道发生了什么事情及事情发生的原因时仍提出理念和可能性。他们集中注意力于整体而不是具体问题。他们不喜欢例行公事，当不得不从事这样的工作时，会有厌倦、挫折感和感到焦虑；具有创造性的眼光和洞察力，遵循自己的灵感；喜欢复杂事物，对常规问题厌烦。

具有高度直觉能力的人喜欢应付新的工作，并且擅长项目工作。他们热衷于学习新技能，在学习一种新技能后，他们可能并不想去使用它，而是迅速地开始下一项有趣的任务。对于高度直觉能力的人，选择开放式交流起到的效果会更好。

3) 理性与情感

理性思维方法与感性思维方法在思考、沟通方式上也有很大不同。使用理性思维方法的人在决策前对信息有一个细致的分析过程，即观察、追溯和衡量事实，而不是服从于自己的情感。这样的人愿意把所有分析性的东西用来帮助评估情境，如在商业中，他们喜欢使用决策分析、线性方程、成本收益分析、外推预测及其他减少风险的方法。他们可能被认为对决策过于冷漠和超然，他们讨论的是市场而不是人员，是产品而不是过程。偏爱理性思维方法的人可能在不知不觉中损害了其他人的感情，因为他们关心的是所要求做的事，从而忽视了其他人的利益和情绪。

对于极为重视理性思维的沟通对象，最好给其提供充分的证据。面对以分析推理为思维方式的下属，沟通时要以让他们看到决策的事实性基础为主；否则，他们不可能完全按照纯粹个人的信念去行动。

具有强烈情感信念的人通常会思考有待作出的决策是否与他们的价值相一致，他们会按自己的观点看待事物，而不是以绝对客观理性的分析为基础作决定。具有强烈感性倾向的人通常非常友善，愿意看到人们在世界观上的共同性，喜欢基于共同价值的协调工作。但是，如果他们发现与其他沟通者观点不一致，他们反而可能会使争论两极化。用感性方法决策的人，具有个人的主观决策标准，用信念衡量决策的对与否，他们可能被认为过分坚持一个观点、坚持老方法。

作为感情方法决策的沟通者，要结合客观实际进行自我认知和定位；而对用感情方法决策的沟通对象，要学会换位思考，从对方角度出发，运用情感建立共鸣，因势利导进行说服。

4）判断和知觉

在人的行为中，存在两种相对的偏爱：判断偏爱和知觉偏爱。前者把重点放在解决问题上，后者把重点放在获取尽可能多的资料上。

判断是任何管理者都需具备的一个关键技能，管理者需要用明晰的秩序去平衡决策所需要的大量信息，并迅速作出判断以解决问题。判断偏爱的人不喜欢模糊和松散，而是非常有条理性，喜欢把问题清晰化并及时解决。他们很尊重解决问题的逻辑，但并不喜欢在采取行动前花费太多的时间。

知觉偏爱的人将优先性放在尽可能多的信息上，因此会把更大权重赋予获取信息的方式上。他们心灵开放，喜欢研究和发现，强调诊断重于作出结论和解决问题，往往把注意力过多集中于调查上，努力发掘与问题相关联的事实。他们喜欢收集传闻、证据和其他一些被人们认为不必要的信息。

总之，每个个体都有其工作和生活方式。上述几种思考、行为偏爱，对沟通主体了解、控制自身沟通风格，了解沟通对象希望的沟通方式的作出有所帮助。

2. 管理沟通模态坐标图系分析

在管理活动中，沟通模式可以根据以下两种角度进行区分。

其一，自己对他人的了解。自己对他人的了解是管理沟通活动中每个参与者主动参与的过程。沟通者必须积极主动地与上司、同事、下属、客户及媒体等相关人士进行沟通，通过搜集各方面的信息并进行分析，研究管理沟通的方式、方法、时机和技巧。进行管理沟通的目的就是要达到组织和个人的目标，对别人了解如何、了解程度会直接关系到管理沟通的效果。

其二，他人对自己的了解。自己在与别人进行主动沟通的过程中，别人也在与自己沟通，所以别人知道自己也是管理沟通的一个结果。一方面是主动向别人介绍、说明自己的想法、目的和意图，以获得别人的信任；另一方面，别人也会通过各种方式和渠道来获得沟通者的信息。

1）约·哈利窗

1961年，由约瑟夫·卢夫特和哈利·英海姆提出的约·哈利窗（Johari Window）理论把人们的心理状态形象地展示成4扇窗户，同时反映了上述两种沟通模式角度组合成的4种类型，它们分别代表个人特征中与沟通有关的心理反应（如图3-1所示）。

约·哈利窗说明以下几个问题。

(1) 未知区（Unknown）

自己不了解别人的信息，别人也不了解自己的信息，即人、己都不知。把这一区域称为"潜在"，实际是一种发展的眼光，说明尽管自己和他人在目前阶段尚互不了解，但只是一种潜在的状况，是"养在闺中人不识"，未来存在单向或双向公开的可能。

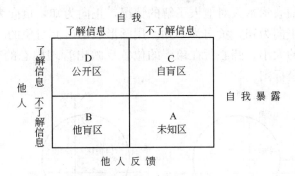

图 3-1 约·哈利窗图示

(2) 他盲区（Facade）

好像把自己关在一扇门里，别人只能看到一个门面，自己却可以透过门镜了解外面。表示自己了解他人的信息，但他人不了解自己的信息，即己知人不知。这种对外不公开的状况，可能是有意隐瞒造成的，也可能是无意造成的。

(3) 自盲区（Blind Spot）

这里的"盲点"指的是自己所不知的范围。自己不了解他人的信息，但他人了解自己的信息，即人知己不知。

(4) 公开区（Arena）

自己了解他人的信息，他人也了解自己的信息，即人知己也知。这种自己知道、别人也知道的事实，称为公开信息。在这一区域，人与人之间坦诚相见，信息沟通平衡。

人际沟通过程中，人与人之间应该相互掌握的信息是有一定必要量的。因此，在研究管理沟通时，掌握研究的对象与他人相互已了解的量占应了解量的比例，以及不了解的量占应了解量的比例。要了解沟通所处的具体状态，还要根据每个人各种沟通类型所占比例的多少，了解不同时期沟通能力变化的情况。

2) 其他坐标图系

现在有学者提出管理沟通模态坐标图系，发展和完善了约·哈利窗理论。它包括基本坐标图和4种模态组成的系列图系。

基本坐标图如图 3-2 所示。

图 3-2 管理沟通模态基本坐标图

在坐标图中，横轴表示本人对他人了解的情况，正向为知，负向为不知；纵轴表示他人对本人了解的信息，正向为知，负向为不知。用圆形表示研究对象的沟通涉及的范围，半径的长短表示沟通幅度的大小。圆心所在象限的位置反映出管理模态的变化。图3-3中显示了4种管理沟通模态坐标图。

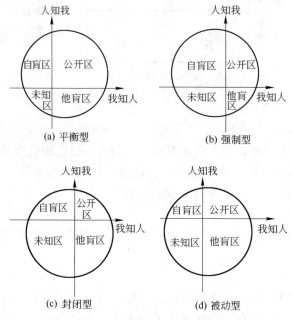

图3-3 管理沟通模态坐标图

（1）平衡型

平衡地使用暴露（他人知道）和反馈方法（自己知道）以达到最有效的人际沟通。既坦诚地把自己的意见展示给他人，也全面地了解他人的思想。通过把握好表态时机和尺度，运用好反馈形式，做到沟通的透明化。

（2）强制型

认为自己的观点有价值，而他人的观点一无是处，只是重视公开自己，让他人了解自己，却不重视了解他人，对于他人的意见要求不重视。

（3）封闭型

既不暴露也不反馈；既不去了解他人想法，也不让他人了解自己在想什么。

（4）被动型

不能打开自己的心灵将情绪及意图告诉大家，不想用暴露法让他人了解自己的观点，只是重视依靠反馈了解下情。

管理沟通模态坐标图中，管理幅度（即管理半径）反映的是一名管理人员有效管理其直接下属的部门数或者人数，当超过这个限度时，管理的效率就会随之下降，管理沟通中的信息就不畅，甚至被歪曲和曲解。管理幅度由管理的职能决定，不同的管理幅度需要不同沟通能力的管理者。有的管理者在相应管理幅度的岗位上能够充分沟通，做到游刃有余，得心应手；有的管理者则力不从心，捉襟见肘。所以在管理活动中，由于管理效率和效果的需要，要注意不同管理幅度的岗位（即不同的圆形半径）与不同管理者沟通协调能力（即不同的圆形面积象限）比例相匹配的问题。

3. 常见的沟通主体策略

在沟通过程中，沟通者根据自己对沟通内容的控制程度多少和沟通对象的参与程度不同，可采取4种不同的沟通形式，即告知、说服、征询、参与（见图3-4）。

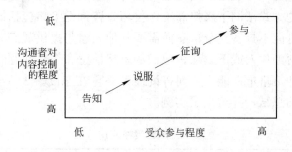

图3-4　沟通策略

（注：该图引自"HATTERSKEY M E，MCJANNET L. Management communication: principles and practice. McGraw-Hill Companies, 1997: 14."）

（1）告知策略（Tell）

沟通主体叙述或解说信息或要求，用于希望对方理解沟通者已经理解的信息或接受沟通者的要求，沟通者是在进行指导或解释。告知策略一般用于沟通者属于权威或在信息掌握程度上处于完全控制地位的状况。如老板要求下属知道或明白规定任务的完成，但不需要他们参与意见。例如，通过阅读这一备忘录，员工们将了解公司现有的福利项目；这次演讲后你的主管人员将了解你的部门本月的成绩。

（2）说服策略（Sell）

沟通主体向对方提供建议，目标在于让对方通过其建议并根据自己的想法实施行为，这个过程中需要一些接收者的参与。说服策略一般用于沟通者属于权威或在信息方面处于主导地位，但受众有最终决定权的状况。如销售人员向客户推销产品，或技术部门主管向预算委员会提出增加研究开发经费的建议，对方可以接受或不接受其建议或预算，最终决策权还在接收者。例如，读完某封信，你的客户将签署附在信中的合同；通过一次演讲，委员会将同意你的预算建议。

（3）征询策略（Consult）

沟通主体以协商的态度，需要对方能够给出相应的想法，但是在某种程度上由沟通者控制互动局面。征询策略一般发生在沟通者希望就计划执行的行为得到受众的认同，或者沟通者希望通过商议来共同达到某个目的。双方都要付出，也都有收获。如沟通者希望说服同事支持他向高层管理者提出某个建议。例如，读完一份调查，员工们将通过回答调查表来作出反应；某个答疑会的结果是让你的员工讲出他们对新政策的疑惑，并使之得到对这些疑惑的解释。

（4）参与策略（Join）

沟通者作为合作的一方，和沟通对象共同就某一方面的问题进行探讨，为达成一致而共同工作。参与策略具有最大程度的合作性。沟通者可能起先尚没有形成最后的建议，需要通过共同讨论去发现解决问题的办法。如采用头脑风暴法，让与会者就某个创新性的问题提出新的思想。例如，通过阅读某一电子邮件提要，小组成员将来参加会议并准备就这一问题提出他们的想法；通过一次头脑风暴会议，小组成员将找到某个问题的解决方法。

以上这4种策略又可分为指导性策略和咨询性策略两种。指导性策略包括告知、说服。在这种情况下,沟通者需要具有充足的待沟通信息;不需要听从他人意见建议;或者沟通者需要处于信息的控制地位。一般用于当沟通者认为沟通的目的在于通过其下属或他人提供建议、信息或制定标准的方式帮助下属提高工作技巧。咨询性策略包括征询、参与。与指导性策略相对应,沟通者可能不具备充分信息而需要其他人参与提供观点。一般来说,当沟通者认为沟通的目的在于帮助他人或下属认识他们的思想情感和个性问题时,则更适合采用咨询性策略。总之,指导性策略重在能力,而咨询性策略重在态度。表3-4是4种沟通策略运用背景、方式、目标的总结,并给出了实例。

表3-4 沟通策略应用分类

	种 类	运用背景	方式(风格)	目 标	实 例
指导性策略	告知策略	沟通者属于权威或在信息掌握程度上处于完全控制地位	你是在指导或解释需要你的受众学习和了解的新内容	让受众接受和理解	老板向下属下达某项已确定的任务
	说服策略	沟通者属于权威或信息上处于主导地位,但受众有最终决定权	向对方建议做或不做的利弊以供对方参考	让受众把握自己的建议去实施自己预期的行为	销售员向客户推销产品
咨询性策略	征询策略	沟通者试图对某一行动步骤达成共识	你是在商议,因而双方需要有付出与收获	计划执行的行为得到受众认同或希望通过商议来达到某个目的	希望同事支持自己向总部提出的某项决议
	参与策略	沟通者并非权威或受众有很高的参与度	你是在与受众合作,且要有最大程度的合作性	与受众一起共同讨论去发现解决问题的矛盾	头脑风暴法

最后通过一个案例对4种沟通策略的选择进行说明。

你是一家专门为航天工业提供零部件的生产企业的总经理,李××是销售分公司经理,他直接向你负责。很长一段时期以来,李××的分公司总是达不到计划的要求,销售员人均销售收入低于公司平均水平,而且李××每月的报告总是迟交。在得到年度中期报告后,你决定找他谈谈,并约定了他。但当你准时到李××办公室时,发现他不在。他的助手告诉你,李××手下的一位销售部门负责人刚刚过来作突然拜访,抱怨一些新员工上班迟到,中间休息时间太长。李××马上与那位经理去销售部,打算给销售员们一番"精神"训话,激励他们勿忘业绩目标。当他回来的时候,你足足等了15分钟。

你公司还有一位叫白××的管理人员,刚从国内某著名大学管理学院获得了MBA学位。最近加入了你的公司,任职于财务部门,负责财务计划小组内的工作。她是揣着非常有力的推荐与学历证明进入公司的。但是,白××刚来时间不长,就发现她在加强个人声誉方面似乎有点不择手段。近来,你听到越来越多有关白××的议论,比如:她行为傲慢;自我推销,公开批评小组内其他成员的工作。当你第一次与她就小组业绩进行交谈时,她否认小组中存在问题。她宣称如果有什么的话,那就是她正通过提高小组工作标准对小组业绩产生了正面影响。当听到了最近来自她同事的一系列抱怨后,你决定再次安排时间与白××谈谈。

[问题] 这个案例中你的两个下属所存在问题的关键是什么?你将如何与李××、白××交谈,使得你在解决问题的同时与下属的关系也得到加强?你将说什么、如何说,才可能有一个最好的结果?

这个案例能较好地帮助我们理清两类不同的人际沟通方式。对于李××,可以发现他在管理方面能力比较缺乏;提供的信息或是无效信息,或是错误信息;所管理的下属工作不称职。为此,你需要告知他如何更好地安排工作,以取得更好的业绩。这时,你作为李××的上级,为他提供有关建议、信息或者标准的信息非常重要,应该让他意识到问题所在,以及如何克服等具体管理问题。所以,对他应该采用指导性策略的沟通方式。

在李××的问题上,有一个典型的现象——管理者的"下属替代"行为。他不允许下属们自己解决问题,导致他自己管理效率低下。由于他要求下属向他报告的是问题,而不是解决问题的方案,并且直接与有问题的下属面议,李××就把自己埋在了工作堆中。所以,李××需要得到的指导还应包括如何避免"下属替代"现象,以及如何有效地承担责任和树立权威。

对于白××,则说明了何时应采取咨询性沟通策略。当问题源于态度、个性冲突、防卫心理或其他与情绪有关因素时,沟通者就需要给对方提供咨询意见,采取共同讨论和协商的方式,帮助下属解决存在的问题。就白××来说,她的管理能力并不是问题,只是她没有意识到自己在工作方式、个性和工作态度中存在的问题,也没有意识到应向他人征求咨询性意见。应该说,白××在这个职位上是合适的,你找白××沟通的目标应在于帮助白××认识到存在的问题和识别解决问题的方式。当咨询性策略用于态度问题时,沟通者的目标应在于帮助下属或他人认识到问题之所在,当他们意识到问题之所在后,他们自己完全有能力去解决。

相反,如果对白××采用指导性沟通策略,就会恶化问题的解决,引起她的防卫心理,并可能引起她抵制自身的改变。沟通者如果对她指手画脚,建议她如何做工作或者她不应该做什么,可能会使得她的防卫情绪更加严重。

3.4 自 我 沟 通

在沟通主体自我分析过程中,最根本的问题就是自我沟通。"要说服他人,首先要说服自己"正是对自我沟通重要性和必要性的现实概括。自我沟通是一种内心准确认识、把握、修正自己的感受、想法、情绪乃至行为,从而达到提升自我,有效与周围沟通的目的的过程。无论从一般意义看,还是从特殊状态看,自我沟通技能的开发与提升是成功管理者的基本素质。自我沟通的目的在于取得自我内在认同的基础上,更有效率、更有效益地解决现实问题。自我沟通是手段和过程的内在统一,而最终目标在于解决外在的问题。因此,自我沟通是一个内在和外在得到统一过程中的联结点;没有自我沟通过程,自我认知和外界需求就成为各自孤立的分离体。

3.4.1 自我沟通的过程和特点

1. 自我沟通过程与一般沟通过程的共性

管理沟通是主体为了某种目标,通过编码和组织信息,选择有效的沟通渠道(媒体)输出信息，客体通过解码并接收信息，并以反应的方式对信息作出反馈，使沟通得以连续的过程。在管理沟通过程中，自我沟通与一般沟通过程一样，包含了主体、客体、目标、信息、媒体和反馈等要素，同样是主体为了某种目标输出信息，由客体接收并作出反馈的过程（见图3-5）。

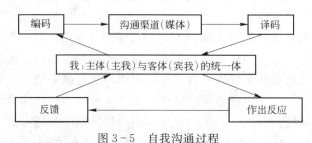

图3-5　自我沟通过程

2. 自我沟通过程的特性

自我沟通除了在过程上与一般人际沟通具有相似性以外，在具体要素和活动上有其自身的特殊性，主要表现在以下4个方面。

① 主体和客体的同一性。自我沟通中，沟通的主体和客体都是"我"本身。"我"同时承担信息的编码和解码功能。

② 自我沟通的目的在于说服自己，而不是说服他人。因此自我沟通常常在自我的原来认知和现实外部需求出现冲突时发生。

③ 沟通过程中的反馈来自于"我"本身——主我。由于信息输出、接收、反应和反馈几乎同时进行，因此这些基本活动之间没有明显的时间分隔，它们几乎同时进行，也同时结束。

④ 沟通中的媒体也是"我"本身。沟通渠道可以是语言（如自言自语）、文字（如日记、随感等），也可以是自我心理暗示。

与人际沟通中要制定要素策略一样，自我沟通过程中同样有受众策略、信息策略、媒体策略等问题。受众策略分析就是自我认识的过程；信息策略制定就是如何通过学习，寻找各种依据和道理对自我进行说服，这种信息可能来自于自身的思考，也可能来自他人的经验或书本的知识；媒体策略则是每个个体根据自己的特点选择相应的沟通渠道，如有的人习惯于通过写日记的方式表达自己的感情，有的习惯于通过冥思苦想的方式来解脱自己，有的习惯于看书，借助于书中的人物来发泄自己的矛盾心态，如此等等，都是不同个体的沟通渠道的选择和决策。上述这些决策的目的就是根据个体的生理、心理及所处的社会环境特点，选择最佳的沟通方式。

自我沟通过程中的反馈，表现为思想上的自我本来定位与现实要求之间的冲突发生和解决过程。基于自身长期的学习，人们不断建立其具有个体特征的对问题作鉴别、分析和处置的特有方式和价值观，因此当他们面对某一事件时，会根据他们对客体（人、事物）的先验判断去制定相应的对策和措施，一旦当自身这种先验性判断与外部的要求（如上级的要求）发生矛盾时，冲突就出现了。这种冲突出现后会表现出烦躁、不安、反感、恐慌，甚至抵触态度和行为，这些反应会冲击自己原来的判断。为了使自己的心态得到恢复，就必须不断说服自己，调整自己的判断标准和价值观或者处理问题的方式。把这种由于自我本来定位与现实要求之间的冲突产生、发展、缓解和最终解决过程，称为自我沟通的反馈；把面对冲突时表现出来的外在形态，称为反应。从沟通过程看，成功的自我沟通就是要求自我在面临问题时,有良性的反馈,并表现为积极的反应。

自我沟通从某种意义上讲是我们每个人的本能,只不过不同的人通过不断的自我修炼和自我完善,在自我沟通技能上存在差别。在日常工作中,无论是遇到快乐的事,还是面临悲伤的事;无论是处于积极的环境,还是处于消极的环境;无论遇到生活上的挫折,还是心理上的挫折,我们都会通过自我调节,消除这些问题存在的负面影响,或者强化正面作用,使自己从不安、忧虑或困惑中解脱出来,释放心理的压力,适应新的内外环境。从沟通的过程来看,这种自我调节过程,就是一个自我沟通的过程,自我沟通的目的在于说服自己去接受这个现实,并适应这个现实,或者以自己的努力去改变这个现实。

3.4.2 自我认知定位

自我认知定位,就是人在社会实践中对自己(包括生理、心理、社会活动和整个主观世界)以及自己和周围事物的关系的认识及评价。要学会认识自我,即要学会自我观察、自我体验、自我感知和评价。尤其要在沟通前认清自己的内在资源、能力、局限、所处环境及自身行为的道德水平等。这样,沟通者才能实现自我认知与实际经验的一致性,在沟通的过程中摆正自己与对方的关系,自觉地将自己的内部动机与外部环境相统一,有效地发挥自己的优势和能力,从而使对方接受自己的观点,达到沟通的目的。

有研究者对12家不同企业的数百名经理进行调查,发现他们能否准确自我评估是能否取得优秀业绩的试金石,不善经营者正是缺少恰如其分的自我评估能力;而优秀的管理者并非全知全能,但他们能认识到自己的局限与弱点,这样就知道自己需要从哪些方面进行提高。

3.4.3 自我情绪觉察

情绪觉察力是指能了解自己的情绪,知道情绪在如何影响自己及可能产生的结果的能力。能觉察自我情绪是情商的基石,掌握自身情绪,才能在面对各种抉择时妥善处理。情绪觉察力强的管理人员,在任何时候都应该清楚自己的情绪状态,并知道当不同情绪出现时,自己的机体会发生什么反应。不仅能清楚地说出自己的感受,而且在与他人沟通、表达自己的感受时,举止得当,不失风度。另外,培养和增强自我情绪觉察力,认识和调整自我情绪觉察力与自己的工作方法、事业目标一致,是管理人员重要的职业素质修养。

自我情绪觉察主要是靠后天有意识形成的。增强自我觉察意识,提高自我觉察力的有效途径,主要有以下几方面。

1. 清楚自己的情绪及其产生原因

情绪时刻伴随着我们的思维,并经历大大小小、林林总总的变化,影响着日常工作和生活的方式方法,但往往并未引起我们注意。当情绪被感觉到时,往往已积蓄得十分强烈。爆发出的不良情绪不仅影响自己,也影响别人。

一位经理计划第二天向全体职工宣布严格的考勤制度,但第二天自己睡过头,开车奔向公司时,连闯两个红灯,执照被扣。当他气喘吁吁地走进办公室时,遇到销售部经理,于是问:"昨天那批货发出去没有?"销售部经理回答:"还没有,现在就发。"经理大声训斥了销售部经理。销售部经理满肚子不高兴回到了自己的办公室,这时文印秘书进来了,销售经理问:"昨天那份文件打印出来没有?"秘书说:"没来得及,现在就去打。"销售经理找到了出气口,严厉责骂了秘书。秘书忍气吞声一直到下班,回到家里,发现孩子躺在沙发上看电视，责备孩子："为什么不看书做作业？"孩子带着极大的郁闷来到自己的房间，狠狠踢了趴在地毯上的猫一脚。

在这个例子中，到底是谁惹的祸？是什么引起了这个连锁反应？如何才能使愤怒的链条不至于连接起来？是情绪。情绪影响人际沟通，并通过人际沟通传染给他人。各个个体缺乏对情绪的认识和对情绪的调控导致了上面的场面。

管理工作的繁杂和情绪觉察意识的薄弱，使管理人员往往不愿拿出时间来认真消化、调整和表达自己的情绪，做出与各种情绪相应的积极性反应。如此下去，未得到调整的情绪隐藏了或爆发，便会形成精神压力和内在抗力，使得进行沟通或其他管理行为时，出现了主观上原本不期望出现的结果。及时检查自身情绪是否积极、健康对工作的顺利开展非常必要。下面介绍几种检查情绪的方法。

① 是否过分渲染消极一面，不求积极一面。人只要把注意力集中在那些不好的、吃亏的、负面的事情上，就会得到自寻烦恼的种种症状。

② 是否总以受苦受难者自居。把自己比作受苦受难者总是有机会的，但总把自己放在受苦受难的地位上不仅会使自己情绪恶化，也会引起周围人反感。

③ 是否对自己期望过高。若将目标定得不切实际，高不可攀，则比一步一个脚印实施阶段目标更容易陷入灰心丧气、不能自拔的状态。

④ 有无"斯万高利"效应。

美国亚利桑那州博览会上曾展出一幅名叫"斯万高利"的魔术牌。表演者先把牌摊开让你看清每张牌都是不同的，然后让你随便抽出一张牌，假若你抽到的是一张红桃K，你不用告诉表演者，把这张红桃K再插入这副牌中，表演者任意洗牌后，大叫一声"斯万高利"，当牌摊开时，每一张牌都变成了红桃K。

现实生活中，当遭受了挫折后，如果不是设法及时排解心理上的挫折感，而是任挫折感在心中像红桃K那样繁殖、增强，最终使自己面临的所有事务都带上挫折与失败的阴影，这就是心理上的"斯万高利"效应。

⑤ 有无"滚雪球"效应。对该及时处理的问题一出现时，就应该重视起来，尽快处理。一味拖延，问题就会像滚雪球般不断扩大并恶化。

⑥ 有无吝惜赞扬。遇事遇人绝无赞扬、鼓励之词，而总是以这种愤恨和不满的情绪待人待事，就会与人造成隔阂，且不良情绪将连绵不断。

我们只要时常注意检查自己有无以上自寻烦恼的现象，并努力杜绝这种现象，就会使自己的情绪好起来，集中精力做好有意义的事。

2. 了解情绪、思想与行为之间的联系

培养情绪觉察力，要求清楚认识到情绪对自己所思、所想和所为之间的积极和消极的影响，始终保持觉察不良情绪和调整积极情绪的意识。对于管理者而言，如果面临的工作任务与其内在准则一致，便更容易充满活力，全力以赴地进行管理工作。因此，要主动将情绪与管理工作的性质相结合，保持工作激情和良好情绪。

美国南加州大学曾对60名事业有成的企业家进行的一项报告表明，最能激励他们的是：开始从事一项事业时的刺激性与挑战性、有了创造发明的机会、可通过自助而帮助他人的愿望等。除了经济上陷入困境的人，人们并不只为金钱而奋斗，激发他们工作热情的还有强烈的目的感和激情，以及希望看到自己的责任、才华、精力及技能是否得以最充分的发挥。正如马斯洛的人的需求层次之说，事业有成的人，更注重的是进一步发展，实现自我价值的需要。因此，即使面对重重困难、疲惫不堪、精神不振时，只要想起这项工作与我们目标一致，是必须要做好的事情，就应调整出积极精神状态，满怀热忱地投入进去。

一次，美国著名女企业家梅琳凯请一位著名人士给公司员工演讲，因为他的班机晚点了，所以在他到达之前，梅琳凯不得不安排其他节目，并亲自上台讲演，直到得到暗示说他已经到达后台为止。当梅琳凯在台上介绍这位先生时，却发现他在后台捶打着自己的胸膛，不断地跳上跳下，看上去就像一只大猩猩！梅琳凯心中忐忑不安：我的天！我正在这里为他说赞美之词，而他却如此"发作"。

当这位先生上台讲演时，他神采飞扬，充满激情，讲演极其精彩，效果出乎意料。事后，梅琳凯问他："你几乎把我吓了个半死。你为什么要在后台那样捶胸顿足，而且上蹿下跳呢？"他回答说："我的工作就是激励别人，但有些时候我自己的情绪却很糟糕。比如今天，飞机误点搞得我心绪烦躁，又很疲惫。但我知道你们正期待着一位有激情、有活力，又满怀热忱的讲演者，尤其是当看到观众席上那些充满希望的面孔时，我更觉得我不能向你诉苦说我今天状态不佳。我必须做出一副很有活力的样子，同时用我的活力来激发他们的活力。而我发现，只要做一些练习和捶自己胸膛就可以让自己热血沸腾，我的感觉也就好多了。"

3. 以自我觉察力引导价值观

培养和增强觉察力，是为了更好地实现价值观和人生目标。价值观往往作用于无形之中，是衡量哪些事情值得去做的标准和尺度。价值观决定人生目标，当我们在工作中内心满足时，往往表明我们所做的这项工作及所表现的行为与我们的价值观或人生目标相一致。

一群年轻人到处寻找快乐，却感到烦恼、忧愁和痛苦。他们向老师苏格拉底询问，快乐到底在哪里？苏格拉底说："你们还是先帮我造一艘船吧！"青年们找来工具，用了七七四十九天，锯倒了一棵又高又大的树，挖空树心，造成了一条独木大船。

独木船下水了，青年们把老师请上船，一边合力划桨，一边齐声唱起歌来。苏格拉底问："孩子们，你们快乐吗？"孩子们齐声回答："快乐极了！"

苏格拉底说："快乐就是这样，它往往在你为一个明确目标忙得无暇顾及其他的时候，突然造访。"

常用"奥德赛"疗法反省，有助于使自己更加清楚价值观、人生观，确定自我发展目标。

哈佛大学商学院兼职教授、心理学家索萨纳·祖巴夫（Shoshana Zuboff）发明的"奥德赛"疗法是通过人们内心深处的感受，找到如"我这是在干什么？""我这样干究竟是为了什么？""我究竟需要什么？"之类问题的答案，让人们认真地反思自己的生活。这个自我反省疗法最初只用于哈佛商学院的毕业生，后来广泛应用于治疗中年实业家和专业人员的心理问题。

举例说明，如一些参加治疗的人在工作事业上都很成功。在展望今后工作岁月，回答"下一步人生目标是什么"时，通常的做法是鼓励他们从外界来看自己的工作状况，即怎样使自己更具魅力，怎样推销自己等；鼓励他们与同龄人相比，而"奥德赛"疗法则反其道而行之，是要求"从内部看自己不断变化的自我感受，看究竟是什么得到了满足。帮助人们把注意力集中到自己的内心世界，注意自己对目前所干的或者想做的事有什么感觉，然后进一步反省自己的所作所为"。这个方法能使自己更加清楚个人的价值观、人生观，为实现人生目标保持积极进取心。常用这个方法，能提醒自己应怎样走好人生之路，保持着对自己的工作偏离人生目标和价值观的警觉和纠正,切实促进人生目标和价值观的实现。常见问题有:"我在做什么?""我这样做是为了什么?""我究竟需要什么?""我下一步的具体目标是什么?""自己要做好工作需要从哪些方面努力?""具体讲,该有怎样的努力方法?""我能不能做出这样的努力?"等等。

4. 使自己和别人的内心感受"双满足"

在管理沟通活动中,分析他人内心感受、满足他人沟通需求对于沟通效果至关重要。在日常生活中,管理人员就应该有意识地培养满足他人内心感受的习惯,除了要了解自己的内心感受,更要了解自己所做之事对他人内心感受的影响,更好地把握为人处事的积极言行。在使自己内心感受得到满足的同时,也让他人内心感受得到尽可能的满足。在这种"双满足"的实践中,可以极大提高和增强对己、对他人的觉察力。

姚明因出色的球技而在其所效力的休斯敦火箭队占据了主力的地位,但人们会发现球场上姚明谦逊、善良和执著的情感魅力,才是他成为耀眼球星的真正原因:当队友被对方撞倒时,他总是伸手将他们拉起;当队友在罚篮时,无论投中还是投不中,他也总是向前一步击掌鼓励;火箭队的老大弗朗西斯不断喂球给姚明,给他展示才华的机会;因姚明的到来而失去主力中锋位置的卡托,对于姚明的替补也是心甘情愿。

姚明独特的情感魅力与众不同,受到人们的广泛关注,火箭队老板道森说:"每个人都喜欢姚明。"有些美国普通老百姓说:"我不是球迷,但我喜欢看姚明打球。"姚明面对巨大的荣誉表现出超出他二十几岁年龄的成熟和明智,他谦逊平和,幽默机智,与人相处融洽,从容地参加比赛,从容地应对一些商业活动和面对媒体。姚明说:"我始终认为,在明星堆里我是蓝领,只是小字辈。打球使我快乐,但在NBA最重要的责任,就是帮助球队获胜。这也是职业球员最基本的责任。"

姚明在自己事业发展的道路上,始终保持着积极的情绪,在赛场上和生活中,他那极富个人魅力的行为举止,将自己和别人的感受引向积极与健康。这种积极、健康的情绪促进着自己,也影响着别人。这种积极、健康的情绪源于对祖国、对人民、对事业的纯粹而炽热的情感。

3.4.4 自我调控

自我调控是指人们调整、控制自己的感情,主要是控制破坏性情感和冲动。理智地处理冲动和对付苦恼,是自制力、诚信、职业道德、适应力、创新精神5种情感能力的基本技能。

人们在紧急状态下,大脑应激反应遵循原始的策略,激发机械自动反应,停止复杂思维运行,把敏锐的洞察力、有创见的思维、长远的打算等全部抛弃,注意力只集中在眼前的紧急情境上,引起破坏性情绪的产生。

戈尔曼先生一位是心理学家,一次从西海岸飞往夏威夷开展讲座,但航班延误,又没能与接他的人联系上,一夜没有休息,因时差而更加疲惫不堪。次日一早就是他的讲座,因为观点颇有争议,再加上一连串的不顺心,戈尔曼先生变得心乱如麻。讲座开始,他先给接收者讲一个笑话,但讲到关键地方却卡了壳,他顿时紧张起来,把要讲的笑话和讲座的内容竟忘得一干二净,只能呆坐在讲台上,脑里一片空白。他的注意力都在台下盯着他看的一张张脸上,最终只好道歉后走下讲台。

上例就是沟通过程中,大脑在紧急状态下,工作方式回归到最简单的常规反应模式上,应激状态使沟通者回忆演讲内容的能力陷于瘫痪，整个注意力只集中在眼前的"威胁"，即要听他讲话的人的一张张脸。这就是情感中枢短路，对信息的评估、记忆、提取及其引导情绪调控的系统受到破坏的情况。与上述案例类似的沟通情景可能出现的场合非常多，比如与上级交流不同意见、与他方谈判、处理危急事件等，如何使沟通不受到破坏性情绪干扰，还需要管理人员平时通过自我沟通的方式，学习自我调控的方法，不断自我完善。

下面主要介绍自我调控应注意的几个方面。

1. 加强自制力

自制力是人们控制自己的破坏性情绪和冲动，较好地约束其思想和言行的能力。或者说，当目标确定后，能够抑制住妨碍达到目标的心理因素和生理因素的个性意志，就是自制力。较强的自制力能帮助管理人员自觉、灵活地控制自己的情绪，正视工作中出现的困难、恐惧、欲望等干扰因素，较好地调节、支配自己的思想和行为，坚定不移地实现工作目标。

英国前首相撒切尔夫人在谈到自我克制时说："所有成功的秘诀在于自我克制。如果你学会了驾驭自己，你就有了一位最好的老师。如果你能向我证明你能控制自己，我就认为你是个有教养的人。缺乏这种品质的人，所有其他的教育都于事无补。"

人们在工作岗位上的自制力是十分重要的职业道德规范。它要求职业人员在职业道德的原则和要求下，控制和限制自己的行为。人人都有自制力，只是强弱不同而已。自制力强的人有很强的组织纪律性，情绪稳定，注意力集中，知道自己应该做的事，既能发动合乎目的的运动，又能抑制与行动目标不一致或相违背的行动。与自制相反的表现是任性和怯懦。前者容易受情感左右，缺乏理智，常在需要克制冲动时任意为之，意气行事；后者表现为在需要采取行动、迎接挑战时却临阵退缩，不敢采取行动。更有常见的、也是需要特别注意克服的现象是，确定了目标后，在实际行动中遇到困难时难以抑制消极情绪，或难以抑制诱惑引起的冲动。

调整外部环境和条件的措施在一定程度上能起到减轻环境压力的作用，但更需要通过调整自身内部资源来处理压力引起的情绪变化，这也就是调动自制力。

1998年世界杯足球赛中，年轻的贝克汉姆是英格兰队一颗耀眼的新星，他的线传球精准度高且颇具创造性，给对方的威胁非常大，他的直接任意球更是一绝，被媒体评价为"与点球一样有威胁"。在关键的八进四的比赛中，英国遭遇强大的阿根廷队。阿队虽人才济济，但比赛中贝克汉姆表现神勇，多次有进攻机会。眼看着拿他没办法，阿队的西蒙尼打起了别的主意。他故意对贝克汉姆犯规，并用挑衅性语言试图激怒他，削减他的战斗力至诱使他犯规被罚下场。贝克汉姆很快就上了对手的圈套，竟然在裁判底下对西蒙尼进行恶意报复，结果被红牌罚下，英格兰队最终败北。贝克汉姆因此成为世界杯失利的罪人，被狂热的英格兰球迷声讨了近一年。但自制力是可以培育的。球王马拉多纳一向以脾气暴躁闻名，球场闹事、攻击、殴打球迷等劣迹屡见不鲜。但后来他的自制力有了惊人的进步。1994年的世界杯赛上，马拉多纳的表现让人刮目相看。小组赛中，几个队的人对他进行专门盯防，更有人有意向他挑衅试图激怒他，但他却一直不予理会；被拉扯衣襟，他任由裁判去评判；被铲倒爬起来继续比赛。全身心投入，使他场上灵魂作用发挥得淋漓尽致，带领全队接连取得了比赛的胜利。

2. 有选择地表达情绪

对美国公司近2 000名主管、经理、行政管理人员进行的研究显示，情感做作与业绩较差之间有很强的联系。虽然优秀的经理表露情感比平庸者多，但作为一个群体，管理人员在下级面前总是更多地抑制个人的情绪。行政人员很在乎万一"错"表感情可能会产生的影响。高层管理人员,在工作场所的情绪表现几乎是一种特别"文化",完全与其生活中的其他部分区别开来。在朋友和家庭这类亲密的圈子里,可以和盘托出压在心里的重负;而在工作中,通行的则完全是另一套不同的情感准则。

3. 使用情绪放松技术

当人的烦恼事接踵而来,令人整日心神不安、注意力分散、烦恼、忧郁、不能平心静气地工作时,可采用一些放松技术让自己冷静下来。如平静自己思绪和注意力的静坐冥想、较长时间的沐浴、体育锻炼、练太极拳、做瑜伽功、听自己喜欢的音乐或戏曲、练习书法等。掌握放松技巧并不意味着不感到苦恼或痛苦,但有规律地每天坚持进行放松练习会有效降低消极情绪对我们的影响。

4. 梳理情感状况

把自己的情感状况梳理清楚有助于控制坏情绪。国外研究者在对被解雇的63位经理的一项研究中,研究人员让这些牢骚满腹、怨天尤人的经理的一半人,在随后的5天里手边带一个笔记本,每天花20分钟时间记下自己内心深处的感受,以及对此感受所做出的反应。结果,那些坚持每天记录感受和反应的人,比其他人更快地找到了工作。这项研究表明,对自己破坏性情绪监测越准确,不安的感受梳理得最清晰、最有条理的人,从打击中恢复过来也就越迅速。

值得一提的是,表面平静而内心痛苦的人所冒的健康风险并不亚于情绪爆发出来的人。他们并未让人察觉到情绪失控的迹象,但内心忍受着痛苦,表现为头痛、烦躁、大量抽烟、酗酒、失眠、无休止地自我检讨等。这种情绪内部爆发的人也应当学习对自己痛苦情绪的控制,在要做的事情中,也是先要梳理一下自己的情感状况。

5. 使用合适的情绪调节技巧

下面介绍一些调节情绪的实用技巧,可在生活中根据不同情况,选择使用。

① 倾述。有了烦恼、忧愁或遇到让人内心难以平静的事情,可以找自己亲近、信任的人倾述自己内心的烦愁,经对方的劝说和疏导,减轻不良情绪带来的压力或恢复心中的平静。

② 宣泄。面对过激的不良情绪,采取适当方法宣泄,会对身心产生积极影响。可以找一个无人的地方把胸中的不快大声说出来、唱出来或咆哮出来,甚至在安全条件下舞弄拳脚器械等。这种宣泄可以释放积于内心的愤恨和郁闷,对人的身心健康是有利的。要注意的是,宣泄的对象、地点、场合、方式和方法要适当,避免伤害自己、他人的身心健康。

③ 自我安慰。当自己追求某项事情却没有得到时,为了减少内心的失望,找一个理由,用以安慰自己,以使自己减少忧虑,节省时间多做实事。

④ 言语提醒。在情绪激动时,自己默诵或轻声警告"冷静"、"注意自己的身份和影响"等词句,抑制自己的情绪。也可以针对自己的弱点,预先写上"制怒"、"镇定"等条幅置于案头。

⑤ 回忆快乐的事情。回忆过去所经历的高兴事情或获得成功时的愉快体验,特别应该回忆那些与眼前不愉快体验相反的愉快体验。

⑥ 转换环境。处在剧烈情绪状态时,暂时离开激起情绪的环境和有关人物。

⑦ 使用幽默。培养幽默感,用寓意深长的语言、表情、动作,或用讽刺的手法,机智、

巧妙地处理自己所面临的难堪，或表达自己所面临的不良刺激带来的不愉快情绪。

一次盛宴上，服务员倒酒时不小心将啤酒洒到一位宾客的秃头上。服务员吓得脸都变了色，全场人也目瞪口呆。可这位客人没有发怒，却说："老弟，你以为这种酒能治疗脱发吗？"在场的人大笑。这位宾客以幽默既展示了自己的大度胸怀，又巧妙地为自己和服务员摆脱了窘境。

⑧ 比较推理。对困难的各个方面进行剖析，把自己的经历和别人的经历相比较，在比较中寻觅成功的秘密，坚定成功的信心，排除畏难情绪。

⑨ 拖拉法。烦闷向你袭来时，不妨告诉自己："先做几件事，等到空闲时再烦闷吧！"想发脾气、当怒气充满胸膛难以抑制时，命令自己："数20个数以后再发火"等。

⑩ 做感兴趣的事。当遇到一些猝不及防的烦恼事、心绪烦乱时，可以挑一件自己平时感兴趣的事做。这样可以减轻不良情绪对自己的冲击。当把感兴趣的事做过之后，快乐的心境又会恢复。或当你不受重用、身处逆境、感到苦闷时，可把精力投入某一项你感兴趣的事业中，通过获得成功来改变自己的处境，改善自己的心境。

⑪ 要看到自身的渺小。在人类历史的长河中，一个人的一生是极其短暂的一瞬，名誉、地位、财产这些身外之物，显得非常微不足道。为了实现更高层次的人生价值，即使失去再多名誉、地位、财产，也不足惜，应以乐观的态度对待人生种种问题。

6. 培养沉着冷静的态度

1）抑制冲动情绪

当人们遇到突如其来的羞辱和难堪时，容易引起冲动情绪。一个人如果不能很好地抑制冲动，随时都有可能失去自己行为的尺度。要把事情做好，就要先成为自己情绪的主人，从容地驾驭自己的情绪。许多事业有成者都能有效地抑制冲动，避免争论，善听批评，胸襟宽阔，力戒不满。这些控制情绪的习惯，看起来不起眼，实际是人生不可缺少的宝贵品质。

在很多沟通场合中，我们可能会遇到不顺心甚至是难堪的事，在这种情况下，首先要做到的，就是克制自己产生破坏性情绪和冲动。比如面对情绪急躁、爱发火的沟通对象的挑衅，约束自己的本能反应、保持冷静是基本的行为准则。应以镇定的表情注视着对方的眼睛，以平和的声音清楚地表达自己的意见。思维清晰有条理、毫不惊慌失措的表现，会给对方传递一个信息——我对你的指责泰然处之，你这样大动肝火是没有道理的。如此，能使对方平静下来，使矛盾缓和。优秀的管理人员应能以自我约束能力平衡欲望、野心和自我主张，驾驭个人需求，以达成企业目标。

控制破坏性情绪和抑制冲动主要有以下两种方法与途径。

（1）养成从容不迫的习惯

在遇到令人愤怒的事情时，如果我们能够保持从容不迫、顺应自然的态度，那么，任何事情都能应付自如。一些伟大的人物在"镇静"方面都表现得十分出色，面对突然变故，他们仍然镇定自若。他们懂得感到慌张时，大脑就会失去正常的思考能力，语无伦次，无法思考应付的妙招。这时要有意放慢自己动作的节奏，越慢越好，动作和语言的暗示会使自己慢慢镇静，大脑恢复正常思考以应付周围发生的事情。平时有机会就主动当众讲话，进行消除紧张情绪的实践，经历考验，这样会养成从容不迫的习惯。

（2）善于听取批评意见

遭受别人的批评总是不舒服的。但我们要追求的是真理，而不是舒服的感觉。无论批评我们的人其动机是怎样的，我们都不应起猜忌心理，以为人人都与自己为仇的想法是相当危险的。成功学大师卡耐基曾说:"批评你的人实际上是帮了你的大忙,你应该好好感谢他才是,因为你能作出比较正确的决策。"

2) 有耐受性

耐受性是指身受压力仍能继续承担责任,控制情绪。如在困境中,有的人感到压力沉重,紧张万分,非常苦恼;而有的人却觉得值得拼搏,全力以赴,尽力做得与众不同,争取体现出个人的工作价值来。前者耐受性较低,而后者较高。研究发现,那些面对困难不屈服,做艰苦的工作既紧张又兴奋,并把工作看作是发展自己大好机会而不是苦差事的人,更能经受住困难与挫折的考验。

在工作与生活中,人们往往身受两种压力——有益的压力和有害的压力。有益的压力与有害的压力之间有着重要的区别:有益的压力是指那些鼓动并激励我们行动的挑战;而有害的压力则指那些要把我们压垮,使我们丧失勇气和斗志的威胁。情感智力强的人,能把两种压力都看作是挑战,在两种压力面前从容、冷静,努力地克制自己的不良情绪,调动积极情绪,迎接挑战。

3) 要能制怒

高情商的一个重要标志是:能制怒,不轻易受到伤害和不伤害别人情感。人们常常需要适当宣泄自己的情感来使自己达到平衡,但是受过良好情商训练、理性思维很强的人不会无辜伤害别人感情。当事与愿违,某种需要得不到满足或自己的权益受到妨碍时,愤怒便自然产生。它的表现可以是不满、生气、愠怒、激愤和暴怒。愤怒时,人体会调动所有的能量储备,能够迸发出比平时大得多的生理和心理力量,并且常用侵犯性的语言或行为宣泄出来。这在面对敌人时有积极意义,而在沟通过程中,只会伤人感情,破坏融洽的气氛。许多人在愤怒时,往往失去理智,说话失去控制,使交往对象感到难堪,受到伤害。

一般说来,易怒的人常常认为发怒可以威慑他人,可以推卸责任,可以挽回面子,可以抵挡责难,可以逃避努力,可以满足愿望等。然而事实证明,易怒者往往事与愿违,得到的不是尊严、威信和愿望的满足,而是他人的不满和厌恶,人与人之间更大的冲突,使自己的心境更加不宁,沟通效果也一塌糊涂。

生活中不如意的事时有发生,如果肆意放纵自己的怒火,就会伤人害己,使人际关系蒙上阴影。因此要学会制怒,真正做到:猝然临之而不惊,无故加之而不怒。

学会制怒,可以借鉴下面的方法。

(1) 怀有一颗平常心

生活中总有不顺心的事,不能遇到就发火。应做到处顺势不倒,处逆境不躁,心静若止水。守住自己擅长的领域,保持平和心态,不被外界纷扰打乱自己的心情。遇到批评指责,想想是否是自己的过错,是则庆幸没有犯更大错误。集中精力专注自己的工作和目标,不浪费时间、心思计较别人对自己的指责与怠慢。

(2) 学会不被别人的语言所伤害

一位总统夫人曾说:"棍子和石头也许能够打断我的骨头,而言语永远也不能伤害我。"自己情绪的控制完全在自己,别人伤害性的语言对你来说应看作是一种声音,这种声音对你起的作用,是你自己对它的反应。当别人向你发怒时,相当于向你投来了石头,你要设法躲避,而不是迎上前去。一些人的怒火只是发泄,因此应避开锋芒。如果对方发怒有针对性,也要尽量容忍,因为你的容忍可导致对方释放出内心的积郁,所以不必刻意与人争风。

(3) 主动适应，调整自己

事情不会总是按人们原来的计划和预料实现的，遇到事情的内容、形式、时间、地点发生了变化，或是出了差错，应该认为都是正常的，符合事物变化规律的，没有必要去发牢骚，或抱怨某人、某事。正确的态度是主动地适应变化，抑制自己的消极情绪，调整出自己的积极行动。

7. 保持头脑清醒，不为诱惑转移目标

诱惑会引起人的冲动，也是注意力分散的根源。当产生冲动、恼怒等情绪波动时，我们的自我认知、自我定位、实现目标的能力会受到影响。

在斯坦福大学附属幼儿园，研究人员把4岁的小孩一个个带进房间，把一粒粒糖果放到他们面前的桌子上，告诉他们："你们现在想吃这粒糖就吃。但如果你们能等我出去办完事回来后再吃，那你们就可以吃到两粒糖。"约14年后，这些孩子将高中毕业时，研究人员再次把那些马上就吃掉糖果的孩子与等待研究人员回来得到两粒糖的孩子相比较。前一组孩子更容易被困难的压力摧垮，动辄就生气发怒，常与人打架斗殴，追求自己目标时抵制不住诱惑。更意外的发现是：与抵制不住糖果诱惑的孩子相比，能等待的孩子的学习成绩普遍较优。最迫不及待拿走糖果的小孩中，1/3平均语言成绩524分，算术528分；等待最久的1/3孩子，这两项分数平均为610分和652分，总分差距多达210分。接受"糖果实验"的孩子们长大成人工作后，差异更加明显。能抵御诱惑的孩子们到二十八九岁时，学到了更多的知识和技能，做事更能专心和集中精力；更能建立起真诚且亲密的人际关系，办事更可靠、更具责任心，面对挫折显示出较强的自制力。相反，4岁时不能控制自己，迫不及待抓吃糖果的孩子们在这时，认知学习能力较差，情感能力比那些能控制自己的孩子更是差了一大截。他们较孤独，办事也不让人放心，做事不专心，在追求目标时只顾眼前的满足。遇到困难时，他们的承受力和自制力都较低，也不会临机应变，只会做重复性的工作。

8. 培育优秀的人格精神

优秀的人格精神，不仅是优秀工作者的良好习惯，而且每个职业者皆应有之。优秀人格精神形成的力量，具有神奇的魅力，影响别人也促进自己。

美国有一位啤酒生产商叫哈利，在他面临公司倒闭的情况下，在一年一次的股东大会上讲话时，不但受到热烈欢迎，而且在讲话结束时甚至受到更热情的呼应。他的事业将不存在了，但他在人们心目中的形象却岿然不动，人们仍然喜欢他，对他还报有很大希望。他为何有这样的吸引力呢？

哈利说他在25年前，当他走进房间时，没有人注意他，他默默无闻，完全不能引起人们的兴趣。于是他下决心学习和掌握各种能吸引人、让人们喜欢的方法。哈利最后取得了成功。哈利认为：吸引人的力量跟体形无关，高、矮、瘦的人都有可能获得，也无需美貌与刻意的装饰和整容，这些都无从获得力量。这种吸引力是一种精神特质，而非物质上的。它是来自内心深处的，非肉体上的。并非体力充沛的人才能创造出这种吸引力，很多生理上有残疾比正常人更具吸引力——"我虽然无法改变我的生理状况，却能主宰我的信仰、态度和人生观，这就是我能在人群中具有吸引力的原因。"

综合哈利和其他成功人士的经验，至少可以从以下4个方面获得这种力量。

1) 谦逊

谦逊的人格十分重要，我国教育成功学专家管斌全在总结了古今中外众多成功人士的人格后认为，要形成健全、高尚、完善的人格，最为关键、重要的两个因素就是：谦逊和自制。

自以为是的人永远都是失败者。一个真正有吸引力的人绝对不会炫耀自己。美国管理学权威、超级畅销书《从优秀到卓越》的作者吉姆·柯林斯在探讨能够把优秀企业带到卓越企业的领导者的素质时，把企业领导者谦逊的品格列为第一条。他认为：谦逊＋意志＝第五级领导力。"第五级领导者"都具有双重性：谦逊但是有韧性，质朴但是无畏。

"第五级领导者"的谦逊体现在以下几个方面。

① 谦逊有礼，对公众的赞美视而不见，躲避他人的奉承，从不自夸。

② 决策冷静、温和，行事沉稳、坚定。促进员工积极性的提高和公司的发展，是依靠雄心勃勃的标准，而不是吸引人的号召。

③ 不图个人名声，以组织为重，挑选能让企业在未来更加成功的继任者。

④ 当公司业绩不佳时，严于责己，不将过失归因于其他人或外在因素，也从不抱怨运气太差。

⑤ 谦逊的敌人是自命不凡、骄傲自满、固执己见、自以为是、刚愎自用、夸夸其谈、大言不惭。克服这些缺点，能够促进个人迅速进步。

法国作家司汤达说："谁要干'白纸上写黑字'这一行，别人说你笨拙，就不应该惊讶和动气。"他在写作中也切实按他说的去做，对别人的批评从不恼怒。他喜欢把自己的文稿给别人看，并要求别人毫不客气地提出批评。当别人把他的文稿批判得一无是处时，他仍然和那些批评家保持良好的关系。司汤达的这种谦逊态度受到了人们的普遍称赞。著名作家梅里美称赞他说："我没有见过任何人在受到批评时比他更坦率，或者受朋友的批评时比他更大方、更正直。"

2）关心他人，乐于倾听

这是个鲜为人知却又很简单的道理，鼓励他人多谈自己，使你可以了解到他们的兴趣所在，话题可以是他们的孩子、工作、爱好或是对某件事情的看法。人们通常喜欢跟你谈论他们自己的抱负和成就。所以，要多问问题，善于倾听。

当别人询问你的意见时，可反过来问他："你觉得如何？"你积极地提出问题激发他人谈论他们自己时，你就会赢得信任，同时也借此收集情况并作为以后共事的参考资料。但要注意提出的问题必须是使人愉快的问题。

3）做任何事都要有精神、有毅力、有恒心

做事要讲求精神，不能萎靡不振，举步维艰，说话语调平平淡淡。

日本推销之神原一平认为培养正确的人生态度，应从两方面着手：一是由内而外；二是由外而内。就是先把外在的生活与工作全部规律化，然后再求内部的塑造。每天的生活和工作都按固定的时间表进行，分秒不差。有人认为他的生活太过于死板了，但他自己认为生活规律化后，久而久之，规律的态度会反映在工作上。行为举止、说话音调、接人待物的态度都会形成规矩。原一平还认为，自己的外部定型之后，就可以进行内部塑造。但内部塑造非得有坚持到底的毅力和恒心不可，而毅力和恒心又是一般人最欠缺的。原一平说："依照我的经验，无论多么艰难的事，只要用毅力和恒心坚持到底，定能从中培养出无比的热忱和信念，是一定会把事情做好的。"

只有凭借这种信念和热忱，才能把你带入新的人生境界，从而真正塑造出新的"自我"。因此，信念来自热情，热情要持之以恒。在与人交往或做任何事情时，一旦投入就应充满热情与活力，精神抖擞地工作。

4) 关怀每一个人

"关怀"是发生在群体之间的事,"关怀"没有速度限制。我们付出多少,就有获得多少的可能。没有关怀意味着孤寂的、恐惧的、空虚的、没有必要的人格。墨子曾说"爱无差等",主张"天下之人皆相爱"。哈利说:"我在失败的时候依然如此受到欢迎,而他们也还是尊敬我,这是因为我先尊敬了他们。每当股东有求于我的时候,我都竭力去做,为他取利益。"

复习思考题

1. 沟通主体分析的两个基本问题是什么?对有效沟通有何意义?
2. 如何建立可信度?
3. 沟通策略一般分为哪几种?沟通过程中如何进行策略选择?
4. 自我沟通过程与一般人际沟通过程的异同是什么?
5. 自我沟通的意义是什么?

案例分析

案例 3.1　　　　　一次握手激励出的情商修养

梅琳凯化妆公司创始人梅琳凯年轻时做推销员,一次听营销总监演讲,演讲获得极大成功,几乎所有人的情绪都调动起来了,梅琳凯也在其中。演讲后大家排起了长队和总监握手。两小时后终于轮到了梅琳凯,她十分激动地伸出双手,急切地希望得到热烈的握手。可是总监这时已经很疲劳了,只是伸出一只手,松松地递过来,并且没有看她,而是从她肩上看过去,看还有多少人等着握手。这个动作使梅琳凯受到极大的刺激,她感到总监根本没有意识到是在同一个活人握手。一瓢凉水从头浇到脚,自尊心受到了极大伤害。她狠狠地发了一个誓:一定要创办自己的公司。45岁时,梅琳凯成立了自己的公司。当她有机会同别人打招呼时,一定会很认真,并且从对方身上找到一个值得赞美的地方告诉对方。她的公司人际关系融洽,她在与不在都没有关系,人们工作始终积极热情。

问题讨论

1. 梅琳凯听了总监的演讲后是什么情绪?
2. 梅琳凯与总监握手时产生了怎样的情绪?
3. 梅琳凯从握手后的情绪转化为要办自己的公司和认真热情处理与人的关系,这个转化过程是怎样进行了情感调节的?

案例 3.2　　　　　建立起自己的可信度[①]

汤姆·史密斯是某大型零售业银行的最高经营主管。虽然他新担任这个职务,但是他却很想让银行高层管理团队明白该银行有严重的问题。他认为,该银行的一般管理费用过高,这会影响其在本行业的地位,因为银行业已经进入竞争更加激烈的时代。但是,多数同事都没有看到这种情况的潜在严重性。因为近年来该银行已经取得了巨大的成功,因此他们相信行业中的变化对本银行影响很小。除了是新上任外,史密斯还有另一个问题:他过去的职业

---

① 改编自:康格. 人员管理. 北京:中国人民大学出版社,2000:240-260.

一直是在金融服务业，因此在这个零售业银行中被视为是外行。在这种情况下，他几乎没有什么可以利用的个人关系，人们也不认为他应付市场突发事件的知识特别丰富。

史密斯想要建立起自己的可信度，他的基本做法如下。

第一步，他聘请了一位获得该银行信任的外部顾问，这个顾问证明，该银行的确不能被定位为低成本的生产者。在对银行高层管理人员进行的讲座中，该顾问介绍了该银行的主要竞争对手如何采取有力手段压低成本的情况，阐明如果不大力压缩成本，该银行很快就会大大落后于竞争对手。这些结论分别写进了整个银行传阅的报告中。

第二步，史密斯确定，该银行的分行经理们对他的活动至关重要。争取得到这些受人尊重、见多识广的人的支持就可以向银行里的其他人说明，他的担心是有根据的。而且，史密斯还相信，分行经理们可以增加他对市场发展趋势的专门知识，并帮助他检测他的设想。因此，在接下来的3个月里，他访问了每一个分行，总计135个。在每次访问中，他都同分行经理们谈话，听取他们对银行优势和弱势的看法，由此他了解到了有关该银行的经营情况及顾客倾向的第一手信息，还征求了他们有关改进银行服务及使成本最小化的建议。在史密斯结束访问时，他对银行的未来有了一个开阔的视野，甚至该银行高层管理人员中都很少有人具有这样的视野。在这个过程中，他还与很多人建立了良好的关系。

最后，史密斯举办了一些小型而明显的创新活动以证明他的专业知识和能力。例如，他注意到该银行的抵押业务发展缓慢，使从事信贷工作的人员士气低落。于是，他设计了一个让新的抵押——顾客头90天不付款的计划。这个创新取得了显著的成功。在短时间里，史密斯就变得像个有头脑的零售银行家了，超出了所有人的想像。

问题讨论

1. 分析史密斯的自我认知和自我定位过程。
2. 史密斯是如何建立可信度的？
3. 如果你处于史密斯的最初状态，你将如何运用自我沟通？又将从哪些方面怎样建立起你的可信度？

第4章

沟通客体策略

学习目标

✓ 理解以客体为导向的沟通的内涵、意义及其与以主体为导向的沟通的区别；
✓ 理解沟通客体特点；
✓ 掌握激发沟通客体兴趣的技巧；
✓ 理解沟通客体的不同类型，并掌握与之相适应的沟通策略。

管理沟通的本质是沟通者能站在对方的立场思考问题、传递信息，所以，成功的管理沟通是客体导向的沟通。客体导向沟通最根本的前提是要了解沟通客体是谁，分析他们的特点，了解他们的动机，学会和他们接触，通过对客体的深入分析，帮助沟通者根据客体的需求和特点来组织信息、传递信息，实现建设性的沟通。沟通客体分析策略先应分析4个最基本、也是最要的问题：他们是谁？他们了解什么？他们如何感觉？怎样激发他们？在弄清楚前三个问题之后，再采取相应的策略去激发他们的兴趣。本章的核心就是围绕这些问题来讨论。

4.1 以客体为导向沟通的内涵与意义

4.1.1 以客体为导向的沟通的内涵

在美国南卡罗莱纳州沃特镇，有一家寂寂无闻的咖啡馆，突然贵宾光临——计算机大亨盖茨和国家广播公司 NBC 名主播布罗考飘然而致。两人要了咖啡，谈论一阵旋即离去。在场侍者个个兴奋不已，竟忘了两人并未付账。

虽然这家名为"Past Times"的咖啡馆老板娘对此并不在意，可消息还是不胫而走。数日后，从《华盛顿邮报》到远至美国的科技杂志《The Register》都竞相刊登世界头号富豪和新闻界权威饮咖啡而不付钱的消息。

由于事情令人尴尬，咖啡馆很快接到了盖茨办公室的电话，询问盖茨先生是否欠了咖啡钱。老板娘康妮受宠若惊，连称两人喝的泡沫咖啡每杯只需3美元，算是咖啡馆请客。

不过，从事传媒工作的布罗考更了解事态的严重性。他当机立断送来两张20美元的钞票，并附上便条一张，指未付账就离开咖啡馆的事令他们被外界盯死，因此其中一张20元美钞是买咖啡的，而另一张则是送给康妮，让她钉在墙上作为纪念。

其实事发当天，盖茨到咖啡馆是接受布罗考访问，谈论盖茨基金捐款2.5亿美元，为美国乡村购买计算机的善事。

此事如果被对手深挖炒作下去，对微软公司与国家广播公司的形象都会大有影响，因此迅速有效地与媒体、公众沟通是必要的。在这次事件中，很显然，布罗考采取了以客体为导向的沟通策略：康妮的态度是友善的，而媒体与公众的态度则是带有苛责的，因为媒体和公众注意力的焦点容易集中在名人身上，同时对名人的期望值往往很高，所以对他们的言行要求也更加苛刻。一旦这件事再被对手肆意炒作，那么媒体与公众的态度是很容易变为敌意的。因此，布罗考确定以媒体与公众为主要客体，在分析其心理的基础上采取了相应的沟通策略。

通过这次沟通，这样一件本来可能会带来极坏影响的事情最后反而变成了人们茶余饭后以为聊资的趣事，也是对危机事件的有效处理。坏事之所以能变成好事，该案例中揭示了这么一个重要的道理——以客体为导向的沟通才是一个有效的成功的沟通的关键。

以客体为导向的沟通是指在沟通的全过程中，沟通目标、策略、形式都必须以客体为导向，它是在分析了沟通对象的背景、兴趣、偏好、态度和目的的基础之上，来确定相应的沟通策略与客体进行的有效沟通，这是与以主体为导向的沟通的根本区别，它考虑的不是"我"，而是"他"。

以客体为导向的沟通强调了两点。

第一，在与对象沟通之前，要尽可能多地收集关于沟通对象的翔实的资料，以充分了解沟通对象。这种资料主要是两方面的资料：一方面是关于沟通对象现状的背景资料，如家庭情况、收入结构、技能特长、地位、文化背景等，收集此类资料使我们能够把握沟通对象所处的环境；另一方面是一些影响沟通对象思维方式的因素资料，如心理特征、个性、气质、以往的决策模式等（如果是与组织沟通，沟通对象应是组织的决策团队成员），收集此类资料使我们可以把握沟通对象思考问题的方式。

第二，通过对上述两类资料的分析，能够模拟沟通对象的思维方式，并思考沟通对象在其所处的环境中所面临的问题及其态度、反应等，据此来预先设计相应的对策，正所谓"知己知彼，百战不殆"。

以客体为导向的沟通仍然是管理与商务沟通中最容易被忽视的挑战。当你已经认清什么是你想要达到的目的、为什么让你做这样的事以及如何去做这样的事时，你可能会认为你的建议对于他人而言是恰当的和有益的，然而通常事实并非如此。你必须懂得他们怎么想，怎样看待他们的利益，怎么能使他们支持你或至少不阻止你。

4.1.2 以客体为导向的沟通与以主体为导向的沟通的区别

H公司是一家成长性的集团公司。最近，集团准备投资建材行业，决定先建一座水泥厂，两家公司A、B得到此消息后，找到H公司表明欲承揽此项目。

A：我们公司有雄厚的技术实力并且做过几项类似的项目，积累了丰富的经验。因此，我们公司有能力提供一条龙服务，派专家负责选择场址、设计工厂、招聘建筑工程队、调集材料和设备，最后交给贵单位一个建好的工厂。

H：这太好了，我公司是一个集团公司，在建筑行业是个新手。

B：我们公司也可以提供一条龙服务。另外，我们知道贵公司在建筑行业是后来者，而在这个竞争激烈的行业要想站稳脚并不容易。经过我们公司做工作，市里正准备建的××花园的投资商已经同意在该花园的二期工程中使用贵单位新建水泥厂生产的水泥。另外，我们通过市场调查发现水泥在某国有很大的需求，我们已经联系了一家外贸公司可以为贵公司出口水泥。

H：太好了，建厂的事情就麻烦你们了，希望以后还能够长期合作……

与以客体为导向的沟通相对应的是以主体为导向的沟通,也是一般人通常习惯采取的沟通思维方式。两种思维方式的差别如表4-1所示。

主体导向的沟通往往很少甚至没有考虑客体的情况与心理,而是根据自己的主观判断和经验来设计沟通内容,案例中的A公司在与H公司的沟通中就是典型的主体导向;而B公司则在沟通之前对H公司的现状和问题做了充分的了解和分析,因此,在事前做了充足的准备,最终赢得了此次沟通的成功。

表4-1 主体导向沟通和客体导向沟通比较

区别 类型	思维源	沟通风格	策略运用	信息传递模式
主体导向的沟通	主体	不考虑客体情况,根据主观经验组织沟通内容	策略运用很少,因为他们认为不必要	单向传递
客体导向的沟通	客体	根据客体情况,换位思考,策略性地设计沟通内容	注重策略和技巧的运用,尤其注重对客体的心理分析	双向传递与沟通

4.1.3 以客体为导向的沟通的重要意义

1. 有效沟通的基础

之所以需要沟通是由于主客体双方产生了分歧。产生分歧的原因无外乎两种:一是由于信息不对称产生的;二是由于双方认知的差距产生的。对前者这一客观原因比较容易解决,只需要及时提供给沟通客体充足的信息,并保持沟通渠道的畅通;对后者,情况比较复杂,因为有效沟通首先要求沟通内容能被正确理解,而认知的差距导致沟通双方对同一决策或问题有不同的看法。例如作为一个销售经理,你可能准备派手下的一名员工到新区域去开拓市场,而这位员工因为家庭、现有的成绩等原因并不情愿接受这个任务。当然,你可以利用职务权力直接命令下去,但这可能使这名员工产生抵触情绪,以一种消极的态度去对待新市场开发这一项挑战性的任务,这对员工本人和公司的利益都是不利的。要解决这种由认知差距产生的分歧,必须建立以客体为导向的沟通思维,并让其贯穿于整个沟通的全过程。

2. 为思考创造性的沟通策略提供了更为广阔的空间

许多沟通问题需要高超的沟通技巧,而这些技巧往往没有定势可循,很多都要靠在领悟了一些沟通原理的基础之上,根据具体情况,去思考、去制定一些创造性的策略,正所谓"运用之妙,存乎一心"。但是一点是肯定的,思考范围与你最后得到的最佳策略的满意程度是成正比的,思考范围越广,思路就越广阔,自然得到更满意的结果的可能性就越大。而以客体为导向的沟通将思考范围扩大到沟通课题和主客体之间,因而为我们思考创造性的沟通策略提供了更为广阔的思维空间。

3. 使沟通更有效率

沟通不仅要讲效果,还要追求效率,我们总是期望能在达到沟通目标的基础上取得最好的沟通效果。举个很简单的例子,如果你有份计划书需要你的经理的建议,如果你选在他心情不好或很忙时,可能只得到寥寥数语;如果你在充分分析后选一个他很空闲而且心情不错的时候去,你得到的帮助就会大得多。

4.2 沟通客体的特点分析

4.2.1 沟通客体分析

沟通客体即沟通对象，他们是谁，这似乎是一个较简单的问题，但事实上对沟通客体进行选择和划分，并决定以谁为中心进行沟通，确实是一个微妙而复杂的过程。确定沟通客体的范围并对其进行分析需要解决以下两个问题。

1. 沟通客体的确定

在许多管理沟通的场合中，沟通者可能拥有多个不同的接收者（沟通客体），无论是通过书面、口头或面对面的沟通方式，只要沟通客体多于一人，就应当根据其中对沟通目标影响较大的人或团体而调整沟通的具体内容。一般来说，在管理沟通中，沟通客体普遍包括6大类人群。

（1）第一类为最初沟通客体

他们最先收到信息，很可能这些信息并不为他们所用，但他们会在第一时间得到这些信息。在现实生活中，这些文件、信息有时就是这类最初沟通客体要求所提供的。

（2）第二类是主要沟通客体

也可以叫直接沟通客体，即那些直接从发送者处获得口头或书面信息的人或团体。确定哪些人将成为主要沟通客体，就是要确定哪些人可以决定是否接受你的信息、建议；哪些人是否按照你的提议而采取行动；你的信息只有通过传递给哪些人，才能达到预期的目的。

（3）第三类人是次要沟通客体

又称间接沟通客体。考虑哪些人将成为次要沟通客体，他们将获得信息副本，得到尚待证实的消息，道听途说或收到信息波及的人（或团体）。他们可能会对你的建议发表意见，根据他们的实际情况，提出自己的想法，或在你的提议得到批准后负责该项目的具体操作、实施。

（4）第四类人是联络人

他们是沟通者和最终沟通客体之间的"桥梁沟通客体"，他们有权利或者有能力阻止你的信息传递给其他客体，因而他们也有权决定你的信息是否能够传递给其他客体。有时让你起草文件的就是联络人本身，有时联络人在公司的中、高层，有时联络人来自于企业外部。联络人分析的重点在于分析是否必须通过此人来传达信息；如果需要，则要继续分析他们是否会因为某些理由而改变要传递的信息或封锁信息。

（5）第五类人是意见领袖

即沟通中具有强大影响力的、非正式的人或团体。他们可能没有正式的授权，也没有权力改变信息、封锁信息，但他们可能因为拥有政治、社会地位和经济实力等，而最终对你的信息或建议的实施产生巨大的、无形的影响。所以确定沟通客体中哪类人具有强大的非正式的影响力同样非常重要。在实际工作中，他们常常是被人忽略或者不易考虑到的一群。

（6）第六类人是核心决策人

最后且最重要的是，看是否存在能够影响整个沟通结果的核心决策人。若存在，则按照他的判断标准来调整信息内容，以期达到预期结果。

值得一提的是，现实操作中，上面6类人中的某几类很可能由同一个人充当，如负责人常常既是最初沟通客体，同时又是联络人；最初的沟通客体既可能是主要客体，又要负责对文件的提议付诸实际行动。

小王是一家很著名的广告策划公司的财务经理助理。一天，小王的老板让他起草一份关于客户新推出的一个产品的市场营销策划书。为了能够成功地完成这份报告，小王首先认真地分析了他要服务和沟通的客体。他认为，这份报告的主要接收者是客户公司的执行部门，因为最终由他们决定是否采用自己的策划书。其次是次要接收者，次要接收者是客户公司的市场营销人员，他们会提出很多建议，他们的建议在一定程度上也会影响策划书的效果。其他次要沟通客体还包括广告策划艺术人员、文案写作者及发布广告的新闻媒体，这些人会在方案获得批准后负责细节的落实实施。在他的策划书交给客户公司之前，必须先得到老板的批准，所以他的上司既是最初的沟通客体，也是中间的联络人。

2. 个体、整体沟通客体分析

一旦确定了哪些人属于沟通客体范畴，即沟通客体人群，就应该尽量地、仔细地对之进行分析，把自己置于他们的立场上，想像自己是他们中的一员，了解这时自己希望获取什么样的信息（即换位思考），并且对沟通客体的分析还要相当客观，要及时、大量地向周围人征询意见。

① 分析每一位成员个体。如果有条件，可以对沟通客体逐一进行分析。考虑他们的宗教信仰、教育层次、专业培训、年龄、性别及兴趣爱好，思考他们的意见、喜好、期望和态度各是什么？

② 分析整体沟通客体。如果条件不允许，可以通过按一定标准分组的方式，对沟通客体进行整体框架的分析，如他们的群体特征是什么？立场如何？有什么样的共同规范、传统、价值观等？

4.2.2 确定沟通客体的需求

基于上述的分析，知道了所面对的沟通客体属于哪类人，下面就可以开始考虑在特定沟通过程中，沟通客体已经了解但仍需了解的是哪些。这就需要解决三个新的问题。

1. 确定沟通客体想要的背景资料

发送者应该了解沟通客体对沟通的主题已了解多少？哪些专门用语是他们能够理解的？对沟通的主题他们已经懂得了多少？

① 需求低。如果沟通客体对了解背景资料的需求较低，就不需要浪费时间在无谓的背景资料介绍或名词解释上，开门见山，直接切入主题即可。

② 需求高。如果沟通客体对背景资料的需求较高，则发送者一定要准确地定义陌生的术语和行话，将新的信息与他们已经掌握的信息结合起来，并总结出非常清晰的结构。

③ 需求不一致。如果沟通客体对背景资料的需求不统一时，可以利用"简单回顾"之类的开场白重温背景知识或将其列入单独的附录或讲义之中。

2. 确定沟通客体需要的信息

对于沟通主题，沟通客体还需要了解什么？他们还需要多少细节与例证？

① 需求高。当沟通客体对新信息的需要较高时，应提供足够的例证、统计资料、数据及其他材料。

② 需求低。反过来，很多时候沟通客体并不需要了解太多新的知识。例如，他们可以信赖专家的意见，也可以将作出判断的权力交还给沟通者。因而，考虑这一问题要从沟通客

体需要多少信息出发，而不是取决于沟通者能提供多少信息。

③ 需求不一致。在某些情况下，可将更多的细节资料列入单独的附录或讲义中。

3. 确定沟通客体的期望和偏好

这是指在沟通风格、渠道或格式方面，他们更偏向于哪一种。

① 风格偏好。即在文化、组织及个人的风格上是否有任何偏好，如正式或非正式、直接或婉转、互动性或非互动性的交流形式。

② 渠道偏好。指沟通客体在沟通渠道上有何偏好，例如书面文章或电子邮件，演讲或个人交谈。

③ 格式偏好。即对文件或报告的格式是否有任何偏好。例如，有人喜欢用项目符号代替数字标号，或者偏好公文的标准格式。

某位总经理有一个习惯，就是轻易不接受下属的直接口头汇报工作，而是要求下属用书面的方式提交报告，认为书面的形式更易于记忆、理解，并且更具真实性。总经理审阅提交上来的报告后，如果认为有必要找报告人交流，会再约定一个时间，当面与提交者交流感想、意见；如果觉得不需要面对面的交流，就转交给相关部门的经办人去处理。该总经理的体会是，只有通过书面的文字交流，工作才能得到切实的重视，并且他可以选择阅读的时间，而不受下属的干扰。

如果你的上司是这样一种风格的管理者，显然口头沟通对他来说是无意义的，书面沟通才是真正有效的沟通渠道。从另一个角度来说，通过这种沟通偏好，也可以看出，这位领导是一位时间意识很强的人。因此，即使在提交书面时，也应该尽量"长话短说"、开门见山、简明扼要地表达出自己的想法、建议，以最少的笔墨让上司对你的建议产生浓厚的兴趣。

4.2.3 分析沟通客体对信息的反馈

除了解决沟通客体了解什么之外，还应掌握沟通客体会怎么想。他们的偏好与倾向对沟通策略的影响是不同凡响的。为了了解沟通客体在沟通过程中可能产生的情感反应、心理变化，需要解决以下问题。

1. 了解沟通客体对你的信息感兴趣的程度

沟通者要分析接收者对沟通主体即结果的关注程度，或者他们认真阅读或聆听信息的可能性有多大，对于接下来的沟通来说，这是一个十分重要的问题。对接收者（读者）而言，你的信息属于较高的优先级，还是较低的优先级？他们认真阅读或聆听信息的可能性大吗？他们对沟通主题及结果是否关注？这一信息将对他们的价值观及人生目标产生何种程度的影响？

（1）兴趣较高者

若沟通客体兴趣较高，即可直奔主题，不必多花时间以唤起他们的兴趣。但你必须构筑完善的逻辑论证，若是没有长期不懈的努力，沟通客体的意见不可能轻易得到改变，因为他们很可能是这方面的专家，如果你的言语有不妥之处，可能会引起他们的反感，甚至对你产生不信任；但一旦说服了他们，比起兴趣较低的沟通客体来说，他们的意见保持得会更为持久，会成为你的忠实追随者。

（2）兴趣较低者

若沟通客体的兴趣比较低，则可考虑激发他们的积极性，比如要求他们加入讨论，首先倾听他们的想法等，因为分享控制权是得到支持的最有效方法之一。此外，要使信息尽可能简单明了，易于理解，易于激发兴趣，冗长的文件令人生厌，而且沟通客体会不自觉地忽略其中显得琐碎的部分，更是摸不着重点。最后，对于那些兴趣较低的沟通客体，应及时地对他们的意见变更作出积极的反应，尽量提高他们的兴趣，使他们感觉自己被重视，并且自己很有这方面的天赋。

(3) 兴趣一般者

对于这样的沟通客体，在我们的努力下，他们很有可能成为兴趣浓厚的接收者，但如果不注意方法，也可能离我们远去，变成兴趣很低者。在与这部分人交流时，沟通的信息如果对他们的财务状况、组织地位、人生目标、价值体系等他们认为很重要的方面产生影响，他们就会对继续沟通产生较大的兴趣，倾向于继续倾听。

2. 分析沟通客体的意见倾向

沟通客体对你的意见倾向是正面的还是负面的？他们对你的想法或建议可能采取何种态度？是赞成、漠不关心还是反对？从你的想法中他们可能会得到哪些利益和损失？这样的想法为什么在以前没有得到实施？为什么他们可能会说"不"呢？

(1) 正面或中立

若他们持正面或中立态度，只须强调信息中的利益部分以加强他们的信念，不用花过多的时间继续在说服他们上。

(2) 反面的

若沟通客体倾向于反面意见，试用以下技巧。

① 将要求限制到可能范围内最小的程度，如一个试点项目，而非整个项目，细化工作。

② 对预期的反对意见作出回应，让他们明确未来的结果。

③ 先列出沟通客体可能同意的几个观点。若他们赞成其中二三个关键之处，那么他们接受沟通者整个构想的可能性会更大。从最可能入手的地方先着手，最终达到全面的肯定。

④ 令他们首先同意问题确实存在，然后解决问题。

(3) 可能听到强烈的反对意见

无论沟通客体本身的个人倾向如何，若他们更易为反对意见所左右，则可以通过列举反对意见，陈述驳斥理由，向沟通客体"灌输"驳斥性论证。当然，如果认为不太可能遇到强烈的反对，就不必进行此类"灌输"。

3. 考虑行动的可能性

分析"他们怎么想"的最后一个问题是，考虑你预期的行动对于沟通客体来说完成的难易如何，是否过于复杂或者过于艰难，他们完成这些任务的可能性有多大。

(1) 首先要明确难易程度

无论轻而易举的工作、略具挑战的任务还是对接收者来说十分难于达到的目标，一定要让沟通客体明白这一行动有助于他们的利益并且符合他们的信念，鼓励他们树立信心，在开始时对工作有正确的认识。

(2) 对于艰难工作的具体方法

如果行动过于艰难，不容易完成，可以通过以下几个方法，易化工作。

① 将行动细分为更小的要求，明确每一步能够达到的目标。

② 尽可能简化步骤，将复杂的操作尽量简化，比如设计便于填写的问卷，而减少一些

不必要的面谈。

③ 只有当工作结果得到检验，才能评定工作的效果，所以可以提供可供遵循的检查清单，以帮助下属及时检查工作效果，同时也是监督工作进度的一个好方法。

4.3 激发沟通客体兴趣

4.3.1 激发沟通客体兴趣的意义

前面讲了如何确定、了解沟通客体，下面要通过对沟通客体所知和所感的分析，考虑如何激发他们，希望解决"什么能打动他们"的问题。对影响力、说服力、驱动力的研究表明，存在有许多有效的激励技巧。

激励是指通过各种有效的手段，激发人的需要、动机、欲望，形成某一特定目标，并且不断地积极地追求这一目标，发挥个人潜力，最终实现预期的目标。激励是通过满足人的某种需求期望而实现的。人存在或可能存在某种需求期望即激励的心理基础。

管理者要进行管理沟通，建立有效的激励机制，其前提是必须了解员工的真实需求。因此作为激励职能的执行者，必须首先研究员工的需求。在这里再一次用到了马斯洛的需求层次理论（Hierarchy of Needs Theory），即人的需求从高到低分为 5 个层次：生理需求、安全需求、社交需求、尊重需求、自我实现需求，其中把前两者归类为低层次的物质需求，后三者归类为高层次的精神需求。

在动机方面，马斯洛指出：每个需要层次必须得到实质的满足后，才会激活下一个目标；同时，一旦某个层次的需要得到实质性的满足后，下一个层次就会成为主导需要，这一层次的需要就会成为个体行为的动机。按照马斯洛的观点，如果想激励某人，就必须了解这个人目前处于哪个需要层次上，并重点满足此层次的需要。

马斯洛也将需求层次划分为高和低两级，其划分建立的条件是：高级需要通过内部使人得到满足，低级需要则通过外部使人得到满足。对企业员工来说，低级需要是通过企业给予与员工付出劳动相匹配的薪酬等保障来满足的，这些则属于外部因素。根据赫茨伯格的激励——保健理论（Motivation-Hygiene Theory），这是属于使员工没有不满意感或不满意感的因素，即保健因素（Hygiene Factors）；而要想真正激励员工努力工作，必须注重内部的激励因素（Motivation Theory），才会增加员工的工作满意感。分析这些激励因素，显然属于内部的非薪酬因素，既然是内部因素，显然不如薪酬因素容易测度和评价，那么作为管理者怎样挖掘到这些因素，这就要用到管理沟通激励。沟通在此显示的作用就在于：管理者通过与员工的沟通了解到员工的内部需求，也就是高层次需求，并通过一定的方式满足这种需求，以达到员工满意，激励员工努力工作的效果。而沟通其本身就是作为一种激励因素，使员工在沟通过程中就体会到备受尊重，满足了其社交、尊重和自我实现的需求。

首先，充分调动起管理沟通中主客体的沟通积极性，使管理者和员工都有沟通与交流的愿望，并找到各自在具体沟通中的角色定位。

就管理沟通的过程而言，一个完整的沟通过程离不开沟通主体、沟通客体、沟通信息、信息沟通渠道和媒介等基本沟通要素。如同横跨两岸的桥梁一样，客体和主体分别是作为桥梁两岸坚实的桥基，是构架的基础，是信息传输的始端和终端。当然，在企业中管理沟通的主体和客体无外乎管理者和员工。当管理的上下级之间充分地认识到自己的沟通角色时，就会形成无比坚实的主客体基础，主动地担当起信息沟通的传输者。需要强调的是，这种沟通是非单向的，即上下级之间在沟通中的地位和机会是均等的。信息之所以会有效高速流通是因为其做的是平行往返运动，而非自由落体运动。在管理组织团队中，管理者和员工都同时担当着信息发送者和接收者的角色，即双方既是沟通的主体又是沟通的客体；而且均必须具备的关键角色行为便是反馈。

管理沟通的作用突出表现在4个方面，即高层管理者的核心任务、对变革的支持、组织信息的正式传递和人员群体间情感交流。从这些作用来看，无论是作为管理者的核心任务，还是对变革的支持途径，或者信息正式传递和情感交流。都是一个信息传达出去再反馈回来的过程，只有保证该过程的完整性，才会有组织的人际协调、资源调配、信息共享、任务完成、绩效提高等一系列的组织行为的顺利进展。

因此，在沟通主体稳定的前提下，要保证组织管理沟通畅行无阻，首先必须保障沟通主客体是敞开的、不闭塞的、有交流愿望的。其次很重要的是，沟通主客体是易接受和善理解的、有弹性的、有反馈意向和能力的。这样，企业管理沟通的信息高架桥就有了坚实的桥基。再者，有效利用信息、沟通环境、沟通媒介，形成有高效的信息传输、反馈渠道，建立完善畅通的沟通网络。

4.3.2 激发沟通客体兴趣的方法

1. 通过沟通客体利益激发沟通客体

面对众多的沟通客体，最直接的动机就是明确他们的利益期望，创造出高效地沟通客体受益点。沟通客体的利益期望包括他们在接受你的产品、服务和信息后，或者根据你的建议执行相关的活动过程中所能够得到的好处和收获，在与接收者沟通时，要强调信息中可能使他们获益的要点。沟通客体利益主要包括以下内容。

（1）具体好处

你是否可以向沟通客体提供一些具体的利益？哪些可以在沟通过程中描述？在这类可以提供切实利益的例子中，要强调它们的价值（如利润、奖金、打折优惠）或重要性。很多时候，我们难以提供诸如此类价值明显的好处，但切实好处不一定要非常夸张。像T恤衫、陶瓷杯、纪念笔，如果它们在沟通客体眼中具有价值，那么它们就会起到作用。

（2）事业发展与完成任务过程中的利益

有时可向沟通客体展示你表达的信息对他们目前的工作有益，或者任务本身的驱动。一些沟通客体更喜欢接受具有挑战的任务或者共同处理艰巨的工作，他们也会对参与艰难问题的解决或决策作出积极的反应。有些沟通客体对个人事业的发展和声望感兴趣。对这种沟通客体要表明你的沟通内容将有效地帮助他们得到组织或上级的重视，同时有助于他们获得声誉并建立交际网络。

（3）自我利益

有些沟通客体对提高他们的自我价值、成就感或满足感的驱动方式反应强烈。例如，你可以通过陈述他们的建议、邀请他们参与来提供认同感或归属感。在沟通中可以通过口头的称赞或微笑、点头等非正式的情感表达方式来加强效果，或者可以通过在文件中提及其姓名或以其他关注沟通客体的正规方式（如奖励、发纪念品等）来突出他的地位。

（4）团体利益

对于注重团体关系和组织形象的沟通客体，不妨强调信息对整个团体的利益所在；强调任何整体的切实利益,对完成团体任务的好处、团体的升迁或团体价值感。对于注重团结的沟通客体,多提及组织观念、联合利益而非专家的个人判断或你个人的可信度。对于易受周围人群的信念和行动影响的接收者(读者),采取"一致对外"策略。正如沟通专家琼安芬·耶兹所述:"虽然'每个人都这么做'并不是十分站得住脚的理由,但它对某些人确实有效。"

在说明性公文中,强调读者的受益可以用来解释为何要执行你宣布的政策,说明该政策是好的;在劝说性沟通中,强调沟通客体为什么能在实施你的建议后,有助于他们实现自己的目标,从而克服对方的抵触情绪。再者,假如你想劝说销售商经销你的产品,商品广告从消费者角度说明的种种理由,诸如颜色漂亮、线条流畅、使用方便、经久耐用、价格合理等,并不一定能激发出经销商的兴趣,为了让你的信息更具说服力,可能试着从营业额、预期利润、旨在唤起消费者认同和兴趣的全国性广告宣传方面的设想等向经销商进行说服更有效果。

简单地说,以明确沟通客体利益激发兴趣,就是解决"什么能打动他们"的问题。为了更好地通过明确并传递沟通客体利益激发他们的兴趣,有两点是显然的:首先要明确沟通客体的利益;其次是传递恰当的信息给沟通客体以利益。对于不同的沟通客体及他们所期望的不同的利益,有的是直接的,因而沟通者比较容易识别,沟通时能够明确地告知;有的利益是只意会而不可言传的,沟通者就需要深入去了解和发掘。对于后一种类型的利益,使用下面的技巧可能有助于我们去确认沟通客体的利益:首先,要了解能引起接收者需求动机的感受,包括欲望、喜好、厌恶、恐惧等;其次,找出自己所推荐的产品或建议的客观性能,以及他们将对沟通客体产生的影响;再者,详细说明沟通客体怎样利用你所推荐的产品或建议才能达到他们的自身需求,明确每一个步骤。

寻找针对沟通客体具体需求的沟通信息,同样也十分重要,关键在于找出自己产品的客观性能或政策有助于实现这种感受(恐惧、欲望)的理由。有的沟通客体需求,其满足条件是显而易见的;有的则需要很多条件才能得到满足,在考虑时,要力求全面。例如你想劝说人们到你的饭店消费,但是仅仅说明可以在这里解决饥饿问题显然是没有任何意义,很难吸引顾客到你饭店来的,必须要根据顾客的要求安排不同的沟通信息,具体做法可以参考表4-2。

表4-2 提供给不同就餐者的不同的产品性能

人 群	特 色
在外打工族	快捷、方便、价格适中;适合同事聚会、客户洽谈的轻松场所
孩子尚小的家长	高座椅、儿童餐、等待上菜时供孩子们嬉戏的娱乐设施
常常外出吃饭的人	富于变化的食品和装饰,具有本饭店自己的特色
囊中羞涩的人	经济食品,而且不需要付小费
特殊需要	低糖食品、低热食品、素食、清真食品、免费提前订制特殊食品
以外出用餐作为晚间消遣的人	音乐伴奏、歌舞表演、优雅的环境、餐后观看表演的订座服务,看完表演后仍可就餐的晚间服务

2. 通过可信度激发沟通客体

在前面讨论了可以影响沟通者可信度的几种因素,下面介绍一些应用可信度为驱动手段的技巧。在这里,要特别注意的是,沟通客体对主题的涉及或关注程度越小,沟通者用可信度作为驱动因素的重要性也就越大。

(1)"共同价值观"的可信度与"共同出发点"的技巧

共同价值观的可信度应用于驱动技巧是最为有效的，那就是构建与沟通客体的"共同出发点"，特别是在沟通的初始阶段，这点尤为重要，在心理学上被称为首因效应。如果在一开始你就能和沟通客体达成一致，被沟通客体看作是与自己同一立场的朋友，那么在以后的沟通中，你就更容易说服他们，改变他们的观点。这样，从共同点出发，即使讨论的是全不相关的话题，也能增加你在沟通主题上的说服力。例如，先谈及与沟通客体在最终目标上的一致，而后表明为达到目标在方式上存在的不同意见。

(2) "良好意愿"的可信度与"互惠"的技巧

一种将良好意愿可信度应用于驱动技巧的方式称为"互惠"技巧或"侃价"技巧。人们通常遵循"投桃报李，礼尚往来"的原则，所以可以通过给予对方利益而得到利益；通过己方让步换得对方的让步。人们的思想往往受"互惠互利"原则的影响，因而即使不甚情愿也会做出让步或使你不期然地获得利益。

(3) 地位可信度与惩罚的技巧

地位可信度的一种极端方式就是恐吓与惩罚，如斥责、减薪、降职乃至解职。研究人员发现，惩罚会导致紧张、对立、恐惧与厌恶。它只有在确保对方的顺从且确信能消除不良行动但又不影响良好行为的产生时，方能奏效。因此，惩罚对于绝大多数沟通客体或多数场合下都不适用。

3. 通过信息结构来激发沟通客体

通过信息结构来激发沟通客体，就是我们所传达的信息的开场白、主体和结尾。在某些场合下，可以利用信息内容来激发沟通客体。

1) 开场白

下面是一些从开头起就可以吸引沟通客体注意力与兴趣的开场白：

① 一开始就列举前面所说的通过利益激发沟通客体中谈到的利益问题；
② 列举存在的问题，采用问题/解决办法的结构模式；
③ 若沟通客体兴趣低落，先唤起他们的兴趣；
④ 当话题与沟通客体之间的关系不甚明了时，先从讨论这种关系开始。

2) 沟通内容的主体

在某些场合下，适当的内容在沟通过程中会增强说服力。

(1) 灌输技巧

通过列举系列反对意见并立即加以驳斥，向沟通客体"灌输"对可能出现的反对意见的不予认可；之后当旁人提出类似反对意见时，"灌输"会起到良好的预防"感染"作用。

(2) 循序渐进技巧

将行动细分为可能的最小要求，即那些你最可能得到的东西，然后你就有可能得到更大的满足。同样，尽量使某人对某一立场公开表示认同，即使他（她）实际上对此并不是十分有把握。通常人们在作出公开认同之后，会更加坚持他们的立场。

(3) 开门见山技巧

与前者相反，在这种情况下发送者首先提出一个过分且又极可能遭到拒绝的要求，然后再提出较适当的要求，这样后者就更有可能被接收。

(4) 双向技巧

当沟通客体持反对态度或极有可能听到强烈的反对意见时，不妨将双方的观点都加以阐述，并表现出更为中立与合情合理。对于你提出的观点与他们自己想出的观点，他们更倾向于反对前者。沟通客体的反对倾向越强烈,处理这些反对意见就更应该及时。

3) 结尾

结尾是另一种可用来激发沟通客体的地方。你可以简化沟通客体对沟通目标的实现步骤。例如,列出便于填写的问题表,或列出下一步行动的具体内容。

4.4 沟通客体类型分析和策略选择

4.4.1 沟通客体的类型

学习型组织强调团队合作的重要性,制定好的决策需要互补的团队,而一个互补的团队就需要有不同知识背景、风格和性格的团队成员组成。这就要求每一个成员掌握沟通的技巧,提高自身的管理技能。尤其在面对面的——沟通中,沟通对方的反映判断将直接影响到沟通策略的选择。如果不能对沟通对方的反映有正确的判断,将会出现沟通的中断、人际关系的恶化,最终问题得不到解决。

管理沟通的过程实际上就是管理者在推销自己观点的过程中,要根据客体的不同类型而做选择。但首先是要明确对自我的认识,要坚持"人所欲,施于人"的理念,而不要仅仅以"己所欲,施于人"的理念去进行沟通,要时刻把注意力放在沟通客体身上,以换位的角度思考问题。

沟通客体由于心理需求、性格、爱好、沟通风格、年龄、文化背景等的不同,可以分为很多不同的气质类型,气质就是日常生活中人们所说的"脾气"、"秉性"、"性情"。如有的人热情奔放,有的人沉着稳重,有的人刚毅坚强,有的人优柔寡断。现代心理学把气质作为人格特征之一,是指一个人生来就有的、典型而稳定的心理特点,表现为心理活动的强度、速度、稳定性、灵活性与指向性的动力、方向、特点。这是古今中外一直都在探讨的古老的心理问题。早在春秋战国时代,我国伟大的教育家孔子就把人分为"中行"、"狂"、"狷"三类。他认为"狂者进取,狷者有所不为"。意思是说,"狂者"对客观事物的态度是积极的、进取的,他们"志大言大",言行比较强烈,表现于外;"狷者"比较拘谨,因而就"有所不为";"中行者"则介乎两者之间,是所谓"依中庸而行"。而在同时期的医学中,按照阴阳强弱,把人的某些心理上的个别差异与生理解剖特点联系起来,把人分为太阴、少阴、太阳、少阳、阴阳和平 5 种类型,每种类型各具有不用的体质形态和气质;还有根据五行法则把人分为"金形"、"木形"、"水形"、"火形"和"土形",也各有不同的肤色、体形和气质特点。这两种分法是互相联系的。

① 按照心理学的观点,人由于心理需求的不同,可以又分为很多种不同的类型;

② 根据个性的不同,卡尔·荣格(Car Jung)博士把人分为内向型和外向型两种类型;

③ 根据信息处理方式的不同,卡尔·荣格把人分为思考型、感觉型、直觉型和知觉型 4 类;

④ 根据处理人际关系方面的不同风格,凯瑟琳·迈尔斯和伊莎贝尔·布里格斯把人分为统治指挥者、社会活动者、平和处世者和谨慎思考者 4 个群体;

⑤ 根据个体气质的不同,可以分为分析型、规则型、实干型和同情型 4 类;

⑥ 根据不同个体管理风格的不同,把管理者分为创新型、官僚型、整合型、实干型 4 类。

那么，针对不同类型的人，在管理沟通过程中，应该采用不同的策略进行沟通。下面对不同分类方法下的各种不同特点及相应的策略进行分析，重点将根据不同类型管理风格作具体的讨论。

4.4.2 不同类型沟通客体的沟通策略

正如医生治病对症下药，具体问题具体分析一样，在管理沟通中，也要在对沟通客体分类后，针对不同类型的沟通客体采取不同的沟通策略。

1. 按心理需求分类

不同的个体由于心理需求的不同可分为成就需求型、交往需求型和权力需求型三类。承认不同个体的需求特点，在沟通时朝着满足他人需求的目标努力，有助于建立良好的人际关系，以实现建设性的——沟通。

(1) 成就需求型

具有成就需求型的人通常为自己建立具体的、可以衡量的目标或标准，并且在工作中朝着目标努力，直到实现他们的目标。他们总想做得更好，或比他们过去做得更好，或比其他人做得更好，或要突破现行的标准。与这类人沟通时，可以采取的策略如下。

策略——要充分认同这类人自己对工作的责任感，沟通过程不要输出"你们要认真负责，要把事情做好"之类的信息，沟通时应给予他们的是大量的反馈信息，要对他们表示肯定的态度，如告诉他们"你们的工作做得很好"。

对于这类人，对于下一次挑战，他们从来不会说"干不了"，他们的满足感来自于已经实现的目标。

(2) 交往需求型

具有交往需要型的人更看重友情和真诚的工作关系，令他们愉快的是能有一种和谐的、既有付出又有收获的、轻松的工作氛围。交往的需要驱使他们写很多的信，打很多的电话，花很多的时间与同事沟通。与这类客体沟通时，建议采用以下策略。

策略——以交朋友的姿态和口气与他们交流，要设法与他们建立良好的人际关系。从理念上应该始终坚持平等相待的原则。在具体沟通过程中，可以先询问他们的家庭情况、生活情况（如聊聊周末的计划、安排），了解他们的兴趣爱好，甚至可以与他们在参加活动的过程中以轻松的氛围交流一些看法，与他们交流对一些事情的想法和感受。

(3) 权利需求型

具有权力需求型的人热衷于对工作负责，具有很强的权利欲。他们瞄准权利，以便使自己能够事事做主，决定自己和他人的命运。他们渴望一种权威作为他们权利的象征。交流中他们果断行事，而且在大多数的交流场合能够影响他人。与这类人沟通时，可以采取的策略思路如下。

策略——应采用咨询和建议的方式，而尽量不要以命令和指导的方式。要认同他们在工作中的职责，在沟通时要对他们的职责给予肯定。在倾听过程中，对于对方的影响力要特别表示出你的兴趣。

2. 按信息处理风格分类

根据不同个体在捕捉和处理信息上的方式不同，可以分为思考型、感觉型、直觉型和知觉型 4 类。大多数人偏向这 4 类中的某一类，如果需要，有时也会运用其他不同的方式，但总体来说，每个人都有一种偏向性的捕捉、处理信息风格。以下通过不同类型的分析，以寻求沟通的策略。

(1) 思考型

思考型的人，思路非常清晰，富有逻辑思考。他们富有条理、善于分析和领会事物的本质，也善于运用事实和数据来作系统地分析和研究。与思考型的人沟通时，可考虑以下策略或思路。

策略——首先，为思考者提供机会，使他帮助你概括地描述你想表达的理论和概念。要虚心，以谦虚的态度、以在理论和逻辑思维方面需求帮助的态度与他们交流；其次，给予他们充分的信息，使之通过逻辑得出结论；其三，不渗杂任何个人观点，客观地对待事物，并保持始终如一。

(2) 感觉型

感觉型的人，基于他们个人的价值观和判断能力来对待事物，而不是在充分权衡利弊的基础上再对问题表示赞成或反对。他们温和、开朗、善交际，能与人友好交往。他们在团队中善于处理公共关系、商谈事情、作出决策。与感觉型的人沟通，可考虑以下策略和思路。

策略——要明确表达你的价值观念，以便使他们能够了解你。在沟通信息的组织上，要突出你对他们的支持，要让他们感觉你是支持他们的，而不要让他们感觉到有威胁。

(3) 直觉型

直觉型的人具有丰富的想像力，并且能够提供具有创造性的想法。他们凭直觉、预感和可能性做事，对他们的第一感觉有很强的自信心。他们善于做长期的计划，进行创造性写作和产生思想。与直觉型的客体沟通，建议采取以下策略。

策略——沟通的过程中，要充分利用和发挥他们的想像力，不要轻易给他们问题的答案，这样，他会觉得没有发挥自己的价值，同时不要轻易否定或批驳他的观点；要告诉他你的想法、你的观察和最终目的，让他们的创造性思维帮助你达到目的。

(4) 知觉型（理智型）

知觉型的人，是实事求是的人。他们精力充沛、富有实践，他们善于行动，而不善于言辞。他们处理问题当机立断。他们善于发起一个活动、签订协议、调解纠纷、将理想转化为行动。与知觉型人沟通，建议采用以下策略。

策略——不要对事情添加太多的细节和幻想的结论。清晰地交流，抓住要点，在实践中获得结果。

3. 按气质类型分

(1) 分析型

分析型的人，其创造性思维是非常有价值的。他们对待事物严肃认真，不断战胜自我。他们常常为了工作置婚姻于不顾，工作是他们生命的一部分。他们擅长于推理，善于逻辑思维。他们独自工作时效果最佳。与分析型人沟通的策略建议如下。

策略——沟通时只要告诉他们你想要的，并且给予他们机会展开计划，给予他们评价的标准，而不要提供太多的细节、常规行为和实际事情干扰他们的分析。当你需要建设性意见时，可以与他们沟通以询问他们的建议。

(2) 规则型

他们信守信用、认真、忠诚、负责任，他们稳重、谨慎、实际、给人以安全感、不善变化。他们善于做具体的工作，在有计划和组织的条件下工作效果最好。与规则型人沟通的策略建议如下。

策略——首先，沟通的主要目的在于告诉他们行为的规则、组织形式等。平时要为他们提供有组织的训练，沟通过程中要让他们理解并相信他们的工作系统和组织是可以得到保证的，使他们能够按规则和标准做事。其次，要为他们提供完成任务的详细资料，对于他们的贡献和努力要予以充分肯定。对待他们要守信，不要怀疑他们。第三，如果事情发生变化要耐心、详细地向他们解释，以免他们抵制变化。

(3) 实干型

实干型的人善于做技术性的、循序渐进的工作。他们富于实践，适应性强，善于调解纠纷。他们的工作富有成效，具有一种自发的推动力和活力，并爱好刺激。他们开朗、宽容、灵活且善于处理变化。

策略——给予他们循序渐进的训练，帮助他们自我调节，并加强时间管理；给予他们大量的自由和工作多样化，帮助他们从机械的工作中走出来。沟通者应帮助他们完善工作技巧，提高危机意识；要乐于与他们为伴。

(4) 同情型

这类人善于帮助、支持和鼓励他人。他们性格温和，有灵性，善于交流。他们最善于创造和谐的工作环境。建议的沟通策略如下。

策略——给予富于同情心的人以指导和鼓励，使他们认识到他们的重要性；赞赏他们的贡献。如果必须给予他们否定的反馈，要注意谨慎，不要使他们感觉到这是个人攻击。要给予他们自治权和学习的机会，不要让细节成为负担。

在上面4类中，实干型和规则型的人较多，大约占70%~80%，而分析型和同情型的人约占20%~30%。但不管属于何种类型的气质，本身没有好坏之分，他们以各自的方式展示出各自的价值。作为一个有效的管理者就是要通过不同的沟通技巧，发挥每一位下属的工作积极性，使他们积极配合，把问题解决好。

4. 管理风格与沟通策略

这类划分方法主要是针对沟通对象是上司的。爱迪斯按照不同上司的管理风格和行为特征将沟通对象划分为创新型、官僚型、实干型和整合性，如图4-1所示。

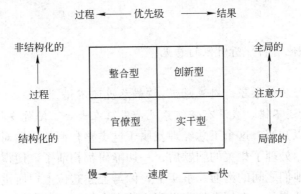

图4-1 爱迪斯的沟通对象对类矩阵

1) 创新型的行为特征及其沟通策略

这类沟通对象与前面所阐述的直觉型和实干型的沟通对象有相似之处，他们通常将注意力放在事务的全局，处理速度快，并在过程中保持着非结构化的风格。他们说"是"的时候，往往是"也许"；而说"不"的时候，往往还是"不"。

与这类上司进行沟通时，应让其参与到问题中来，不要带着最后的答案去见他们，在信息的组织上采用"非肯定模式"。比如，在咨询上司关于自己的想法时，可以这样说"我是这样想的，不知道行不行？"另外，他们的思维比较快，同时又比较注重结果，因此他们的工作效率比较高，而作为他们的下属，就要全面地掌握信息和资料，培养自己敏捷的反应能力，从而提高处理事务的能力。

2）官僚型的行为特征及其沟通策略

这类沟通对象比较关注事务处理的过程和细节，因此处理事务的速度较慢，并且在整个过程中体现着结构化的风格。他们在回答"是"的时候，往往是"是"；而在回答"不"的时候，却往往是"也许"。由于这类上司的处理风格属于那种"慢功出细活"，而又比较关注过程和细节，因此与这类上司进行沟通时，要时刻提醒自己"方法比内容更重要"，使自己的风格适应他的风格。因为只有这样，才能使你从你的上司那里得到认可和支持，从而有助于你和你上司沟通活动的顺利进行。

3）整合型的行为特征及其沟通策略

这类沟通对象具有全局性的眼光，处理事务的速度慢，比较关注处理的过程，同时在过程中体现着非结构化的风格。另外，他们能够改变并适应变革。当他们说"是"的时候，可能是"也许"；当他们说"不"的时候，也可能是"也许"。

因此，与这类上司进行沟通时，应将所有相关的背景资料都准备好，将有可能要他承担责任的问题先预计好，不要注重问题的过程和方式。有这样一个例子：

销售经理张先生拿着一份计划书，去找王总经理，希望他能够认可自己的方案，并在公司经理会议上能给予支持。

"王总，这是我做的今年的市场营销方案，希望得到您的支持和认可。"

"你这份策划书给李总看过了吗？"

"看了。"

"肖总看了吗？"

"看了。"

"戴总看了吗？"

"还没有。"

"那你赶快拿去给他看啊，听听他的意见。"

……

过了一会儿，张经理回来了。对王总说："戴总说还不错。"

"那既然他们都说还不错，我没有任何意见，保证在大会上给你支持。"

从上面的例子可以知道，这个王总经理就属于这类整合型的沟通对象。这位张经理在准备好相关的背景资料、处理了相关的问题后，一切障碍都扫清了，便得到了王总经理的认可和支持，从而完成了他们之间的沟通。事实上，像与上述这位上司所进行的沟通还不能算是有效的。沟通是讲究效率的，案例中的张经理应该在全部问完了之后才去找王总经理，这样的沟通才是有效的。

4）实干型的行为特征及其沟通策略

这类沟通对象在处理事务时比较关注细节和结果，因而处理的速度快，在处理过程中也保持着结构化的风格。他们说"是"的时候，就是"是"；他们说"不"的时候，就是

"不"。

与这类上司进行沟通时,一定要注意你的主动性。由于他们比较注重事物的结果,因此在提出问题时,要直接从问题的结果出发,以引起他们对问题及其压力的注意。这样,你就易于与你的上司在处理问题上达成一致,有助于实现有效的沟通,从而使得工作顺利进行。

表4-3总结了管理风格与沟通策略的匹配。

表4-3 管理风格与沟通策略

		创新型	官僚型	整合型	实干型
行为特征	注意力	全局性的	局部性的	全局性的	局部性的
	速度	快	慢	慢	快
	过程	非结构化风格	结构化风格	非结构化风格	结构化风格
	优先级	结果	过程	过程	结果
沟通策略		让其参与到问题中来;不要带着最后的答案去见他们;信息组织上采用"非肯定模式"	记住"方法比内容更重要";使自己的风格适应他的风格	将所有相关的背景资料准备好;将有可能要他承担责任的问题先处理好;不要注重问题的过程和方式	要注意你的主动性;提出问题要直接从问题的结构出发;引起他对问题及其压力的注意

综上所述,对不同特征的上司,应采用相应的策略,以实现与不同的对象的有效沟通。对上司风格的分析方法和沟通策略同样适用于你的下属:创新型的人比较适合市场营销部门和高级管理部门的工作;官僚型的人比较适合办公室、会计部门的工作;整合型的人比较适合党政职能的部门;而实干型的人则比较适合从事生产部门、技术开发部门的工作。

复习思考题

1. 什么叫以客体为导向的沟通?
2. 沟通客体可以分成几类?如何确定沟通客体?
3. 你在工作中遇到一个不善交流、工作不认真、态度不积极的下属,你如何激发他的沟通兴趣,从而提高工作效率?你还有其他激发沟通兴趣的方式吗?
4. 与规则型的同事共事,你应如何应对?
5. 上司通常可以分为几类?如何与不同类型的上司沟通?

案例分析

一个年轻销售员的苦恼

信达公司是一家专门从事安全信息技术与产品的开发研制的高新技术企业,它由几位从事计算机研究的教授发起成立。在尊重知识、尊重人才的知识经济时代,这几位高技术领域的教授如鱼得水。在有关政府部门的大力支持下,几位教授带着自己的学生在最短的时间内建立起公司的相关机构,通过了工商部门的审查,终于挂牌开张了。

由于国内对信息安全的认识还不是很到位,因而信达公司的前期业务基本都局限在以往几位教授所接的政府项目的后期收尾工作上，新业务开拓的难度相当大。信达公司决定加强市场部力量，招入4个颇有拼搏精神的应届毕业生。经过一段时期的考察，4个学生都通过了试用期，成为信达这个高知团队中的一员。然而，人员的增加并没有改变信达公司的市场困境，刘总对市场部的工作越来越不满了。

一天，刘总又在总经理办公室对市场部的经理老冯发脾气。和往常一样，老冯低着脑袋，赔着笑脸对刘总的谩骂点头称是。由于老冯是刘总的学生，师生感情一直不错，因而，在信达成立之初，刘总就三顾茅庐，硬是把老冯给拉来做他的市场部经理；而老冯对刘总的脾气是非常了解的。再说，出于师生情面，老冯也不好在刘总面前有什么意见。脾气发完了，老冯同往日一样，慢条斯理地给刘总解释这两个月为什么市场开发进展很慢，总经理室外的员工们屏息静气也没能听清楚他们在说什么。门开了，老冯对着新来的大学生小王和小宋说："没事的，老头子就是这个脾气，发过火也就过了。你们下午去铁路分局看看，上次给他们装的信息安全系统在使用上有没有问题。注意做好联络，那可是个大户呢。"小王和小宋听从了他的安排去铁路分局了，老冯也夹着包出去联系他的客户了。

小张是新来的4个大学生中的一个，电子专业出身，但对市场工作一直很有兴趣，进入信达之后一直在坚持自修管理课程，并且学习也颇有心得。进入信达快半年了，市场部的工作一直都很繁忙，但是市场局面却仍旧不见好转，对此，心怀远大抱负的小张很苦闷。这天，他拖着疲惫的身躯回到了家里，陷入了思考。通过和老冯几个月的接触，他发现市场部的工作和他以往的想像大相径庭——白天，市场部的员工们大都呆在办公室研究计算机的硬件知识，因为作为一个计算机行业的销售人员，必要的技能是不可缺少的，这一点在工作中尤其是和客户的交往中，小张已经深深地体会到了；而快到下班时，老冯总是不紧不慢地掏出通讯录开始一个一个地联系客户，邀请他们出来坐一坐。老冯自己也说过，生意都是在酒桌上谈成的，因而市场部的员工们跟着老冯经历了不少场面，一些新员工对此也很新鲜，小王开玩笑时说："原来做市场会喝酒就可以了，真简单。"的确，在酒桌上，信赖的员工们确实看到了老冯拿下了不少单子，可是小张曾经估算过，半年来，老冯争先恐后买单的酒钱远远大于他签下的订额，因为那些订单多半都是对方碍于面子"意思"一下的单子，每单的总额都没有超过2 000元。新员工们也曾经问过老冯，"总是我们买单，不是太亏了吗？"老冯带着过来人的笑容说，这是"前期投资，以后的大单会源源不断地上门的"。小张不明白的是，老冯一直挂在口头的后期效益什么时候才可以体现出来呢？由于市场部的工作不利，刘总已经再考虑采取一些方法促进员工的工作积极性了。可是，最新的消息是，刘总打算将市场部一般员工的底薪由以前的800元减到300元，而提成由以前的销售额的5%增加到每卖出一个单品提成一百元的定额。消息传出来后，员工们抱怨不断，尤其是几位新来的大学生，因为公司在他们进入公司前许诺的试用期800元/月，转正以后1 500元/月的底薪就没有兑现，新员工们一直为此事不满，而老员工们也只能报以同情，老冯曾经答应新员工们，钱的问题要慢慢跟刘总磨，等老头子一高兴，什么事情都好商量。然而，小张听了老冯的话，心里很是别扭——难道公司在事务方面的决定都是靠老板的情绪决定吗？小张最近学了一些关于人力资源和公司架构的管理知识，他深深知道，信达这样下去是非常危险的，更不用说，市场部目前的混乱局面已经引起刘总的极大埋怨，他相信，一旦刘总意识到公司的危机，首先开刀的会是市场部。小张很喜欢高新企业的知识环境。虽然这份工作的报酬很低，但是他依然期望可以在信达建立一个良好的事业开端。可是，现在他该怎么办呢？

在信达公司呆了快半年了，小鲍一直是默默无闻、埋头做事的角色。她是一个不出名学校计算机专业大专毕业的女学生。因为大专文凭现在不好找工作,因而她格外珍惜在信达的这份工作。平时她不多说话,只是跟着老冯出入各种酒席,学会了喝酒,认识了不少做市场的朋友,但是业绩和其他员工一样一直不见好转。对于频繁的饭局,小鲍也揣摸过,难道老冯的支出刘总一点都不过问吗?看着每个月底,老冯拿着厚厚地一叠发票去总经理办公室找刘总签字,小鲍总是在心里捏把汗,因为这个时候总经理办公室里总是会传出刘总火冒三丈的大嗓门。小鲍和小张关系还可以,因为他们和老冯出去应酬的机会比较多,彼此要熟悉一些,在公司午休时间也会谈一谈各自的看法,但是小鲍的言语不多,更多的是小张在分析自己对公司市场运作的见解。

小张最近对公司的发展和市场部存在的问题做了一个分析,并按照营销设计书的模式做了一份很专业的分析报告,报告中主要提到了市场部的工作方向问题。比如公司应考虑在资金短缺的情况下,转变市场部员工职能由销售人员为营销人员,公司的工作重点由技术开发转移到市场开发,公司的市场方向由直销转为分销等。并且在报告中,小张也提到了一些人事问题,比如员工分工不清楚,绩效考评不完善,部门间合作不通畅等。写完报告,小张反复看了几遍,发现这些所有问题的根结似乎并不在市场部本身,而是和公司的战略不明以及老冯作为一个市场部经理领导不力及其做事的风格有关。小张刚刚好转的心情一下子又沉闷了,他知道他遇到了一个非常敏感同时对公司的发展也是非常重要的问题。

年轻人的心总是在不断跳跃激情,小张看着抽屉里成型的报告,犹豫着该不该交给刘总,心情异常复杂。这两天他已经和人事部经理老王私下交流过,老王是老冯以前的一个同事,是由老冯推荐进入信达的,但是他们之间往来并不是很多。那是一个小张非常欣赏的经理,老王看了小张的报告很是赞赏,单独请小张一起吃饭聊了很多市场的话题,也表示了对目前公司状况的担忧。老王说:"唉,我们公司还是像一个课题组,前途令人担忧啊。"小张明白了,老王并不愿意去捅这个篓子,毕竟每月 4 000 元的薪水对老王来说很重要。可是,我们呢?小张问自己,市场部的员工该怎么办呢?如果刘总的更改方案真的要推行,也许市场部就要关门大吉了。小张并不愿意看到公司走到那一步。

问题讨论

1. 分析信达公司群体及个体心态。
2. 小张的报告该不该交给刘总?
3. 如果小张一定要将报告交给刘总,他该采取何种沟通策略?他该如何来策划这个沟通过程?

第 5 章 管理伦理与管理沟通

学习目标

✓ 理解企业社会责任的内涵及国内外企业对社会责任的看法；
✓ 理解管理伦理的内涵、构成及功能；
✓ 理解伦理的管理功能和管理价值；
✓ 理解管理伦理与沟通的关系。

管理伦理是调节管理活动中的各种伦理原则和规范，是一般社会伦理在管理活动中的特殊反映，是管理主体把握管理活动的一种实践精神，它借助于制度、社会舆论、道德榜样、管理主体和作为管理客体的人的内心信念等手段得以实现。本章将从企业社会责任与企业道德、管理伦理的内涵与构成、伦理的管理功能和价值、管理伦理与管理沟通等几个角度来阐述管理伦理理论。

5.1 企业社会责任

"企业社会责任"概念最早由西方发达国家提出，近些年来这一思想广为流行，连《财富》和《福布斯》这样的商业杂志在企业排名评比时都加上"社会责任"标准，可见西方社会对企业社会责任的重视。

1999年1月，在瑞士达沃斯世界经济论坛上，联合国秘书长安南提出了"全球协议"，并于2000年7月在联合国总部正式启动。该协议号召公司遵守在人权、劳工标准和环境方面的9项基本原则，其内容是：

① 企业应支持并尊重国际公认的各项人权；
② 绝不参与任何漠视和践踏人权的行为；
③ 企业应支持结社自由，承认劳资双方就工资等问题谈判的权力；
④ 消除各种形式的强制性劳动；
⑤ 有效禁止童工；
⑥ 杜绝任何在用工和行业方面的歧视行为；
⑦ 企业应对环境挑战未雨绸缪；
⑧ 主动增加对环保所承担的责任；
⑨ 鼓励无害环境科技的发展与推广。

分析这9项原则，从企业内部看，就是要保障员工的尊严和福利待遇；从外部看，就是要发挥企业在社会环境中的良好作用。

概括而言，企业的社会责任可分为经济责任、文化责任、教育责任、环境责任等几方面。

5.1.1 企业社会责任的含义

在传统社会中,企业经营管理者对于所谓的"社会责任"并无很明确的概念,大多是抱着一种感恩的思想。以"取之社会,用之社会"的观念来做一些公益的事,以回馈社会。近年来,企业的社会责任问题因某些国际大企业接连发生丑闻事件而备受关注。然而,在许多国家中,虽然社会大众与企业经理人都认为企业的社会责任是很重要的,但在经营中并未予以足够重视。

一般认为企业组织应负担的社会责任范围相当广泛,从扫除贫穷、控制犯罪到促进政府改善行政效率等。什么是社会责任呢?简单地说,就是在法律规定与市场经济运作因素以外,企业所做的含有道德与伦理因素的决定,企业如何谋利,如何在为消费者考虑的同时求得本身的利益?不仅需要法律保障,更需要一定的思想道德境界来保障。具体来说,企业社会责任的基本内容主要表现在以下几个方面。

1. 企业与社会的关系

企业是支撑人类社会生存的基本经济单位。企业如果失去了生产和创新功能,那么企业就失去了其存在的基本价值。因此,企业的首要职责是搞好生产,创造出市场效益,争取为社会多纳税,实现它对社会的经济责任。但是,必须同时看到,企业与社会也有着千丝万缕的联系。企业的生生死死、发展壮大或被淘汰出局,都要有社会来承接它失败的代价。更主要的是,社会是企业的生存环境,没有一个好的环境,企业也难以生存。因此,企业与社会有一个共存共荣的关系。

2. 企业效益与社会效益的关系

企业效益不等于社会效益。企业的首要目标是增强自身的竞争力,企业追求效益是自然而然的。企业只有在拥有了市场竞争力之后,才能获得经济利润,最终才能实现服务于社会的目的。

从世界上所发生的越来越多的企业案例来看,企业与社会间的关系是互动关系,是互相获益的。企业自觉承担社会责任,有助于增强企业的长远发展能力。企业在市场竞争中自觉承担相应的社会责任,有利于在社会公众中获得更高的信任程度。这种良好的企业信誉是一笔可观的无形资产,它不仅有助于树立良好的企业形象,而且使其产品和服务对消费者具有更大的吸引力,从而在市场竞争中获得更有利的地位,增强企业持续的获利能力。

3. 企业与环境的关系

企业的社会责任要解决的一个主要问题是资本与公众的矛盾。要搞清洁生产、减少污染、保护环境,极有可能就要减少利润。这就要求企业要承担份内责任。无论是有意造成的还是无意造成的,企业管理层无疑要对他们的组织所造成的社会影响负责,这是企业管理层的一项责任。由于企业要对自己所造成的影响负责,企业就会尽量减少这些影响。

美国的道康宁化学公司近20年来解决空气污染和水污染的办法,是一个很好的例子。道康宁公司在第二次世界大战以后不久就确定,空气污染和水污染是一种不好的影响,应予以消除。早在公众激烈反对环境污染以前,该公司就在其工厂中采取了完全消除污染的措施。在那个时候公司就采取系统的步骤把烟囱和水道中排出的有毒物质转化为可以出售的产品,并为这些产品创造出各种用途和市场。

企业要解决好与环境的关系,因为这不只是一项社会责任,而且是一项企业责任。

5.1.2 企业经营者对社会责任的态度演变

企业经营者对社会是否应负社会责任,最初是抱着否定的态度,近几年才逐渐接受此观念,企业经营者对社会责任所持态度的转变,可分为三个阶段。

第一阶段:在20世纪30年代之前,其所强调的信条是,企业经营者的唯一目标是为企业赚取最大利润,经济学家弗里德曼(Milton Friedman)认为,企业的经理人是代表企业股东执行业务,若利用企业资源从事非创造利润的活动是不合法的。此论点曾有很长一段时间受到企业经理人及法律界的支持。

第二阶段:20世纪30年代至60年代早期,此阶段强调企业经营者的责任不只是赚取最大利润,而且必须要在顾客、员工、供货商、债权人及社区之间的争议中维持一个公正的平衡点。在此阶段,企业经营者及学者对企业的社会责任观念开始转变。首先改变的是企业缩短员工的工作时数及改善工作环境。事实上早期企业对社会责任的改变,是工会兴起的结果,工会促使企业所有者和经营者开始思考有关赚取利润以外的社会责任。1935年美国国会曾立法,允许企业机构以5%的盈余作捐献,可为免税额度,以此来推动企业在履行社会责任方面有所动作。1953年美国最高法院曾裁定A. P. Smith公司可捐款赠予普林斯顿大学,而不必受股东的约束。

第三阶段:20世纪60年代以后,企业经理人多主张企业组织应该参与解决社会问题,回馈社会。

5.1.3 国外企业承担社会责任的两种模式

国外企业承担社会责任一般有两种基本模式:传统的经济模式和社会责任模式。

1. 传统的经济模式

这一模式以传统的观点来看待企业的运作,它的假设前提是企业的决策过程完全是理性的,而厂商最主要的目标就是利润最大化。企业管理当局的任务就是设法以最有效率的方法来组合各项生产资源,使生产成本为最低,同时将产品卖给愿意支付最高价格的顾客,以便为企业创造最大的利润。

这种传统的模式,认为企业是拥有该企业所有权的股东的私产,因此企业管理者只需对股东负责,不必承担除此之外的责任,包括社会责任。企业只要以"经济人"的观念努力为股东赚取利润就可以了,因为利润越大,企业对社会的贡献越大。这种观点的理论渊源是亚当·斯密的企业利润最大化理论。亚当·斯密认为,企业的社会责任就是单一地向社会提供产品和服务,并从而使企业利润最大化。在现代经济学家中,1976年诺贝尔经济学奖获得者弗里德曼是这种观点的支持者,他在1962年出版的《资本主义与自由》一书中说:"几乎没有什么事情可以像企业主管接受社会责任观点,而非尽力气为股东赚钱这件事那样彻底破坏我们自由社会的根基。"

传统的经济模式将企业的功能视为纯经济型的,经济价值是衡量企业成功的唯一尺度。这种纯经济企业价值观体系的主要论点有以下几点。

(1)企业主管无故慷他人之慨,擅自将企业的资金用于社会

这种观点认为,企业的资金归股东所有,企业的经营者只是接受股东委托来加以经营而已。因此没有权力将企业的资金和利润用于社会行为,否则就会损害股东和员工以及消费者的利益。弗里德曼对此有一个明确的阐述:"在一个自由企业和私人财产体系中,一个公司

主管是企业所有者的一个员工,他对他的雇主负有直接的责任,那个责任就是依照他们的欲望去经营企业。雇主的欲望通常是尽可能去赚更多的钱,并遵守那些由法律规定和由道德习惯规定的社会基本规则……只要他的行动与他的'社会责任相一致',因而减少了股东的报酬,他就是在花股东的钱。只要他的行动提高了售价,他就是在花顾客的钱。只要他的行动降低了员工的薪金,它就是在花员工的钱。"

(2) 企业无法承担大量的社会责任

企业虽然拥有一定的经济资源,但它必须明智地使用这些资源。虽然企业可以将少量资源花在承担社会责任上,但它不能为承担社会责任而投入重要的经济资源,除非这些资源可在企业承担社会责任期间获得补充。如果企业被迫去承担社会义务,则为此而增加的成本将把各种产业中边际厂商赶出企业的行列。此外,如某一厂商因负担社会责任而提高了该企业的成本与产品价格,但其竞争者都不如此去做,那么那个去做的企业则可能失去与同业竞争的能力,甚至将被淘汰,这是不公平的,也是不经济的,若把这些费用转嫁到消费者头上,那也是不妥当的。

(3) 参与社会目标会冲淡企业的主要目标

企业的主要目标是赚钱,社会责任是政府部门的事。如果企业热衷于参与社会目标,就可能冲淡企业目标,转移企业主管的兴趣,减弱企业在市场中的地位,其结果是使企业在经济和社会这两个角色上都不能有好的表现,到头来是两头落空。

(4) 企业已拥有足够多的权利和足够大的影响,不易再加大

企业是当今社会中最有权力的组织之一,在社会各方面都可以感受到企业的影响,如将企业活动和企业所有的经济活动结合起来,将使企业获得更大的权力,这对于社会的发展并没有太大的好处。

(5) 企业的社会行为会降低企业在国际上的竞争力

因为企业的社会行为可能导致增加企业成本,这些成本通常会转移到产品价格上。这样做将使从事社会活动的企业在国际上处于不利地位,减少在国际市场上的销售量。

2. 社会责任模式

社会责任模式认为企业除了要为其股东赚取合理利润外,也应为各有关利益群体履行其应负的社会责任。这种模式对于企业使命的基本认识,和传统的经济模式正好针锋相对,其主要理论有以下几个方面。

(1) 社会大众期望企业承担社会责任

支持社会责任模式论点之一是根据"社会契约"的观点。这一观点是美国的一个民间团体"经济发展委员会"在1971年提出的。它的基本看法是:企业的运营需由社会大众同意,企业的基本目的就是要满足社会大众的需要,使社会满意。在以前,企业只要是以有效方法生产出产品和劳务就算履行了其"社会契约",而现在社会大众的期望扩大了。美国经济发展委员会用三个同心圆的模型来说明企业的社会责任:内圈包括有效地执行企业的经济功能——产品、工作和经济增长,这是最基本的责任也是企业的传统角色;中圈包括企业在履行其经济功能责任时应顾及改变中的社会价值和优先秩序;而外圈则代表新兴的尚未定形的责任,企业应勇于承担这些责任,以积极改善社会环境。

(2) 社会承担社会责任是一种长期的自利

企业承担一定的社会责任,从长期看,实质上是一种自利行为。较好的社会可以产生较好的企业环境,将会有一个较好的社区可供它在其中运营,并可提供较优秀的员工。企业的

社会行动可使大众对企业产生良好的印象，提高企业的商誉等。

（3）企业拥有解决社会问题的资源与能力，因此应该履行其社会责任

企业拥有可使用于解决社会问题的宝贵资源，拥有大量的管理人才，也拥有大量的资金，将可以比其他组织更有效地执行社会行动。

（4）企业应对社会问题负责

社会问题的造成有多种原因，有些是企业的运行造成的，有些是社会运行本身自发性的问题。对于企业所造成的问题，不论是有意还是无意的，企业自然应负起责任；而至于社会本身自发性的问题，对企业而言是一种挑战、一种机会，也是对企业的一种测试。对于企业来说，应该动员自身所拥有的力量，协助解决各种社会问题。

现代企业经营管理理论认为，企业既是一个经济组织，以追求经济利益作为自己的主要目标，同时又是一个社会组织，有责任来履行自己的社会责任。无论从企业追求经营的良好环境的愿望出发，还是从企业追求长期利益的动机出发，抑或是更为高尚的履行社会性组织的义务和责任出发，企业都应视自己的能力为社会做出贡献。而且，随着社会文明的进步和人们观念的变化，人们对企业的评价标准也发生了变化，由单纯注重技术转向同时注重人的因素，由只看企业经济效益到兼顾企业的社会形象。为此，企业履行其社会责任，是现代企业所应尽的份内工作，而不应视为是企业的额外负担，否则将会落得一个被人们看作唯利是图的结果，最终会抑制和影响企业的发展。

5.1.4　中国企业对社会责任的几种看法

在处理企业与社会的关系问题上，中国企业依据其价值观和企业文化的不同，在企业领导人的不同观念支配下，有多种表现形式。

1. 一切为了本企业

一切为了本企业，或者一切为了本企业的利润最大化。至于社会效益如何则一概不管，甚至可以搞假冒伪劣产品，只要能赚钱，什么事情都干得出来。这种企业根本谈不上"服务社会"，也无企业伦理道德可言。在目前的实际生活中，有部分企业虽然没有这么讲，但却在自己的行为中是按照这一指导思想去做的，以至于中国目前假冒伪劣商品屡禁不绝，甚至有愈演愈烈之势。

2. 主观为本企业，客观为社会

主观为本企业，客观为社会。就是为本企业是自觉的、明确的、积极主动的，而为社会服务则是不自觉的、不明确的，或至少是消极被动的。这种企业，有时偶尔也会做一些为社会服务的事情，但积极性和水平是不会高的，因为它缺乏主观能动性。

3. 为本企业第一，为社会第二

为本企业第一，为社会第二。这是说在本企业利润最大化的前提下，也适当考虑为社会服务。这种企业，为社会服务有了一定的自觉性，一旦在不利于或有损于本企业利益的情况下，就不愿意为"社会服务"了，而企业道德建设水平也随之下降。

4. 为了本企业，必须为社会

为了本企业，必须为社会。这是说为了本企业的生存和发展，一定要努力为社会服务，而且必须服务好。相比较前面三种类型的企业，这种企业比较自觉地把企业利益和为社会服务的目标统一起来，因而一般来说，会具有较高的为社会服务的意识和水平。在发达国家中，一些企业以此为自己的经营理念和价值观。我们在肯定这些企业的这种做法前提下，要

一分为二来看。他们的"为社会"的最终目的是"为企业"。"为社会"是一种谋略,一种手段,"为企业"是真正的目的。作为一个企业,都应具有这样的意识,持有这样的经营伦理观念。

5. 首先为社会,同时为本企业

首先为社会,同时为本企业。这可以说是企业道德水平最高的一类企业。这种企业非常正确地把握住了企业与社会之间的伦理关系,摆正了企业在社会中的位置。首先是为满足社会物质和文化的需要,即首先以自己优质的产品为社会服务,在这个大前提下,同时也为本企业实现利润的最大化。这样的企业是真正自觉地把"为社会"与"为企业"统一了起来,而且是从意识上到行动上,从战略上到谋略上真正内在地统一。这样的企业,为社会服务是真心诚意、发自内心的,也具有为社会服务的高水平,而企业也会因此而兴旺发达。这是社会主义企业应有的价值观。虽然从实际情况来看,真正能做到这一点的企业并不是很多,但它应该成为社会主义企业管理伦理的一种指导思想。

企业是社会的一个细胞。企业要承担一定的社会责任,这既是一个法律问题,也是一个道德问题。社会为企业提供了生存和发展的空间,而企业又依托于社会而存在。只有充分全面地履行了自己社会责任的企业,才会最终获得消费者的高度评价和认可,使企业具有良好的形象,这也是企业得以兴旺发达的重要条件。

5.2 管理伦理的内涵、构成及功能

管理伦理是管理伦理学的研究对象,也是其基本范畴。适应管理活动顺利发展的需要,管理伦理是一种特殊的伦理价值形态,它有着自己特有的内涵、构成和功能。揭示管理伦理的内涵、构成及功能,是管理伦理学的重要任务,也是构建管理伦理价值规范体系的理论前提。因此,本章将对管理伦理的内涵、构成及功能进行介绍,以便从各个侧面了解管理伦理这一特殊的伦理现象,也为具体分析和把握现实的管理伦理现象提供理论依据。

5.2.1 管理伦理的内涵

所谓管理伦理,是指在管理活动中形成的各种伦理关系以及协调处理这些关系的伦理道德原则规范和行为活动的总和。其本质在于将管理伦理的作用与管理实践有机地结合起来,以管理伦理这种管理活动的深层精神动力来推动管理合乎伦理地发展。

管理伦理的这一定义包含以下几方面的含义。

1. 管理伦理是调节管理活动中的伦理关系的原则和规范

人类管理活动中会形成各种各样的管理关系。"管理关系是管理主体与管理客体在管理活动中所形成的关系",其核心是"通过一定的组织,管理主体对管理客体进行协调活动所形成的人与人之间的关系"。根据管理主体与管理客体的不同性质,以及管理组织与协调活动的不同方式,管理关系可以划分为经济管理关系、政治管理关系和社会意识管理关系等,其中经济管理关系是政治管理关系和社会意识管理关系的基础,决定着后两者,后两者则通过各种途径渗透于经济管理关系之中。管理伦理关系作为一种"思想的社会关系"包含于社会意识管理关系之中。管理伦理关系是指人们为了达到一定的目的,在管理活动中,根据一定的道德原则和观念所结成的人们相互对待的实际关系。管理伦理就是调节管理伦理关系的原则和规范,它是一种价值观念,作为一种思想意识性的东西存在于现实的管理活动之中。

调节管理伦理关系的原则与规范是通过善与恶、公正与偏私、正当与不正当、应当与不应当等范畴表现出来的。管理活动中的原则与规范有许多，如系统性原则、能级原则、人本原则、责任原则、整体原则、变化原则、创新原则等。管理伦理是关于管理活动中具有善恶意义，能用来对管理活动进行道德评价的尺度和标准。管理伦理告诉人们哪些管理行为是善的、公正的、正当的、应当的，哪些管理行为是恶的、偏私的、不正当的、不应当的。管理伦理学也正是要界定和讨论什么是善的管理行为及其原则，什么是恶的管理行为、管理活动。在伦理学上，"一般说来，善就是在人和人的关系中表现出来的对他人、社会有利，具有正价值的行为；恶就是对他人、社会有害，产生负价值的行为"。因此，善的管理活动和行为就是管理主体在管理关系中表现出来的对管理客体及利益相关者和整个社会生活秩序有利，具有正价值的活动和行为；恶的管理活动和行为就是管理主体在管理关系中表现出来的对管理客体及利益相关者和整个社会生活秩序有害，产生负价值的活动和行为。

调节管理伦理关系的原则与规范是以利益为基础的。尽管管理关系是一个复杂的系统结构，但其中各要素相互联结的核心和基础则是利益，管理伦理作为思想意识性的东西同样以利益为基础，其调整的管理关系的核心内容即利益关系。马克思、恩格斯曾指出："人们的生活自古以来就建立在生产上面，建立在这种或那种社会生产上面，这种社会生产的关系，我们恰恰就称之为经济关系。""每一既定社会的经济关系首先表现为利益。"管理伦理作为一种对管理活动进行道德评价的善恶标准，说到底乃是以利益为基础的。"善和恶都是以利益为深层基础的。"离开了利益，管理伦理不仅会成为一种空洞的形式主义的东西，甚至不能形成和产生。

2. 管理伦理借助于制度、社会舆论、道德榜样、管理主体和作为管理客体的人的内心信念等手段得以实现

调节管理活动和管理关系的规范主要是刚性的管理法规和柔性的管理伦理，管理法规与管理伦理在调节方式上当然是有重要差别的：管理法规是一种制度化的规范，是由管理主体以律令和条规的形式制定、颁布出来的，它以强制手段强迫人们执行和遵守，其强制性能为管理伦理的实施带来很大益处，如为管理伦理的实现提供良好的制度环境、为管理伦理的公正目标的实现提供条件、以硬化的方式推进管理伦理建设等，因此，制度也应是管理伦理的重要实现机制之一。但是，管理伦理毕竟是一种伦理价值，是处于同一组织和管理环境的人们在管理活动中通过逐渐积累而形成的要求、秩序和理想，表现在管理主体和作为管理客体的人的视听言动之上，深藏于品格、习惯、意向之中。因而，它主要不是借助于强制手段来为自己开辟道路，而主要是依靠社会舆论、道德榜样和管理主体及作为管理客体的人的内心信念来得以实现的。它是借助于人们真心诚意的认同和接受，并转化为人的情感、意志和信念，内化为人们的管理良心和荣誉等观念，使人们自觉地和内在地遵守才得以实现的。在众多的管理方法中，经济方法中的奖惩、教育方法中的褒贬等就是管理伦理依凭舆论、榜样、主体内心信念得以实现的主要表征。

3. 管理伦理是一般社会伦理在管理活动中的特殊反映

我们说管理伦理是一种独立存在的实践伦理形态，是相对于其他存在形式的伦理来说的，这一"独立存在"只在非常有限的范围内才有意义。与其他存在形式的伦理都是一般社会伦理在特定活动和领域的特定反映一样，管理伦理也是一般社会伦理在管理活动中的特殊反映。但是这种反映绝对不是简单的、机械的、直观的反映，而是辩证的、有机的、复杂的反映。一般社会伦理与管理伦理之间是一种普遍与特殊、一般与个别、抽象与具体的关系。

管理活动是人类活动的一个重要方面，管理伦理也是社会伦理系统的一个重要的组成部分，因此管理伦理与一般的社会伦理有着内在的、必然的联系，不存在脱离于一般社会伦理的完全独立的管理伦理，管理伦理是社会伦理在管理活动中的表现。管理伦理的基本价值取向和行为规范都受着一定社会伦理的制约和影响。例如，社会主义市场经济条件下的管理伦理必然反映作为社会主义道德基本原则的集体主义和为人民服务的精神。

但是，管理伦理又不是一般社会伦理在社会管理活动中的简单移植或推广，不能把一般的社会道德规范照搬到管理活动中去。管理伦理是以特殊的方式和特殊的内容来反映社会道德的一般原则的。个别不等于一般，个别之所以为个别，就是因为它有着一般所包容不了的特别内容。与一般社会道德（主要是日常社会生活中归纳提炼出来）的不同，管理伦理形成的主要依据是一定管理活动过程，它反映着管理活动中人与人之间的利益关系和协调要求，受制于管理活动的内在规律，因而深深地打上了管理的烙印，具有不同于一般社会道德的特殊性。

总之，对管理伦理的内涵和实质，若以哲学伦理学的语言进行概括，可以做这样的界定：管理伦理是管理关系在人们意识中的伦理化反映，是调节管理活动中人们之间利益关系的行为原则和规范，是管理主体把握管理活动的一种实践精神（价值形态），它以制度、社会舆论、道德榜样、管理者个人的内心信念为实现机制，是一般社会伦理在管理活动中的特殊反映，是一种相对独立存在的实践伦理形态。

5.2.2 管理伦理的构成

管理伦理的构成可以根据不同标准作出不同的划分，按照管理活动的构成要素可分为管理伦理的要素构成，按照管理活动开展的层次可分为管理伦理的层次构成，按照管理活动的职能可分为管理伦理的职能构成。

1. 管理伦理的要素构成

管理伦理的要素构成，包括管理伦理意识、管理伦理关系和管理伦理活动三个基本要素。

（1）管理伦理意识

管理伦理意识是指管理活动中具有善恶价值取向的各种心理过程和观念。管理伦理意识又包括管理伦理规范意识和管理伦理思想意识两个因素。管理伦理规范意识是指导和评价管理主体行为价值取向的善恶准则，包括管理伦理原则（理念）、管理伦理规范、管理伦理范畴体系等。管理伦理原则是指管理活动中所蕴含的处于核心地位的管理伦理意识或管理伦理基本精神，如人本原则、效益原则、创新原则、和谐原则等都属于管理伦理意识的范畴。管理伦理规范是指在一定的社会历史条件下，指导和约束管理活动过程中管理主体行为取向、调节管理主体之间利益关系的各种道德准则，这是管理伦理原则的具体表现形式，如勇于负责、勤于开拓、团结协作、诚信管理、乐于服务等都是管理伦理规范。管理伦理思想意识是指管理主体对一定管理伦理原则和规范的认识水平，以及通过组织的管理伦理教育和管理者的道德修养所达到的管理道德境界。它包括管理道德观念、管理道德情感、管理道德信念、管理道德意志、管理道德理想和一定的管理道德理论体系等。管理伦理规范意识和管理伦理思想意识是有机联系的，但又各有其特点。从一定意义上讲，前者表现为一定管理组织的群体性的伦理意识，它一经形成，便成为一种制约和影响组织成员思想和行为的客观的社会力量，带有"制度"色彩；后者则更多地表现为管理者个体的道德意识，它是管理者进行管理行为选择的内在机制。

(2) 管理伦理关系

管理伦理关系是指人们为达到一定的目的，根据一定的道德原则和规范，在管理活动中所结成的相互对待的实际关系，它是管理关系系统或结构中的一种重要的关系。管理伦理关系可根据主体和客体的不同，划分为4类：组织成员与组织之间的关系、组织内部成员与成员之间的关系、组织与组织之间的关系、组织与管理行为的利益相关者之间的关系。此4类关系根据性质相近、内容相关的原则又可归并为两类：组织内部关系、组织外部关系。管理伦理关系之所以存在，就其根据来说，是因为这些关系的主客体之间存在着一定的义务。管理伦理关系的性质是主观与客观的统一。就其主观性来说，它是管理主体的管理活动和管理行为有序化在思想意识上的内在机制，表现为道德精神这种主体的社会意识形式，通过管理主体的义务观念、道德动机、情感、管理良心和管理主体的道德自律来发挥作用。就其客观性来说，它终究是客观的管理活动的某种必然性反映，其目的是规范管理者的管理行为，以适应管理实践的需要，来为建立或维持一定的管理关系、管理秩序服务。总之，管理伦理关系是主观与客观的统一，我们既不能把它当作某种脱离主观的纯客观事物属性或行动的本身来看待，也不能把它当作纯粹管理者个人的主观世界来看待，而应该时刻以连接主观与客观的桥梁——管理实践为基础，在管理活动中辩证地理解它、把握它。

(3) 管理伦理活动

管理伦理活动是指管理活动中管理主体的一切可以进行善恶评价的行为、行动。一般说来，包括管理活动中直接的道德行为，如秉公办事、不谋私利的行为，平等待人的行为，谦虚谨慎、团结协作的行为，诚信行为，讲究效率的行为，公平竞争的行为，等等；以及促成管理道德实施的各种行为，如道德评价、道德调控、道德教育、道德修养等。管理伦理活动是管理伦理作为一种实践精神的实现形式，管理伦理只有变成一种现实的实践活动，才是现实的、有价值和有意义的。

(4) 管理伦理三要素的关系

在管理活动中，管理伦理的三个构成要素即管理伦理意识、管理伦理关系、管理伦理活动虽然各有其相对独立性，但又是相互联系、相互制约的。管理伦理意识是管理伦理关系形成的思想前提，又是管理伦理活动的支配力量；管理伦理关系既是管理伦理意识的外在表现，又是以管理伦理活动为载体，并且制约着管理主体的管理伦理活动；管理伦理活动不仅是管理伦理意识形成的现实基础，而且是管理伦理关系得以表现、保持、变化和更新的重要条件。管理伦理就是由这三个主要要素构成的有机系统，在这一系统中，管理伦理原则处于核心地位。它既是管理伦理意识的灵魂，又是管理伦理关系的支撑点，还是管理伦理活动的指导方针，它是贯穿管理伦理三要素的"红线"，以"普照之光"的形式"映射"在管理活动中，从而使管理伦理三要素构成一个相互联结、相互制约、相互依存的有机整体。

2. 管理伦理的层次构成

根据管理主体的层次，可以把管理伦理划分为宏观管理伦理、中观管理伦理、微观管理伦理三个层次，这三个层次分别具有不同的内容。

(1) 宏观管理伦理

宏观管理伦理的主体就是管理活动得以开展的社会主体，即国家和政府。意指在管理活动中，国家和政府依据全社会的整体利益，利用政府的管理和宏观调控职能，为了社会经济管理、政治管理和文化管理的协调发展和管理水平的提高，为良好的社会秩序的形成而提出的管理伦理原则与规范。从本质上看，宏观管理伦理所反映的是国家和政府调节管理活动和管理关系中的整体利益关系的活动准则和价值取向，国家和政府所依凭和选择的社会根本制度、经济运行体制、政治管理制度、社会发展目标、社会意识形态取向等，都是宏观管理的伦理依据和根本准则。其目的是为了形成一定历史条件下社会的良性运转，最大限度地满足全体社会成员的利益需要，促进人的全面发展和社会的全面进步。

（2）中观管理伦理

中观管理伦理的主体是各种组织，如企业、协会、联盟等。它指的是管理活动中一定组织在处理与其他组织之间的关系，以及组织在处理内部管理关系时所应遵循的管理伦理原则与规范。它反映的是组织所选择和采取的引导其管理行为的伦理规范和价值精神。当代社会最典型的中观管理伦理是组织伦理，而组织伦理中发展最迅猛的则是企业伦理。组织伦理的基本问题包括组织管理活动的伦理目的和伦理责任，调节组织与社会、组织与成员、组织与组织之间利益关系的伦理规范等。组织伦理是组织管理活动的道德理性精神，它对于优化组织的生存与发展，提高组织的管理效益和管理水平具有重要意义。

（3）微观管理伦理

微观管理伦理的主体是作为管理者的个人，它指的是各种组织内领导和成员在处理相互关系时所应遵循的道德原则或规范。如果说宏观管理伦理和中观管理伦理属于社会公共伦理的话，那么微观管理伦理就是管理活动中的个体道德。它所反映的是个体在管理活动中的正当与不正当、善与恶的行为规范及其伦理精神。微观管理伦理主要涉及如下多维度的伦理关系：管理者与组织、管理者与组织成员、管理者与组织的利益相关者、管理者与其他组织的管理者及其成员、管理者与宏观管理主体等。微观管理伦理的主要作用也就是要有效地调节这些关系，引导和规范管理者的管理行为，使之有利于个体管理活动获得成效，并促进个体的完善和发展。

对一个组织来说，管理者自身的伦理道德素质至关重要，因为他或她在组织中处于领导地位，是组织主要事务的决策者，掌管着组织的权力，担负着管理组织的重大责任，其行为及道德素质直接关系到组织的生存与发展。一般说来，现代组织作为现代社会管理运行体制的主要载体，要求其管理者必须具备以身作则、为人榜样、勇于负责、开拓创新、严于律己、宽以待人、谦虚谨慎、团结协作、秉公办事、不谋私利、造福社会、奉献国家等道德品质。而如果组织的领导者道德品质不高，行事不正、假公济私、滥用职权、独断专行、作威作福、盛气凌人、作风官僚、腐败堕落，那么组织的命运必然涣散甚至崩溃。

虽然组织的管理者的道德素质在微观管理伦理中是居于关键地位的内容，但是组织成员的伦理道德素质也不可忽视，它同样关系着组织的道德状况和命运，也是微观管理伦理的重要内容。尤其在我国，广大组织成员不仅是生产资料的所有者，也是组织的主人和国家的主人，人人都有参与管理的权利，都可以对组织、国家的政治、经济、文化管理事务行使监督、进言献策、参与决策等权利，发挥主人翁精神。因此，广大组织成员在伦理道德素质上不仅应具备正确的人生观、社会主义、集体主义、爱国主义精神，还应具备爱岗敬业，遵守劳动纪律、维护管理秩序，勤于学习、勇于开拓，团结友爱、平等互助等道德品质。

（4）管理伦理三层次的关系

管理伦理的宏观、中观、微观三层次的划分是相对的，尽管它们各有着眼点、调节对象和具体原则与规范，但又是紧密联系、相互依存的。宏观管理伦理在管理伦理系统中居于统领的地位，引导和规范着中观和微观管理伦理，中观、微观管理伦理则服从和服务于宏观管理伦理。同时,宏观管理伦理也依赖于中观和微观管理伦理,只有组织和管理者个体的管理行为是合乎伦理的,宏观的管理伦理目标才可能实现。中观和微观管理更是紧密联系在一起的,在现实的管理活动中两者相互交织,例如组织伦理在内容上不仅包容组织内部个体的道德,而且组织伦理只能通过组织的管理者、成员等一个个个体的行为去实现。当然,组织的价值目标与管理活动方式及其伦理原则与规范和个体的伦理目的及管理活动不能等同,尤其是在现代社会中,组织在管理中的作用日益突出,因此组织伦理作为管理伦理的一个相对独立的研究领域是必要的。但是,无论如何独立,组织伦理与宏观管理伦理与微观管理伦理的密切联系是不能忽视的,从两者的相互依存中揭示它们的运行和实现机制是考察管理伦理的这两个层次的关系的应有视角。

3. 管理伦理的职能构成

关于管理的活动过程或职能,管理学界一直就存在不同认识,管理学家们对管理职能的划分共有计划、组织、决策、指挥、协调、激励、控制、人事、沟通、配置资源、创新11项,其中对于计划、决策、组织、控制4项职能分类的意见比较一致。但是由于决策职能包含计划职能,所以在这里采用决策、组织、控制这三项职能的划分方法。完整的社会管理活动过程包括决策、组织、控制三个相互渗透、相互联结、循环往复的基本环节或过程。与管理活动过程的三个环节或过程相适应,现实的管理伦理系统也分为三个管理过程的伦理,即决策伦理、组织伦理、控制伦理。

(1) 决策伦理

决策伦理,即决策中的伦理要求,它是指调节管理决策过程中的伦理关系的伦理准则和道德规范。例如,决策的价值目标、处理决策过程中的组织与社会、组织与成员、成员与成员之间的关系的道德规范等都属于决策伦理的范畴。根据西蒙的观点,管理与决策几乎完全同义,管理伦理与决策伦理在很大程度上是一致的。但此处的决策是管理活动过程的一个环节,因此,决策伦理只是管理伦理的一个构成部分。根据决策的层次性特点,决策伦理可分为宏观、中观和微观三个层次,即作为宏观决策主体的政府及各部门在决策过程中的伦理取向和伦理规范,作为中观决策主体的组织在决策中的伦理原则和道德规范,以及作为管理决策者的个人在决策过程中的伦理价值取向和行为准则。决策伦理既是规范各类决策主体的决策行为,优化决策活动的有效机制,也是激发管理中决策者的主动性、积极性与创造性,提高管理效益和水平的动力。

(2) 组织伦理

组织伦理,即组织中的伦理要求,它指的是调节管理、组织活动过程中的各种利益关系的伦理准则和道德规范。根据组织活动的主体的层次性特点,组织伦理也可以分为宏观、中观、微观三个层次,即宏观组织活动主体在管理组织过程中的伦理规范,中观组织活动主体在管理组织过程中的道德价值选择,微观组织者即个人在管理组织过程中的伦理意识和道德观念。就组织伦理的具体内容而言,组织伦理包括组织结构中的伦理要求和组织设计中的伦理要求,简称为组织结构伦理和组织设计伦理两大内容。

组织结构伦理是指组织结构中所蕴含的伦理原则及规范,其典型形式就是组织伦理价值观。当代各种组织的结构伦理目标应是组织素质的不断提高和组织成员的全面发展。为实现这一伦理目标,各种组织的管理者不仅要认真研究和理顺组织外部的各种伦理关系,如组织与社会、组织与组织、组织与各种利益相关者等的伦理关系,而且还要处理好组织内部各种伦理关系,使组织全体成员团结一致、和谐相处、同心同德,搞好组织的管理,实现组织的各种效益目的。这是组织最重要的管理伦理原则。

组织设计伦理是组织的结构设计、变更与改造活动中所应遵循的道德规范，它是组织的管理功能得以正确而有效发挥的保证，其具体内容如分工合理、管理职权分配对等、用人公正、人际关系协调等。组织设计伦理与结构伦理的区分只是相对的，实际上这两者是相互渗透、相辅相成的，设计伦理是结构伦理的手段，结构伦理是设计伦理的目的，两者不可截然分离，共同维持着组织的生存与发展。

（3）控制伦理

控制伦理，即控制中的伦理要求，它是指调节控制活动过程中人们之间关系的各种伦理准则和道德规范。控制的目的是为了有效地达到管理系统的预期价值目标，这其中涉及对决策过程、组织过程等的再认识与再评价。从管理哲学上看，管理的控制过程实际上是联结决策过程、组织过程这种管理活动的"实然"与管理活动的价值目标，即"应然"的中介和桥梁，是以价值评价为基础的管理评价活动过程，因而是主体在一定价值观指导下所进行的主动性和创造性行为，价值观是控制过程的基础和保证。因此，控制活动中必然包含着伦理价值观念即控制伦理。控制伦理是保证整个控制过程合理化的必要机制，是保证和监督决策活动与组织活动相一致，从而促使整个管理活动合理进行，顺利实现预期目标的必要条件和精神基础。

（4）管理伦理职能构成的关系

决策伦理、组织伦理、控制伦理都是整个管理活动中的过程或职能伦理，它们之间的区分只是相对的，实际上三者是相互关联、相互依存的关系，这种关联和依存关系的根源就在于管理的决策、组织、控制三种职能或过程之间的依存性关系。尽管每一种职能或过程伦理在保障和规范着该职能或过程的正常发挥或运行，也为其他职能或过程的正常发挥或运行提供着必要条件，但是这些伦理原则或规范的功能的发挥并不只是在单独、孤立的过程中进行，而是在整个管理系统中体现着各自的价值和特有的功能。同时，这些职能或过程伦理在性质上是相互融通、在功能上是相互补充的，缺少了其中的任何一种，就破坏了整个管理伦理系统的完整性和系统内部的依存性，整个管理伦理系统就可能功能紊乱，陷于瘫痪而失去价值和意义。

5.2.3 管理伦理的功能

所谓管理伦理的功能，是指管理伦理作为一个有着特定结构的系统，同它的外部环境，即它同作为它的载体的管理主体和组织、利益相关者的相互联系与相互作用的过程中的能力和功效。管理伦理具有激励功能、升华功能、调节功能、整合功能、认识评价功能。认识管理伦理的这些功能，可以让人们从动态上整体地把握管理伦理的本质和特征，深入了解管理伦理对于管理活动的重要意义和价值。

1. 激励功能

所谓激励，顾名思义，就是指激发人的行为，使人在从事某种行为时能够积极主动，具有强大的动力。从哲学上说，是指主体追求行为目标的愿意程度。管理伦理的激励功能，就是通过管理伦理激发主体伦理行为的发生，使主体受到鼓励去做出符合伦理道德所要求和期望的行为，最终实现管理伦理所设定的整个管理关系的模式系统的要求，取得预期的管理效果，形成理想的管理秩序。

管理并不仅仅意味着约束和控制，它本身就包含着激励功能。就管理成效和管理秩序而言,发挥管理的激励功能,其本身就包含着某种伦理价值评价。因为激励实质上就是对主体行为在伦理道德上的肯定,其所运用的标准大多是伦理价值准则,例如道格拉斯·麦克雷戈所区分的激励种类:外附激励和内附激励。这两者无论是外附激励中的赞许、奖赏等正激励,还是内附激励中的主体自身产生的发自内心的精神力量如认同感、义务感等,它们发挥或依凭的标准本身就是伦理准则。而赫茨伯格的保健-激励理论则认为,不是所有的工作要素都能对员工产生激励作用,工作报酬、经济状况、工作条件等保健因素只能安抚员工,而没有激励作用,而另一些因素如成就、认可、责任及晋升等能使人们感受到内部回报,它们对员工才具有激励作用。马克斯·韦伯的研究则证明了伦理是经济发展的强大动力。由此可见,激励因素主要包含伦理精神及行为的价值准则。

管理伦理激励功能的发挥,从发生机制上考察,主要是激发人的需要。尽管不同的思想家对人的需要的论述和划分殊异,客观上人的需要也是复杂的、多层次的,但是人们大都认为,人的需要可以归类为物质需要和精神需要,其中伦理道德则是满足人的精神需要的主要方式之一。所以人们在激励他人时,主要采取伦理道德的激励方式,如情感投入、正面肯定、事业留人、激发创造精神等,以使他人的精神需要得到满足。

管理伦理的激励功能的发挥方式,主要有如下几种。

① 以外附激励方式的正激励(包括赞许、奖赏、肯定等)来调动被管理者的工作积极性。

② 通过激发被管理者对组织的认同感、归属感、义务感、责任心,发挥其创造精神,以增强组织的凝聚力,取得管理成效。

③ 通过公平激励功能,即管理伦理通过创造一种公正平等的环境或状态,激发被管理者的工作主动性和工作满意度。公平激励功能的发挥主要以物质报酬上的付出与获得的比例为标准。管理伦理就是通过采取各种措施,尽可能地追求公正、平等,以激励被管理者的行为,创造管理效益,促进社会进步。

④ 通过期望激励功能,即管理伦理主体通过调查被管理者在道德上的期望值,设立尽可能靠近被管理者的伦理价值目标,以激发被管理者实现目标的积极性和主动性,并促进被管理者的自我实现和发展。在这里,管理伦理目标实际上就是对管理客体的一种期望,是对被管理者的利益追求的正面肯定,它对被管理者具有极大的激励意义,因此管理伦理主体在设定管理目标时应充分考虑这一因素。

应该指出的是,利用管理伦理的激励功能时,应该把功利型和符号型有机结合起来。社会学家把激励手段分为功利型和符号型。所谓功利型,是指以实物形式的给予作为激励手段,主要用来满足社会成员的物质需要;符号型是指以授予某种具有象征意义的符号,或以对社会成员的行为方式和价值观念给予认可、赞赏等作为激励手段,主要用于满足社会成员的精神需要。这两种激励方式各有短长,但在现实的管理活动中,既没有纯粹意义的"功利人",也没有纯粹意义的"道德人",人都是物质需要与精神需要的统一体。因此,在管理活动中应该把两者有机地结合起来,既注重功利型激励方式的作用,又注重符号型激励方式的运用;既通过功利型激励来支撑和强化符号型激励的作用,又通过符号型激励来优化和延长功利型激励的效果。如此,才能形成完善的管理伦理激励机制。

2. 升华功能

管理伦理是指管理伦理能够引导人们的管理行为超越物质利益的狭隘视界,提高管理活动的狭隘视界,赋予其伦理形态的价值,从而使一项具体的管理活动表现出更加重要的意义。管理伦理的升华功能具体表现在以下几个方面。

(1) 提升管理活动及其结果的价值等级或档次

管理伦理能够赋予管理活动及其结果特定的道德内涵，从而增加或增大管理活动及其结果的实际价值。如医院在管理活动中始终贯穿救死扶伤的革命人道主义伦理原则，企业集团以产业报国作为自己的经营管理宗旨，商店以高度的热忱服务于顾客，这些价值导向已超越了普通的管理策略而上升为对一种道德境界的追求，它能使广大被管理者、员工和利益相关者围绕这些管理活动及其结果形成良好的道德认同感，从这些管理活动及其结果中得到更大的满足。

(2) 通过树立管理组织的道德形象，实现人际关系的升华

从组织内部看，统一而高尚的管理伦理会激发成员的神圣情感，它可以赋予日常的管理活动更深的内涵，使平凡的机械的管理流程呈现色彩，劳动者的合作、忠诚、创造性由此受到激发，管理活动由此具有了某种道德、伦理的性质。从组织与外部的关系看，它的道德形象会自然成为取信于社会的重要资源，为其生存和发展提供持续的保障。组织的道德文化内涵可以激发人们亲切、温暖、可靠的心理联想，因此有着重要的伦理意义。总之，管理活动并不必然等同于狭隘的功利，它完全可以通过讲究管理伦理，通过合伦理的管理被升华为一种高层次的道德活动，从而既满足人们的物质需要，也满足人们的精神需要。

3. 调节功能

调节功能是管理伦理最主要的功能。所谓管理伦理的调节功能，是指管理伦理具有通过管理评价活动等方式来指导和纠正管理者与被管理者的行为和实际活动，以协调两者之间的管理关系的作用和功能。关于管理伦理的调节功能，在这里需要指出，管理伦理调节主要是通过两种形式进行：一种是外部调节，即以外在的管理伦理原则、规范为尺度来评价管理者和被管理者的行为，协调人们的管理关系；另一种是内部调节，即管理主体以自身的管理伦理价值观念为尺度来评价自身的管理行为，协调自身在管理活动中的管理道德角色及与其他管理者、利益相关者的管理关系。当然，这两种方式是相互联系、相互影响的。

管理伦理对于管理活动的调节功能主要表现在：规范管理行为，调整管理活动。管理伦理对管理活动的调整，主要是通过管理伦理原则和规范来加以间接宏观调控，对管理行为加以规范，从而使管理活动在一定的秩序中开展。这种调节功能又有两种状态：一是静态调节，即反映和确认一定管理关系，从而减少不确定性和偶然性；二是动态调节，即通过反映管理关系的运行规律，规范管理主体的行为，分配一定的权利和义务，从而达到维护管理秩序的目的。

应该说，管理伦理主要是通过调节功能的发挥，来为人们在管理活动中彼此信任、开展合作、建立和谐的人际关系提供道义基础。与各种刚性的管理法规相比较，它具有成本低廉的特点。应该看到，各种组织内部的人际关系基本上是借助情感得以维系和凝聚，在调节组织内部的人际关系方面，道德情感具有管理法规无可比拟的优势。因此，管理伦理对于管理活动的调节功能是巨大的，这一点不容忽视。但是，在现实的管理活动中，我们也必须正确地分析和运用它的调节功能。因为管理伦理虽然可以深入到管理活动的各个环节，广泛地调节人们的管理关系，但是它毕竟属于"软调节"的范畴，所以管理者必须积极地将管理伦理调节同其他调节手段结合起来，这样才能使管理伦理的调节功能在管理活动中发挥更大的作用。

4. 整合功能

所谓管理伦理的整合功能，从积极的意义上说，就是指管理伦理具有把管理组织凝结、聚合为一个整体，增强组织的凝聚力、向心力的作用和功效。管理伦理的整合功能的发挥，能使管理活动、管理职能、管理过程、管理行为、管理决策、管理组织等都成为一个整体，从而获得整体的优化管理效益。管理伦理的整合功能的发挥植根于人类管理活动本身的整体性。人类为了生存和发展这一总体目的，在政治、经济、文化等各领域进行组织和控制，从而形成一个巨大的社会管理系统，而这个大系统中的各子系统之间相互联系、相互作用，共同构成了人类管理活动的整体。正因为人类管理活动系统本身"是个有机的系统整体，客观上需要从整体上进行组织、协调和控制，只有这样进行整体的管理才能确保整体效益（即人类生存和发展这一总体目的）趋向最大"。从整体上来理解管理行为，就"意味着要根据完整的个体、完整的群体、完整的组织，以及整个社会来解释人和组织的关系，它为尽可能多地理解影响人的行为提供了全面的认识经验"。

管理伦理的整合功能主要是把一个组织融合、凝聚为一个整体，在管理中发挥人事协调沟通、和谐的作用，从而发挥整体效益。任何管理组织都必须具有凝聚力，才能生存和发展。而凝聚力的形成主要靠两种因素：一是管理规章制度的他律作用；二是管理伦理道德的自律作用。其中管理伦理的自律作用出于人们内心的道德情感和道德信念，在调节范围和深度上具有管理规章制度所达不到的优势。这种由管理伦理所形成的道德心理情感可以通过人与人之间的传递和感染，在潜移默化中建立起一种互帮互助、团结平等、和谐友好的人际关系，改善人与人、人与组织、组织与社会的相互关系。共同的管理伦理规范和价值观念又使人们的思想情感和行为相互协调一致，形成一种强大的向心力，从而把人们凝聚成一个整体，发挥经济、社会、生态相统一的整体效益。

5. 认识评价功能

所谓管理伦理的认识功能，是指管理伦理具有反映自己的特殊对象，即管理同被管理者、管理者同所属组织、管理者同利益相关者等之间的利益关系的作用和功效。这种功能主要通过管理伦理判断、管理伦理准则、管理伦理理想等管理伦理范畴表现出来，管理伦理的认识功能主要是通过管理伦理意识和管理伦理判断来实现的。通过管理伦理意识和管理伦理判断，管理者可以获得关于现实的管理关系、管理状况的知识，确定管理的伦理价值目标和伦理价值规范体系，预测管理发展的前景和未来状态。对管理者自身来说，管理伦理认识还能提供他（她）认识自身的管理实践的知识。这些管理伦理知识以管理者在道德上的感受、体验、情感即管理道德情感去帮助他（她）了解管理的伦理价值和道德意义，掌握他（她）对被管理者、所属组织、利益相关者的道德义务和责任，以确立管理道德理想，指导自己的管理实践。

管理伦理的认识功能的发挥，实际上也就是其评价功能的发挥。因为管理伦理认识不同于管理科学知识，前者是一种价值评判，后者则是一种事实判断。管理科学知识所提供的是管理者关于管理运行体制、管理发展规律的"实然"知识，具有描述的性质，这些知识对管理者非常重要，它能帮助管理者正确地认识管理中的各种矛盾，把握管理运动的发展规律，总结管理工作经验，改进管理方法，从而提高管理水平，推动管理实践的发展。但是，管理伦理认识具有评价的性质。管理伦理是管理者"实践—精神"地把握管理世界的一种方式，它不仅能提供管理的"实然"知识，而且能提供管理的"应然"知识；它不仅能描述"管理事实"，而且能评判管理行为，告诉管理者管理行为中哪些是好的、哪些是坏的，哪些是善的、哪些是恶的。它还能预测管理的理想境界,作为一种深层的精神动力推动管理的发展。当然,管理伦理认识对"管理事实"的描述的准确性、科学性、充分性可能不能与管理科学知识相提并论,但它能充分发挥积极作用,激发管理者改进管理方法,提高自身的主动性和创造性,推动管理者去正确地把握管理发展规律,认清管理发展方向,从而能动地改造管理世界。

总之,管理伦理是管理活动的精神动力,它对管理活动具有非常重要的激励功能、升华功能、调节功能、整合功能、认识评价功能。管理伦理的这些功能是相互联系、相互影响、相互依存的,某一功能的发挥往往离不开其他功能的发挥。

管理伦理功能的发挥是管理伦理作为一个整体在管理活动中体现出的功用和能力。激励功能和升华功能证明管理伦理是管理活动的稳定和持久的动力源,表明着管理伦理对管理活动在伦理价值上的提升与超越;调节功能和整合功能表明管理伦理是管理活动的基础和秩序保证;认识评价功能表明管理伦理对管理活动的指示和牵引。如果我们在现实的管理活动中能够积极地创造各种条件,充分发挥管理伦理的功能,注意不断提高管理者的伦理素质,并且充分利用管理伦理协调各种人际关系,极大地增强管理组织的向心力、凝聚力和整合力,那么,管理不仅能实现管理手段的现代化和理性化,而且能实现各项管理活动的顺利展开。

阅读材料

埃克森公司的经营信条使自己一败涂地

1989年3月24日,美国埃克森公司(Exon Company,美国500家公司中排名第三)的一艘巨型油轮在阿拉斯加的美、加交界的威廉太子湾附近触礁,原油大量泄出达800多万加仑,海面上形成一条宽约1公里、长达8公里的漂油带。这里原是一个风景如画的地方,以前很少有船只经过,山清水秀,盛产鱼类,成群结队的海豚、海豹在此嬉戏玩耍。事故发生后,岸边、礁石上布满一层黑糊糊的油污,大批鱼类死亡,附近海域的水产业遭受很大损失,纯净的生态环境受到巨大破坏。环境保护组织为这一突发事件感到痛心,美、加当地政府官员都敦促埃克森公司尽快采取措施解决这一问题。

可是,埃克森公司却对此无动于衷,既不彻底调查事故原因,也不及时采取有效措施清理泄漏的原油,更不向美、加当地政府道歉,致使事件进一步恶化,污染区愈来愈大。到3月28日,原油泄漏量已达1000多万加仑,造成美国历史上最大的一起原油泄漏事故。

埃克森公司的态度激怒了美、加当地政府以及环保组织和新闻界。他们联合起来发起了一场"反埃克森运动",甚至惊动了时任总统布什。布什总统于3月28日派出了运输部长、环保局长等高级官员组成特别调查工作组,前往阿拉斯加进行调查。

调查结果表明:造成这起恶性事故的原因是船长玩忽职守,饮酒过量,让未经海岸警卫队认可的三副驾驶油轮所致。消息传出后,舆论哗然,埃克森公司一下子陷入被动境地。后来公司为雇人清理油污一项就付出几百万美元,加上其他的赔偿、罚款,总损失达几亿美元。更为严重的是,公司作为"石油大王"的形象严重受损,西欧和美国的一些老客户纷纷抵制其产品,致使其狼狈不堪。在人们心目中,埃克森公司成了一个"破坏环境,傲慢无礼"的公司。

埃克森公司为何一败涂地?事后人们纷纷寻根究底,企图从中吸取经验教训。英国公关协会会员、公关学者卢卡斯泽威基教授指出,该公司犯了"反应迟钝;企图逃脱自己的责任;事先毫无准备,既无计划,也无行动;对地方当局傲慢无礼;自以为控制了事态发展;

不接受任何解决意见；存在侥幸心理；信息系统失控；忽视了能够赢得公众同情和支持的机会；错误地估计了事故规模；丝毫没有自责感"等十大错误。就管理伦理学来看，这其中就包括该公司在管理伦理上的缺陷与不足。该公司的经营信条中这样写道："我们公司的政策是，严格遵守与公司业务有关的所有法律。""谨慎从事是公司的宝贵财富。""我们的确在乎是如何取得经营结果的。""我们期望各层次能坦率行事，遵守会计准则，接受控制。"这就表明，该公司认为其经营管理行为只要做到合法就行。但事实证明，经营管理仅仅只做到合法是远远不够的。正如哈佛商学院的琳恩·夏普·佩因在《领导、伦理与组织信誉案例：战略的观点》中所说："尽管法律服从是必须的，但是用它来指导责任行为，会呈现很大的局限性，并且它根本就不能为处于领导地位的公司所追求的模范行为提供指导。"而她在《哈佛商业评论》上发表的文章《组织信誉管理》中则说得更精彩："法律不能激发人们追求卓越，它不是榜样行为的准则，甚至不是良好行为的准则。那些把伦理定义为遵守法律的管理者隐含着用平庸的道德规范来指导企业。"的确，法律只能"禁于已然之后"，而不像伦理那样能"禁于将然之前"。公司的经营管理行为应该实行伦理管理，将伦理置于战略地位，时刻注意自身对社会、环境所应负的道义责任。只有这样，当危机来临时，公司才能从容应对。埃克森公司的"泄油事件"所带来的危机，从反面证明了伦理观念对于管理的至关重要性。

5.3 伦理的管理功能和管理价值

伦理道德是社会文化的核心内容。社会道德风尚和道德状况，通常是衡量一个社会的文明程度的重要标准。伦理道德是伦理学研究的对象，伦理学就是研究伦理道德现象的科学。但是，无论从伦理学角度来看，还是从管理学角度来看，都可以说，伦理道德是人类的一种特殊的管理活动或方式。

5.3.1 伦理的管理功能

"伦理"一词，在中国，最早见于《礼记·乐记》："乐者，通伦理者也。"《说文解字》释其意："伦，从人，辈也，明道也；理，从玉，治玉也。"伦即人伦，指人的血缘辈分关系；伦理，即调整人伦关系的条理、道理、原则，即所谓"伦类的道理"。从伦理的词源学意义上看，伦理也包括管理的意思，也就是说，伦理是管理（包含调整、协调、处理等意义）人与人之间的关系的准则、道理，这从《说文解字》释义中也可以清晰地看出。所谓"治"包括管理的意思就更为明显了。在西方，"伦理"（Ethics）一词源于希腊文 Ethos，原意是指个体的"气质"、"品格"、"特色"、"性格"和社会的"风俗"、"习俗"及内在精神等。这实际上也涵盖了伦理的管理功能的发挥，因为针对个体而言，伦理是个体以自己的气质、品质等来调控自己的言行举止，形成身心统一的秩序与和谐状态；针对社会而言，伦理是社会以风俗、习俗来协调和处理人与人的关系，形成稳定有序的社会秩序。

"道德"在古汉语中，最初是分离着的两个范畴，即"道"与"德"。"道"的本意是指道路，后来引申为事物运动和变化的规则、规律、道理；"德"与"得"相通，意即对道有所得之意。《管子·心术上》即有"德者，得也"之说。东汉刘熙释"德"为"德者，得也，得事宜也。"意思是说，"得"就是把人与人的关系处理得合适，使自己和他人都有所得。许慎更明确地说："德，外得于人，内得于己也。"意思是"德"就是一个人在处理人和人的关系时，一方面能"以善念存诸心中，使身心互得其益"，此即"内得于己"；另一方面，又能"以善德施之他人，使众人各得其益"，此谓"外得于人"。把"道德"合为一同使用，最早见诸《荀子·劝学》中，其曰："故学至乎礼而止矣，夫是之谓道德之极。"这里讲的"礼"是古人对道的一种社会诠释，这句话的意思是说，如果人们学到了"礼"并按"礼"来处理自己对自身、对别人的关系，就是达到了道德的极境。在先秦儒家思想中，"道"与"德"构成完整的含义："道"指规范、道理；"德"指个人的内在品质、德性。《论语》中就有"志于道，据于德"的说法，意思是用道德来处理和协调人与自身、人与人的关系，从而使自己内在品质、德性得到提高。总之，在中国，"道德"一词本身就包含着人们管理自己、管理社会的准则和尺度的意思。在西方，"道德"一词源于拉丁文 Moralis，意为"风尚、习俗"。从西方古代文化中关于"道德"一词的含义来看，它所指的是人们在一定历史条件下共同生活关系中的风尚和习俗，这些风尚和习俗表现为一定的行为规则，调整着人与人之间以及个人与社会之间的相互关系。这里也显示着道德的管理功能。

日常生活中，在不讲求科学的准确性的情况下，人们常常把伦理与道德作为两个可以互换或互通的概念来使用，伦理学将其定义为："是由一定的社会经济关系决定的，依靠社会舆论、传统习俗和人们的内心信念来维系，表现为善恶对立的心理意识、原则规范和行为活动的总和"。这一概念意义的阐释充分证明：

① 伦理道德产生于一定社会物质生活条件之中，产生于人类的劳动活动的社会交往和社会关系之中，并随着这种物质生活条件的变化而变化；

② 伦理道德依靠社会舆论、传统习俗、内心信念的力量，而不是依靠强制力量来协调和处理个人与社会的关系，它用以协调和处理个人与社会的关系的范畴就是善恶评价；

③ 伦理道德有着丰富的内容和复杂的结构，它不仅是协调和处理社会关系的精神力量和社会意识形态，还是协调和处理社会关系的心理意识形态，也是人与人之间在实践活动中所生成的伦理关系。

正由于伦理道德是一个有着丰富内容和复杂结构的协调和处理人与自身、人与人之间关系的行为规范系统，决定了伦理道德所特有的管理功能。伦理道德的管理功能集中体现为两大方面：社会管理和个人自我管理。

1. 伦理道德是社会管理的重要方式

这就是说，社会是由人及其活动组成的，但是组成社会的人是有意识、有目的、有利益追求的。人们为实现自己的利益，达到自己的目的而进行活动和交往，由于每个人的目的和利益并不完全相同，即使完全相同的利益也由于利益追求的个别性、差异性，导致人们的个别行动往往会相互冲突和对立。但是任何一个社会都只有在一定的秩序中才能正常运转，因此，为了能够将整个社会成员的行为尽可能纳入社会直接需要的秩序范围之内，以保证社会各个生活领域的正常运转，任何社会都必然形成某种相应的社会控制系统。这些社会控制系统就是社会的管理系统，它主要表现为体现国家权力和意志的政治、法律及相应的制度、军队、警察、法庭、监狱等机构。但光靠这些强制性的管理手段是远远不够的，还必须依靠教育、习俗、宗教、艺术、伦理道德等，因此，一定社会秩序的形成，除了政治、法律等强制性管理手段外，还必须有伦理道德等"软性"管理方式。只有"硬"与"软"相互配合、功能配套，"文武并用"，张弛相得，良序社会才能形成。由此可见，"软性"的伦理道德也是重要的社会管理方式。就管理的渠道而言，它包括整个社会、社会群体和社会组织有意识地对其成员的行为进行指导、约束或制裁，社会成员之间自发的互相影响、互相监督和互相批评，社会成员自觉地按社会规范选择、约束和检点自身的行为三个方面。在这三个方面中，伦理道德都是不可或缺的力量和方式，起着特殊的管理作用。

2. 伦理道德是个体自我管理的重要力量

所谓个体，是指在一定社会生活中，具有一定社会身份和角色，起着一定社会作用并具有与他人相区别的特殊性和个性的人。个体自我管理就是指作为个体的人对自身的管理。伦理学上所讲的"自律"，如果把它作为动词理解，就是这个意思。个体的道德修养过程实际上就是个体运用伦理道德准则对自身进行管理的过程。康德曾说："人为自己立法。"这里的"法"即道德，"立"是"制定"之意，所以人为自己立法的含义就是指人自己为自己制定伦理道德法则，其目的是为了自觉地约束、管理自己的行为。

伦理道德成为个体的管理方式，是由人存在的二重性决定的。人一方面是一种个体性的存在物，这是由每个人都是作为一个独立的自然机体所决定的，正如世界上找不到两片相同的树叶一样，世界上也没有两个完全相同的人；另一方面，人又是社会性的存在物，就是说，人是只有在社会中才能存在的动物，这就决定了人又必然具有某些共同性，这种共同性就是人所存在的一定历史条件下的社会赋予他的，他本身就是这个社会的产物。因此，人既是个体性存在物，同时也是社会性存在物。人就是把个体性存在与社会性存在这两个方面内在地聚于一身的二重性的存在。

正是由于人存在的二重性，决定了人的需要或利益的二重性。作为个体的存在，每个人都有维持自己生存和发展的需要，即个人利益；作为社会的存在，每个人又有维持社会共同体的存在和发展的需要，即社会共同利益。这样，人的利益又具有了个体性和整体性的双重特点。正是这种双重特点决定了任何人都有一个如何处理他的需要或利益的个体性与整体性的相互关系的问题，因而也决定了道德的需要也是人的本质需要之一。因为道德作为人类社会生活的一方面，就是适应处理个人利益和社会利益的关系的必然要求而产生的。

个体又是如何运用伦理道德来管理自己的呢？具体说来有以下几个方面。

(1) 个体通过伦理道德来认识和把握社会

伦理道德是人类"实践—精神"地把握世界的重要方式。伦理道德首先是精神的，是以指导行为为目的，以形成人们正确的行为方式为内容的观念性的存在。但它又是实践的，根源于人类实践本身，实践既提供关于客体的知识，又使人们从人的需要的角度去认识和评价客体，形成主客体之间的价值关系，因而把世界划分为善与恶、正当与不正当、应当与不应当的价值世界。而世界也正是在它的价值意义和属性中为人们所认识。同时，伦理道德也是社会关系的观念表现和反映，具有独特的渗透力、广泛性和普遍性，也是预测未来社会的重要方式。它是社会生活的"应然之则"，蕴藏于客观的社会关系"必然之理"之中。因此，人们把握了伦理道德，也就从一个特定的方面把握了社会。而这种把握不只是表现在观念上、精神上，它还具体地体现为人们的一种实际的行为活动和方式。

(2) 个体通过伦理道德来协调人际关系

任何个体都必然生活在现实的人际关系网络之中，良好的人际关系是个体生存和发展的必要条件。当然，人际关系的性质从根本上取决于社会经济关系的性质，但个体的道德素质和行为举止也决定其人际关系状况。因为伦理道德本来就是适应人们协调和处理人际关系的需要而产生的。协调人际关系是伦理道德的重要职能。个体正是通过伦理道德来协调人际关系，形成和谐、团结、友爱、融洽的良好氛围。

(3) 个体通过伦理道德来理性地控制自身

正由于伦理道德是适应人们协调和处理人际关系的社会需要而产生的，因而它本质上是建立在社会利益或群体的经验和智慧的基础上的。这就使以观念、准则、规范和行为方式为表现形式的伦理道德具有了客观性，相对于个体来说，它成为一种异己的、外在的约束力量。但这种约束并非单纯的消极防范和限制，它同时是人的主体性的积极表现，体现了个体自身理性力量对非理性力量的控制。人是理性与非理性的复合体，一般说来，非理性既非善也非恶，但它是盲目的，可以至善也可以成恶。为使非理性不致为恶而至善，就必须用理性来指导与规约。理性作为人类的一种特有禀赋、能力和属性，具体凝结为人类千百年来积累下来的各种各样使社会有序化的规范、准则、制度和使人类意识与活动普遍有效的认识方式。伦理道德是其中的重要内容之一。个体接受、内化社会的伦理道德，就是运用它来控制自身的非理性因素的过程。

（4）个体通过伦理道德来促进自身的成长

伦理道德是个体理性地控制自身的力量，但是伦理道德并非只有这种约束和控制功能，它同时还具有引导和激励功能，约束和激励是伦理道德功能的一体两面。它对个体的激励主要表现为：为个体提供价值观的指导，提供正确的价值标准和人生目标，从而为个体才智的发挥和运用指明正确有效的方向。在这一意义上，伦理道德是个体成长的精神动力。

个体通过伦理道德来促进自身的成长，其目的是达到自我完善的价值目标。自我完善的中心问题是实现个人的自由而全面的发展。所谓个人的全面发展，是指个人发展的全面性和普遍性，它包括个人的劳动活动发展的全面性和普遍性、个人的劳动能力发展的全面性和普遍性、个人的社会交往关系发展的全面性和普遍性。所谓个人的自由发展，是指个人发展的特殊性和差异性，按马克思的说法，是指"建立在个人全面发展和他们共同的社会生产能力成为他们的社会财富这一基础上的自由个性"的自觉、自愿、自主的发展。个人的自由发展与个人的全面发展显然是有一定区别的范畴，个人的自由发展主要是指个人发展的独立自主性，但是个人的全面发展与个人的自由发展又是统一的。只有具备个人全面发展的条件，才能实现个人的自由发展；同样，也只有具备个人自由发展的条件，才能实现个人的全面发展，两者统一而构成个人的自由而全面发展的含义。

上述个体通过伦理道德来认识社会、协调人际关系、理性地调控自身、促进自身成长等，讲的是伦理道德促进个人的自由而全面发展的功能的体现，同时，伦理道德也是个体对自身进行管理的特殊方式。有管理学家指出，管理就是认识（人性），就是协调，就是控制，就是激励，因而在这几点上，伦理与管理是同构的。伦理道德促进了个体对社会的认识，对自身的约束和调控，促进了个体不断正确地处理自己利益和需要的个体性与整体性的关系，促进了个体对自身行为的激励，促进了个体境界的提升，从而促进了个体发展的自由性和全面性的统一。总之，伦理道德是促进个体自我完善的重要机制，是个体自我管理的重要方式。

5.3.2 伦理的管理价值

所谓伦理的管理价值，是指伦理对于管理的意义和作用。伦理的管理价值具体表现在如下几个主要方面。

1. 伦理有助于弥补规章制度的不足，克服其局限性

管理离不开一定的规章制度，规章制度是管理活动的一种固定化的行为规范，但是规章制度的制定和实施总是具有一定的局限性和不足。因为规章制度一般是单位、部门的领导和群众自己制定的。尽管它也具有一定的强制性，是必须遵守的，因而也可以看作是一种

"法",但是它和正式的"法"比较起来,层次比较低,缺乏国家法律的严肃性和权威性。它所起作用的大小在很大程度上决定于人们的思想觉悟和对规章制度的认可程度。规章制度的制定必须力求合理,规章制度定得过宽,容易导致放任自流;规章制度定得过严,会束缚人们的手脚,使人们不愿意去承担必要的甚至有一定风险的工作。规章制度从其主要的方面来说是面向大多数下属和群众的,因而要考虑多数群众的可接受性,群众只有乐意接受,才会自觉遵守。规章制度的这种群众性,一方面表明它是以一定的道德舆论力量作为前提的,同时也表明它对单位或组织的先进分子是一种较低层次的要求,他们还需要遵循更高的道德行为规范。

我们还应该看到,由于规章制度是为实现规划目标服务的,因而规章制度的具体内容也是随着客观形势或规划目标的变化而变化的。一般地说,规章制度总是落后于客观现实的发展,在这种情况下,事业的维持和发展还必须依赖于伦理道德力量。这就需要伦理道德来弥补规章制度的不足,并克服其局限性。而伦理道德则以广泛渗透性和自觉性的特征能够对此发挥特有的功能。可以说,伦理道德是使规章制度运行起来并发挥作用的润滑剂。

2. 伦理有助于提高组织的有效性

美国《经济学家》杂志在1995年的一篇社论中说:"明天,成功的企业将不再是那种不爱抛头露面而只知道以合适价格销售合适产品的机构。它必须更多地展示自己,仿佛自己是一位正直的、明智的参与者,拥有清晰的道德辨别能力,与它的员工及广阔的外部世界打交道。"这一观点揭示了管理中一个具有普遍意义的结论:合理的伦理道德是组织有效性的基础。从本质上说,伦理是指导人类正确地对待利益、和谐地相互交往的原则和标准,它既包括人们与他人交往时应遵循的标准如诚信、信赖和公平等伦理观念,也包括勾勒出社会关系的结构框架的伦理理念如权利、义务和责任等,尤其是权利、义务和责任已成为当今人们普遍认同的伦理问题的核心。合理的伦理理念则有助于人们彻底地发挥自身的潜能:它不仅可以为主体提供一个必备的指引行动和树立期望的目标,而且可以促进合作和相互信任,以提高组织的有效性。"明智的管理者认识到,杰出的组织业绩需要组织所有利益相关者"和其他处理组织的"日常工作的人员持续的信任和协作。""管理者也越来越清楚地认识到,大多数人在充满信任、责任和抱负的环境中能够取得最出色、最富创造性的成果,而这种环境只有在诚实、信赖、公平和尊重等价值观念的基础上才能建成。"

合理的伦理道德价值体系是一个组织所应该拥有的"一种资本",它可以为组织带来多种收益。美国哈佛商学院的琳恩·夏普·佩因认为,这些收益表现在三个方面:提高组织功效,拓展市场关系,提升社会地位。这就是说,伦理道德价值体系不仅有利于组织的运作和控制,有助于组织与主要利益相关者建立起牢固的关系,而且有利于组织建立起优秀的组织形象,享有很高的信誉,在利益相关者群体中拥有较高的社会地位。伦理道德价值体系是组织力量的中心,也是组织个性(标识)的源泉。这种组织个性(标识)能够带来组织及其成员的自豪感和满足感,帮助组织适应环境,有利于组织的长期生存、繁荣和发展。而在逆境中,伦理价值体系则是抵抗短期诱惑的缓冲区,可"避免损伤长期利益"。这是从众多组织的管理实践中都能得到证明的经验和结论。

3. 伦理有助于提高管理效率

根据现代新制度经济学的观点,伦理道德是一种非正式制度。这种非正式制度是制度结构中的主要因素,在经济结构的变迁中具有很重要的经济功能,其经济功能是有助于提高管理的经济效率。当然,并不是所有的伦理道德观念都有助于提高管理效率,只有适应经济发展要求的伦理道德，才会有助于效率的提高，而不适应经济发展要求的伦理道德不但不利于提高效率；相反，还会导致效率下降。

适应经济发展要求的伦理道德在促进管理效率提高方面，主要表现在如下几点。

首先，通过降低管理成本来提高效率。任何管理都是要支付一定的成本或费用的，如管理信息的获取费用，人际关系的协调费用，制度、契约的签订、实施和监督费用，制度运行费用，等等。现代新制度经济学一般把这种成本称之为"交易成本"或"交易费用"，认为"交易成本"是现代经济成本的重要组成部分，其高低往往决定着经济效率的高低甚至经济活动的成败。因此，在物质生产成本不变的条件下，尽可能降低交易费用，是经济效率提高的根本途径。而交易费用一般说来取决于交易双方利益的冲突程度、交易的确定性程度和信息的完全性、对称性程度等因素。如果交易双方利益冲突小，交易过程确定有序，信息完全、对称，那么交易费用较低；否则，交易费用较高。而在降低交易费用或管理成本上，伦理道德的作用是十分突出的。因为伦理道德为人们确立起行为边界，提供"应该如何"的价值信念上的共识，使人们的行为变得可以合理预期，降低了交易过程中的不确定性、偶然性，减少了人们利益上的冲突和摩擦，使决策过程简单明了。不仅如此，它还能遏制和克服"搭便车"、投机取巧等机会主义行为，减少制度规则的执行、监督等运行成本，从而提高管理效率。

其次，通过创造合作效益来提高管理效率。现代社会是专业化程度高、劳动分工发达的社会，其管理效率要得到提高，在很大程度上依赖于各种组织内部的合作和组织与外部环境的合作。组织内部的合作和组织与外部环境的合作所产生的效益称为合作效益。合作能够降低交易费用和竞争成本，使组织经营管理成本降低、效益提高，也能创造出新的效益，如通过合作可以实现资源共享、优势互补，形成规模效益。但是，无论是组织内部的合作，还是组织与外部环境的合作，都是在一定伦理道德的支持下才得以进行和实现的。伦理道德是合作的前提和基础，也是促成合作的重要机制。没有一定伦理道德作为基础和机制，便无法建立起组织内部的和组织与外部环境的信任关系。而这种信任关系没建立起来，组织行为就会变得不可预期，各种不确定性因素就会增加，决策信息的获取就会不完全、不对称，合作也就无法达成。因此，伦理道德可以使人走向合作，而合作则给人带来更大的好处，促进管理效益的提高。

再次，通过克服"外部性"来提高管理效率。所谓"外部性"，是新制度经济学用来描述经济活动中个别收益（或成本）与社会收益（或成本）不一致的现象的概念，意指一定经济活动的收益或成本溢出活动主体之外，被他人分享或要他人承担的现象。如"一人种树，大家乘凉"，"工厂生产，污染环境"等。这种"外部性"现象既有经济活动主体"无意"造成的，也有经济活动主体"故意"造成的。从根本上说，是由于制度安排不完善、管理不到位、经济活动主体"搭便车"等原因造成的。因此，"外部性"现象的克服，必须依靠各种完善的制度设置、到位的管理措施及伦理道德观念的导向和规约。在克服"外部性"上，伦理道德观念具有很重要的作用。因为伦理道德能借助于舆论评价、教育引导、典型示范等方式，唤起人们的知耻之心，约束人们的越界冲动，有效地遏制和克服人的"搭便车"和"机会主义"行为倾向，从而克服"外部性"。同时，伦理道德还可以内化于人们的交易活动理性之中，培养起交易主体的较高的适应交易活动的道德水准和规则意识，成为人们交易活动的引导和激励因素，从而将"外部性"在一定程度上内部化，促进管理效率的提高。

4. 伦理道德是管理实践和理论发展的精神动力

从根本上说，管理实践和理论发展的主要动因是生产力的发展，但是在伦理道德指引下的人的创造性潜能的发挥，同样能够推动管理实践及理论的发展。这是因为管理不但有技术属性，而且还具有社会属性。管理的技术属性是管理活动所具有的自然属性，它是随着生产力的发展而不断变化的，这些技术性内容的变化推动着管理方式和理论的不断发展，使其更加现代化和科学化。管理又是一种社会活动，是一种在社会中进行的活动。一切管理活动都必须在一定的社会历史条件下和一定的社会关系中进行，因而也必然采取一定的社会组织形式、制度、法规等来承担、执行管理职能，同时还要受到一定的价值观念、伦理道德观念的影响和指导。作为上层建筑的一部分，伦理道德对管理活动具有一定的导向性，这一点集中地体现在进步伦理道德的作用上。这就是进步的伦理道德为管理的变革与创新鸣锣开道。进步的伦理道德通过社会舆论进行评价，论证管理创新及相应行为的正义性、合理性，破除旧的、落后的伦理道德观念对创新的束缚，为创新开辟道路，扫清创新道路上的思想障碍。另外，伦理道德还是管理法规制定的精神基础。管理法规的制定，不但受社会制度、生产力发展水平和科学技术的制约，同时也受伦理道德的影响。从宏观上讲，人既是管理的主体，又是管理的客体。法规要人制定，要人去执行。因此，管理法规的制定从形式到内容都要充分发扬民主和体现人的主动性、积极性、创造性，在这里，伦理道德的作用是不容忽视的。

总之，现代管理的实践证明，随着管理现代化的发展，作为调节、指导人们之间以及个人与社会之间关系的行为规范的伦理道德，在现代管理中发挥着越来越重要的作用，日益显示出它的特有的现实价值，因而促成了管理伦理化趋势的发展。

5.4 管理伦理与沟通

在现实生活中，人们常常面临两难的困境：遵守伦理还是维护自身利益。管理伦理主要根据两个基本假设（伦理经营和非伦理经营），讨论经营中的某些决策。这些决策也包括信息传递决策，即在特定条件下，应如何进行沟通。

5.4.1 沟通中的管理伦理

1. 管理伦理的两个基本假设

管理假设很多，如人性假设等。所谓经营伦理假设，是指经营与伦理应该有什么样的关系的假设，即关于企业经营与伦理有没有关系，从事企业经营活动要不要进行伦理分析，要不要遵守伦理规范的假设。经营伦理假设有两种，即非伦理经营假设和伦理经营假设。

（1）非伦理经营假设

经营与伦理无关的假设称为非伦理经营假设。非伦理经营假设的基本特征就是企业目标是使所有者利益最大化，而不必考虑经营活动对他人、社会可能产生的影响；经营活动是特殊的活动，与社会的伦理规范无关，不能以社会的伦理规范来评价经营活动；成文的法律就是企业的伦理规范，只要不违法，做什么、怎么做都行。

（2）伦理经营假设

经营与伦理有关的假设称为伦理经营假设。伦理经营假设的基本特征就是企业通过对社会做出贡献的方式谋求利润最大化，企业在满足所有者利益的同时，还要考虑其他利益相关者的利益；经营活动是特殊的活动，与社会的伦理规范有关，可以用社会的伦理规范来评价经营活动，企业不仅要遵守成文的法律，还要遵守法律的精神，要进行伦理思考并遵守社会的伦理规范。

2. 合乎伦理的管理特征

(1) 责任

合乎伦理地进行管理，即从事管理活动时遵守企业伦理规范，并视之为一种责任。当遵守伦理规范能带来利益或者不遵守伦理规范将带来损失时，组织必然要选择遵守伦理规范，但当遵守伦理规范带来的成本大于利益或者不遵守伦理规范带来的损失小于利益时，组织仍然要选择遵守伦理规范。

(2) 社会整体

合乎伦理的管理包含整体视角，即从整体来看问题。在合乎伦理的管理中，衡量企业决策、政策、行为的对与错、好与坏，既要从个体企业角度看，又要从社会整体角度看。换句话说，按照合乎伦理的管理，并非每一项企业经营活动都对企业自身是最有利的，有些是次有利的，有些甚至可能从短期来看弊大于利，但从社会整体看，则是最有利的。

(3) 相互关系

企业伦理是处理企业经营中存在的"人"、"己"关系的规范，其重点在于关系。这种关系包含企业与利益相关者的关系以及员工与员工之间的关系，无论哪一种关系，对企业的成败都有重大的影响。

(4) 目的人

合乎伦理的管理把人看作既是手段，又是目的。把人视为目的不仅仅限于企业员工，还包括所有的人。这是因为，如果管理者只关心生产，把关心员工当作提高生产率的手段，那么员工迟早会识破管理者的用心，从而产生抵触情绪或者讨价还价，提出更高的要求。相反，员工若意识到管理者真正关心他们，则会做出积极的反应。

(5) 超越法律

法律是企业及其成员所必须遵守的最起码的行为规范。法律调整的是违法行为，一般对不道德行为并不追究。而道德调整的范围要比法律广，法律惩治的行为道德予以谴责，法律不追究的不道德行为，道德也予以谴责。换句话说，道德对企业及其成员提出了比法律要求更高的行为规范。

(6) 自律

合乎伦理的管理具有自律的特征。道德的约束通常是通过社会舆论和内心信念等手段，以唤醒人们的良知和羞耻感、内疚感，从而实现自我控制和社会控制的理性目标。合乎伦理的管理通过营造良好的道德环境，使企业成员意识到什么是企业、员工应该做的，什么是不应该做的，并以这种认识来指导自己的行为。

(7) 价值观导向

价值观是人们判定某种行为、事物的好坏、对错以及是否有价值或价值大小的总的看法和根本观点。企业价值观不是单个价值观的简单之和，而是企业推崇的并为企业全体员工所认同的价值观。合乎伦理的管理并非把企业利益看得至高无上，它从企业对社会的贡献去寻求企业存在的理由。利润只是对社会的贡献的回报。

5.4.2 管理伦理对沟通策略的影响

无论是个人还是企业，没有什么比信誉更为重要。例如，对个人而言，你是否诚实守信并一贯如此呢？你是否在迎合接收者兴趣的同时也坚持办事原则？对于一个公司而言，在长期的发展过程中，同样没有什么比公司的荣誉更宝贵，公司以合理的价格为社会提供可靠的产品和优质的服务，以此为社会的繁荣做出贡献。

1. 管理伦理对组织沟通的影响

从经营伦理假设可以看出，一个组织选择什么样的伦理规范对企业的经营有着深远的影响；同样，组织内信息的交流渠道、交流频率等也受到伦理假设的影响。

从我国的市场经济发展程度看，企业越来越意识到自己已经成为了社会的公众法人，必须承担作为公众法人应该承担的责任；否则，一个企业将会被社会孤立起来，得不到社会和民众的支持。

因此，在伦理经营的假设下，企业应保持良好的沟通渠道。按照市场经济的价值观来规范和约束企业的行为，要把质量、公平、诚实看作是企业的生命，要乐于接受社会及相关组织对企业的监督和评判。企业应当把自己看作是符合道德和法律的"人"，要自觉地把社会公德、规范贯穿于企业的管理之中，并落实到处理内部和外部问题的行动中。

在这种情况下，组织的沟通策略应坚持以下三点。

（1）尽可能地公开信息

企业在经营过程中，在不损害企业合法利益的前提下，应尽可能地公开企业的相关信息，让社会公众对企业有全面、深入的了解，以期建立良好的信任关系。特别是对那些可能对企业本身产生不利影响的信息，应妥善处理。相反，如果采取说清楚的态度，还有可能赢得社会的理解。

（2）建立快速反应机制

企业在经营过程中，无法准确预料将来会发生什么。对可能出现的危机，企业应有良好的反应机制。建立快速反应机制，既有利于社会公众的利益，又有利于减少危机对企业的影响。

（3）树立诚信形象

组织的沟通策略，最为重要的一点就是树立组织的诚信形象。诚信，不仅是对合作伙伴而言的，而且还是对企业的员工和全体利益相关者而言的。企业领导要有强烈的公关意识，平时在组织内就应加强与员工的沟通，兑现所有的承诺。此外，要保持好与社区的良好关系，要树立负责人的形象。这样，既有利于增强企业的凝聚力，又有利于企业化解突如其来的危机。

2. 管理伦理对个人沟通的影响

对个人伦理道德观的研究，自古希腊时期就一直在伦理讨论中占据统治地位。从伦理道德的观念看自己的沟通行为，要与自己的长远理性发展、人际平等和自我道德约束结合起来。

"勿以善小而不为，勿以恶小而为之"。符合伦理的个人沟通要强调信息的准确性，要强调对沟通对象的尊重，一般可采取的策略有：避免由于自己的行为而引起对他人的损害，尊重别人的说话权；不说谎话，不做欺骗人的事；信守诺言，按合同办事；遵守法律；即使不是自己引起的，也有义务阻止损害他人利益的事发生；帮助那些需要帮助的人；保持公正；要求别人也遵守上述各条注意事项；等等。

在非伦理经营假设下，推销人员在推销自己的产品时，往往喜欢"王婆卖瓜，自卖自夸"，努力夸大产品的优点，而对产品的缺点只字不提，从而使消费者对产品产生错误的认识。在产品没卖出去之前，对产品的"三包"及其他服务方面满口应诺，在产品卖出去之后就不那么认真了。但如果在伦理经营假设下，则对消费者如实相告产品的优缺点是推销员的责任，而不折不扣地履行承诺更是商家的义务。

复习思考题

1. 什么是企业社会责任？国内外企业如何看待企业的社会责任？
2. 什么是管理伦理的内涵？管理伦理有何功能？
3. 如何理解伦理的管理功能和管理价值？
4. 管理伦理与沟通的关系是什么？

第 6 章

倾 听 技 能

学习目标

✓ 理解倾听的含义、意义与作用、分类；
✓ 理解倾听的过程；
✓ 理解倾听的障碍及应对策略；
✓ 掌握倾听技巧；
✓ 掌握提问与反馈技巧。

一位有效的管理者必须花费相当多的时间与下属、上司及同事沟通，而在沟通过程中最常用到是洗耳恭听的能力和能说善道的能力。所谓洗耳恭听，就是在听的态度上要做到用耳朵去听、用脑去思考、用心灵去感受，它强调的是倾听的能力；所谓能说善道，就是在沟通中要善于言辞、以理服人，它强调的是语言表达的能力。但人们在实践中往往重视语言表达能力的训练而忽视倾听能力的提升，结果是说的多、听的少。其实站起来发言需要勇气，而坐下来倾听也需要勇气。沟通的最大困难不是如何把自己的意见、观点说出来，而在于如何听出别人的心声。因此，相对于语言表达能力而言，倾听的能力更为关键。

6.1 倾听概述

6.1.1 倾听的含义

很多人认为，倾听技能是每个人都具有的一种与生俱来的能力，不需要训练，所以一谈到沟通，人们自然想到的是——很少有人想到听。其实恰恰相反，人们在沟通过程中产生的许多问题往往是由于不善于倾听导致的，也就是说，不善于倾听所导致的失误要比不善于表达所产生的问题多得多。这也验证了俗话所说的"会说的不如会听的"。理论与实践都告诉我们，是否善于倾听是衡量一个管理者管理水平高低的重要标志。成功的管理者，大多是善于倾听的人。美国企业家亚科卡（Iacocca）曾对管理者的倾听有过精辟的论述："我只盼望能找到一所能够教导人们怎样听别人讲话的学院。毕竟，一位优秀的管理人员需要听到的至少与他所需要说的一样多，许多人不能理解沟通是双方面的。"他认为管理者必须鼓励人们积极贡献，使他们发挥最大干劲，虽然你不可能接受每一项建议，你必须对每一项建议作出反应；否则，你将听不到任何好的想法。亚科卡总结说："假如你要发动人们为你工作，你就一定要好好听别人讲话。一家蹩脚的公司和一家高明的公司之间的区别就在于此。作为一名管理人员，使我感到最满足的莫过于看到某个企业内被公认为一般的或平庸的人，因为管理者倾听了他遇到的问题而发挥出了他应有的作用。"从这些经验之谈中我们可以了解，倾听是管理者成功的首要条件。

对于大多数人来说，倾听是从听到别人讲话的声音开始的，但是，听与倾听却是有根本区别的。"听"是人体用感觉器官来接受声音，是人的感觉器官对声音的生理反应，只要耳朵能够听到别人说话，就表明在"听"别人。而倾听虽然也以听到声音为前提，但更重要的是人们对声音必须有所反馈。也就是说，倾听必须是人主动参与的过程，在这个过程中，必须思考、接收、理解说话者传递的信息，并作出必要的反馈。同时，倾听的对象不仅仅局限于声音，还包括更广泛的内容，如语言、声音、非语言等。可见，倾听不仅要接受、理解别人所说的话，而且也要接受、理解别人的手势、体态和面部表情，不仅要从中得到信息，而且还要抓住人的思想和感情。因此，可以把倾听定义为：倾听就是通过听觉、视觉等媒介进行信息、思想和情感交流的过程。通过倾听，人们不仅听到对方所说的话语，而且能听到不同的重音、声调、音量、停顿等内容，这些也是倾听过程中不可忽视的因素。例如，说话人适当的停顿，会给人一种谨慎、仔细的印象，而过多的停顿则会给人一种急躁不安、缺乏自信或不可靠的感觉；同时，人们也能从说话的音调、音量中区别出愤怒、吃惊、轻视和怀疑等态度。此外，当谈话双方面对面交流时，视觉接收到的信息也属于倾听的内容。事实上，人们有时仅仅从一些话语中很难断定说话者的意思，只有将这些话语与特定的场合及说话者的口气、表情等结合起来，才能明确了解说话者的真正思想和意图。例如，听到一位女孩对你说"讨厌"时，如果她神色娇羞，那你一定会欣喜若狂；如果她横眉冷目，那你最好还是躲开。因此，管理者在管理过程中，千万不要把倾听当作被迫要完成的任务，而应积极主动地投入其中，这样你会发现倾听能够给你带来许多益处。

6.1.2 倾听的意义和作用

倾听是通向心灵的道路，是管理成功的基石。倾听能够使人们与周围的人保持接触，失去倾听能力也就意味着失去与他人共同工作、生活、休闲的可能。一般来讲，人们很少只为消遣而倾听，而是为了以下目标而倾听：获得事实、数据或别人的想法；理解他人的思想、情感和信仰；对听到的进行选择；肯定说话人的价值。有人说："会倾听的人到处都受欢迎。"对于管理者来说，倾听有着十分重要的意义和作用，这是由管理工作的特点决定的。复杂多变的管理环境使个人难以作出正确的判断，从而无法制定出有效的决策方案。一位擅长倾听的管理者将通过倾听，从上级、同事、下属、顾客那里及时获得信息并对其进行思考和评估，不断提升管理水平，并使管理更加有效。概括起来，倾听的意义和作用主要表现在以下几个方面。

1. 倾听能够产生激励作用

管理的过程就是调动人的积极性的过程。善于倾听的人能及时发现他人的长处，并使其发挥作用。倾听本身也是一种激励方式，能提高说话者的自信心和自尊心，加深彼此之间的理解和感情，因而也就激发了对方的工作热情与负责精神。美国企业家玛丽·凯·阿什要求自己的管理者记住倾听员工的诉说是最优先的事，她本人专门抽出时间来聆听下属的讲述，并进行仔细的记录。她对下属提出的建议和意见十分重视，在规定的时间内给予答复。这样做的好处就是沟通了彼此的感情，倾诉者要求被重视的自尊心得到了满足。在很多情况下，倾诉者的目的就是倾诉，"一吐为快"，并没有更多的要求，甚至有些时候，只要你倾听了倾诉者的倾诉，问题也就解决了。日本、英国和美国一些企业的管理人员常常在工作之余与下属一起喝咖啡，其目的也正在于给下属一个自由倾诉的机会。

2. 倾听是获得信息的重要渠道

倾听可以得到最新的信息。通过倾听，不仅可以了解对方要传达的消息，感受到对方的感情，同时还能够据此推断对方的性格、目的和诚恳程度。事实上，交谈中包含着很多有价值的消息，有时它们常常是说话人一时的灵感，而其自己又没意识到，对听者来说却有启发。"听君一席话，胜读十年书"，一个随时都在认真倾听他人讲话的人，在与别人的交谈中就可能成为一个信息的富翁。不仅如此，通过耐心的倾听，还可以减少对方防范意识，得到对方的认同，甚至使对方产生找到同伴和知音的感觉，从而加深彼此之间的了解。

3. 倾听能够给人留下良好的印象

一般来说，人们都喜欢发表自己的意见，如果你愿意给他们一个机会，他们会觉得你和蔼可亲，值得信赖。作为一名管理者，倾听顾客、上司还有下属的想法，可消除他们的不满和愤懑，获取他们的信任。戴尔·卡内基（Dale Carnegie）曾举过一个例子：在一个宴会上，他坐在一位植物学家旁边，专注地听着植物学家跟他谈论各种有关植物的趣事，几乎没有说什么话，但分手时那位植物学家却对别人说，卡内基先生是一个最有意思的谈话家。可见，学会倾听，实际上已踏上了成功之路。

4. 倾听可以掩盖自身的弱点和不足

俗话说"沉默是金"、"言多必失"，沉默可以帮助人们掩盖自身的弱点和不足。如果你对别人谈论的话题一无所知，或未曾考虑，或对别人提出的问题不便于直接回答，这时最好的办法是认真倾听，并保持沉默。对缺乏经验的管理者来说，倾听还可以弥补自己的不足，当自己对某些问题了解不多或难以作出决定时，最好先倾听一下别人的意见和想法，并通过对别人意见的归纳和总结来提出自己的看法，这样不仅可以弥补自身的不足，而且还能让别人产生受到尊重和重视的感觉。

5. 倾听能激发对方的谈话欲望

谈话是人与人之间沟通的重要途径，它能帮助人们解决问题，创造新点子，发现新方向；让人们觉得不再孤单，比较有自信，比较受赏识，比较有价值。因此，在谈话过程中，如果一方能够主动倾听，让对方觉得自己的话有价值，就能让他说出更多、更有用的信息。并且，倾听不仅能够激发对方的谈话欲望，而且能够启迪对方产生更多或更深入的见解，从而使谈话双方均受益匪浅。

6. 倾听是说服对方的关键

如果你沟通的目的是为了说服别人，交谈中多听他的意见会有助于你的说服。因为，通过倾听你能从中发现他的出发点和弱点，即什么让他坚持己见，这就为你说服对方提供了契机。同时，你又向别人传递了一种信息，即你的意见已充分考虑了他的需要和见解，这样他们会更愿意接受。

6.1.3 倾听的类型

倾听实质上是说话者与倾听者的一种互动过程，它不仅包括说话者的语言表达，而且包含着倾听者的主动参与。在倾听过程中，倾听者要调动自己的知识和经验，以便对听到的话语进行理解、筛选和加工，并采取不同类型的倾听对所听到的内容进行处理。倾听的基本类型如下所述。

1. 按照倾听的目的分类

按照倾听的目的不同,可以把倾听分为获取信息式、质疑式、情感移入式和享乐式 4 种倾听类型,每一种类型都包含不同的技巧。

(1) 获取信息式倾听

获取信息式倾听是指倾听者为了了解某种知识、技能或就某一问题征求别人意见的学习过程。如学生在课堂上,企业在进行市场调查时,经常采用的就是获取信息式倾听。获取信息式倾听的着眼点首先是识别中心思想,这是贯穿于整个内容的基本思想,然后倾听加强中心思想的主要观点,最后倾听支持主要观点的材料。因为所有的主要观点都与中心思想相关联,因此要识别中心思想,只有抓住了中心思想,才能理解那些可能不相关联的主要观点。倾听时要设法在头脑中形成框架,识别中心思想之后再听主要观点。另外,在倾听时,由于思维速度比语言快,倾听者会有很充分的时间考虑文字及一些问题。如果自己不能回答这些问题,向说话者提问是很有必要的。即使是对问题有自己的回答,倾听者可能还是要问,以便通过说话者的回答来检验自己的理解。

(2) 质疑式倾听

质疑式倾听是指倾听者对获取的信息进行分辨、明晰、筛选、加工、整理的过程。质疑式倾听除了要识别中心思想,抓住主要观点外,还应该对所听到的内容进行估量和质疑。在质疑式倾听中,首先要弄清对方的动机。例如,当一个朋友劝说我们停下学习去购物时,我们必须问一些问题:他(她)的动机是什么?结果可能是什么?当我们处于被劝说的情景之中时,质问劝说者的动机是一种正常和恰当的反应。质疑的目的在于验证观点是否合理、合法,信息来源是否准确、可靠。在质疑时需要注意的是,事实是可以被验证的某种事情,它永远是真实的,而观点是人们的信念。作为倾听者,听到更多的是观点而不是事实。所以,倾听者应具备区分事实与观点的能力,以及辨别正确的、权威的或可信度高的观点的能力。

(3) 情感移入式倾听

情感移入式倾听是指倾听者设法从他人的观点中理解他人的感受并作出相应反应的过程。人们的倾听能力总会不同程度地受到感情因素的影响。在情感移入式倾听中,要求倾听者在倾听说话人说的内容时把自己的感情放在一边,投入到对方的情感中去。有时仅仅倾听他人的情感并让他们作出一些解释就可以在很大程度上解决问题。一个人倾吐了自己的烦恼之后,就会感觉舒畅一些。情感移入式倾听的关键在于投入情感、识别情感。通常识别情感是最困难的。要识别情感,就要了解说话者的意图、愿望、观点、价值观等。这里并不需要同意或接受说话者,只是要尽力去理解说话者。理解之后,再通过复述的方式来证实倾听者的猜测,向说话者暗示倾听者正在努力理解他的话语,至此情感移入式倾听即告完成。

(4) 享乐式倾听

享乐式倾听是指倾听在一种轻松、愉快的形式下进行,使得严肃的倾听变成了愉悦的沟通方式。人们在看电视或者听音乐时,都会轻松、愉快地听。通常情况下,人们认为享乐式倾听是很随意、放松的,但事实上,享乐式倾听也有简单和复杂之分。如果人们的倾听仅仅为了放松一下高度紧张的神经,或者为了营造一种氛围,而不愿意也没有必要去领会和理解所听的内容和意境,那么这种倾听将是简单随意的,人们日常生活中大量的倾听均属于这种情况;如果人们的倾听是为了一种专业享受,那么这种倾听就成为了一种更加复杂的过程,比如听音乐会,必须在听的过程中试图理解音乐的主题、识别曲子的节奏、听出曲子的情绪等。

2. 按照倾听的专心程度分类

按照倾听的专心程度，可以把倾听分为投入型倾听、字面理解型倾听、随意型倾听、假专心型倾听和心不在焉型倾听5种类型。

(1) 投入型倾听

这类倾听者在倾听过程中，思想高度集中，全神贯注，不仅能够用耳朵去倾听全部的内容和信息，而且能够用脑去思考、用心灵去感受所倾听的内容和信息。也就是说，投入型倾听能够用全部身心进入对方的话语境界，既注重听懂对方的"话内音"，又注重听懂对方的"话外音"，不仅要倾听信息的主要内容和细节，而且要把复杂纷乱的内容变得有逻辑。可以说，投入型倾听是一种最积极、最有效的倾听。由于投入型倾听需要耗费大量的脑力、精力和体力，所以倾听者很难在任何场合对任何内容都做到全身心的投入，只有当倾听内容非常重要、倾听者十分关注时，倾听者才会采用这种倾听方式，如企业员工倾听工资分配方案、重大问题决策、财务信息等。

(2) 字面理解型倾听

这类倾听者在倾听过程中，对方怎么说，自己就怎么听，也不问其内在的隐含意义是什么，始终处于被动地位。字面理解型的倾听者通常只能听到表面意思，不能深刻体会到对方实际要表达的想法。因此，在日常的人际沟通中，这类倾听者往往给人一种不懂要领、迟钝的感觉。

(3) 随意型倾听

随意型倾听相当普遍，可以说，人们日常生活中的大量倾听均属于这种类型。一般来说，随意型倾听并不刻意追求倾听到全部信息，也不想或认为没有必要通过倾听了解信息的每一个细节，只是倾听信息的大致内容或梗概，目的在于把握信息的主题和中心思想，甚至是为了愉悦，或者是为了消磨时间。由于随意型倾听不需要耗费大量脑力和精力，也不需要倾听者对倾听的内容进行分析和评价，所以这类倾听常常是比较轻松的，如听体育新闻、音乐等。

(4) 假专心型倾听

在许多情况下，人们都是假装在听，虽然他们的眼睛也一直在注视着对方，甚至脸上还露出微笑，或不时点头示意，给人以倾听的印象，但事实上他们的思绪却可能在无目的地漫游，甚至早已跑到了千里之外。这种倾听者在听的过程中不做任何努力，虽然也能够听到说话者在说什么，但对说者说了些什么知之甚少，所获得的信息毫无价值。

(5) 心不在焉型倾听

这类倾听者在倾听时总是心神不定、局促不安，甚至东张西望、左顾右盼，有时还会走来走去，或者不时地看表，好像很着急的样子。也有的倾听者在倾听时毫无表情，不管听到的内容是好是坏、是对是错，一概持漠不关心的态度。一般来说，当倾听者身体不适，或对倾听内容不太感兴趣，或有急事要做时，就可能对倾听内容表现出心不在焉的样子。若不是这样，那就需要倾听者必须认真反思一下自己，是否养成了不良的倾听习惯。

6.2 倾听的过程

倾听是一个能动性的过程，是一个对感知到的信息经过加工处理后能动地反映自己思想的过程，这个过程大致可分为预言、感知、选择、组织、解释或理解 5 个阶段。这 5 个阶段相互联系、相互影响，任何一个阶段出现问题，倾听都可能是无效的。

1. 预言

我们可以根据将要与之沟通的人以往的经验，预测他（她）可能作出的反应。当你听到声音并留意它们的时候，感知便开始了。这时，你周围的噪声、受损的听力、注意力不集中甚至假装在听等因素都开始影响你。

2. 感知信息

对方发出信息，传到人们的耳膜中，产生刺激，成为人们所获得的信息。当人们只是听时，听到的是声音或词语说出的方式；而在倾听时，人们则要作出更多的反应。也就是说，听只是一种涉及听觉系统的生理过程，而倾听是涉及对他人整体的更加复杂的知觉过程，需要同时理解口头语言和非口头语言所传达出的信息。人们的言语信息来自听觉，但倾听效果却是各种因素的综合。假如听到有人叫你"滚开"，而你发现这话出自一位满脸怒气的壮汉之口，与此同时他还举着拳头向你扑来，这足以令你逃之夭夭了；反之，若你看到这话出自一个妙龄女子之口，而她说这话时满含微笑，一副娇嗔的模样，你虽听到了"滚开"却是无论如何也不会走开半步的。

3. 选择信息

并不是任何信息都为人们所接受，人们总是对一部分信息表示特别的关注和兴趣，同时又忽视另外一些信息。例如，在喧哗的场合，大家都在交谈，突然从背后传来叫你名字的声音，你这时会回头去看，这就是人们接受信息的选择性。一般来说，人们经常把注意力集中在某种特定的刺激物上。例如，你可能在房间里听到各种声音——说话声、电视中传出的声音、开门和关门声等，然而当激光唱盘放出你喜爱的歌曲时，你就会全神贯注，似乎这首歌曲消除了周围其他的声音。

虽然人们能按某种特定的方式集中注意力，但注意力集中的范围是有限的。通常情况下，人们对 20 秒以内的信息能完全集中注意力，之后注意力将非常容易分散。当然，人们也能很快重新把注意力集中在相应的信息上。事实上，注意力的集中能力是与是否容易厌烦紧密联系的。因此，在课堂上容易厌烦的学生就必须在集中注意力上特别努力。

4. 组织信息

在倾听过程中，当你决定注意某些信息时，接下来的步骤就是对信息进行组织加工，包括识别、记忆、赋予信息含义等一系列过程。人们把杂乱无章的信息分门别类，集中存储起来，把那些过于简略的信息加以扩充，过于冗长的信息进行浓缩，使它们成为自己拥有的知识和经验的一部分。虽然人们不可能记住所有的语言信息和非语言信息，但对于那些重要的信息，人们会想方设法将其存储在自己的大脑里，而通常采取的方法之一就是记笔记。

5. 解释或理解信息

对于收集、过滤后的信息，人们会调动大脑存储的知识和经验，通过判断、推理，获得正确的解释或理解。在这一阶段，人们对信息进行评价，用自己的知识和经验来衡量对方所说的话，或者质疑对方的动机和观点。在理解说话者所表达的词语的同时，人们也赋予说话者的腔调、手势、表情一定的含义。

这 5 个过程是一次倾听活动的全部过程，说起来复杂，但人们都是本能地以惊人的速度完成的，其具体过程并非泾渭分明、按部就班，它们之间常常是互相重叠的。

6.3 倾听障碍

人们似乎更倾向于彼此进行语言交流，而不是彼此去倾听。在倾听过程中，由于受到语言、环境、情感等众多因素的影响，倾听往往难以达到应有的效果。一般来说，倾听的障碍主要表现在以下几个方面。

6.3.1 语言因素引起的障碍

语言在不同层次上影响着倾听过程。

① 语言层次。语言是说话者表达观点和想法所使用的基本工具。使用不同的语言工具以及不同的语言背景和习惯，都会影响倾听的效果。

② 声音层次。这是人们利用听觉器官接收说话者信号的层次。不同的音量、音调、语调等传递着不同的内容。

③ 语法层次。不同的语言表达方式、表达习惯会使同样的语言产生不同的表达效果，甚至意思完全相反。

④ 语意层次。这是说话者所要表达的原意层次。语意表达不明会给倾听带来障碍。

可以说，绝大多数倾听的障碍都与语言因素有关。如口头语言与身体语言不相符，如当你说"3"时，却伸出了5个手指，如果倾听者注意到你的动作，必然会产生迷惑。又如，不恰当地使用专门术语，可能使不内行的人完全丧失理解能力，如对大多数人来讲，"氯化钠"可能比较陌生，但一提到"盐"，则几乎人人皆知。

6.3.2 倾听者引起的障碍

倾听者在整个交流过程中具有举足轻重的作用。不仅倾听者本人的知识水平、文化素质、职业特点、理解信息的能力直接影响倾听效果，倾听者对说话者个人的态度也会影响倾听效果。一般来说，来自倾听者本身的障碍主要表现在以下几个方面。

1. 假装倾听

即倾听者做出认真听的样子，时不时点头表示赞同，皱皱眉头表示反对，甚至也会说些类似"我知道"、"真有意思"、"是吗"的短评，但实际上他们并没有把注意力放在说话者那里。

2. 急于发言

人们都有喜欢发言的倾向，很容易在他人还没有说完时就迫不及待地打断对方，或者口里没说心里早已不耐烦了，这样往往不能把对方的意思听懂、听全。于是我们就经常会听到别人这样说："你听我把话讲完，好不好？"这正说明急于发言并不利于双方的沟通。其实许多时候只要认真听完别人的讲话，就会发现心中的疑问也已经消除了，不需发言了。

3. 忙于记要点

即倾听者觉得应记下说话者所说的每一个字，于是在听时忙于记笔记。不幸的是，在说话者说到第三点时，他才给第一点画上句号，以致忽略完整的倾听。

4. 吹毛求疵

即倾听者并不关注讲话者所讲的内容，而是专门挑剔讲话者的毛病，讲话者的口音、用字、主题、观点都可能成为倾听者挑剔的对象，倾听者甚至抓住某个细微错误而贬低说话者的风格和观点。这种个人的偏颇观念时常导致敌对情绪的产生，从而影响倾听。

5. 缺乏耐心

即倾听者过于心急，经常在说话者暂停或者喘口气时插话，帮助说话人结束句子，而往往忽略了说话者正要说的话题。

6. 以自我为中心

即倾听者表现出过于自我的心态，对说话人的每个话题他都有意无意地以自己生活中的事件作回应。比如他会说："那让我想起，我……"这便打断了说话人的思路，甚至引开了话题。

7. 忙于私活

即倾听者从倾听开始就没有停下手中的事情。他可能在谈话中拆信、接电话或整理办公桌。见此情景，通常说话者都会尽快结束谈话并离开。

6.3.3 感情过滤引起的障碍

人人都爱听奉承，好听的话即使说得言过其实，也不会引起倾听者的反感，难听的话即使说得恰如其分，也不会给倾听者以满足。每个人都是选择自己喜欢听的来听，当某人说到一些自己想听的话时，我们会竖起耳朵，接收其信息，不管是真理、部分真理，还是谎言和谬误；相反，遇到所不想听到的内容时，会本能地排斥，也不管这些内容对自己是否有用。可以说，在倾听过程中，情感起到了听觉过滤器的作用，有时它会导致盲目，而有时它排除了所有倾听的障碍——你会很满足从别人口中证实了自己的思想，并由此感到快乐。但要注意，运用感情过滤信息，有可能就无法正确地倾听并理解说话者所讲内容的意义。

6.3.4 心理定势引起的障碍

每个人都有自己的好恶，都有根深蒂固的心理定势和成见，与自己不喜欢或不信任的人交流时很难以客观、冷静的态度接收说话者的信息。比如，当一个自己讨厌的人在台上讲得手舞足蹈时，你会认为他太虚伪，是乱吹一气，因此不屑于听他讲话，甚至会东张西望，或用手不停地敲打桌面，向对方发出"你有完没完，我已经不想听了"的信号。再比如，当一个平时比较啰嗦的人要求与你谈话时，你会有心无心地听他讲，因为你会觉得他讲的许多都是废话，而这样会错过一些有用的信息。

6.3.5 心智时间差引起的障碍

正常人大脑的运转速度极高，每分钟它能处理 500 个字词以上，而普通人的说话速度是每分钟 140 个字左右，这便产生了听者的心智时间差问题。为了填补这一段时间的空白，在听的同时，你的大脑很自然地会游走到其他的想法上去，但是当你回过神来时会发现这段时间你因走神走得太远而遗漏了许多重要的内容。应该说，这是正常心理反应的结果，但为了更好地倾听，这一过程还是应该控制的。

6.3.6 性别差异引起的障碍

研究表明，男性和女性倾听的态度和方式是不同的。女性之间在谈话时常常是面对面坐、向前倾、有丰富的面部表情、给予直接的目光接触和鼓励性的声音；而男性之间在谈话时以有角度的方式坐着、姿态比较随和、保持较少的目光接触和面部表情，他们通常期待对方安静地倾听。于是，当男性和女性交谈时就可能会产生困难。如果女性在听时发出鼓励性的声音，男性不是认为她不专心倾听，就是认为她真的同意他所说的话；事实上，女性只是表示自己在听而已。而在交谈中，女性如果发现男性没有头部或其他肢体语言的表示，则认为他们根本没有在听；事实上，男人认为他们的沉默正表示他们的专心。因此，男性和女性在交谈时，双方必须了解和包涵这种差异所造成的障碍。

6.3.7 环境因素引起的障碍

任何沟通都是在一定的环境中进行的，环境因素是影响倾听效果最重要的因素之一。环境因素不仅包括客观环境因素，如谈话场所、环境布置、噪声大小、光照强弱、温度高低、气候状况、座位安排等，而且包括主观环境因素，如交谈双方的心情、性格、衣着及谈话人数、话题等。环境因素主要从两个方面影响倾听的效果：一方面，干扰信息传递的过程，消减、歪曲信号；另一方面，影响沟通双方的心境。也就是说，环境将从主观和客观上影响倾听的效果。

表6-1简要分析了管理者通常所处的几种倾听环境，主要从环境的封闭程度、环境的氛围及谈话者双方对应关系三个因素来分类，并指出该环境中影响倾听效果的主要障碍来自何处。环境的封闭性是指谈话场所的空间大小、有无遮拦设施、光照强度（暗光给人更强的封闭感）、有无噪声干扰等因素。封闭性决定着信息在传送过程中的损失概率及人们的注意力。环境的氛围是环境的主观特征，它影响着人们的心理接受定势，也就是人们的心态是开放的还是排斥的，是否容易接受信息，对信息如何看待和如何处置。环境是温馨和谐的还是火药味十足，是轻松还是紧张，是在生机勃勃的野外还是死气沉沉的室内，这一切都会影响和改变着人们倾听的情绪。对应关系指管理人员作为倾听者与发言者的人数对应关系，是一个人说话一个人倾听，还是一个人说话多个人倾听，或者多个人说话多个人倾听，对应关系的不同会导致沟通者不同的心理角色、心理压力和注意力的集中度。一对一的对应关系使倾听者感到自己角色的重要性，注意力自然集中。比如经理与下属两人之间的促膝谈心的情境；而在一人讲话多人倾听的情境中（比如听课时），听者的压力很小，所以经常开小差；而当倾听者只有一位而发言者为数众多时，比如多家记者向新闻发言人提问，那么倾听者将是全神贯注，丝毫不敢懈怠。

表6-1 环境类型特征及倾听障碍源

环境类型	封闭性	氛围	对应关系	主要障碍源
办公室	封闭	严肃，认真	一对一，一对多	不平等造成的心理负担，紧张，他人或电话打扰
会议室	一般	严肃，认真	一对多	对在场他人的顾忌，时间限制
现场	开放	灵活，较认真	一对多	外界干扰，事前准备不足
谈判	封闭	紧张，投入	多对多	对抗心理，说服对方的愿望太强烈
讨论会	封闭	轻松，友好积极地投入	多对多，一对多	缺乏从大量散乱信息中发现闪光点的洞察力
非正式场合	开放	轻松，舒适散漫	一对一，一对多	外界干扰，易走题

在倾听过程中要注重挑选环境。比如，上级在会议厅里向下属征询建议，下属会十分认真地发言；但若是换在餐桌上，下级可能会随心所欲地谈自己的看法，甚至谈一些自认为不成熟的想法。上司在咖啡厅里随口问问下属西装的样式，下属会轻松地聊上几句；但若上司

特地走到下属的办公室里询问,下属多半会惊恐地想这套衣服是否有违反公司仪容规范。出现这种差别是由于不同场合人们的心理压力、情绪及交谈氛围都大不相同。

6.3.8 使用和训练的缺乏

可以说,每个人都具有天生的表达才能,却不具有天生的倾听技巧。更为遗憾的是,人们在听的方面所花费的工夫太少。第一个关于倾听的研究,开始于1926年保罗·伦根(Paul Rankin)的研究。他发现,人们在每10分钟里有7分钟用于听,即70%的清醒时间用于倾听他人。此后在对蓝领和白领员工、售货员、家庭主妇、大学生和其他一些人进行的研究中,该清醒时间为50%~80%之间。虽然人们把许多时间用于倾听,但大多数人的蜻蜓效果并不理想。一般人仅能听懂对方所说的一半,理解该一半的1/4,而记住的往往更少。多数人仅使用了他们倾听能力的25%。"智者"说,我们与生俱来有两只耳朵、一张嘴,因为我们想要倾听两倍于我们所说的。可惜的是,虽然倾听是婴儿所学到的第一种沟通技巧,也是成人使用最多的沟通方式,但是在听、说、读、写等沟通技能中,倾听也是最少获得教育和训练的技能,见表6-2。

表6-2 4种沟通技能所占相对时间的比较

	听	说	读	写
习得顺序	第一	第二	第三	第四
运用时间	45%	30%	16%	9%
获得训练	最少	较少	较多	最多

此外,由于倾听是感知的一部分,它的效果受听觉器官、视觉器官的限制,如果生理有缺陷,必然会影响倾听的效果。

6.4 倾听策略

尽管导致倾听障碍的因素多种多样,来源十分广泛,但就其对倾听效果的影响程度而言,倾听环境、倾听者、说话者无疑是最重要的三个因素。因此,克服倾听的障碍也应该从这三个方面做起。

6.4.1 创造良好的倾听环境

倾听环境对倾听的质量和效果具有重要的影响,交谈双方如果能够选择并营造一个良好的环境,就能够在很大程度上改善倾听的效果。一般来说,良好的环境包括以下内容。

1. 适宜的时间

如果有可能,可根据沟通的需要,慎重选择有助于倾听的时间和地点。某些人工作效率最高的时间是早晨,于是他们会把重要的汇报安排在早晨。对多数人来说,一天中心智最差的时间是在午餐后和下班前,因为在饱食后很容易疲倦,而人们在下班前不愿被过多地耽搁。因此,应尽量避免在这些时间里安排重要的倾听内容。另外,在时间长度上要尽量避免时间限制,如果你只有几分钟的时间,而这个谈话又很重要或很复杂,需要更多的时间,那么最好把它定在另一个时间段。这样做时你可向对方解释,说明你需要足够的时间深入地与他探讨,对方一般会很乐意与你重新确定谈话的时间表。

2. 适当的地点

谈话地点的选择也很重要。地点的选择必须保证交谈时不受打扰或干扰。另外，还要适当安排办公室的家具及座位，要使家具安放的位置不致妨碍行走，坐椅的摆放能够使交谈双方直接看到对方的眼睛，这样不仅能够集中交谈双方的注意力，而且易于观察对方的非语言表现。

3. 平等的氛围

要根据交谈内容来营造氛围。讨论工作上重要的事情时，应该营造一个严肃、庄重的氛围；而在联欢晚会上，则要营造一个轻松、愉快的气氛。要知道，同样的一句话在不同的氛围下传到听者耳朵里的效果是不同的。但不管哪种氛围的营造，都要遵循平等、信任、协调的原则，这样才能使谈话的氛围成为有利的条件，而不至于变成沟通的障碍。

4. 尽量排除所有分心的事情

告诉秘书接听你的所有电话，或者摘下电话话筒，或者在门上挂一块免扰牌。

6.4.2 提高倾听者的倾听技能

倾听者是倾听过程的主体，倾听者的知识水平、理解能力、倾听态度及精神状态等直接影响倾听的效果。因此，克服倾听的障碍，关键在于提高倾听者的倾听技能。提高倾听者的倾听技能可从以下几方面入手。

1. 完整、准确地接收信息

在交谈中，倾听者仔细聆听讲话者说出的话是重要的，因为它告诉我们说话者在想什么。但是，好的倾听者不仅要倾听讲话者说出来的信息，还要能够听出言外之意。即不仅要听说出的事情，而且要倾听某事是如何说出的。许多时候，人们的非语言行为透露了人们真实的意图，所以倾听时尤其要注意观察与语言表述相抵触的那些非语言行为，这样才能避免接收信息的偏颇和遗漏。为了完整准确地接收信息，作为倾听者应该注意以下几点。一是精心准备。要求倾听者在谈话前列出自己要解决的问题，以便于在谈话过程中注意倾听对方对这些问题的回答。二是摘录要点。对于谈话中涉及的一些关键问题要一一记下来，可以适当重复对方的话来验证所获得的信息，也可以换个角度说明对方的信息，这既可以帮助你获得正确的事实，同时也是对说话者的一种反馈。三是会后确认。在会谈接近尾声时，与对方核实自己的理解是否正确，尤其是关于下一步该怎么做的安排，这有利于自己按照对方的要求正确地采取下一步行动。

2. 正确地理解信息

交谈双方文化水平、社会环境的差异常造成双方对同一事件的不同理解。产生误解的一大原因就是习惯思维。一个人在对问题的理解上总是先调动自己以往的经验，然后推测将来的发展趋势。因此，要防止误解的产生，倾听者要尽量做到以下几点。一是从对方角度出发，考虑他的背景和经历，想想他为什么要这么说，他希望我听完之后有什么样的感受。倾听者要试着让自己掌握说话者的真正意图，而不是让说话者觉得谈话索然无味。二是消除成见，克服思维定势的影响，客观地理解信息。一个人总会被自己的好恶感左右：喜欢某个人，只要那个人讲句话，不管对与错，都认为他讲的就是正确的；讨厌某个人，连见一面都觉得难受，更别说坐下来耐心听他讲话了。其实，这种倾听方式对双方的沟通会造成很大影响，容易使信息失真。三是不要自作主张地将自己认为不重要的信息忽略，最好与信息发出者核对一下，看看自己对信息的理解是否存在偏差。可以说，有相当多的沟通问题都是由于倾听者个人对信息的任意理解而造成的。

3. 适时适度地提问

虽然作为一个倾听者的主要任务是了解他人所说的话，但是如果你能以开放的方式询问所听到的事，成为谈话的主动参与者，不仅有利于把自己没有倾听到的或没有倾听清楚的事情彻底掌握，同时也有利于讲话人更有重点地陈述、表达。

4. 及时地给予反馈

说话者会根据倾听者的反馈作出适当的调整，这样会更加有利于倾听，因此在倾听时对说话者的信息作出反馈是十分必要的。反馈可以是语言上的，也可以是非语言的。但注意反馈应清晰，易于为人所了解、所接受。比如，问问题，查验信息，或以其他感觉和反应形式表达，都是较适当的反馈方式。当倾听者作出反馈时，说话者能根据倾听者的反应来检查自己行为的结果，从而知道自己所说的是否被准确接收、正确理解，由此决定接下来如何说和做。非口语性的反馈是由身体姿态、动作、表情来传达的，当站、坐、皱眉、微笑或看起来心事重重时，都是在反馈给对方某些信息。

5. 防止分散注意力

注意力分散是有效倾听的最大障碍之一。在倾听时使人分散注意力的因素很多，一定的生理疲劳会使人们感到厌倦，而其他的新异刺激也将将人们的注意力转移到其他人或事上。除了周围噪声，演讲者的口音和方言也可能让倾听者分心；不感兴趣的主题或组织得不好的演讲，也会很快让倾听者失去热情而将注意力分散到其他事情上。但是，好的倾听者会排除干扰，并努力倾听说话者信息中的要点，采用良好的坐姿，使自己保持在觉醒和兴奋状态，帮助自己在倾听时克服分心。另外，适当记笔记也是保持注意力集中的好方法。

6.4.3 改善讲话者的讲话技巧

一切沟通的技巧从本质上说只为两个目的服务：让别人懂得你，以及让你懂得别人。如果你的谈话方式阻碍了其中任何一个目的的达到，你就步入了危险的沟通雷区。

讲话者常犯的毛病主要有 4 种。一是说话速度太快。高频率的长篇大论只会给人以喋喋不休的感觉，接收者没有时间完全理解讲话者要表达的东西。二是太注重细节。在说明一个问题时，总想把所有的细节都解释清楚，可是到了最后往往连自己也不知道要讲的中心问题是什么了。三是过于紧张。有些人觉得在很多人面前发言是一件很可怕的事，并且因为紧张连发言也莫名其妙地颠三倒四起来。四是对人不对事。"每次和同事有争执的时候，我都会觉得脑袋里的血呼地一下就往上涌了，然后我说出来的话就不那么理智，有点儿意气用事的味道了。"这也是人们经常会遇到的问题。

讲话者这些毛病和缺点的存在，直接影响着倾听的质量和效果。因此，作为谈话中的引导者，讲话者应该克服这些毛病，引导倾听者的兴趣，使其提高倾听效率。

6.5 有效倾听技巧

有效的倾听既是一种技巧，又是一种极富警觉性与极费心思的历程。在面对面沟通的场合里，倾听不仅要做到"耳到"，还要做到"眼到"、"心到"与"脑到"。所谓"眼到"，就是要用眼睛去观察对方的表情、眼情、手势、体态与穿着等，以判断他的口头语言的真正含义；所谓心到，就是要以换位思考的态度站在沟通对方的立场与角度，去体会他的处境与感受；所谓脑到，就是要运用大脑去分析对方的动机，以便了解他的口头语言是否话中有话、弦外有音。

听是一种生理反应和行为；倾听则是一种艺术，有效的倾听能够使人不需要出声就达到沟通的目的，正所谓"此时无声胜有声"。然而，真正懂得倾听的人不及25%，人们对于那些真正应该关心的信息，常常不是漏了，就是扭曲或误解了。因此，掌握倾听的方法和技巧，就成为培养和提高倾听技能的重点和关键。

6.5.1 倾听的方法和技巧

1. 努力培养倾听的兴趣

在倾听时，倾听者既要保持良好的精神状态，又要以开放的心胸和积极的态度去倾听，这样不仅能够倾听到谈话的主要内容和观点，而且能够很容易地跟上说话者的节奏。即使自己对说话者所说的话感到失望，也要努力试着倾听正面的及有趣的信息。一个有效的倾听者，常常会在倾听过程中思考以下问题：说话者谈论的主要内容和观点是什么？采取了什么样的表达方式？哪些内容和观点对自己具有借鉴价值？从说话者身上自己能够学到什么？这些问题不仅能够帮助倾听者培养倾听的兴趣，而且能够让倾听者从倾听过程中学到很多东西，这正是所谓的"从听中学"。但遗憾的是，人们在倾听时总是以自己的好恶进行取舍，只愿意听自己感兴趣的，而对自己不感兴趣的往往是充耳不闻。事实上，在交谈过程中，"没有无趣的主题，只有无趣的人"，关键在于自己能否培养出兴趣。

2. 注视对方的眼睛

眼睛是心灵的窗户。一位细心、敏感的倾听者会适当注视对方的眼睛，保持与说话者的目光接触，而不是看窗外、看天花板，或者看对方肩膀后面。如果直视他人的眼睛很困难，也可以用弥漫性的目光注视对方的眼睛周围，如发际、嘴、前额、颈部等。目光接触是一种非语言信息，表示"我在全神贯注听你讲话"。如果你在说话时对方却不看你，你的感觉会如何？很可能会认为对方冷漠或不感兴趣，即使有重要的话题也不愿意再继续。

3. 了解对方的看法

倾听时可以不同意对方的看法，但至少要认真接纳对方的话语，点头并不时说"原来如此"、"我本来不知道"等，鼓励对方继续说下去。说不定他说的是正确的，你或许也可从中获益。如果你不给对方机会，就永远也不知道对不对了。

4. 使用开放性的动作

人的身体姿势会暗示出对谈话的态度和兴趣。自然开放性的姿态代表着接受、容纳、尊重与信任。调查研究发现，攻击的、恳求的或不悦的声调及弯腰驼背、手臂交叠、跷脚、眼神不定等肢体语言，都代表并传递着负面的信息，并影响沟通的效果。所以，在倾听过程中，使用深感兴趣的、真诚的、高昂的声调会使人自信十足；恰当的肢体语言，如用手托着下巴等，也会显示出倾听者的态度诚恳，这些都能让说话者感受到倾听者的支持和信任。

5. 及时用动作和表情给予呼应

有效的倾听者不仅会对听到的信息表现出兴趣，而且能够利用各种对方能理解的动作与表情及时给予呼应和反馈。如用赞许性的点头、恰当的面部表情与积极的目光接触相配合，向说话人表明你在认真倾听；利用皱眉、迷惑不解等表情，给讲话人提供准确的反馈信息以利于其及时调整。

6. 学会复述

复述指用自己的话来重新表达说话者所说的内容。有效的倾听者常常使用这样的语言："我听你说的是……""你是否是这个意思？""就像你刚才所说……"之所以要重新表达说话者所说的话，其原因如下。首先，它是核查你是否认真倾听的最佳监控手段。如果你的思想在走神或在思考你接下来要说的内容，你肯定不能准确地复述完整的内容。其次，它是精确性的控制机制。用自己的语言复述说话者所说的内容并将其反馈给说话的人，可以检验自己理解的准确性。最后，复述对方说过的话，既表示了对说话者的尊重，同时又能够用对方的观点来说出自己的想法。这样，倾听者不仅能够赢得说话者的信任，而且还能够找到沟通语言，从而拉近彼此之间的距离。但需要注意的是，复述如果运用不当往往被看作对说话人的一种不信任。可见，复述需要掌握一些技巧，如运用表情、体态来说明你并非怀疑，而只是想证实一下自己倾听到的与说话人所要表达的是否相符。

7. 适时适度的提问

作为一个倾听者，尽管其主要任务在于倾听他人所说。但是，如果倾听者能以开放的方式询问所听到的事，成为谈话的主动参与者，就会增进彼此间的交流和理解。可以说，提问既是对说话者的一种鼓励，表明你在认真倾听，同时也是控制和引导谈论话题的重要途径。提问既有利于倾听者把自己没有倾听到的或没有倾听清楚的事情彻底掌握，同时也有利于讲话人更加有重点地陈述、表达。但需要注意的是，提问必须做到适时适度，要多听少问，如果倾听者满脑子考虑的是如何问问题，或提问像连珠炮似的，问起来没完没了，那么这种提问就失去了应有的价值，还会引起说话者的反感和不满。

8. 抑制争论的念头

沟通中难免会出现不同的认识和看法，当自己的意见和看法与别人不一致时，倾听者一定要学会控制自己的情绪，尽量抑制内心争论的冲动，要有耐心，放松心情，一定要等着对方把话说完，再来表达自己的看法和见解。有效的倾听者绝不会随意打断对方的谈话，更不会轻易动怒或争论。要记住，倾听的关键是"多给别人耳朵，少给声音"，倾听的目的是了解而不是反对或争论。

6.5.2 倾听中应注意的问题

倾听是一项最值得重视的沟通技巧。但是，很多人却不愿意在如何有效地倾听上下工夫，出现这种状况的原因之一是多数人对自己听的能力都有较强的自信。如当一位演讲者发现接收者在睡觉，或发现他的演说没有得到任何反应时，他一定会警觉自己缺乏说话的技巧。大多数人很难相信倾听能力是学习而来的。实际上，有效的倾听必须通过学习才能提高。然而，很少有人关注积极的倾听训练。以下是关于积极倾听的建议。

1. 不要多说

大多数人乐于畅谈自己的想法而不是聆听他人所说。很多人之所以倾听仅仅因为这是能让别人听自己说话的必要付出。尽管说话可能更有乐趣，而沉默使人不舒服，但我们不可能同时做到听和说。一个好接收者知道这个道理，能够做到多听少说甚至不说。你一旦说话就无法倾听。倾听需要两只耳朵，一只听信息，一只听感觉。

2. 不要轻易下结论

对说话者的肢体语言、面部表情或音调所传递的信息，如果自己心存疑惑，最好开口问问；如果不好意思问，也可以用非语言方式表达出自己的想法。不能凭借自己听到的只言片语轻易下结论，一定要把说话者的真正目的和意图了解清楚后再作出判断。

3. 不要心存偏见

人们在与别人沟通交流之前，总是以自己的主观印象或思维定势来推测对方的动机，带着有色眼镜和偏见去看待别人，结果是对方还没有开口说话，自己就表现出了不想听、不耐烦或不感兴趣，从而错过了倾听一些有用的或重要的信息。因此，倾听时应尽量不心存偏见，要诚实地面对、承认自己的偏见，并且倾听对方的观点，容忍对方的偏见。

4. 不要臆测

臆测是指倾听者在倾听过程中凭着自己的主观臆断对说话者的话进行推测或猜测。臆测是沟通的障碍，它常常会使人产生曲解或误解。所以，倾听者要尽力避免对别人进行臆测；虽然有时候臆测可能是正确的，不过最好尽可能避免臆测。

5. 避免分心的举动或手势

在倾听时，注意不要进行下面这类活动：看表，心不在焉地翻阅文件，拿着笔乱写乱画，等等。这会使说话者认为你很厌烦或不感兴趣。更重要的是，这也表明你并未集中精力，因而很可能会遗漏一些说话者想传递的重要信息。

6. 不要中途打断说话者

打断别人的话表示你要说的比对方的还重要。即使对方在反复说那几件相同的事，你还是要耐心等候，这样做的收获会比插嘴说话的收获要多得多。倾听者一定要让说话者讲完自己的想法，当他说完时你就会知道他说的是否真的没有价值。

6.6 倾听中的提问与反馈

6.6.1 倾听中的提问

在倾听过程中，恰当地提出问题，与对方交流思想、意见，往往有助于人们相互沟通。沟通的目的是为了获取信息，是为了知道彼此在想什么，要做什么。适时适度的提问，不仅能够促进、鼓励讲话人继续谈话，从对方谈话的内容、方式、态度、情绪等方面获得更多的信息，而且能够促进双方和谐关系的建立，因为这样的提问往往有尊重对方的意味。

1. 提问的类型

从不同的角度，按照不同的标准，可将提问划分为多种类型，如从回答问题的角度，可将提问划分为开放式与封闭式提问；从提问内容的角度，可将提问划分为明确性提问、相关性提问、选择性提问等；从提问功能的角度，又可以将提问分为激励性提问、证实性提问等。某种提问，既可能是开放式提问，也可能是相关性提问。为了简单起见，在此将提问大致归纳为以下类型。

（1）开放式提问

开放式提问是指被提问者在回答提问时，不能用简单的"是"或"不是"、"对"或"错"来回答，必须经过思考并展开来加以解释。这种提问方式能够帮助提问者了解更多的情况和事实，同时回答者也有更多、更自由的发挥空间。开放式提问常采用"什么"、"谁"、"如何"、"什么地方"、"什么时间"、"为什么"这样的特殊疑问词。如"你对这个问题有什么看法"、"公司今年的销售业绩如何"等，对这些问题，回答者显然不能用"是"或"不是"、"对"或"错"来回答，只能展开来加以解释。一般来说，开放式提问可分为两种类型。一是阐述性问题，即要求回答者作出阐述性的回答，这类问题往往是一些积极的问题，通过提问与回答，沟通双方能加深相互的理解，更好地协调。例如："你知道今天报纸有什么消息吗？""那部电影对倾听者有什么影响？"二是辩护性问题，即要求回答者为自己的观点辩解，具有挑战性，很可能使沟通双方建立完全对立的关系，站在相反的立场上。提问者在提出辩护性问题时，一定要注意语气语调，因为提问的目的在于鼓励对方进一步说下去，达到有效沟通，而不是使之成为对立面。例如："为什么不采取这种方式？""为什么说采用这种方式会对公司产生不利影响？"

开放式提问既有优点也有不足。开放式提问气氛缓和，可自由应答，可以作为谈话中的调节手段松弛一下神经；同时，开放式提问也可作为正式谈话的准备，如"最近怎样"，为后面开始实质问题的交谈作下铺垫。但开放式提问也有缺点，如果所提问的开放式问题范围较大，回答者在自由发挥的情况下有可能偏离谈话的主题，导致谈话效率低下。

(2) 封闭式提问

封闭式提问是指被提问者在回答提问时能够用简洁的语言来回答，如"是"或者"不是"、"对"或者"不对"等，回答结果往往可控制，或者与预期结果相近。企业在进行市场调查和顾客访谈时，为了既了解更多的信息又减少被访谈对象回答问题所占用的时间，常常提问一些封闭式的问题，如："您是否消费过我们的商品？""您对我们的服务是否满意？""您打算下次购买吗？"对这些提问，顾客只要简单地给予回答，就能使企业了解或掌握相应的情况和信息。比较来说，封闭式的提问使用机会较多，其优点是可以控制谈话及辩论的方向，同时可以引导和掌握对方的思路；但运用不当会使人为难，气氛容易紧张。因此，使用封闭性提问时一定要注意环境、场合、口气，尽量避免语气生硬，或过分锋芒毕露。

(3) 明确性提问

明确性提问是指提问的问题已经有了明确的答案，被提问者只需要按照事先已经明确规定的内容进行回答即可。如"请你把电视机的使用方法说明一下"，或"请你介绍一下该机器的基本原理"等，都属于明确性提问。由于明确性提问有规定的参考答案，不需要回答者自由发挥，因此回答这类提问相对来说比较简单。在管理沟通过程中，若需要了解某一方面的知识和信息，而这种知识和信息已经有了明确的规定或表述，则可以通过明确性提问的方式来获得。

(4) 相关性提问

相关性提问是指对两件事物间的相互联系性进行提问，如："最近发生的几件事情对本公司的声誉有何影响？""公司所采取的工资分配方案会在员工中产生什么反响？"相关性提问的目的在于探索事物之间的内在联系，使人们在思考或处理问题时能够从动态的观点、联系的观点出发，避免用静止、孤立的观点看问题。一般来说，为了使谈论的话题有所展开，或者对说话者的观点、看法给予引导，或者探讨事物之间的内在联系，经常使用相关性的提问。但如果相关性提问运用得不好，也可能使谈话偏离主题，最终失去交流的意义。

(5) 选择性提问

选择性提问是指提问者提出一系列相互关联的问题，供回答者有所选择地回答，如："最近公司员工纪律松懈，你认为主要原因是什么？工资偏低？制度不健全？工作压力太大还是别的什么原因？"对这些问题，回答者可以全部回答，也可以就某一个问题提出自己的意见和看法。提问者所提的选择性问题，既可以是彼此独立的，也可以是相互关联的。在沟通过程中，运用选择性提问的主要目的在于鼓励被提问者多方面地考虑问题，通过其选择性的回答来获得更多的信息。

(6) 证实性提问

证实性提问是指提问者对讲话人的一些讲话内容所进行的提问，如："你是说我们公司正在准备进行一场重大的变革？""你的意思是我们应该与顾客加强沟通？"运用证实性提问的目的在于向说话者传递这样的信息：一是表明自己在认真倾听，听到了对方提供的信息；二是检验自己所获得的信息是否准确、可靠；三是表明自己对说话者提供的信息很感兴趣或非常重视；四是显示自己对说话者的信任和尊重。在交谈过程中，恰当地运用证实性提问不仅能够给对方留下良好印象，而且能够使交流进一步得以深入。

(7) 激励性提问

激励性提问是指提问者运用激励性的语言来提出问题，其目的在于激励对方或给予对方勇气。根据激励的性质不同，可以把激励分为正向激励和负向激励。所谓正向激励，就是通过表扬、鼓励、肯定性的语言来进行激励，如："领导认为你的工作能力很强，让你负责这项工作绝对没有问题，不知你的意见如何？"正向激励能够让被激励者感到心情愉快、舒畅。所谓负向激励，就是利用批评、惩罚、否定性的语言来进行激励，即利用激将的方法进行激励，如："就凭你的能力，领导不敢把这项工作任务交给你，担心你完不成这么重要的工作任务，你认为呢？"负向激励能够让被激励者感到鞭策和压力。值得注意的是，在谈话中应尽量多运用正向激励，少运用负向激励。负向激励如果运用得不好，很可能让人产生逆反心理，甚至适得其反。

(8) 假设性提问

假设性提问是指提问者运用假设性的语言提出问题，让回答者回答，例如："如果是你的话，你会怎样处理这件事？"运用假设性提问的主要目的在于鼓励对方从不同的角度思考问题、处理问题，让对方换位思考，通过变换看问题的角度来进一步加深对问题的理解和认识。一般情况下，为了征求别人对某些问题的认识和看法，或者为了消除某些不正确的理解和认识，或者为了处理某些矛盾和分歧，通常会采取假设性提问的方式提出问题。

2. 提问的技巧

提问应掌握一些必要的技巧。恰当的提问能够给倾听的效果锦上添花，而不适宜的提问不仅使倾听的过程变得本末倒置，而且还有可能带来许多矛盾和问题，甚至引起别人的厌烦和不满。概括而言，要做到适时适度地提问，需要注意以下方法和技巧。

(1) 提出的问题要明确

进行有效提问是沟通双方共同的责任，因为它可以使双方受益，即双方都能从提问和回答中获得对事物更深刻的认识。但不管谁来提问，提出的问题一定要做到明确具体。这里所说的明确具体，既包括表述问题的词义明确具体，便于理解；也包括问题的内容明确具体，便于回答。如果提出的问题含混不清或过于抽象，不仅回答者难以回答，还有可能造成曲解或误解。另外，在提问时还要尽量语言精练，观点明确，抓住重点。在很多情况下，人们在提问之前总愿意加上一些过渡性的语言来引出自己所提的问题，需要说明的是，过渡性的语言一定要精练、简短，不要过于啰嗦；否则，回答者可能还没有听到你的提问就对问题或你本人产生了反感。

(2) 提出的问题要少而精

恰当的提问有助于双方的交流，但太多的提问会打断讲话者的思路，扰乱其情绪。至于提多少问题比较合适,不可一概而论,要根据谈话的内容、交谈双方的个人风格、特点而定。如果你有爱问问题的习惯,在交谈时一定要控制自己提问的数量,最好做到少问或者不问问题;如果你从不愿意问问题,在与别人进行交流时最好预先设计一些问题,到时尽量把它提出来,以锻炼自己的胆量和勇气。但是,不管你具有什么样的个人风格和特点,在交谈时都必须牢记一点,那就是多听少问。

(3) 提出的问题应紧扣主题

提问是为了获得某种信息,问什么问题要在倾听者总目标的控制掌握之下,要能通过提问把讲话人的讲话引入自己需要的信息范围。这就要求提出的问题要紧紧围绕谈话内容和主题,不应漫无边际地提一些随意而不相关的问题,因为这既浪费双方时间又会淡化谈话的主题。

(4) 提问应注意把握时机

提问的时机十分重要,交谈中如果遇到某种问题未能理解,应在双方充分表达的基础上再提出问题。过早提问会打断对方思路,而且显得十分不礼貌;过晚提问会被认为精神不集中或未能理解,也会产生误解。一般情况下,在对方将某个观点阐述完毕后应及时提问。及时提问往往有利于问题的及时解决,但"及时提问"并不意味着反应越快越好,最佳的时机还需要倾听者灵活地捕捉。如果在不适当的时机提出问题,可能会带来意想不到的损失。

(5) 提问应采取委婉、礼貌的方式

讲究提问方式,避免使用盘问式、审问式、命令式、通牒式等不友好、不礼貌的问话方式和语态语气。如果交谈的气氛较为紧张,有些人会对他人的行为、语调或话语产生防卫性反应。解决方法之一就是用开放性、友好的问句代替"为什么"型的问题。简单地问一问"为什么"易被看成是威胁性的。换句话说,为避免造成紧张的防卫气氛,最好不用"你为什么没准时到,我们误车了。"而说:"由于你没能准时到场,我们误了车。以后如果再有类似情况,你事先通知我们一声好吗?"

此外,提问还应适应对方的年龄、民族、身份、文化素养、性格等特点。有的人直率热诚,你应坦诚直言,否则他会不喜欢你的狡猾、不坦率;相反,有的人生性狡黠多疑,你最好旁敲侧击,迂回进攻,否则很可能当即碰钉子。

6.6.2 有效反馈

每个人每天都在要求别人给予反馈,也都在对别人作出一定的反馈。反馈是有效倾听的一个重要组成部分,如果只是"倾听"而毫无反馈,对于信息提供者来说就好比是"对牛弹琴"。有效反馈是有效倾听的体现,在管理过程中,管理者通过倾听获得大量信息,并及时作出有效反馈,这对于激发员工的工作热情、提升工作绩效具有重要作用。不仅如此,反馈还能把谣言减少到最低限度,因为谣言的产生往往是由于不能及时得到准确消息。另外,有效反馈还能够建立领导和员工们之间的联系,更能防患于未然。

1. 反馈的类型

反馈的类型多种多样,可以从不同的角度或按照不同的标准对其进行划分。概括而言,常见的反馈大致包括回应、判断、分析、提问和复述5种类型。

(1) 回应

回应就是对所获得的信息作出回答和反应。回应具有多种途径和形式,它可以是语言的、非语言的,也可以是正式的、非正式的。其中,语言形式的回应通常以口头或书面的方式对所获得的信息作出反应;非语言形式的回应通常由身体姿态、动作、表情来传达,站、坐、皱眉、微笑或者看起来心事重重,事实上都在回应某些信息。正式的回应通常以报告、会议的方式来表现;而非正式的回应则通常借助闲聊的方式作出反应。

(2) 判断

即对所获得的信息加以评价和判断。例如:"这样做很好!我赞成这种做法。""你的观点是错的,我不同意你的看法。"这些都属于判断。可以说,不管人们的知识水平、思想观点及认识程度如何,在沟通过程中,人们都在利用自己的知识、经验及阅历对所获得的信息进行判断。由于人的情况千差万别,知识、经验各不相同,因此人们对同一问题的看法也会有很大的差别,这也正是人们认识存在差异的主要原因。

(3) 分析

即对所获得的信息加以分析。在沟通过程中,所传递的信息是大量的,人们不可能也没有必要对所有的信息照单全收,而且也不是所有的信息都是有价值的。这就需要倾听者对接收的信息进行分析,去粗取精、去伪存真。只有这样,才能更好地利用信息,而不仅仅是倾听信息。

(4) 提问

提问是一种非常重要的反馈方式。在提问时,首先要明确有哪些提问方式,然后要了解通过这些提问方式会获得什么样的反应。这样才能以适当的提问方式去激发别人"倾诉"的热情,从而获得良好的倾听效果。

(5) 复述

即通过对有关信息的重复核实所获信息正确与否,这有助于向信息提供者表达自己的兴趣所在。需要注意的是,在利用复述的方式进行反馈时,一定要抓住重点,避免过多的复述,否则会给人留下语言啰嗦、累赘的印象。

2. 反馈应注意的问题

在倾听过程中,有效反馈可以起到激励和调节的作用。但要做到有效反馈,不仅需要沟通双方努力创造良好的沟通氛围,建立起相互信任的关系,而且还要注意以下几点。

(1) 反馈语言要明确具体

反馈要使用具体、明确、不笼统、不抽象和不带有成见的语言。例如"你的任务完成得很好啊"就不如"这次会展的组织工作非常好,达到了我们预想的目的",后者更明确具体。有时人们只顾把自己的结论反馈给对方,却忘记了有义务和责任提供更多的细节。如果人们接收到不明确的反馈,可以再对之反馈,以引导谈话向更有利于信息交流的方向发展。例如,当你听到对方的反馈"你的任务完成得很好"这样不太明确的评价时,可以这样反馈:"你认为这次任务成功在哪里?有什么需要注意的吗?"进行这样的有效反馈是双方共同的责任,也可使双方受益,能使双方共同获得对事物的更深认识。

(2) 反馈的态度应是支持性的和坦诚的

这一特点反映了反馈过程中人性化的一面,它有助于沟通双方建立起理解和信任的关系。反馈要明确具体,但不能不照顾对方的感受。真正的双向沟通和反馈,是一个分享信任、取得共识的过程,而不是其中一方试图主导交流或评审对方的过程。要达到沟通的目的,必须把对方置于与自己同等的地位,任何先入为主的、盛气凌人的做法都是不可能被接受的。例如,一位经理当着大家的面对一位下属的报告进行这样的反馈:"你的报告提交得太晚了,不仅如此,字号还小得像蚂蚁一样。重新打印一份马上交给我!"反馈虽然具体明确,但却完全没有心理上的平等沟通,因而是无法与对方建立起信任和理解的关系的。

(3) 营造开放的氛围,避免引起防卫性的反馈

在沟通过程中,开放坦诚的氛围不仅有助于加深彼此之间的理解与交流,而且有助于调解矛盾和冲突,因为在建设性的、满意度较高的气氛中,尽管人们持有不同意见,但他们对事不对人,是在共同向需要解决的问题挑战。而防卫性气氛却没有积极作用,它往往将人们导向批判的、对立的价值体系中去。

(4) 把握适宜的反馈时机

一般情况下,应给予对方及时的反馈,及时反馈往往有利于问题的解决,否则矛盾逐渐积累,会越发不可收拾。但是及时反馈并不意味着立刻作出反应,还必须灵活地捕捉最佳时机。有时需要及时反馈,而有时反馈应在接收者准备接受时给予,如当一个人情绪激动、心烦意乱、对反馈持有抵触心理时,就应推迟反馈。反馈时机还与谈话者言语中所带的感情有关。善于反馈的人能识别对方言语中哪些是真情实感,哪些是表面情绪,因而只对对方的真诚情感进行反馈。

(5) 反馈必须适度

尽管反馈在沟通中十分重要,但反馈也必须适度,因为不适当的反馈会让对方感到窘迫,甚至产生反感。如果以判断方式作出反馈,这类判断最好保持中立态度,不要简单地评论,如:"这简直是大错特错!"另外,要记住的是,反馈只能是反馈,不能直接作为建议,除非对方有这样的要求。

复习思考题

1. 什么是倾听?它有哪些意义与作用?
2. 一般而言,倾听过程包括哪些阶段?
3. 简述倾听的类型。
4. 倾听的障碍有哪些?怎样才能克服这些障碍?
5. 要做到有效倾听,应该掌握哪些技巧?注意什么问题?
6. 简述提问和反馈的类型。
7. 反馈应注意哪些问题?

补充材料

自我测试:倾听能力自我评量

能　　力	评分 1~5
1. 经常打断他人的话。	1 2 3 4 5
2. 接替别人的话题。	1 2 3 4 5
3. 与人交谈中,想入非非,云游四方。	1 2 3 4 5
4. 自动假设顾客会说的话,先发制人。	1 2 3 4 5
5. 趁其不备,立刻插入谈话。	1 2 3 4 5
6. 试图记录下顾客所说的全部的话。	1 2 3 4 5
7. 不等顾客作出决定,就突然改变话题。	1 2 3 4 5

续表

能　力	评分 1～5
8. 作电话访问时，只是一味自说自话。	1 2 3 4 5
9. 客人需要你做出正面回答时，经常闪烁其词。	1 2 3 4 5
10. 为了表示对顾客的尊重而假装倾听。	1 2 3 4 5
11. 因各种噪声与干扰而无法专心致志地倾听。	1 2 3 4 5
12. 故步自封，思想保守，不愿接受新生事物。	1 2 3 4 5
13. 为了赶时间而匆匆忙忙催促顾客道出重点。	1 2 3 4 5
14. 由于听到一些有争议的话题而影响自己的态度。	1 2 3 4 5
15. 与顾客交谈时是否能够面带微笑并做出反应性动作。	1 2 3 4 5
16. 只听想听，其余免谈。	1 2 3 4 5
17. 针对顾客的年龄、性别、语气等来判断是否值得倾听。	1 2 3 4 5
18. 匆匆忙忙作出结论。	1 2 3 4 5
19. 一旦听不懂，就保持沉默。	1 2 3 4 5
20. 埋头干自己的活，不管顾客的谈话内容。	1 2 3 4 5
21. 只期望顾客关注你的情绪与说话。	1 2 3 4 5
22. 只注意细节，完全不在乎顾客想要传达的信息。	1 2 3 4 5
23. 对顾客的肢体语言熟视无睹或者麻木不仁。	1 2 3 4 5
24. 对那些复杂或者表面显得无聊的信息不屑一顾。	1 2 3 4 5
25. 当顾客说话时，自己忙于对其品头论足。	1 2 3 4 5
26. 与人交谈时，习惯于玩弄各种小东西（手边的笔或杯子）。	1 2 3 4 5
27. 经常提出一些问题使他人认为你没有专心致志地听。	1 2 3 4 5
28. 潜意识中认识到顾客对你有意见。	1 2 3 4 5
29. 顾客与你交谈时，你经常习惯性地看手表。	1 2 3 4 5
30. 意识到顾客不想询问有关个人或者提及其他敏感的话题。	1 2 3 4 5
评分标准：1＝几乎没有　2＝很少　3＝偶尔　4＝时常　5＝始终如一	总分：

倾听能力测试得分表

1	耳聋的接收者	120～150 分
2	耳背的接收者	100～119 分
3	普通的接收者	70～90 分
4	良好的接收者	50～60 分
5	最佳的接收者	10～49 分

第 7 章

口头表达技能

学习目标

- ✓ 理解口头表达的概念、特点、原则、分类；
- ✓ 掌握演讲的概念及技能；
- ✓ 掌握会见的概念及技能；
- ✓ 理解面谈的概念及技能。

口头表达是非常重要的沟通方式，也是最直接的沟通方式，大多数信息是通过口头表达传递的。所谓口头表达就是为了实现沟通目标而运用口头语言进行表情达意的活动。作为一种重要的沟通形式，口头表达所涉及的对象非常广泛，可能是公司的雇员、社区居民、商业机构、专业组织，还可能是政府代表。其沟通方式也十分灵活多样，可以是单独发言、两人交谈、小组座谈，也可以与组织进行磋商、在群体中雄辩，还可以发表演讲；可以是非正式的聊天，也可以是即兴发言；可以是面对面的交谈，也可以是人与人之间的相会。

7.1 口头表达概述

7.1.1 口头表达的特点

1. 有声性

口头表达主要依靠声音，依靠每个字的字音和整句话的节奏快慢及各种特殊的语调来表情达意。因此，口头表达是由语音表现的音节、词、句构成的语言沟通系统。

2. 即时性

口头表达的即时性特点表现在三个方面。一是口头表达的突发性较强，想说就说，对话语的组织往往缺少仔细考虑，因而句子短，结构简单甚至不太完整，有重复，有脱节，有补充，有冗余。二是传递速度快，话语一旦说出就难以收回。三是反馈及时。如果接收者对信息有疑问，可以进行迅速反馈，使发言者及时检查表达中不够明确的地方，并加以解释或更正。

3. 情景性

口头表达是面对面的交流，有其特定的情景性。在交流过程中，许多意思不仅可以言传，而且可以借助情景意会，有时说话者只要说出个别词语就能替代全句，甚至一种面部表情或沉默不语都能使接收者理解说话者的思想和感情。

4. 多变性

口语表达要受到环境、气氛、场合、心理等众多因素的影响，因此在对话、磋商及演讲中常有可能出现意想不到的情况，这就要求讲话者必须善于随机应变。

5. 复合性

口语表达是一种同时使用语言因素和非语言因素的复合行为,讲话者在表达中不但要借助手势、表情等非语言的帮助,还要察言观色,观察对方的动作和表情。对于接收者来说,倾听别人口头表达也是一种眼耳并用的复合行为。

6. 失真可能性

口头表达在传递信息的过程中存在着较大的失真可能性。每个人都以自己的偏好接收和理解信息,并以自己的方式解释信息,当信息传递到终点时其内容往往与初始时有了很大变化。可以说,口头传递信息经过的层次越多,信息失真的可能性也就越大。

7.1.2 口头表达的原则

口头表达主要使用语言进行沟通。人们使用语言将自己的思想、感情、信息、知识发送给另外一个人或一些人。为了使口头表达达到应有的效果,口头表达必须遵循下述一些基本原则。

1. 充分准备

为了正确地表情达意,在口头表达之前必须做好充分的准备。一是要把说话的内容在脑子里酝酿好,重要的内容要考虑得更加细致,对于哪些话先说、哪些话后说,说到什么程度,哪些话该说、哪些话不该说,采取什么方式进行表达,都应该做到心中有数。二是要做好运用非语言手段的准备。应根据表达内容和对象的不同将情绪调整到最佳状态,以更好地补充和完善口头表达的内容。

2. 主题明确

主题是语言表达的中心思想。写文章要有明确的主题,如果没有明确的主题而只有华丽的辞藻,这篇文章仍是失败的。不仅文章需要有明确的主题,开会、演讲比较正规的交谈也应该有明确的主题。没有主题,交流就不能深入,接收者只感受到一大堆支离破碎的语言刺激,起不到沟通的效果。当然,在一些非正式沟通场合,思想可以放开一些,形式可以灵活一些,这有利于缩短沟通双方的距离,但主题仍是要明确的。

3. 语言简洁生动

口头表达对语言的要求是适合环境、准确、通畅、简洁、生动。语言必须适应内容、服务内容,要根据不同的内容采用不同的语言形式、表达风格、语气、语调和语态。口头表达是在特定的环境中与特定的对象的语言交流,交流的成败主要看接收者是否听得懂、愿意听、受感动、有收益。因此,语言还必须适应接收者对象。口头表达总是在一定的场合下进行的,因此应该针对不同的场合选用不同的语言,说话者要善于根据环境选用恰当的语言形式。

为此,口头表达需要注意以下几点。

一是准确。遣词造句不要模棱两可,避免使用似是而非的语言、隐晦艰涩的词语、不恰当的比喻和不准确的概念。

二是简洁。切忌烦琐、拖拉和说闲话、废话、碎话,要把事物中最本质的东西提炼出来,用最简明的语言概括出来,使语言做到凝重有力、意味深长。

三是生动。口头表达要具有活力,能感动人;要善于汲取当时当地的语言,使语言风趣幽默,避免呆板、僵死、枯燥、凝固的语言及官话、老话、空话、套话等。

4. 注意语气和语调

同样一句话用不同的语调表达出来，不仅可以表达不同的意思，而且取得的效果也大相径庭。同样是一句赞美别人的话语，用平和而诚挚的语调说出来会使人感到高兴和自豪；而用阴阳怪气的语调说出来就会使人感到讽刺和挖苦。

5. 谨慎和留有余地

事物是复杂的、多变的，任何人都不可能将其完全了解清楚，所以在口头表达时就要采取谨慎的态度；有时，即使做到了谨慎，说出的话与事物的实际还是有差距。况且，说话是给别人听的，接收者情况各异，能否接受，接受多少，怎样理解，这些都需要说话者在说之前仔细考虑。所谓留有余地，是指不要把话说得太绝，要根据一定的场景和对象说话，点到为止。

6. 善于倾听

善于说话的人首先要善于倾听。与别人交谈，最重要的是先听清楚别人所说的话，然后再表达自己的意思。由于说话的方式多种多样，说话人可以将自己的思想明确地表达出来，也可以不明确地表达出来，而是将含义隐藏在话语中，所以交谈时必须先动脑筋弄懂对方说的每句话所包含的全部内容，这样才能有的放矢地表达出自己的意见。

7.1.3 口头表达的种类

1. 面谈

面谈是指两个或两个以上的人的谈话或对白。面谈的运用范围相当广泛，诸如交流思想、洽谈工作、探讨学问、调查访问、商讨方案等都要运用交谈，可以说这是一种最为寻常和普遍的口头表达方式。交谈有利于互通信息、沟通思想、开阔视野、增长知识和增进友谊。按照性质和目的的不同，可以将交谈划分为聊天、谈心、问答、会见和洽谈5种类型。

（1）聊天

这是一种随意的、非正式的交谈。交谈双方无须进行任何准备，形式不拘，话题丰富，属于自由度较高的一种交谈方式。

（2）谈心

这是一种互相倾听心里话的交谈。谈话重在沟通感情，一般是针对双方某一思想问题进行交流。

（3）问答

这是一种重在提问与回答的双向性交谈，其特点是问题明确，针对性强，一问一答配合紧密。

（4）会见

会见是日常工作中最普通、发生频率最高的经历。这是一种人与人面对面的相会。通过会见，获取有用的信息，满足不同的需求。

（5）洽谈

这是一种与别人商量彼此相关的事项以达成协议的交谈。参与双方都有明确的目的，常常围绕一个中心话题阐述各自的观点，经过沟通、商讨逐渐统一认识。政治交往与经贸交易中的谈判就属于这种交谈。

2. 即兴发言

即兴发言是指在未做充分准备的情况下，在特定的场合，为实现自己的表达意愿或应现场需要而临时所作的发言。即兴发言一般有两种情形,一是没有外力邀请或督促的主动发言,二是在外力的邀请或督促下的被动发言。即兴发言由于具有现场性、即兴性、灵活性的特点,因此被认为是口语表达的最高形式。即兴发言包括传递信息的发言、引荐发言、颁奖词、欢迎词、祝酒词和口头报告等。

(1) 传递信息的发言

有许多场合需要发言者向接收者传递信息,例如,向员工介绍新的规定或手续,向学生、社区居民或股东介绍自己的公司、经营活动、产品或组织结构,向顾客提供有关新产品或其销售折扣的信息。这种短时间讲话的主要目的是向接收者提供他们原本不知或知之甚少的信息,因此发言者必须清楚接收者对信息的了解程度,这样才不至于说得太多或太少。为了更清楚与直观地说明问题,在进行传递信息的发言时,经常需要一些道具,譬如一张曲线图、一幅草图、一个设备模型或一个图表,它们能在发言中起到辅助作用。

(2) 引荐发言

引荐发言的目的是要激发接收者去听发言人的讲话,而不是去听引荐人的讲话。因此,引荐发言应该短小、吸引人,要使发言人感到自在、受欢迎。如果引荐发言过于盛大、幽默或太长,反而会使发言人尴尬。引荐发言应该具体、有针对性,避免无效琐碎的信息。它可以强调发言人的成就,也可谈谈发言人、话题与接收者之间的关系。需要强调的是,做好引荐发言的关键是要了解发言人和接收者,要善于把双方背景中的令人感兴趣的因素提取出来,找到双方的共鸣点,并且要强调接收者将如何得益于发言人的讲话。

(3) 颁奖词

有时管理者要向某个个人或团队颁发奖品,这时管理者就要对受奖者的成就、所获荣誉及颁奖的意义作出评价,这就是颁奖词。颁奖词的表达要注意以下三个方面的问题。一是要言简意赅。要向受奖者表达诚挚的认可,但不必太长,以免让领奖者或接收者感觉味同嚼蜡。二是应介绍一下该项奖励或奖品,或读出该奖状,这可使接收者对领奖者的成就有所了解。三是恰当收尾。呈示奖品或奖状时及时做好总结。

(4) 欢迎词

当人们参观工厂、商号、学校或其他设施时,东道主应致简短而诚挚的欢迎词。在欢迎词中要认可参观者的成就或职务,表达出东道主的友善,并表示愿意提供必要帮助。有时欢迎词里还需包括一些有关安全的具体信息,譬如,在某些区域带上安全帽,禁止拍照或打断工人的作业,在某个时间务必回到某指定地点。但表述这种规则时一定要以礼貌的方式进行,要让参观者感觉到你的建议是为他的利益和安全着想。多数情况下,致欢迎词应该做到三点:一是言简意赅;二是略带幽默感;三是表达出东道主的友善。

(5) 祝酒词

参加宴会的人员构成比较复杂,因此很难给出一个统一的模式来指导人们如何做好这类发言。因为赴宴者的目的可能很不相同,因此有些人喜欢简洁而幽默的发言,而另有一些人则准备提一些敏感的问题,所以对发言者来说,事先弄清来客的期待是非常重要的。在祝酒词中,开场白应该轻松,话题的引出要自然,接下来的讲话不仅要体现敬重和感谢之情,还要简要地强调主题思想。一般说来,轻松型的祝酒词的主题应带有相当的幽默色彩,讲话内容要轻松诙谐,如果合适,可引用适合此类场景的名言警句或短诗,以便使人印象深刻。严肃型的祝酒词一般是要引入一个新概念,或者要确保赴宴者理解某事,因此,发言人不仅要明确表达必要的思想,而且要通过一个故事、一段小幽默、一个展示或几样道具来强化这些思想。无论是轻松型的还是严肃型的祝酒词，都应比较简明，并要谨慎措辞。

（6）口头报告

口头报告是就一个论题向接收者简要介绍一个计划好的或正在进行的项目或活动。它可以分为指示型口头报告、信息型口头报告和总结型口头报告三种类型。指示型口头报告是为了让接收者明确如何操作或执行某项任务，这种发言强调语言的通俗易懂，必要时要给接收者当场操作的机会；信息型口头报告旨在传递信息，在这种口头报告中使用一些浅显的术语、图表并在事先发放材料将有助于解释一个复杂的问题；总结型口头报告是当一项计划或安排进行到一定阶段或结束后对这项计划或安排的执行情况作出总结，向有关方面汇报，其内容一般包括执行过程、取得的成绩、存在的问题、解决方案、以后的设想等方面。除了个人经常要作口头报告之外，团队有时也需要汇报。譬如公司经营团队向董事会作汇报时，其中一个汇报公司财务，另一个汇报生产，还有一个汇报营销，最后一个汇报人事。每个汇报人各有分工，并有时间限制。汇报小组的带头人负责掌握好开头和结尾。

3. 演讲

演讲是指演讲者在特定的时间、环境中，借助有声语言和体态语言，面对接收者发表意见、抒发情感，从而感召接收者的一种现实的、带有艺术性和技巧性的社会实践活动。根据演说的目的，可以将演讲分成劝导型、告知型、交流型、比较型、分析型和激励型。

（1）劝导型

这种演讲是为说服一些持有反对意见或者态度冷漠的接收者赞同或支持某种观点主张。因此，在这种演讲中，要运用感情感染力和逻辑感染力使接收者同意演讲者的观点。譬如，一位公司经理向公司管理层作演讲，劝说他们同意购买一台新型的自动生产设备。在讲话中，这位经理不仅要介绍该设备，而且应分析该设备能给公司生产带来的效益，同时还要谈及资金安排问题，这样才能达到劝说购买的目的。

（2）告知型

这种演讲是为传递信息，而不是为某个特定的观点辩护，演讲的主题应该是没有争议的，以避免与接收者发生争议。如向委员会作的一些报告，发言者的责任不是作出什么决定，而是向委员会提供信息材料，以便委员会作出决定。

（3）交流型

这种演讲是为交流信息，譬如市场部经理向产品设计部经理和生产部经理讲演，解释潜在顾客需要什么、不需要什么，然后引导后者讲出生产中受到的技术限制。通过这种交流，双方可以探讨问题，并最终找到解决方案。

（4）比较型

当需要解释并讨论两个或两个以上的产品、概念、政策或活动时，就需要比较。比较是为了向接收者提出所有相关事实，以便其更好地作决策。在这种演讲中，仔细列举事实和客观的数据分析是至关重要的。

（5）分析型

当需要了解企业生产经营某一方面的深入情况，以便于作出决策或采取措施时，就需要分析。例如，总会计师就收购一家小公司向公司财务委员会作报告，他要分析这家小公司目前的财务状况、增加销售的潜力、债务结构及其他影响委员会决策的因素。要想使决策正确无误，必须对每一个问题作仔细分析。

（6）激励型

这种演讲的目的在于鼓励人们采取行动,更加积极地去实施相关措施。公司管理人员在动员大会上的发言可归于这一类演讲。这类演讲常用激动人心的语言来激发人们的热情和干劲,使人们朝同一个共同的目标努力。

7.2 有效演讲技能

演讲技巧指的是在正式演讲过程中所运用的一些吸引接收者、提高演讲效果的方式。要做一次有效的演讲,首先要选择合适的话题和表述角度,并围绕这个话题和角度选取材料,形成演讲稿;然后还要记忆演讲稿的框架和内容,并了解接收者、分析接收者、熟悉演讲环境;为了熟悉演讲稿、避免在演讲过程中出现失误,在正式演讲之前,还要进行演练,做好充分的准备。这些都是做好一次演讲不可或缺的前提。但这并不意味着就能进行一次有效的演讲。除此之外,在演讲的过程中,还要注意一些技巧的运用。

7.2.1 演讲的准备与构思

1. 演讲的特点

准备演讲的前提是了解演讲的特点,作为一种特殊的口语表达艺术,演讲具有以下4个显著特点。

(1) 鲜明的目的性

演讲实际上是一种宣传活动,每个演讲者都有自己明确的宣传动机,没有宣传的强烈愿望,就没演讲的必要。即使讲了,也难以精彩。无动于衷、可有可无的演讲是不能打动接收者的。演讲的动机可以简单概括为表达自己的意愿、说服接收者两个方面:前者是指演讲者通过演讲,使自己的思想观点广为人知;后者是指演讲者借助演讲唤醒接收者的思想,激活接收者的情绪,让接收者行动起来,从这个意义上讲,演讲既是宣言书,又是动员会。

(2) 动人的说服力

演讲的另一个特点是以理服人,以情感人,具有极强的说服力。一方面演讲者面对接收者发表意见,或对事件作出评价,或对现象展开剖析,或指出问题引人深思,或描述理想催人奋进。都着眼于说理,讲究以理服人。离开了说理,即使故事再生动,辞藻再华丽,演讲也不能深入人心;另一方面,演讲也不是一般的说话,不是简单的表态,它不仅要以理服人,还要以情感人。对于演讲中设计到的人物、事件、问题,演讲者要表明自己的态度,并要将其带有感情地表达出来,使接收者从语言、声调、表情、眼神、手势中感受到演讲者的喜怒哀乐。

(3) 吸引人的艺术

首先,演讲具有内容美。它以具体感人的形象,深刻真实的事理服人,感染人;它歌颂真善美,鞭挞假恶丑,寓思想于美誉之中。其次,演讲还具有文才美,无论是朴素明快,还是委婉清新,无论是铿锵有力,还是幽默风趣,演讲都以其艺术化的口语为接收者营造了一个美丽的氛围,使接收者在美的享受中得到启迪。再次,演讲讲究音量的轻重强弱,音调的抑扬顿挫,节奏的起伏快慢,语速的停顿连接,具有明显的艺术性和技巧性。最后,在演讲过程中演讲者还通过自身的气质、装扮、表情、体态等强化演讲效果,传达出艺术色彩。从这个意义上讲,一个优秀的演讲家,就是一个艺术家。

(4) 高度的综合性

演讲的内容无所不包,接收者各色各样,目的各有不同,为了达到预期的效果,演讲者需要适用多种表述技巧。演讲内容、接收者、目的、手段的多样性,决定了演讲的综合性。

2. 演讲的准备

无论讲演者即兴构思的才能如何出色,在发言前,如果不做认真仔细的准备工作,就不可能获得成功的发言。有句古谚说得好:准备的失败就是失败的准备。戴尔·卡耐基也曾说过:"只有按照正确的方法,做周密的准备,任何人都有可能成为杰出的演讲家;反之,不论年龄多大或者经验多么丰富,如果没有适当的准备,都有可能在演讲中漏洞百出。"所以,演技的准备尤为重要。无论管理者作何种发言,都必须注意到这些问题,即演讲的论题、演讲选材与结构设计、演讲环境、演讲接收者。

1)演讲的论题

确定演讲的主题是进行演讲前的首要任务,这不仅是演讲者所关心的,也是接收者注目的。题目中决定了演讲中要讲的问题,而选择什么样的题目又在一定程度上决定了演讲的价值。而且,演讲的题目不仅与演讲的形式有关,更与演讲的内容、风格、格调有关。一个新颖而富有吸引力的题目,不仅能在演讲前就激发接收者的愿望,而且会在演讲后给接收者留下深刻的印象,甚至成为一个警句而广为流传。可以说,题目的选定对演讲效果起着画龙点睛的作用。

演讲者在拟定演讲题目时必须认识到,演讲题目是大多数人都普遍关心的问题,必须指向接收者的兴趣,满足接收者的需要;或是先选取能带给接收者新的信息、新的知识、新的思想的观点来讲。因为一旦拥有发言权,并不是要炫耀自己的知识或缅怀往事;进行的演讲不能只是满足演讲者自己需要的演讲。除此之外,演讲者在选题时,还应注意到以下三个方面。

(1)题目富有建设性

在实事求是的基础上,标题要选择那些能给人以希望的、积极向上的、令人振奋鼓舞的文字。而在内容上,要能引起接收者的兴趣,满足其求知欲望。

(2)题目要新奇醒目

古人说:"语不惊人死不休"。演讲的题目也应该能像磁石一样,一下子吸引住接收者。

(3)远离冗长、深奥、空泛的标题

演讲的主题应有针对性,对存在的问题有的放矢,而不能泛泛而谈。此外,主题还须是演讲者创建的思想观念,切不可老生常谈,人云亦云。

2)演讲接收者

作为演讲者,应该熟知接收者的态度、兴趣及他们对你的感情认识,只有这样才能投其所好,使演讲主题吸引人。

(1)接收者背景

根据接收者的学识、职位、工作性质等,接收者往往可以分为以下几种。

① 同事接收者。就是处在同一公司中的职员。这一类接收者有可能是最难应付的群体。在公司各部门之间往往存在竞争机制,接收者可能对演讲中提出的任何意见都表示异议。对此,演讲者要有充分的心理准备。

② 上级接收者。面对上级难免会产生紧张情绪,但演讲者应注意到自己的演讲中有他们想要了解的知识,因此应在有限时间里尽量松弛紧张的情绪。为确保高质量的讲演,讲演者必须对题目反复斟酌,使内容在文章中展现无遗。

③ 混合接收者。混合接收者是指全然不了解的接收者。因此讲演者在拟定题目时应尽量创造一种共同目标意识,让接收者明白你知道他们均具有不同的经历,有些人熟悉你的演讲。

④ 国际接收者。"有效的演讲者必须学会要根据接收者的期望拟写演讲稿。"面对国际游客,演讲者应考虑各国文化的差异。例如日本接收者对演讲者含糊其辞的演讲自始至终地加以分析研究,探求内在含义,据以评论演讲是否真实可信。法国接收者要求演讲有根有据,阐述的观点需要用数字和事实加以证明。

(2) 接收者人数

一般来说,接收者人数越多越容易接受"群体影响"的支配,所以在接收者较多的场合,更需要变更说话的语调,提高内容的感情成分。对出席的人数作尽可能准确的估计,有利于演讲决定需要什么样的辅助手段和风格。否则一旦到发言时才发觉人数出乎意料(无论是太多还是太少),都将对演讲者的精神状况产生不利影响。

(3) 接收者年龄

由于接收者年龄结构不同,思维方式、价值观念会有很大的不同。例如,当今年代的青年人大多具有冲劲、有理性、较挑剔的特点,中、老年人则比较含蓄、稳健,因此,演讲者要注意接收者的年龄结构。

(4) 接收者层次

接收者的知识水平十分重要,发言如果定位不在适当的水平上——无论是太高或太低——那就必定会失败。

(5) 接收者的观点

如果演讲者能了解接收者可能对发言的主题持什么样的观点,他们是否有什么偏见或成见这将是十分有益的。在发言的起初接收者对演讲者的态度是中立的;如果他们有特别的敌意或特别的好感,那么演讲者最好在事先引起注意。

有关接收者的信息不难获取。可以通过主持人接触,与认识者交流或事先请教其他演讲者,接收者的信息应包括很多内容,了解得越多,对演讲越有利。

3) 演讲的环境

对演讲的环境也应给予足够的重视,它对于演讲成功与否有很大影响。试想,在炎热的夏天,在一个回声很强的大厅里,而且这一大厅没有空调,在这样的环境里演讲,将是什么景象?这样的特殊环境,只能使演讲糟糕透顶,接收者和演讲者都厌烦不已。与演讲有关的环境因素包括以下内容。

(1) 固定因素

包括房间的大小和形状、窗户的位置和数目、四周墙壁的位置、计算机插座的位置和数目等。这些因素通常难以改变,但演讲者应事先了解几方面设施的情况,在提供的演讲条件很不合适时,可要求变换演讲的地点,以利于演讲的顺利进行。

(2) 可变动因素

包括桌椅、视听设备,甚至还有接收者。演讲者应确保他(她)能与接收者保持持续交流接触的环境。演讲者要与接收者进行目光接触交流,"这在一定程度上促进了演讲者与接收者之间密切联系"。演讲者与接收者互相使眼神,能增进互相交流与影响;如果伴随着点头、微笑等,会达到更好的效果。

演讲的环境结构可能促进,也可能制约接收者与演讲者的目光交流,图7-1所示是一些能促进交流的座位安排形式。采取何种形式，演讲者也要根据演讲的内容、性质不同作出相应决定。

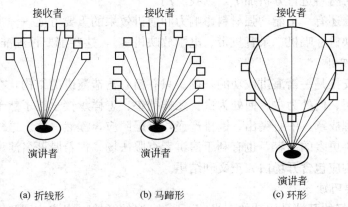

(a) 折线形　　(b) 马蹄形　　(c) 环形

图 7-1　常见的演讲座位安排形式

演讲者的演讲，多数是对公众进行信息的交流。这样的演讲，受到诸如接收者是坐着还是站着，接收者是否喜欢演讲者本人，接收者的性格、文化素养如何等因素的制约和影响。不过，这类演讲有明确的规范，背离它们被认为是"破坏规则"。因此，距离的使用也是演讲者准备讨论过程中要认真考虑的问题。

演讲时，演讲者要与接收者保持一定的间隔。一般来说，小型集会的演讲者与接收者的距离以 4~8 m 为宜。在演讲过程中可以运用手势、动作、表情、变换位置或在过道上走动及幻灯、字幕等视听辅助工具以"拉近距离"，达到加强人际沟通的效果，使演讲更加成功。而大型会议上的演讲者，如对全体公司职员发表动员讲话的总经理，需要与接收者"拉开距离"，一般在 8 m 以上。这也是确保演讲者权威的一种表现。

总之，对这些与演讲有关的环境因素，演讲者也应重视并做好选择与准备，为成功的演讲奠定一定的基础。

4) 演讲选材

(1) 材料选择原则

① 材料要服务于主题，演讲者要把最典型、最生动、最真实、最有说服力的材料奉献给接收者而不应将自己所掌握的材料随意拼凑，滥竽充数。只有使主题和材料有机统一，水乳交融，浑然一体，才有吸引力，又有说服力。

② 要选择针对性强的材料。要选择针对不同场合、不同接收者的具体特点、爱好使用不同的材料；针对接收者的心理要求使用与接收者切身利益相结合的材料。

③ 要选择演讲者力所能及的材料。要考虑哪些材料自己能拿得起来，哪些材料自己拿不起来。只有当选择的材料在自己的能力范围之内，才可能在演讲时滔滔不绝、条理分明。

(2) 使用材料

演讲中运用的材料，先后次序，详略安排，色彩变化，都要灵活而得体。例如，接收者的注意力是有一定限度的，超过了一定的限度，接收者对讲的问题就会走神。这时，适当地运用必要的趣味材料造成幽默悬念，以及接收者熟悉的人和事等，就能去调解演讲的变化层次，使接收者的精力集中。如材料中的言语或术语，超出了接收者的范围，就必须花一些篇幅，作适当的解释说明；演讲材料中的统计数据，也须准确无误，使接收者明白易懂即可。

在准备演讲选材时，还应注意材料的多样化，须运用各方面的材料。一篇演讲，若只有统计数据，必然枯燥无味。对材料有所选择，加以分析，使用最精彩的例证；同时，发挥自己的聪明才智，对材料进行分析加工，为我所用。

使用材料时，还有一个能增强材料影响力和演讲效果的重要方面——视听辅助设备（幻灯机、架着的放映机、唱机、录音机带、电影放映机等），这些都要仔细准备。

5）演讲结构安排

合理的结构安排是一篇演讲成功的基础。只有精心营造演讲的结构，在演讲之前对于如何开头、如何结尾、何处为主、何处为次、怎样铺垫、怎样承接早已了然于胸，在演讲时才能思路清晰、顺理成章，中心突出，铺排严谨，首尾照应，浑然一体。这样不仅利于演讲者在有限的时间内讲更多的内容，也有利于演讲者克服怯场。古希腊著名演说家科拉克斯提出一个好的演讲结构应包含开场白、正文和结尾。

（1）开场白要巧妙

常言道："良好的开端是成功的一半。"一个良好的开始，应该达到两项目的：迅速和接收者建立良好的关系；迅速使接收者抓住演讲的主题。

只要符合这两项要求（甚至只完成其中一项），就是一个成功的开场白。至少每一个开场白怎样组织，怎样构思，那就要根据具体演讲、具体对象、具体时境灵活掌握、随机安排，真可谓"法无定法"，没有一定之规，没有现成的公式，没有既定的格局。我们平日多留心一些成功的演讲，可以从中有所借鉴。

在演讲的开头切忌讲一些毫无必要的客套话，貌似谦虚，实则虚伪。诸如"同志们，我没什么准备，实在说不出什么，既然让我讲，只好随便谈谈"……之类的废话只会弄烦接收者。在演讲的开头东拉西扯、离题万里也是万万要不得的。开场白还要注意紧扣主题，适合接收者心理和时境，切不可为追求新奇而故弄玄虚。

（2）主题要层次清楚，重点突出

正文是演讲的主要部分，演讲质量的好坏、论题是否令人信服，都取决于正文的阐述。正文在结构安排上离不开提出问题、分析问题和解决问题。但它又不是一成不变的刻板的公式。要根据主题的需要，在恰如其分地安排好正文的结构时还要注意到，演讲的结构不同于文章的结构，不能肆意铺排，不可太复杂。文章可以反复看，结构复杂一些，读者反复揣摩也会弄懂；但演讲时若结构过于复杂，接收者会抓不住纲目，始终不得要领。

演讲的正文部分要紧扣开场白，突出演讲的重点。同时要注意层次的划分和段落之间、前后内容的过渡与照应。

（3）结尾要精彩

俗话说："编筐编篓，难在收口。"成功的结尾，或是加深认识，揭示题旨；或是鼓舞斗志，促使行动；或是抒发感情，感染情绪；或是富有哲理，发人深思。总之，收拢全篇，首尾呼应，它是演讲的终点，但又是引发接收者思维的新的起点，即所谓言犹尽而意无穷。

结尾常犯的毛病有三种。一曰草草收兵。有的演讲，在结束时不考虑如何给接收者留下完整的总体印象，不作强调，不作必要的概括，就突然作结，显得突兀，这就是草草收兵。二曰画蛇添足。有的演讲，本来该说的话已经说完，却还要唠叨不完，"关于这个问题我再来补充几句"或者"我前面讲的这一点非常重要，我在这里再耽误大家几分钟，再啰嗦几句"等，这就是画蛇添足。三是套话废话。有的演讲，结尾总爱说"我的话讲完了，讲得不好，耽误大家很多时间，请大家原谅，望大家批评"等，看来谦虚，实则套话，令人生厌。

6) 演讲时间结构

把握演讲的时间是一个极其重要的环节，演讲者要根据总的时间限制，有效分配时间，准备好发言的内容。如果有可能，演讲者可能在彩排（预演）时，根据给定的时间，调整发言结构，增加或减少发言内容。一般情况下可以遵循这样一条原则，即开头和结尾部分只占整个发言时间的20%，其余80%的时间用于主体部分的发言，如图7-2所示。

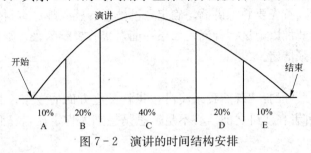

图7-2 演讲的时间结构安排

A至E部分的内容分述如下。

A—开场白，说明目标或发言的原因（约占10%的时间）。

开场白要短小精悍，抓住接收者的注意力。这是一个关键性阶段，演讲者必须设法与接收者建立融洽的关系，接收者可以选择听或不听，因而必须激发他们想听的欲望。

B—引入主题或议题，约占20%的时间。

在此阶段，演讲者应该明确解释发言的主题或议题，并说明演讲的提纲。

C—阐述主题或议题，约占40%的时间。

演讲者应当详尽地阐述主体内容，主体内容应该具有逻辑性和合理性，主体与主题之间的关系要明确。

D—在此阶段演讲者应当把松散的主题集合起来，不要另辟主题，否则会使接收者感到迷惑不解（约占20%的时间）。

E—总结或结尾，约占10%的时间。

在此阶段，演讲者要概括总结出自己意欲传递给接收者的信息。必须明确演讲的目标，即进行演讲的原因，以保证接收者能够接受所传递的信息。你应当总结重点，集中主题并强调所阐述主体内容据以引出理想结论的方法。结尾时声音要洪亮，要对聆听发言的接收者表示感谢，即使他们是被迫参加的。

此外要注意，尽管大部分时间都分配在主体部分，但发言的开头及结尾部分与中间的主体部分同等重要。鲍勃·蒙克豪斯（Bob Monk house）在他的题为《三言两语》（Just Say A Word）一书中说过："开场白应是一把钩子。"意思是说，"发言"开始就要抓住接收者的注意力，引人入胜的开场白是成功发言的开端。诚然，开场白随后的主体、内容安排也要紧扣主题。开场白应该说明意欲传递的信息，结束语应当进行总结，使接收者清楚地了解演讲者意欲实现的目标。

7.2.2 演讲过程中的常用技巧

进行了演讲的精心构思和准备之后，在演讲的过程中还应该注意一些方面。

1. 控制紧张情绪，克服怯场

面对陌生的演讲环境，演讲者常常因为紧张而怯场。研究表明，有21%的美国人害怕在陌生人面前表演；有10%的大学生对公众演讲有巨大的恐惧。紧张使得演讲者心率加快、手心出汗、膝盖发抖、嘴唇发干、语无伦次，预先的构思往往会被打乱。这种情绪不仅会影响普通演讲者，还会影响专业的音乐人士、教师、演员和商人。20世纪著名的政治家、演说家丘吉尔第一次演讲时竟然紧张得昏死过去。对紧张的研究中，在公众中演讲被认为是产生紧张情绪的第一因素。如何克服紧张情绪，是有效演讲的第一步。

(1) 熟悉讲稿

要克服紧张情绪，首先要熟悉讲稿。确定自己熟悉、感兴趣、有材料可写的选题，形成讲稿后要由框架到细节加以记忆、背诵。如果一面对接收者就紧张，则应在脑海里迅速回忆演讲大纲，以缓解紧张情绪。

(2) 确立自信

想像自己是做得最好的："既然我来演讲，我就是这方面的专家；其余的演讲者水平肯定不如我。"有些演讲者在演讲之前信心不足，总是想别人肯定比自己强，这种自己打击自己的信心做法不足取。

(3) 使用积极的心理想像

演讲者可以把自己想像成有关演讲话题的绝对权威，而接收者只不过是一些对此话题一点都不了解的人。接收者不是来挑刺的，而是来倾听你演讲的。在演讲之前，还可以想像在演讲时自己神采飞扬，接收者洗耳恭听，积极配合；演讲结束后接收者掌声雷鸣，获得了空前的成功。

(4) 做一些有益的动作

实践表明，进入演讲场所后，微笑着环视接收者和四周的环境，向你认识的接收者点一下头，与身边的人小声说一两句话，做一下深呼吸等动作都可以使紧张的神经得以放松，恢复一种宁静的感觉。

(5) 一种安慰

以下两个事实足以使紧张者得到安慰。一是除了极少数病态性紧张的人需要专业人员帮助其克服演讲恐惧外，绝大多数只有普通紧张的演讲者自己总能找到至少一种方法来克服紧张；二是到多数接收者并不知道演讲者紧张，这就意味着你可能是唯一知道自己紧张的人。

2. 把握有声语言的运用技巧

声音是演讲稿的载体，演讲要依靠声音传递给接收者；作为一种强有力的沟通手段，声音又是连接演讲者和接收者的桥梁；声音的表达力度要比演讲稿中词汇的表达力度强得多，声音的高低、快慢、抑扬顿挫都是表达信息的一部分。接收者对演讲者的不满通常表现为：清晰度差，语速太快，听起来不自信和表达欠充分。这些都是有声语言运用方面的问题，演讲依靠有声语言来传达思想感情。一次成功的演讲还需要把握有声语言的运用技巧。

(1) 发声技巧

演讲者要使用正确规范的普通话，发音要清晰，吐字要清楚。演讲时不要发生音替代（即甲音发成乙音）、音遗漏、音含混。这不仅使得接收者更容易理解演讲内容，也是演讲者受过专门训练的标志。演讲者的声音要洪亮，要使每个角落的接收者都能听得到。特别是在公共场所演讲时，演讲者要通过询问后排接收者是否听清或查看其非语言信号（如向前探身）的方法来了解。如果后排接收者有听不清的表示，则意味着要加大音量。一般地讲，响亮的中低音比较受接收者欢迎，演讲者在演讲时的语速也要适中，一般以每分钟150字左右为宜。

(2) 巧用重音

演讲过程中有意强调某一音节，与其他音节形成对比，这种技巧就叫重音。重音在演讲中占有重要的位置，它可以突出强调某一词、词组、句子，以满足表情达意的需要；而不同的重音设置又会表述不同的意思。重音的设置一般要根据演讲的目的以及演讲者的理解、心境、感情和演讲稿的内容（一般将演讲稿中的观点表述部分设置为重音）而定。重音的处理方式在于咬字的音量和力度，一般说来，重音区读得要比其他音节重一些。但有时将重音区读得比其他音节轻也能起到突出强调的作用。设置重音时一定要注意两个方面的问题。一是数量要适度，滥用重音实际上等于没了重音；不用重音则使得演讲平铺直叙。二是设置的位置要恰当，否则就会使得演讲表意错误，过分夸张，喧宾夺主。

（3）停顿的技巧

停顿指的是演讲过程中语音上的间歇。停顿在演讲过程中经常出现，它不仅可以满足演讲者换气润喉的需要，还可给接收者一个整理思路、体会感情的时间；使演讲内容的展开与进具有层次性；体现设问和暗示作用，引起接收者的好奇、注意、体味和共鸣。合理的停顿设置还能使演讲产生抑扬顿挫的韵律美。演讲中的停顿一般有三种，语法停顿、逻辑停顿、心理停顿。

语法停顿是指演讲稿中的标点符号表示了句子的语法关系，有标点符号的地方一般要有适当时间的停顿。逻辑停顿是指依照句子的逻辑结构进行停顿，如长句子的语法成分分界线（主语与谓语之间、复杂修饰语与中心词之间）。心理停顿则是根据演讲者的需要有意识地安排的，停顿的时间一般比前两者长，也更能体现停顿的作用。停顿虽有如此重要的意义，但是不可以滥用，过多的停顿会使演讲过程缺乏连贯性，会使接收者不安，怀疑演讲者是否熟悉讲稿、把握主题，进而怀疑演讲者的能力。

（4）把握节奏

节奏指的是为适应演讲内容和表达感情的需要，演讲者造成的叙述过程中的抑扬顿挫、轻重缓急的对比关系。它包括语速的快慢、语句的长短、语调的刚柔，以及重音、吐字、停顿等内容。演讲的节奏固然取决于演讲者的气质、性格及接收者的情绪，但主要还是取决于演讲的内容、演讲目的及演讲背景。为了增强演讲效果，演讲者应据此选择恰当的节奏。在致欢迎辞、宴会致辞、友好访问及其他较为随和的演讲场合，宜选用轻快型的节奏；理论报告、纪念会发言、会议开幕词、工作报告等演讲场合，宜选用持重型的节奏；在紧急动员报告、声讨发言等演讲场合，宜选用紧促型的节奏；在具有哀伤气氛的演讲场合，宜选用低抑型的节奏；在誓师会、动员会等演讲场合，则应选用高仰型的节奏。

（5）语气与语调技巧

语气与语调可以表达丰富的感情色彩。一次演讲往往因为有了恰当的语气、语调才具有了形象色彩、理性色彩、感情色彩和风格色彩。在演讲中，气徐声柔的语气可以表达爱的感情，气粗声硬的语气可以表达憎的感情，气沉声缓可以表达悲的感情，气满声高可以表达喜的感情，气提声凝可以表达惧的感情，气短声促可以表达急的感情，气促声重可以表达怒的感情，气细声粘可以表达疑的感情。演讲者要善于选用不同的语气来表达不同的感情色彩。语调技巧则是通过语调的升、降、平、曲4种调式来表达演讲者不同感情的技巧。

一般说来，升调多用于疑问句和祈使句中，表达惊叹、疑问、号召等语气；降调多用于感叹句和陈述句中，表达感慨、赞叹、肯定等语气；平调多用于陈述句中，表达严肃、平淡、叙述等语气；曲调多用于句意复杂的长句子中，表达讽刺、暗示、欢欣、惊讶等情感。在实际演讲过程中，随句子和表达的需要，语调也要不断变换。需要说明的是，演讲一般有一个相对稳定的语气与语调——基调，但在演讲过程中，随着演讲内容和演讲者情绪的变化,语气、语调也应随之变化。不过,这种变化不是装腔作势和矫揉造作。

3. 合理运用体态语言

演讲是一种语言艺术,又绝不仅仅是语言艺术。一次成功的演讲,除了要运用好有声语言外,还要重视体态语言这一表达手段。体态语言通常包括表情、眼神、手势、站姿等内容。体态语言能够引起接收者的注意,使用动作的演讲者比那些站着不动的演讲者可能会吸引更多的注意;它能够配合有声语言,强化演讲效果,有人曾经列出这样一个公式:感情传达=7%的言辞+38%的声音+55%的面部表情,对一次演讲虽然不能进行如此准确的量化分割,但它确实反映出体态语言的表意作用。

(1) 表情技巧

首先演讲者在表情上要表现出充分的自信,这样会使接收者更容易接受演讲;其次,表情要与演讲的内容相协调,不要出现表情错位。有人说微笑是最好的入场券,是演讲的心理武器,但这并不意味着任何演讲内容都可以笑口常开,面部表情只有伴随着演讲内容和演讲者情绪的变化而变化才能顺其自然,把接收者导入演讲者希冀的境界。表情错位则会使接收者感到滑稽可笑。再次,表情的运用要自然,拘谨木然、呆板僵硬、目不斜视、精神紧张、手足无措、恐慌不安只能削弱演讲效果。最后,演讲的表情还不能过于夸张以致于矫揉造作,自作多情,这样只能使接收者感到虚假。

(2) 眼神技巧

眼睛是心灵的窗户。它的表情达意功能在演讲中起着至关重要的作用。演讲者可以通过眼神表达出自己的喜怒哀乐,接收者也可以演讲者眼神的变化把握其思想感情。演讲过程中运用眼神的方法通常有前视法、环视法、点视法和虚视法 4 种。前视法即演讲者目光向前,面对前方观众发表演讲。这样有利于演讲者保持庄重的姿态,选择传达信息的主要方向。环视法即演讲者环视全场,这样有利于控制气氛,调动接收者情绪。点视法是指有重点地选择不同方向的几个视点,与反映强烈的接收者实现交流,这样有利于达到"他在向我演讲"的现场效果。虚视法是将目光投向远方,一般在表达憧憬、回忆等内容时使用。这种方法有利于将接收者导入演讲者所营造的气氛中。总之,演讲者要看着接收者讲话,要与接收者的目光有实质性的接触,还要根据演讲者的情绪、演讲的内容、接收者的态度及演讲环境等因素而变换使用多种眼神,以强化演讲效果。

(3) 手势技巧

手势是体态语言中重要的表达手段。不同的手势可以表达不同的情感。情意手势用以表情达意,指示手势用以指点方向,象征手势用以表示特点含义,形象手势用以摹形状物。演讲过程中,手势的运用要大方自然,矫揉造作和过于夸张只能使接收者感到不舒服。手势的种类、幅度、方向要与演讲的内容、演讲者的感情、现场气氛相协调一致。手势一定要与口语同步进行,切忌说完话后再补手势。手势还要与民族文化及接收者的习惯相适应,使接收者易于理解和接受。在演讲中总是重复一种手势,缺乏变化固然不足取,但手势过多只能使接收者眼花缭乱,接收者还会怀疑演讲者在掩饰自己的紧张情绪。

(4) 站姿技巧

演讲时一般采用站姿,优雅的站姿令人赏心悦目。演讲过程中正确的站姿是,站稳脚跟,昂首挺胸,表现出良好的精神面貌。脚或者呈微八字叉开状自然站立;或者采用丁字步站法,两腿应该并拢。手可以自然下垂于体侧两旁,也可以交叉于胸前,还可以双手握稿置于胸前。采用正确的站姿可使演讲者全身轻松、呼吸自然、发音畅快,宜于慷慨激昂的演讲。当然，演讲有时也可以采用坐姿，这比较适合时间长或拉家常式的演讲。演讲者无论采用哪种姿态，都不要做过多的无意义和过于夸张的动作；否则，就会被认为浅薄、狂妄、胆怯。

（5）着装技巧

在演讲者走上讲台时，接收者还会注意其着装。因此，除了以上四点外，演讲者还要注意自己的穿着打扮。与演讲内容、演讲氛围、时令、演讲者年龄相适应的服装，可以增添演讲的色彩。如果演讲者穿了一件文化衫或广告衫作演讲，接收者的注意力就有可能用到破译服装上的文字或图案意义上。这就是说，演讲者不要穿令接收者分心的服装。

4. 处惊不慌，灵活控场

应当讲，演讲者在演讲之前都做了充分的准备。但是由于演讲环境比较复杂，接收者成分不一，演讲者自身失误，都可能使演讲出现意外。因此演讲过程中，演讲者要善于捕捉演讲环境及接收者的变化，处变不慌，准确判断，并采取适当的措施予以处置。由此看来，要取得良好的演讲效果，还必须掌握一定的控场技巧，以灵活地处置演讲中的偶发事件。

（1）发现内容多、时间少时的处置方法

演讲者有时会发现，在规定的时间内根本不可能完成演讲。遇到这种情况时，有些演讲者要么拖延时间，犯了演讲的大忌；要么惊慌失措，提高语速，使得演讲前松后紧；要么删削原演讲稿中的某一部分或某些部分，使得表意不完整，有虎头蛇尾、草草收兵之嫌。正确的处置方法是，压缩内容，删除事例和详细的部分；妥善使用概括语，将原文中的详细论证、说明、描述进行概括。需要注意的是，概括和压缩都要以不破坏原演讲稿的体系为前提。

（2）演讲过程中记忆中断时的处置方法

演讲过程中演讲者可能还会出现记忆中断的情况，这时演讲者切忌惊慌，应该采用各种方法予以弥补。弥补记忆中断的主要方法有三种：一是插话衔接法，即临时插话，对上面的内容加以发挥、嘲释、例释；二是重复衔接法，即加重语气，重复最后几句话；三是跳跃衔接法，即通常所说的后话先说、前话后补。通过以上三种方法，赢得时间，使自己尽快回忆起忘却的内容。如果确实不能回忆，则可以使用概括语替代。如回忆不起某一要点，可以说"对于这个问题我们还可以从其他的方面进行论述，限于时间，在此不能一一详述"加以掩饰。如果是无关大局的内容，则直接可以略去，千万不要停下来冥思苦索。总之，保持叙述的连贯，句间、段间、部分之间的衔接自然流畅，是演讲者的重要目的。

（3）演讲者讲话失误时的处置方法

当演讲者不小心发生讲话失误时，可以用反问法加以掩饰。如可以说："我这样说对吗？显然是不对的！因为……"这样做的好处是，接收者根本察觉不到演讲者的失误反而会认为演讲者是在树立靶子，以加深接收者的印象。

（4）接收者缺乏配合时的处置方法

有时会场上会出现一些演讲者不愿意见到的情况，如接收者会显得很疲惫，喧哗而不注意演讲内容，冷漠而不积极配合。这时，演讲者应当迅速冷静地分析出可能的原因，或根据实际运用悬念法、幽默法、穿插法等对症下药，调整演讲内容，或运用举例法、故事法、提问法，围绕演讲中心把接收者散漫的注意力拉回来。

（5）接收者对演讲者的观点持反对态度时的处置方法

如果接收者中有人对演讲者的观点提出反对意见，演讲者首先应该环视全场，然后面对持反对意见的观众的方向，用亲切温和的态度试图消除对立。如可以说："对于这个问题，有人有不同的看法，这是正常的，他们的观点也不能说没有道理，但是……"这时，演讲者就可以用进一步阐发自己的观点的方法来平息对立。

（6）遭遇干扰和尴尬时的处置方法

在演讲，如果会场外有噪声，演讲者应当稍停片刻，等噪声消失以后再讲。如果会场内有接收者说话，演讲者可以停下来，看着说话的接收者，用眼睛制止他们；假如仍不奏效，演讲者也千万不要动怒，应使用委婉劝说或突然提问法加以解决。演讲过程中还可能出现一些意想不到的尴尬，演讲者也应设法解除。有一位演讲者上台时，不小心被话筒线绊倒，他灵机一动，对接收者说："我为广大接收者的热情所倾倒！"这种幽默处置法既为自己解了围，又使演讲增色。

5. 即兴插说的技巧

在演讲实践中，由于心理和环境的影响，演讲者不大可能像录音机一样播放事先的录音。在实际的演讲中，演讲的内容有可能与原先的演讲稿不完全一样。这种变化最为突出的就是即兴插说。所谓即兴插说，就是指在演讲过程中，演讲者根据主观心理状态及客观环境的变化，临时插入一些话语。即兴插说插入的这些话语为原稿中所无，但与演讲有关。优秀的即兴插说可以克服记忆演讲稿的紧张心理，有效地应对过程中的记忆中断。不仅如此，它还具有充实内容、强化情景、活跃气氛、启迪思维等积极作用。作为一种演讲的表现手法，即兴插说的形式是多种多样的。

（1）联想

会议或活动的特定时间、空间背景、会场的布置、现场的插曲，别人说过的话都可以引起演讲者的联想。1945年5月4日，昆明各高校在云南大学操场举行"五四"纪念大会，恰逢大雨，秩序混乱。闻一多在演讲中马上联想到历史上武王伐纣时天降大雨，被人称为"天洗兵"的典故，号召青年大学生以"天洗兵"的精神风貌去发扬"五四"精神。这个插说，由此及彼，借题发挥，可谓联想巧妙，意味深远。

（2）举例

在演讲中，经常要用到举例：无论是叙事还是说理，都需要用一些例子来展开详细的描述和给概括的结论进行阐述，以增加文章的感染力和说服力。因此，演讲者一般都要在演讲稿中使用一些典型的事例。但在演讲过程中，举例的范围却往往可以突破演讲稿的局限，假如演讲者能够敏捷地从现场或接收者中或与接收者相关联的事物中捕捉或搜索到一些事例进行插说，不失为一种增强演讲效果的有效方法。

（3）取譬

取譬就是使用比喻。比喻是演讲者经常使用的修辞方法。一个好的比喻可以使演讲生动、具体、浅显和妙趣横生。因此在演讲过程中，运用比喻的方法进行即兴插说，容易收到良好的表达效果。西部一单位领导在给刚刚分来的大学生讲话时，发现会场四周摆放了许多盆西部特有的花，于是就以这种花为比喻，用这种花的花期长和扎根西部为西部所特有来比喻大学生的扎根西部和为西部做贡献。这位领导的讲话插说恰当、设喻巧妙，给接收者以深刻的思想启迪。

（4）设问

设问不仅是一种修辞方法，还是演讲中的一种演讲者与接收者进行交流的途径。在演讲过程中突然对人进行提问会引出表现真情实感的回答，因此不失时机地采用这种自问自答的方式进行即兴插说，既可以感染接收者的情绪，又以激发接收者去思考。

6. 充分利用直观教具

（1）直观教具的种类

直观教具的种类很多，大致可以为5种：一是黑板，这是最为普遍的教具，常被用于关键词、要点的板书与简单的图画；二是实物，接收者很愿意看有关与演讲者正在讨论的或者与演讲话题相关的东西，演讲者可以将其作为直观教具；三是图表，包括广告、宣传画、组织图、结构图、挂图、表格等；四是多媒体，常见的是演讲者预先将演讲稿制作成幻灯片，以传递文字、图形、动画及音频的信息；五是散发材料，即演讲者分发给接收者的有关文字材料。

（2）直观教具的作用

直观教具是帮助演讲者解释要点的装置。它在演讲过程中的作用体现在三个方面。首先，可以抓住接收者的兴趣，勾起接收者的好奇心，从而吸引接收者的注意力。一位日本教授给大学生演讲，开始时场面很乱，教授从口袋里掏出一块黑糊糊的石头，然后说："请同学们注意看看，这块石头非常珍贵，在全日本，只有我才有这么一块。"接收者顿时静了下来，教授于是开始了关于南极探险的演讲。直观教具还可以帮助演讲者清晰地传达信息，显示、佐证、阐释、讲解演讲稿中的要点及比较抽象的内容。黑板的板书或幻灯片都可以显示演讲的要点，各种图表可以佐证演讲者的观点，组织结构图有助于演讲者阐释复杂的组织结构和理论体系，模型与挂图则有助于展示、讲解接收者难以见到或肉眼不能见到的事物。直观教具还有利于接收者把握和记忆演讲内容。研究表明，如果仅给接收者口头消息，三天后，他们仅能记忆10%，如果不用语言沟通给接收者展示材料接收者将记忆35%，如果语言与非语言两种信息都提供，接收者就能记忆65%。现代高科技飞速的发展，给演讲者提供了更多更直观、更先进的教具，演讲者应学会使用。

（3）使用直观教具的注意事项

强调直观教具的重要作用，并不意味着有了它以后接收者就会注意演讲内容；它能够强化演讲效果，但也不是说它能够替代演讲。演讲者一定要明白，直观教具只是支持演讲的附属品，而不是演讲的全部。因此，演讲者首先要确定在演讲的哪一部分、哪个细节使用教具以及使用哪种教具更为合适。其次，在演讲之前，还要学会并演练教具的使用方法，直到能够独立熟练使用为止，特别是多媒体教具，以防在正式演讲中出现问题，影响演讲；演讲者还应该到会场考察一番，熟悉演讲场所，看一看有没有配套设施，所用的直观教具能否清楚地显示出来。再次，演讲过程中还要把握好使用教具的时机，演讲者要分发材料，但不要在演讲之前就将它发给了接收者，使得接收者因读材料而忽视了演讲；暂时用不到的教具要放在不显眼的位置，以防分散接收者的注意力；利用教具讲解时，要用手指示，眼睛要与接收者接触，而不是自己站在教具前面背对接收者；另外，还要使每个人都能看到教具也是演讲过程中需要注意的问题。

7.3 会见技能

7.3.1 会见的定义

会见这一术语被定义为"人与人面对面的相会"。会见是一个极普通的经历，它由于不同的原因而出现在几乎是多种多样的环境中。在很多情况下，当我们与所生活和工作的社会环境发生关系时,会见就会发生。

通过会见,我们获取有用的信息,满足我们不同的需求。可以说,会见是日常工作中最普通、发生频率最高的经历。从本质上讲,会见是一个交流信息的过程,由两个或两个以上的个体参加,这是所有会见都具备的共同特征,但仅仅认识到这一点是远远不够的。会见是一项目的明确,为了达到预定的目的而有组织、有计划开展的交换信息的活动。会见的目的各不相同,与管理相关的会见目的的大致可以包括以下几个方面:

① 为了收集或交流信息;
② 选派人员从事某项具体任务;
③ 密切关注工作情况;
④ 给予劝告;
⑤ 提供咨询,为了反馈。

作为管理者都经历在接见的过程中的自我暴露这一过程,因为此时会见是更换工作或到另一家公司去谋高职这一大过程的一部分。同时,对有些管理者来说,会见其他人的过程也是经常性的,甚至是每天的工作,因为这是他们管理工作中的一部分,像这种管理工作还包括市场调研、招收新雇员和管理咨询等,而会见在其中则作为一项以命令为核心的技巧。

7.3.2 会见的特征

1. 目的性

会见都是有目的的,会见的目的大致包括以下几个方面。

① 选择合适的人员完成某项特定的工作。需要为某项工作甄选人手时,通过会见的方式一方面可以了解候选人的基本情况,另一方面也有利于让候选人对工作做充分的了解,在此基础上进行"双向选择"。

② 关注工作的进展情况,对工作进行监控、评价,或者纠正不理想的工作表现。在工作进展过程中,会见可以及时了解工作进度,对工作进行评价,对工作中的偏差及时提出并予以纠正。

③ 提供、获取或交流信息。在某些情况下,会见主要是为了交流信息,如有的企业分管领导定期组织研发部门召开例会,目的主要是了解与交流相关研究信息。

④ 通过提供咨询或共同商讨解决问题。这是会见最普遍的目的。

2. 计划性

会见是管理中一项正式的活动。因此,要根据会见的目的,制定会见的实施预案,确定会见的目的、人员、时间、地点、过程。对每一次会见的准备、实施与总结,都要求严密组织、有计划地进行。

3. 角色差异性

会见是一个互动的过程。在这一过程中双方担当的角色是不同的,因此他们的地位也就不同。一般情况下,会见通常由参加会见的某一个人组织、控制并实施,在整个过程中处于主动地位,可以称其为主人(会见者,招聘面试中又称为面试者),会见的另一方处于被动地位,被称为客人(被会见者、受试者,招聘面试中又称为应聘者),被会见者通常拥有更多的信息,会见中会见者通过适当的方式引导与激发对方将信息展示出来。

4. 互动性

会见是一个互动的交流过程。会见者提出问题、被会见者回答问题是会见的主要内容。在双方的互动交流中达到收集与发布信息、解决问题等目的。

7.3.3 有效会见的原则

作为一项正式的管理活动，有效的会见应遵循以下原则。

1. 遵守并合理利用时间的原则

不论你处于何种地位，遵守时间的人总是会给对方留下一个良好的印象；尤其是你处于会见者的地位时，把握时间的分配往往是成功会见的前提。

2. 坦诚地面对对方的原则

坦诚是相互交流的前提，彼此间信任与和谐的关系是信息交流畅通的"润滑剂"，不论是主人还是客人，虚伪和假情假意只能给会见带来适得其反的结果。

3. 充分准备的原则

俗话说："不打无准备之仗"，匆忙上阵必然手足无措。因此，成功和高效的会见，必须做好大量的基础准备工作。

7.3.4 会见的种类

1. 据会见的目的分类

会见的种类有许多，根据会见的目的，可以将其分为信息收集会见、信息发布会见、解决问题的会见、招聘面试等。

（1）信息收集会见

信息收集会见通常包括数字信息、客观事实、描述、主观评价和感受等内容。管理中常见的类似会见有市场调研会见、事故调查会见、员工离职会见等。会见的结果常常包括报告或研究文件。

（2）信息发布会见

信息发布会见是以会见者向被会见者发送信息为主要内容的会见形式。如向新员工介绍本公司基本情况的迎新会见等。

（3）解决问题的会见

此类会见的主要目的是为了解决问题，与解决问题有关的会见一般包括：评估会见、纠正会见、咨询会见。在此类会见中，被会见者至少与会见者起着同等重要的作用。

（4）招聘面试

作为员工甄选工具——招聘面试的运用非常普遍。正确认识和掌握有效面试的技巧和方法，是管理者应掌握的重要沟通技巧，也是招聘中关键的一环。

2. 据会见的内容与重要程度分类

根据会见的内容与重要程度可以将会见分为正式会见与非正式会见。

（1）正式会见

按照双方共同商定的时间、遵照规范的礼仪和程序进行的会见，沟通的内容一般比较重要，通常是通过会见达到解决某一或某一些问题的目的。正式会见时双方应事先做好充分的准备。

（2）非正式会见

主要是为了彼此双方联络感情、加深了解或交换意见等而进行的会见。一般来讲，非正式会见往往是为正式会见做铺垫，通常就一些正式会见要探讨的问题交换意见。非正式会见一般私人化的成分较浓。

7.3.5 会见的过程

会见是两个或两个以上个体之间的碰面，本质上说，它是社会性的，而且有一定的目的。在这个碰面中的互动是复杂的，同时也反映了参加碰面的个体在其中的角色。会见同时又是一项正式的安排，它要求参加者严密地组织，有计划地展开。通常会见的过程包括准备阶段、实施阶段与总结阶段。每个阶段都有大量的细节工作，认真、有准备地完成这些工作才能做好一个有效的会见。

1. 准备阶段

准备工作是面谈成功的关键，因为会见的时间并不能随会谈双方的喜好与需求无休止地推延下去。大量统计数据表明，会见的时间一般为30分钟左右，时间的约束要求面谈者事先做好准备工作以充分利用宝贵时间。

1) 明确会见目的

会见的目的是一切与之相关话题的出发点，如果想成为一名成功的会见者，就必须确定会见的目的：

① 确切地知道我们完成什么工作；
② 清楚地说出想要的是什么。

在任何关系建立之前，必须决定什么是我们真正想要的东西，然后再以一种非常简单的措辞，清楚地描述想要的结果，并运用以一种我们能观察到的最后成功或失败的操作方式。如此才能从经验中学习到一些东西。

2) 明确需要收集的信息

在会见开始之前，会见者通常应该阅读有关的文件，把会见中需要获取的信息列成一览表，这样即有助于对具体问题作出决定，为避免任何遗忘将会见内容记录在册，同时也可提供对求职者进行比较的基础资料。因为会见者想要了解的有关求职者的详细情况是相同的。如果是惩戒性会见，采用列表的方式同样可以获取更客观的书面信息。

准备资料应做到以下几点：

① 哪些资料是会谈所需的？如有时间，可全部收集；
② 找出重要资料，做仔细的推敲；
③ 确定哪些资料可作为我们的观点？找出证据，并做好记录和整理。

3) 会谈构思

在决定了会谈的目的和研究的有关资料后，应该对即将实施的会谈进行概括性排练，这是对准备工作的检查和进一步完善。

4) 选择和布置合适的会见地点

会见地点的选择和布置也很重要，适宜的环境有助于会见的顺利进行，而不利的环境则会破坏会见的进行。不利的会见环境包括：嘈杂的声音，极不舒适的座位，会见房间的温度过高或过低，不时地有外人打扰，以及环境陌生而引起的心力交瘁感，等等。这些环境因素会影响会见双方的注意力，从而影响会见的进行。一般来说，会见地点的选择和布置应考虑到以下几个因素。

(1) 光线

可利用自然光源，也可使用人造光源。利用自然光源即阳光时，应备有窗纱，以防强光刺目；使用人造光源时，要合理配置灯具，使光线尽量柔和一些。

(2) 声响

会见地点应保持宁静，以便会见能顺利进行。房间不应临街，不要在施工场地附近，门窗应能隔音，周围没有电话铃声、脚步声等噪声干扰。

(3) 温度和湿度

室内最好能使用空调机和加湿器，以使空气的温度与湿度保持在适宜的水平上。温度在20℃、相对湿度在40%～60%之间最合适。另外，还要保证空气的清新和流通。

(4) 色彩

室内的家具、门窗、墙壁的色彩要力求和谐一致，陈设安排应实用美观，留有较大的空间，以利于人的活动。

(5) 装饰

会见场所应洁净、典雅、庄重、大方。桌子应宽大整洁，座椅应简单舒适，墙上可挂几幅风格协调的书画，室内还可装饰适当的工艺品、花卉、标志物，但不宜过多过杂，以简洁实用为佳。

(6) 座位

在会见中要想获得对方的合作，座位的安排也应讲究。会见双方是面对面坐着，还是采取某种随意的座次安排，反映着不同的意义。

5) 安排恰当的会见时间

会见时间的安排也会影响会见的质量。在会见准备阶段，必须考虑会见时间的选择，确保所有被会见者能够按时出席、安心会见。选择会见时间须考虑下列因素。

① 预先调查，以把握被会见者方便的时间段。任意安排一个时间会见，可能会打乱某些人的日程安排，给其带来不便。

② 恰当安排会见时间，避免与企业最重要的经营活动冲突，避免打乱企业工作的正常运行秩序。

③ 力求缩短会见时间，要在最短的时间内收到最大效果。会见时间如果太长，如超过半天，就应设法分成两个时间段会见。

④ 应该注意把握会见的时机。时效性很强的会见，要尽早安排；需要酝酿和深思熟虑的会见，可以拖后召开。

值得注意的是，如果因为某种特殊原因不得不让会见者等待，应该尽量安排舒适的等待场所，并备有杂志、报纸、茶水、咖啡，甚至安排专人作陪，以免因等候而影响会见的情绪，从而保证会见的效果。

2. 实施阶段

会见实施阶段是一次会见的主要阶段，任何准备工作都是为展开有效的会见实施服务的。该阶段主要包括4个步骤。

1) 营造和谐的会见气氛

会见气氛是会见双方共同创设的一种氛围。它既可表现为积极主动、生动活泼，又可表现为消极被动、沉闷冷漠。不管是会见者还是被会见者，都会毫不例外地受到会见气氛的影响。从会见者方面来说，虽然会见气氛主要是由会见者营造的，但会见气氛一旦形成，会反过来影响会见者的情绪，进而影响会见者对会见过程的组织、会见方法的运用和会见计划的贯彻，从而影响会见效果。从被会见者方面来说，会见气氛对他们的影响更为明显。因为会见双方的角色与地位的差异会使得被会见者产生紧张的心理，心态变化快、波动大，所以他们更容易受环境的影响，会见气氛对他们的作用更为明显。因此，为了提高会见成功的概率，达到预定的沟通目的，会见者应尽量在会见开始时营造宽松的氛围，与被会见者建立融洽的关系，以缓解对方的紧张状态。为此，会见者应注意以下7项内容：注意角色的平等；注意引导与参与；对事不对人；保持开放的交流气氛；会见围绕主题不偏题；会见要有主线；会见设计严谨周密。

此外，会见开始的那段时间是营造和谐气氛的关键时段，因此，除非会见的目的就是向被会见者传递压力，否则会见者应不急于切入正题，而是利用几分钟的时间互相问候，或探讨一些没有争议的社会话题等，这有利于和谐气氛的营造。

2) 说明会见目的

在必要的营造放松和谐的气氛之后，会见者应以简洁、清晰的方式向被会见者说明会见的目的、步骤与进度安排、会见者的期望等。这是避免被会见者"丈二和尚摸不着头脑"的必不可少的一步。当然，有时由于某些特殊的会见目的也可能需要向对方隐瞒这些信息。

3) 提问与回答

会见提问是指会见者以提问为手段进行交流沟通的创造性活动。会见者的提问水平直接影响着会见的质量和效率。对会见提问功能的认识和对会见提问技巧的学习，有助于会见者在实践中运用提问手段达到会见目的。

提问的功能主要表现在以下几个方面，一是定向作用。会见者的提问可以把被会见者的思维活动引向会见议题，使其思维只能在限定的范围内活动，避免其分心和胡思乱想。二是激发作用。会见者在倾听被会见者叙述的过程中，应该迅速地把所需的信息找出来。但是如果被会见者表达不清或出现思绪混乱，会见者就必须通过提问来把不清楚的信息弄清楚，或帮助被会见者理清思绪，开动脑筋。三是反馈作用。会见者通过被会见者对所提问题的回答，能够了解被会见者接受信息和处理信息的方法、过程以及对信息的接受程度，并可据此来调节自己的活动。

4) 结束会见

结束是会见实施阶段的最后步骤。会见者在获取了需要的信息、达到了会见的目的后，就要准备结束会见。会见者一般应简单明了地说明自己的意图，感谢被会见者的合作，同时也给被会见者了解相关信息的机会。会见者应坦率、简洁、全面地回答被会见者的提问。如果可能，还应告知其以后活动的安排，这一点在招聘面试中尤其重要。

3. 总结阶段

解决问题是进行会见的原始目的与最终目标。因此，在结束会见后，会见者应尽快进入会见总结阶段，及时地对会见过程中掌握的事务性的、细节性的材料进行归纳、总结，将之整理成对解决问题有用的信息，并最终据此提出解决问题的方案，使问题得以解决。

7.3.6 会见的常用技巧

会见的技巧随会见目的的不同而不同，但是它们之间还是有一些共同的规律可循。要使会见取得预期的效果，达到会见的目的，掌握会见的一般性技巧十分必要。

1. 细致的前期准备工作，并创造良好的会见氛围

这种氛围，包括会见场所的选择、环境的设计与布置等。更为重要的是，建立会见的双方相互尊重、信任的和谐关系，更有利于提高会见的有效性。

2. 提问的技巧

首先要为提问创造良好的气氛，建立彼此间的融洽关系。其次，间接地向被会见者说明本次会见的目的、目标、步骤及时间安排，使对方有个大体了解。为了获取有效的信息，会见者应提出适当的问题，并对提问的问题类型、内容、节奏加以控制，多提出开放性、引导性的问题，尽量避免提出诱导性、歧视性的问题。

3. 有效倾听的技巧

在会见的过程中，作为会见者应更多地将时间用于积极倾听对方。积极倾听的意义远不是仅仅听对方说些什么，更在于聆听对方陈述时表现的认真、积极的态度。这就要做到：

① 注视对方，以表示对其所谈内容感兴趣；

② 适当的微笑和点头示意，鼓励对方继续下去；

③ 细心倾听，而不是听而不闻，心不在焉是对被会见者的不尊重，也显得缺乏诚意，必将影响会见的效果。

4. 记录和总结

会见的技巧中，记录和总结也是重要的一环。在会见过程中，会见者要对被会见者的陈述进行回顾或作出反应，以确认会见目标的实现程度，确保会见双方交谈内容取得一致性理解，这就需要适时地对交谈的内容进行归纳和概括，这就是总结。通过适时中断对方的谈话，既可以明确已经交谈的内容，重新选定会见目标，改变话题；又可以掌握会见的主动权，避免被会见者与主题无关或喋喋不休的谈话。正式的会见不能单靠会见者的记忆，还需要认真笔录交谈内容，以提高会见的效率。避免会见双方的思路因为埋头记录而受到影响，一方面可以提前设计好会见表格，另一方面对复杂的会谈内容也可以安排专人进行记录。

5. 及时洞察对方的反应，估计与应付被会见者表现出的不适

会见过程中，被会见者往往会出现谈话冗长、与主题无关、偏激、不了解问题主旨，以及没有回答实际性问题等情况。这就需要会见者及时洞察其原因，并找出应对措施。被会见者往往会忘记一些情况，或者不愿透露某些信息。对于不同性质的问题，会见者需要采取不同的技巧来处理。在会见中可以运用针对性问题与探试性的问题来应对会见中的情况。针对性问题，主要是就被会见者没有回答的一些情况有针对性地提问，一般在引入或转变话题时使用。更多的时候，要充分运用探试性的问题来探寻问题的真相，使被被会见者表明态度或意见或补充有关信息。探试性的问题，因为不包含批评的意味，不至于招致被会见者的不良反应，也不会导致沟通障碍。

6. 注意运用非语言沟通工具

1) 语音、语调

会见中，语言包含的内容只占面试者与受试者之间所传递信息的一小部分。沟通中的大部分信息都包含在互动中的非语言因素与动态因素中，非语言信息包括在谈话的特征中（如声音），非语言信息强调词语的声调和重音，时间控制着重于感情和含蓄的思想。例如，它们能使一个有经验的面试者认识到受试者是否：紧张（言调升高和长时间的停频）、外向（语速快、声调高）、争强好胜、缺乏耐心（语调低沉，速度快，重点突出）。

语音、语调的准确使用、变化的音高、优美的嗓音、足够的音量，都能准确地反映一个

人的交谈状态，也对交谈的积极进行产生影响。

语言与个性有着一定的联系。这些联系使听者通过讲话人的讲话方式来认识讲话人的性格特征。例如，一个人讲话时的声音尖细，且不够洪亮，那么他就会被认为太年轻或有些造作；如果言语中缺乏高潮，音调平缓，则被看成冷漠、孤傲。

2) 动态无声的身体语言

动态无声的姿势就是身势，即身体的无声动作，例如点头、微笑、手势、眼神等。会谈者往往通过某些身体动作来表示自己的意见、关注力、心理甚至性格。如为了在激烈的经济竞争中获胜，有的情报人员甚至录下谈判者的足部动作以用来分析和研究对方的个性心理特征，以便"对症下药"，采取相应措施来征服对方。

据有关资料介绍，人在神情专注和感情兴奋时，双足会缓缓晃动，或停止不动；而陷入沉思时脚尖则会摆动频繁；坐下把脚架起来的人，往往较傲慢和得意，这样做是为了显示自己的地位和优势；那些架脚而又好晃动脚尖的人，往往性格轻浮，目空一切，狂妄自大；那些坐立不安，频频移动双脚停放地点的人，往往内心十分焦虑、烦躁和不安；等等。

在交谈时，眼睛会告诉对方很多的东西。人们可以通过眼睛流露的隐秘去调整交谈的方向、节奏、基调；也可以通过眼睛表达出丰富的内涵，增强讲话的效果。在非语言信息的传递中，目光具有特殊的作用，人们往往通过目光去判断一个人的性情、志向、心地、态度。眼睛不会隐瞒，正直的人眼睛明亮，心术不正的人眼睛污浊。所以交谈者应该心怀坦诚，目光从容，否则"第一关"就难以通过。对谈话的人来说，应该把自己的真诚、热情、感染力通过炯炯的目光传递出去，而听话人的目光就是无形的屏幕，能把自己的情绪告诉谈话者。目光的交流对谈话状态的维系是必不可少的。

3) 静态无声的姿态

静态无声的姿态首先表现为人们在交谈中的相互空间的变化，距离可以表示相互了解的程度。其次，静态的姿态还包括身体的"附加物"，即服饰、发型等。它们通常是判断一个人的类型，以及所处的文化团体、社会阶层、精神面貌的一个重要依据。

有时要达到预期的目标，往往要进行不止一次的会谈。在每次会谈中，除了注意上述提到的技巧外，还有很关键的一点就在于对于事情进展的"度"的把握，并据此选择适当的交谈内容和方式。

7.4 面谈技能

7.4.1 面谈的概念和性质

除了非正式谈话，面谈也许是最经常发生的交流方式，它经常在组织中发生，如人们通过面谈以获得一个职位；通过面谈去收集信息以完成工作；经理们通过和下属面谈，检查他们的业绩并给予建议和指导。

面谈是指任何有计划的和受控制的、在两个人或多个人之间进行的、参与者中至少有一个人是有目的的，并在进行过程中互有听和说的谈话。面谈既可以是沟通者和沟通对象之间一对一进行的，也可以是以一对多的口头沟通形式进行的，它是人际沟通的重要形式。

从面谈的定义看，它具有以下几个方面的特征。

① 目的性：参与面谈的一方或双方有明确的目的。

② 计划性：谈什么（What）？何处谈（Where）？何时谈（When）？与谁谈（Who）？如何谈（How）等都要有预先的计划。

③ 控制性：至少有一方处于控制地位，或者由双方共同控制。

④ 双向性：面谈必须是相互的，而不是单向的教训和批评。

⑤ 即时性：面谈一般要求沟通双方即时对沟通信息作出反应，反应速度快。

根据上面5个特征，首先应把面谈和闲聊、打招呼、谈话区分区别开来。如你在走廊、马路上与人相遇，便谈上几句话，这样的聊天不能称为是面谈，因为这样的谈话没有明确目的，没有计划。尽管面谈和谈话很相似，但仍有很大区别：面谈作为特殊的交流形式，是与工作有明确的目的相关性的。

其次，对面谈要制定计划和策略。面谈时，沟通双方以口头语言作为沟通的媒介，针对沟通对象的特点，选择相应的沟通策略。面谈与一般沟通一样，同样要针对沟通对象的特点（受众策略分析），结合自身特点（沟通者策略分析），选择相应的信息编码策略、媒体策略和信息反馈策略。

第三，面谈较笔头沟通有更高的技巧性要求。面谈作为面对面的口头沟通，在信息组织和表达（信息编码技巧）方面，与笔头沟通相比，更有技巧性。这一方面是由于面谈的即时性特征，它更需要快速的反应、灵活的信息组织技巧、及时的受众分析技能；另一方面，是因为在我们日常的沟通中，口头沟通的可能性和发生频率要比笔头沟通大得多，正如我们可以一月不动笔，但不能一天不开口讲话一样。这就给我们提出了挑战：如何把自己培养成为成功的面谈者，这个问题的解决，在相当程度上也决定了个人职业的成功。

7.4.2 常见的面谈类型

1. 信息收集面谈

信息收集面谈是组织中最常进行的一种面谈，也是最像谈话的一种面谈。当需要收集关于某个话题的事例或在不能解决问题的情况下需要帮助时，可以进行这类面谈。为了保证自己能有效、准确地收集所想要的信息，必须得花时间提前做好计划。应遵循上面提出的计划步骤：——决定总体目的并安排日程；形成问题；构建面谈结构；安排环境及预期可能的问题。

此外，信息收集面谈是唯一能选择内行人作为面谈对象的面谈。在其他面谈中，如选聘面谈或绩效评估面谈，你很少有余地自己决定面谈对象。但当你想收集关于某个话题或问题的信息时，可以自己选择被访者。这种选择基于以下两个因素的考虑：谁能给你需要的信息和谁愿意给你这个信息。通常，访谈者会和那些知道必要信息的被访者谈话。

举例来说，假定你的组织正在考虑实施弹性时间工作表，你被指定要求写一份可行性报告，尽管你可以从一个同事那里得到一些有关时间安排的想法，但如果你能找到一位弹性时间方面的专家对你的面谈则更好。但是，当你需要知道这种变化的收效如何时，你最好还是和同事们面谈，而不是找专家面谈。

信息收集面谈很像一般的谈话，访谈者可能没有意识到你的意图，因而要保证被访者围绕正题并相应你的问题会比较困难。因此作为访谈者，必须灵活地对待被访者并适应之。比如，选择能鼓励说话的自然环境，创造轻松的气氛。

2. 雇佣选聘面谈

雇佣选聘面谈用来帮助现有的组织成员挑选新的成员。在选聘面谈中，访谈者试图评价求职者是否适合进入本组织以及他们是否具有从事该项工作的合适技能。另外，访谈者通常还应试着向被访者宣传自己的组织。选聘面谈中的问题涉及 4 个一般性话题。

① 以前的工作经历；
② 教育和培训的背景；
③ 面谈对象的个性特征；
④ 面谈对象参加过的相关活动及对方的兴趣。

其中，面谈者要根据工作的性质和被访者的个性来决定哪些话题应该是交流的重点。对于选聘面谈，根据问题依据的不同，一般可以选择以下三种信息渠道：

① 运用工作描述来系统陈述那些涉及与任务有关的技能和个性特征的问题；
② 引用评价表，根据组织成员的一般标准来设计问题，从而评价求职者的特征；
③ 运用求职者简历来系统阐述那些有关求职者的特殊技能和以前的工作经历的问题。

首先，为了更好地通过工作描述来评价某人所具有的技术上的技能经验，以及该人是否具有适应组织现有环境的个性素质，在设计问题时，要避免一般性咨询问题。

其次，在根据公司已经设计好的评价表来评价未来的雇员时，所提问题一般应围绕评价表上的话题，但问题的询问方式可以较为灵活，如可以通过设计一些特别的话题（这些话题又是围绕关键问题的）来考察面谈对象的特征。

另外，在根据面谈对象的简历来提问题时，要仔细阅读这些材料，如果两次工作经历中有时间间隔，可以向求职者询问间隔期间的有关情况。如果简历上的信息太笼统，可以通过提些问题来详细了解情况。

大多数人在设计简历时有一个非常明确的目的——能通过招聘官的面谈，因此，简历表中所提供的信息可以说是总结了沟通对象迄今为止职业中所有好的方面，而且所有的信息可以说都是用热情洋溢的语句写成的，此时，你就需要考虑如何透过这些语句来获得准确的信息。例如，假定你在 A 的简历中看到这样一行："我有多年在领导岗位工作的经验"，显然，为了知道更多具体信息，你会问求职者"几年？""是什么岗位？""你的具体领导责任是什么？"等问题。

除了上面所提的三类问题依据外，在询问问题的技巧上，还有以下三点建议供参考。

(1) 多涉及具体经历性问题

在面谈问题的设计上，一定要包括一些设计具体经历的问题。如"你能告诉我一个你曾经成功实现预定目标的确切时间吗？"被访者可能不想谈得具体，但你可以深究下去，直到被访者给你提供具体的行为信息。为什么行为信息如此重要？一些专家认为，估计将来工作业绩的最佳方法是评价过去的行为：过去的行为预定了将来的业绩。如果你发现，对方过去的行为和实绩中，有些情形与现在本组织所碰到的情况相似，那么你就可以判断他或她的风格是否适合你自己的组织，是否能和其他成员很好地合作。

(2) 注意询问问题的平衡性

问题设计时，应注意询问问题之间的平衡，如问一些正面信息时也问一些反面信息。这将有助于你了解对被访者全面思考问题的能力，同时也使对方隐藏的偏见暴露出来。例如，你在对正面问题问了之后，接着这样问："那么，请你现在告诉我一个你曾经未能实现目标的具体时间。"同样的，也要保证对方给你提供具体的行为信息。

(3) 注意面谈过程的"PEOPLE"原则

所谓"PEOPLE"原则，指面谈准备（Prepare）、面谈双方关系建立（Establish

Rapport),获得对方信息（Obtain Information），提供自己的信息（Provide Information），有效的结尾（Lead to Close），结论性评价（Evaluate）。"PEOPLE原则"的具体描述如下。

第一步：准备（P＝Prepare）。
① 回顾申请书、简历、副本及其他背景信息；
② 同时准备一般问题和个别的、具体的问题；
③ 准备适当的、自然的环境。

第二步：建立关系（E＝Establish Rapport）。
① 努力使求职者感到舒适；
② 表达真诚的兴趣；
③ 通过语音和举止表示支持性态度。

第三步：获取信息（O＝Obtain Information）。
① 提问；
② 深究；
③ 仔细倾听；
④ 观察对方（如衣着、形体语言等）。

第四步：提供信息（P＝Provide Information）。
① 描绘现在和将来的工作机会；
② 宣传公司的正面特色；
③ 对求职者的问题作出反应。

第五步：结尾（L＝Lead to Close）。
① 澄清回答；
② 为最终求职者的加入提供机会；
③ 说明接下去需要做什么事。

第六步：评价（E＝Evaluate）。
① 评价技术上的能力和工作要求的匹配性；
② 判断个性素质（领导力、成熟度、团队导向）；
③ 作出推荐。

3. 绩效评估面谈

绩效评估面谈通常是一个更大的专业评估系统的组成部分。这个系统的目的是评价组织成员实现目标的程度，并通常就提高工作业绩的方法给下属提供反馈。然而，每个组织在实施业绩评估系统的细节上都不同，这里有一些通常的做法。

1）绩效面谈的准备

（1）书面材料的准备

一般地，在绩效评估面谈之前，下属、上级或两者都准备了书面评价。然而，在大多数情况下，还会要求用特定和具体的信息来支持你对下属的评价。例如，假如在使用一个评价量表，表明这位员工做得不好，你应当用客观的措辞写出为什么作出这样的评价，因为下属有权知道；你也有责任用证据来支持你的决定。

（2）面谈结构的准备

为保证面谈成功，访谈者应计划准备好绩效评估面谈的结构。访谈者要为本次面谈安排一个确定的时间和地点，同时要考虑这些安排可能对访谈者和被访者造成的影响。访谈者必须决定面谈的总体目的和日程。在绩效评估面谈中经常提到的话题包括工作知识、工作业绩、工作目标、职业目标、机遇及人际技能。

2）绩效面谈方式的选择

绩效评估的难点是人们倾向于非面对面地评价别人或被别人评价。在面对面的绩效评估面谈中，参与的双方可能都感到不安。作为访谈者，就需要消除被访者的疑虑，要让对方认识到绩效评估面谈是帮助被访者自我认识的一种手段。由于人们总是不太喜欢受到批评，因此，要用消除疑虑和赞扬的方式来平衡你的批评。如当你提出批评后，你应当与被访者一起找到提高今后业绩的方法。

在实施绩效评估面谈中，应当事先决定你的目标，而这些目标就限定了这次面谈的形式。一般说来，有三种类型的绩效评估面谈对应于实现特定目标，有4种类型绩效面谈对应于实现多重目标，这些面谈形式作如下总结。

（1）告知-说服型面谈

面谈的第一种类型叫告知-说服型面谈。这种方法在本质上是评价性的。首先你要告诉下属你是怎样评价他或她的，接着你要用你选择的方式说服下属以提高他或她的业绩。当你非常清楚你的期望时，应当使用这种面谈。这种形式对以下几类人也有效：

① 那些很难客观评价自己的年轻员工；
② 那些非常忠诚或强烈认同组织的员工或评价者；
③ 那些不太愿意在组织中就如何提高工作绩效发表意见的员工。

（2）告知-倾听型评价方式

如果你想让你的下属对你的评价作出反应，就应该用告知-倾听型评价方式。在这种方式里，首先要告诉下属你对他的评价，然后再倾听他的反应，而且在听的过程中，不要轻易表达你的意见，这种面谈的目的也是评价性的；但同时你可以了解下属的想法以帮助他们接受你的评价。那种旨在帮助下属通过对自身过去的表现所作评价来更好地开展工作的情况，告知-倾听型评价比较有效。这种面谈方式对以下几类人比较有效：

① 强烈希望参加到团队中的员工；
② 与考核者地位比较接近的员工；
③ 受教育程度较高的下属尤为适用。

（3）问题解决型面谈

第三种常见的业绩评价是问题解决型面谈。在此过程中，评价下属的表现已不再是目的。评价者的主要目的是帮助员工去制定提高工作业绩的计划。对于有些员工，在工作中的不足更应鼓励他们自己去思考，而不是评价作决定。作为访谈者，要避免评价和判断。其主要是针对下属提出的问题提供一些解决建议。在此过程中，你要与下属形成一种伙伴关系来帮助它分析并提出解决方案。

（4）混合型面谈

如果你既想评价下属的工作表现又想为他提供一些事业发展的建议，应当采用混合型面谈。在这种面谈中，你从问题解决型的框架开始，而后用更直接的告知-说服型结束。这样，你既能帮助下属实现发展目标，又能给对方反馈你的评价。

不管选用那一种面谈方式，一个绩效评估面谈需要包括所有一般面谈的要素：

① 建立关系并将被访者引向主题；

② 以一种支持性的方式实施面谈主体；
③ 结束时要明确说明接下去应做什么事；
④ 绩效评估面谈一般还应讨论具体的改善或改变计划。

7.4.3 管理者与下属的面谈技巧：个人管理计划

本部分专门就管理者与下属之间的面谈技巧"个人管理面谈计划"进行分析，该计划对于管理者如何进行与下属的面谈和沟通提供建议。

管理沟通是一个双向的沟通过程，面谈双方要给予对方一定程度上的反馈，使对方感到得到了支持和鼓励，得到了指导和建议。尤其是作为管理者，由于他们在平时极缺时间，即使他们希望能够指导、建议和训练下属，但又总是找不到时间。因此，当有机会与下属进行面谈时，必须要给下属以反馈的机会，提高沟通的绩效。为了帮助管理者提升与下属面谈的技能，我们提出"个人管理面谈计划"，这种计划既能使管理者的意图得以贯彻（给下属以指导、建议和训练），同时也为下属提供反馈和发展的机会。

个人管理面谈计划用于管理者与下属之间定期的、一对一的会面。博斯（1983）通过调查，发现当管理者与下属进行定期私人面谈时，下属的工作绩效会有明显提高。

建立个人管理面谈计划分两步。第一步为角色协商。阐明管理者对下属的期望、责任、评价标准等。没有这一步，大多数下属会不清楚上司究竟对他们有什么要求，以什么作为评价他们工作业绩的标准。经过角色协商，可以克服双方之间的不确定性。在协商过程中，管理者应与下属就现有管理制度中没有的同时对下属有影响的条款进行协商，尔后由管理者与下属签署一个责任书面报告。作为一个非正式合同，角色协商的目的在于使双方都明白对方对它的要求。因为这个角色协商不是敌对性的，而是互相支持、团队合作，因而双方都表现出了良好的建设性的沟通意向。

个人管理面谈计划的第二步，也是最重要的一步，就是管理者与下属之间进行一个一对一的面谈。这些面谈是定期的、私人性质的，而不仅仅是在发生错误和产生危机时才进行，也不是公开的。这种面谈能给管理者为下属提供指导和建议的机会，帮助下属提高技艺、改善工作表现。因而，每次会议应持续45分钟至1小时。面谈常会提出一些行动条款，这些条款中，有的是由下属完成，有的是由管理者完成。双方都为面谈做准备，双方都提出应讨论的条款。

个人管理面谈计划不是一种管理者召集的正式会议，而是管理者与下属平等参与的会谈。对下属来说，这是一个找出问题、报告信息的机会；而对于管理者，可以利用这些针对性很强的面谈，减少那些突发性的、无针对性的、冗长无效的会议。在以后的每次个人管理面谈中，首先要回顾一下上次的行动条款被执行的情况，由此鼓励下属工作绩效的持续提高。

复习思考题

1. 什么是口头表达？有哪些类型？
2. 会见的一般过程由哪些阶段构成？会见有哪些常见的技巧？
3. 如何进行演讲的准备与构思？常见的演讲技巧有哪些？
4. 常见的面谈有哪些类型？各自有何技巧？

案例分析

案例7.1　　　　触龙劝说赵太后

公元前226年，赵惠文王死，太子丹年少，由他母亲赵太后掌管朝政。第二年，秦国攻打赵国，一连攻占赵国3座城池，情势十分危急。赵国无奈，只好向齐国求救。齐国表示，只要赵太后将自己的小儿子长安君送来齐国做人质，就可以出兵。用自己的儿子做人质，赵太后坚决不同意；为了挽救亡国之难，左右大臣都极力劝谏。太后不耐烦了，她非常气恼，咬牙切齿地对身边的臣子们说："有人再提把我的小儿子长安君送去齐国做人质，老妇一定朝他脸上吐口水……别怪我不客气。"

在左右大臣坐立不安，像热锅上的蚂蚁之时，左师触龙说他愿见赵太后。太后听说左师触龙求见，依然怒气冲冲，板着脸，等他进来时，头也不抬，理也不理。触龙进来以后先观察了一下太后的气色，然后问道："太后呀，近来身体如何，臣老眼昏花，也不知太后近来气色好不好。"左师触龙可是忠君老臣，他与赵太后的年纪都很大了。在这个问题上很说得来，于是就双方的身体状况寒暄了几句，太后的怒气慢慢地平息了下来。

见触龙寒暄了几句身体和冷暖之后欲言又止，太后问道："怎么，支支吾吾地有什么为难的事，让我为你做主。"

触龙小声说："臣有一个儿子名叫舒淇，他年纪最小而又偏偏不成器，真叫臣担心。臣内心非常怜爱，但臣老而无用了，希望太后能安排他当一名侍卫，为保卫王宫出力，老臣希望自己还没死时把他托付给您，也了却一桩心事……"

太后听了这话，心有所感地说："男人们也疼爱儿子吗？"

触龙回答说："比女人还厉害呢。"

"当然女人们疼得更厉害。"太后说。

触龙表示不同意，他说："老臣觉得您爱女儿甚于爱长安君。"

"你错了，我爱女儿哪有爱长安君这么厉害。"赵太后答道。

触龙说道："父母爱自己的孩子，应该替他们做长远打算。您送燕后出嫁，想到她嫁的太远，拉着她的手哭泣，悲伤，难过。嫁过去后，你日日夜夜想她，想见到她，但是祭祀时却祈祷说：'一定不要回国啊！'这难道不是从长远打算，希望燕后的子孙后代世世为王吗？"

"是啊！"太后说。

触龙接着说："那么，太后，从现在往前三代，到赵氏开始建国的时候算起，赵王的子孙有相继为王侯，直到现在的吗？"

"……没有。"

"不光是赵国，别的诸侯国有子孙后代相继为王侯的吗？"

"……好像没有听说过。"

"这些事实说明，他们当中遭祸早的，祸患及于自身；遭祸晚的，祸患及于子孙，难道这些国君的子孙都不好吗？无能吗……这是因为他们位尊而无力，俸厚而无劳，却依在掌握国家的权力。今天，您使长安君地位尊贵，封给他肥沃的土地，赏赐他……而不让他趁现在为国立功尔后树立威望。一旦太后……长安君怎么保持自己在赵国的地位呢……我以为您替长安君打算得不够深远，所以我觉得您疼爱他不如疼爱燕后。"

太后被说服了,她对触龙说:"好吧!齐国的事听凭你去处理吧。"

于是,长安君到齐国去做人质,齐国出兵救赵,面对齐赵两国的大军,秦国不战而退。

问题讨论

触龙怎样设计了谈话过程并成功说服了赵太后?

案例 7.2　　　　　　　　　竞聘演讲

小沈工作于中国银行 A 市分行,每年年初银行都要举办处级干部竞聘,其程序是报名—笔试—公开竞聘。其中报名、笔试主要是资格审核,竞聘是主要的竞争手段,据称其分数要占 60% 以上的比例,因此可以说如果站在公平竞争的角度来看,竞聘是竞争的重中之重。竞聘的程序主要是个人演讲 10 分钟,随机从 15 道必答题中抽取一题回答,评委提问。今年竞争非常激烈,推出的业务岗位只有一个支行的副行长,小沈在经过报名、笔试以后,还有 7 人竞争。

小沈认为,要在竞聘中获得好的成绩,必须做好几方面的工作:一方面要进行受众分析,也就是对评委进行分析;一方面要对竞争对手进行分析,找出自己的特色,最后要根据这些分析,出一些奇招,做好演讲准备。

问题讨论

你认为小沈该如何详细准备这次竞聘演讲?

第 8 章

书面沟通技能

- ✓ 理解书面沟通的概念、分类及其优缺点；
- ✓ 理解书面沟通的障碍；
- ✓ 掌握书写的技巧；
- ✓ 掌握报告的写作技能。

人们都是先学会说话，然后再学会书写。在日常生活和交往中，人们沟通的方式除了语言沟通之外，还有一种重要的沟通方式就是书面沟通。自从文字被发明之后，人们就开始用它传递信息、记录事件、交流思想与经验。直到现在我们仍然可以阅读几千年甚至更早时间的书籍与历史文献，从中了解古人进行沟通的方法，学习他们与人沟通的经验。随着科学技术的进步和信息技术的发展，书面沟通的方式、载体、工具等都发生了巨大变化，沟通的载体品种越来越多，记录的密度越来越大，复制的速度越来越快，沟通的方式也更加灵活多样。

8.1 书面沟通概述

8.1.1 书面沟通的概念及其优缺点

1. 书面沟通的概念

所谓书面沟通，就是利用书面文字作为主要的表达方式，在人们之间进行信息传递与思想交流。如企业在处理日常事务时经常使用的信函、计划书、各类报告、合同协议等都是重要的书面沟通方式。书面沟通在表达思想、传达信息、交流情感、布置任务、履行合约等各方面具有其他沟通方式所不能替代的重要功能。有统计表明，企业中高层领导的大部分时间花在文件审阅、传送及拟订上面，也就是说，其大部分时间花在了书面沟通上。可以说，无论企业内部沟通还是外部沟通，时刻都离不开书面文字。对内部而言，企业成立时需要拟订公司章程、制定规章制度、编制职务说明书等；日常管理中需要制定各种计划、签订有关合同、发放各种通知和任命等。现在许多大企业都有内部刊物，这使得企业内多了一条沟通的渠道，使员工能形成较强的凝聚力。对外部而言，书面沟通就更为普遍，如财务报告、市场调研报告、对外商务交往信件与函件等，这些都是企业与外部环境联系的桥梁和纽带。

2. 书面沟通的优点

书面沟通在人们生活和企业管理过程中扮演着重要角色，具有其他沟通形式不可替代的作用。概括起来，书面沟通的优点主要表现在以下几个方面。

(1) 书面沟通可供阅读，可长期保留，并可作为法律凭证

一般情况下，信息的发送者与接收者通过书面文字了解信息，传递思想与情感。这些书面文字可以长期保存，如果对信息的内容有疑问，事后对信息的查询也是完全可行的。由于书面沟通有据可查，因此在某种意义上还可以作为法律上的凭证和依据，如合同与协议书的条款一旦生效就具有法律效力。不仅如此，书面沟通还能够给读者提供更多的思考时间，使其仔细分析文字上所附有的意义，并且可圈可点。

(2) 书面沟通可使下属放开思想，避免由于言辞激烈与上级发生正面冲突

如果下属面对面地与领导交谈，一般都会有所顾忌，不敢直言，尤其是对上司的缺点，下属更不愿直接说出。采用书面形式沟通，下属可以直抒胸臆，晓之以理，动之以情，让领导理解或接受自己的观点和意见，既能使问题得到解决，又照顾到双方的脸面，维护了双方的自尊，避免由于言辞激烈而与上级发生冲突与不快。同样，上级采用书面的形式与下属沟通，既能拉进彼此之间的距离，让下属感到亲切，同时下属也比较重视，能够及时改进自己的不足。另外，采用书面形式沟通，书写者可放开思想包袱，从容表达自己的想法，避免了口头沟通时说话不连贯、吞吞吐吐、欲说还休的尴尬情况。

(3) 书面沟通的内容易于复制，有利于大规模地传播

书面沟通可以将内容同时发送给许多人，给他们传递相同的信息。书面沟通的载体形式多种多样，包括报纸、杂志、书籍、信件、报告、电子邮件、传真、通知等，广泛的载体形式使得书面语可以不受时空的限制，从一地转到另一地；而且，只要载体上所印制或储存的文字及其他信息符号能够保存下来，内容就可以长期保存下来。

(4) 书面沟通讲究逻辑性和严密性，说理性更强

人们把所要表达的内容说出来和写出来是大不一样的。一般而言，说出来要比写出来更为容易，因为说的时候不必对文字进行仔细推敲，也不必讲究语法和修辞，并且还可以伴随着大量的肢体语言和表情等。但要把自己口头表达的内容变成文字，就必须对其进行认真组织，既要讲究语言的运用，又要考虑修辞、逻辑及条理性；同时，书面文字在正式传播以前还要经过反复修改、补充、论证，以使意思表达更为清晰。

(5) 书面沟通可以反复推敲、修改，直到满意为止

由于口头表达大多都是即时性的，不会给表达者很多的时间思考、准备，说话者一旦话说出口，则很难收回，尤其是当话语有损于对方时，即使重新表达自己的意思也无法消除之前造成的不良效果。而书面沟通则不同，人们在进行书面沟通时，时间一般是比较充裕的，可以对自己要表达的思想观点进行反复推敲、修改，这样不仅可以避免口头表达时个人情绪冲动产生的不利影响还能够表达口头语言无法表达的内容和观点，如个人情感及内心感受等。也正因为如此，书面沟通才具有口头沟通不可替代的作用。

3. 书面沟通的缺点

任何事物都是相对的，具有两面性。书面沟通既有优点，也有不足。书面沟通的缺点也是非常明显的。

(1) 书面沟通耗费时间较长

同样的内容在相同的时间内，口头沟通传递的信息要比书面沟通传递的信息多得多，如花费一个小时写出的东西只需要15分钟就可以说完。之所以如此，是因为沟通不需要花费过多的时间进行构思和修改，语言也比较简洁，出现一些不规范的省略句、半截子话等也并不影响接收者的理解；而沟通同时需要花费大量的时间和精力对文章结构和逻辑顺序进行构

思和修改,并要花大量时间做到语法规范、用词准确、语言流畅、条理清晰,可以说,有时花在构思和修改的时间要比实际的沟通时间多得多。

(2) 容易产生沟通的障碍

由于人们知识水平、社会经验及思想观念的差异,不同的人对相同的信息所理解的程度是不一样的,因此对于书面文字传递的信息,接收者有时不能真正理解传递者的本意,从而造成沟通障碍。此外,传递者在书写过程中使用有歧义的语言,或者词不达意,也会造成双方对信息理解的不同,产生沟通障碍。

(3) 信息反馈速度较慢

口头沟通能够使接收者对其所听到的东西及时提出自己的看法,如果有不明白的地方可以及时提出疑问,反馈速度较快。而书面沟通缺乏这种内在的反馈机制,无法确保所发出的信息能被读者接收到,也无法确保接收者对信息的理解正好是发送者的本意。发送者往往要花费很长的时间来了解信息是否已经被接受并被正确地理解,反馈速度较慢,有时会造成时间拖延,甚至贻误时机。

(4) 无法运用情景和非语言要素

口语表达往往是在一定的情景下进行的,双方通过互相观察,凭借某些非言语信息获得某种讲话者故意掩盖或逃避的信息。而书面表达却没有这种情景性,在口语表达中极容易理解的话语,在书面沟通中要想达到同样的效果,则需要花费大量的笔墨去做背景的交代,而对于有些"只可意会不可言传"的内容,即使传递者绞尽脑汁,恐怕也很难把它解释清楚。

8.1.2 书面沟通的种类

1. 按照书面沟通的主客体分类

主体是信息的发送者,客体是信息的接收者。很显然,在书面沟通中,书写者是沟通的主体,阅读者是沟通的客体。这样,可以把书面沟通分为书写和阅读。

(1) 书写

书写是书面沟通主体将自己或自己所代表的团体的意志用文字表述出来的一个创造性过程。它包括文学创作和应用书写两大内容。前者强调的是书写主体的个性,可以根据作者的主观想像和感情虚构故事情节,不必遵循规范格式;后者强调的是团体意志和规范格式。在管理沟通过程中,书写是一种重要的沟通方式,可以起到传递信息、澄清事实、表达意志、说服他人及交流感情的作用。任何企业都离不开书写,无论是向上级请示、报告,还是日常管理中的信函、通知,都需要一定的书写能力。提高书写能力,对个人来说意味着沟通能力的提高,对企业而言则意味着管理水平的提高,对那些不善于言谈的人来说,书写可以发挥他们利用文字表达思想与感情的特长,取得无声胜有声的效果。不仅如此,书写作为一种重要的沟通方式,还有其许多独到之处。书写可以有充分的时间做准备及进行创作后的修改,这可以使得最终的作品正确、完整、清晰;书写的作品可以很容易地实现多向传递,可以推敲行文、斟酌字句,柔中寓刚地表达自己的建议。书写的载体是文字,它可以准确地记录、保存信息,失真性相对较小。

(2) 阅读

阅读是书面沟通的方式,读懂别人的文章,可以获得准确而完整的信息。阅读包含着理解、想像、思考、表达、记忆和阅读速度六大因素。理解就是运用已有知识解释词、词组、句子的含义及其相互的关系。想像就是在头脑中浮现文字或其他信息符号所描绘的具体形象，以加深对读物思想内容和艺术技巧的理解。思考就是对读物进行分析、比较、抽象、综合及具体化，它伴随着阅读的整个过程。表达就是将阅读结果用自己的语言予以再现，它既能够加深对读物的理解，又能够锻炼表达能力。记忆就是储存与再现信息，它不但可以积累信息，而且还能帮助阅读者获取更多的信息。没有记忆的阅读只能是无效阅读。阅读速度指的是快速阅读的能力，是阅读者迅速捕捉所需信息的重要手段。在阅读能力的六大要素中，理解、阅读速度、记忆是最基本的因素。阅读者首先应分析自己六大因素的情况，然后采取相应措施予以提高，这对于增强阅读效果是十分有利的。在沟通过程中，只有读懂对方的文字，才能在获取信息的基础上利用想像、记忆等功能正确接收信息发送者的信息，并予以回馈。

2. 按照书面沟通所用的文体分类

任何形式的书面沟通都要通过一定的文体表现出来。在管理沟通过程中，比较常用的书面文体大致可以分为以下 6 类。

（1）行政公文

行政公文指的是国家机关、企事业团体在公务活动中所使用的各种应用事务性文书形式。依据 2000 年 8 月 24 日国务院发布的《国家行政机关公文处理办法》的规定，行政公文可以分为 13 类，即命令、决定、公告、通告、通知、通报、议案、报告、请示、批复、函、意见、会议纪要。

（2）计划类文书

计划类文书是经济管理活动中使用范围很广的重要文体形式。当组织或部门要对未来一段时期的工作作出安排和打算时，就需要制定计划。计划具有指导思想、统一认识、战略部署、组织协调等重要作用，以整体性、全局性、方针性、指导性等为特点。计划类文书沟通的问题往往与企业或组织的重大决策、战略规划等有关。计划类文书主要包括工作计划、战略规划、工作方案、工作安排等。

（3）报告类文书

报告类文书的书写，首先要确定调查的对象，采用多种调查方法收集资料，然后把收集来的资料进行分析研究，选出具有代表性、典型性的材料作为论据，说明、宣传典型的经验与事迹，指出存在的问题与不足，提出改进的措施与方法等。如调查报告、经济活动分析报告、可行性研究报告、纳税查账报告、述职报告等都属于报告类文书。

（4）法律性文书

法律性文书是指企业在经营管理过程中，根据一定的约定，达成某种协议，并共同遵守协议的条款，如果违约，违约一方将给对方一定的经济补偿的具有法律效益的书面文书形式。法律性文书包括合同书、协议书、诉讼书、招标书和投标书等。

（5）新闻性文书

新闻性文书指具有公开宣传与传播功能的，借助报纸、杂志、书籍等载体向大众进行报道，具有新奇性、推广性、借鉴性等特点的书面文书形式。这主要有新闻、通讯、消息、广告文案等。

（6）日常事务类文书

日常事务类文书是人们在处理日常活动过程中经常采用的一种书面沟通形式，主要包括信函类和条据类。信函类文书包括感谢信、慰问信、求职信、介绍信、证明信、请柬、邀请函等。条据类文书包括请假条、留言条、收条、票据等。日常事务类文书形式固定，书写简单，陈述的事件单一，是人们表达情感和进行沟通的常用文体。

8.1.3 书面沟通的障碍

1. 语言障碍

在书面沟通过程中，由于语言理解和表达能力存在差异，发送者和接收者常常出现理解与把握上的背离。而且由于各地风俗习惯和方言的不同，在借助方言对书面材料进行解释或传递时，往往也会影响沟通的效果。如在我国有些地方称马铃薯为山药，如果订货方在订货单中写上订购山药（实际上是订购马铃薯）500 斤，发货方按照订单发出 500 斤山药，那么订货方就会要求退货，认为发货方所发货物与所订购货物不符；而发货方则坚持不退，认为自己所发货物正是订购方所订购的，由此导致矛盾和纠纷，这实际上是由于地方方言不同所造成的障碍。

2. 知识障碍

书面沟通涉及的内容繁杂，范围广泛，包括经济学、管理学、统计学、市场学、广告学及法学等多种学科，沟通双方对此都应有所掌握。如果知识面不够广，就会构成书面沟通中的知识障碍，从而影响书面沟通的准确性。

有时由于沟通者囿于文化和地域的不同，或对某些宗教信仰不同，也会造成沟通障碍。

3. 人为障碍

在书面沟通的过程中，由于人为因素的作用，经常会出现诸如书面材料内容表述不清，词不达意；接收者疏忽，造成信息遗漏；书面材料的传递环节过多，造成层次过滤，使书面材料的内容发生畸变等人为的传递障碍。有时信息及其含义会随着信息内容所描述的情况以及收文和发文的部门的改变而有所改变。收文者很容易忽略与他自己的看法有冲突的信息；发文者的地位不同，也会影响信息的意义。此外，阅读者的心情如何，能否专心阅读收到的信息；书写者的心情如何，能否使用委婉礼貌的语言等，这些都有可能造成书面沟通的障碍。

8.2 书写的技巧

写文章固然要重视思想内容的健康，但也要重视书写形式的恰当与完美。恰当完美的书写会给读者造成视觉上的美感。一篇文章的思想内容并不是直接传达给读者的，而是通过文字、行款格式、标点符号及修改符号的综合运用，又借助于读者的感官才发生作用的。清楚、工整、规范的书写，使读者阅读时感到方便、舒适、赏心悦目，是一种美的享受。相比较而言，恰当完美的书写能够更准确地表现内容。书写的目的是准确地表达内容，内容的表达与书写有着很大的关系，书写不当就会损害内容的表达，甚至造成不良的社会影响。恰当完美的书写也更容易为读者所理解，达到沟通的目的。如果书写潦草、格式零乱，那就会给读者造成很多困难甚至使其看不懂文章的内容，不利于思想内容的传达和感情的交流。

8.2.1 书写的一般要求

1. 文字书写要规范、清楚、工整

文字是表情达意的符号。文字的书写既关系到文章内容的表达，又是书写技巧的核心内容。文字的书写要做到规范、清楚、工整。

所谓规范，就是不能写错字、别字，不生造滥用不符合规范的简化字。汉字有其特有的构造法，其笔画、形体都有其特定的含义，多一笔少一笔，多一点少一划，写出的字就不符合该字的固有形式，也就影响到该字本身的意义，就是错字。书写过程中造成错字的原因是多方面的，有一时疏忽的，有以讹传讹的，有的则是因为对汉字的特点缺乏认识造成的。有些汉字的笔画确实很复杂，难写难记，容易写错，但最怕的是不懂装懂，该写的字没有写出来，随便用一个形近音近的字来代替，这就是写了别字。造成别字主要有字义不清、字形不清、词义的用法不清及同音字滥用4个原因。由于汉字是表义体系的文字，其用法和意义又是约定俗成的，所以写别字同样会影响交流，其危害有甚于写了错字。此外，还有些人只图自己省事而不考虑会不会给读者带来麻烦，随意自造并滥用不合乎规范的简化字，这也造成了文字使用上的混乱。

清楚是指笔画分明、结构准确；工整是指文字的结构要匀称，各构成部分之间的比例要得当。

2. 正确使用标点符号

标点符号是标号和点号的合称。点号主要用来点断语句，表示语言中的种种停顿、结构关系及句子的语气，包括句号、问号、感叹号、逗号、顿号、分号、冒号7种；标号主要用来标明词语或句子的性质和作用，常用的有引号、括号、书名号、破折号、省略号、着重号、间隔号7种。

正确使用标点符号不但可以使文章文义清楚，便于阅读，而且还可以巧妙地反映出文章的思想内容和作者的情绪、节奏、韵律；否则，就会使语言产生歧义。在标点符号使用上常犯的毛病主要有以下几种情况。

① 句号、逗号使用不当。有些人写文章当一句话完了时不用句号，而习惯于用逗号一逗到底或以点代句号，甚至逗号和顿号都是以点代之。

② 问号使用不当。有些句子虽然有疑问代词或属于疑问句式，但并不要求回答，那就不用问号。不能一见句子中出现带有询问意味的词语就加个问号。

③ 分号、逗号、顿号使用混淆。不会使用分号和顿号，遇到使用分号和顿号的地方就使用逗号，结果使句子的结构层次关系不清晰，停顿的长度不明确。

④ 引号使用混乱。不知引号有双引与单引之分；不知所引语句内又有引号时须使用单引号；不知比较长或复杂的引文，为了保持其原貌可以使用"提行引文"的办法，因而造成了双引套双引的混乱。

除了要正确地使用标点符号外，还要注意其书写形式的规范。这方面应该注意的问题有两个。一是要注意标点符号的位置。逗号、顿号、句号占一格，位置居于格的左下角；冒号、分号、感叹号、问号占一格，居于左半格居中；间隔号居于一格正中；着重号居于该文字格下方；省略号、连接号、破折号占两格，居于格子上下居中位置；引号、括号、书名号前后部分各占一格，其中前部分写在左半格，后部分写在右半格。二是要注意标点符号的转行。所有的点号及引号、括号、书名号的后半部分，不能写在一行的首格，可以将其写在上行之末。书名号、括号、引号的前半部分不能写在一行之末，后半部分不能写在一行之首。破折号和省略号不能拆分成两行。

3. 行款格式符合要求

不同的内容或主题往往有其约定俗成的书写格式、这种书写格式被称为行款格式。普通文章的格式一般包括标题、署名、正文、图表、注释、参考文献、书写时间等。

(1) 标题

一般短文标题上下各空一行，标题居中；长文章的标题，文字要写得大一些，上下的空格也要多一些。标题字数过多，就要酌情安排两行。长标题转行时既要保持词组的完整，又要在字数上搭配均匀。如果有副标题，一般应在正标题下一行空两格的位置以破折号领起。文章中的插题也要写在居中位置，上下空行。标题一般是不使用标点符号的，有时为了表达极特殊的强调可以使用感叹号或问号，这时标点符号应占一格。

(2) 署名

作者的名字写在标题的下面，中间要空一格，名字在正中位置，两个字的名字中间要空一格，署名也可以写在文章末尾空三四行偏右下方。

(3) 正文

正文中每段的开头均须提行，前面空两格。段与段之间一般不空行，如果所写的文章是分章节的，则要空行。正文中须分条分项时应该使用序码。序码可以用圆括号标出，也可以在序码的右下方加点（.），与小标题隔开；每篇文章中所用的序码必须统一。文章中的引文要加引号，如果是只引大意，则使用冒号，不加引号；重要的、强调性的、较长的引文要提行自成一段，书写时要比正文缩进两格，第一行要缩进四格。文章中表示世纪、年代、月、日及人物生卒年代、年龄的都用阿拉伯数字，表示历史朝代、年号、专用名词、成语和一些习惯用法的可以使用汉字。

(4) 图表

有些文章中需要用到图示、表格。文章中的图应该具有自明性，即只看图、图题和图例而不阅读正文就可以理解图意。图应编排序号，每一幅图应有确切的题名，连同图号置于图下。必要时还应将图上的符号、标记、代码及实验条件等用简练的文字表述在图题的下方，作为图例说明。文中的表格也应该编排序号，每张表应有简短确切的题名，连同表号置于表上居中的位置。必要时应将表中的符号、标记、代码及需要说明的事项用简练的文字排列在表题之下作为表注，也可以附注于表下。

(5) 注释

文章中的注释方式主要有行文注、页下注和篇末注三种。行文注就是夹注，紧随注释对象之后用圆括号或破折号表明对注释对象做说明；页下注就是脚注，在本页的下端留出适当的空间为注释对象做注解；篇末注就是尾注，在全文的末尾总起来为文中的注释对象做注解。

(6) 参考文献

引用他人的观点、材料、数据等，应该按照文中出现的顺序表明序码，依次列出参考文献的出处说明。说明的一般序列是：序号、作者姓名、引文所在的篇目名称、篇目所出的书名或报刊名、出版单位、版本年份、引文所在的页码。

8.2.2 书写的原则

对于书写中要把握的一些基本原则，外国的一些教材中有"ABC"这种说法，即准备（Accurate）、简洁（Brief）、清晰（Clear）；也有 4C 的提法，即正确（Correct）、清晰（Clear）、完整（Complete）、简洁（Concise）。以下从管理沟通这个角度对 4C 作一个简单的分析。

1. 正确

正确是书写的首要原则，也就是说，写出的文章的材料要真实可靠，观点要正确无误，语言要恰如其分。尤其是对文章主旨的把握，在书写前一定要下一番工夫，明了书写的意图，正确地传递想要传达的信息，从而实现有效沟通。

2. 清晰

在正确表达的基础上，应该力求清晰，清晰的文章能引起读者的兴趣，更能使读者正确领会作者的含义。要做到清晰，除了选用符合文章的样式外，还应注意文章的整体布置，包括标题、大小写、字体、页边距等，尤其是要留下适当的空白，若是把所有的文字都挤在一起，则很难阅读；如果是手写的，则不能潦草，因为这不仅影响到阅读速度，还影响到读者对文章的理解。

3. 完整

书写的一大优势是能使我们有足够的时间思考问题，完整地表达想要表达的思想、观点，完整地描述事实，完整是书写的一个要则。在电话或当面交流时，常常会遗漏很多想要交流的事项，这是由这些沟通方式的特点决定的。在书写时，为了完整地表达，应该反复检查思考，不断填补重要的事项。

只有粗心的经理人员才会发出粗心的公文。完美的语法和论据体现了书写者的职业作风和对阅读者的礼貌，即使你的建议被别人拒绝，你仍会赢得别人的信任。

4. 简洁

"简洁"似乎与"完整"是一对矛盾，这其实是一个度的把握问题。"完整"是为了表达想要沟通的重要方面，但并不意味着要把所有的事实、观点罗列在纸上。可以通过排序的方法，把不太重要的事项删除，也可以对每一个字进行总结，把琐碎的、没有太大价值的文字精简掉，使得文章言简意赅。

大多数公文的主要缺点都是文辞华丽，观点不鲜明。许多经理人员都错误地认为简洁的文风反映的是简单的心灵。实际上，简洁的文风是努力实践或思考的结晶，而烦琐的华丽的文风则表明你是个稀里糊涂的思考者，或是一个不愿对思想进行组织提炼的懒汉。

最好的公文是一句话那么长，其次是两句话那么长，以此类推，显然指的不是详细报告的分析文章，而是有助于人们组织行动的短小公文。以下是我们经常碰到的三个例子。

① "如果你认为值得我花时间的话，我愿意会见琼斯。"这个要求简洁凝练。开头说："如果你认为值得我花时间的话"，很容易引起别人的注意力。它促使你的下属考虑占用你的时间值不值得。相反，其他任何长篇大论都很难达到这种良好的效果。这是人们最爱听从、执行的公文。

② "我想占用你5分钟的时间。"这里的关键是具体时间。成功的管理人员从不浪费时间，与任何人交往，都能很好地计划时间。如果有人要求占用你"5分钟时间"，你可能会想：他们的真实意思是5分钟还是15分钟？如果这个要求真实可信，不管最终实际上是花了30秒还是3小时，你都会抽时间安排，满足他们的要求。

③ "11月2日之前，我必须得到明确的答案。"这里时间期限十分明确。时间越具体明确，别人就越可能照要求去办。如果你说："到11月初，我需要这份报告。"人们会理解是11月的第一个星期。更糟的是，他们感觉不到你的紧迫性。

总之，公文有一个共同的特点：话很少，意思却是十分明确的，不会产生误解。

若从书写的内容层面分析，公文有如下要略：

① 听从领导的要求；
② 结合自己理解，再与领导沟通；
③ 高屋建瓴，领会意图，提炼核心，把握主要思想；
④ 平时积累，收集资料，建立数据库，归类整理。

8.2.3 书写过程

书写的程序和相关技巧，是书写前的必备知识，如对此有了初步的了解，并且不断加以实践，书写能力就可能迅速提高。一般来说，书写的过程可以分成准备阶段、创作阶段、修改阶段。这三个阶段是一个有序的过程（如图8-1所示），在这个过程中可能有时间上的间断，比如成稿之前把文稿"冷处理"，放置一至两个星期后拿出来修改；同时这三个阶段中也存在着不断的反馈和重复，在准备了一些书写的材料后，就可以动笔书写，这时就发现有许多不明确的地方，则要回到前一步继续收集材料，整理归类。修改过程本身就是一个反馈过程，对前面两个阶段中的不足加以补充，同时随着修改的进行，可能又产生了新的书写需要，由此又开始另一篇作文的准备—创作—修改的循环。

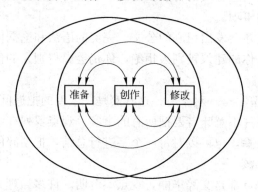

图8-1 书写的整个过程

1. 准备阶段

准备阶段是书写过程中的重要环节，占了整个创作活动的一大半时间，因为只是在充分准备的条件下，才容易成稿，同时也省去大量的修改工作。

在准备阶段，作者首先要明确创作的目标，然后据此确定文章的主题。在此基础上，根据主题需要，选择、组织相关的材料。选材可以是通过自己的感知和体验直接摄取的材料；也可以是通过阅读或采访调查间接摄取的材料（其中包括借助电影、电视、广播、计算机等工具）。然后对材料进行筛选，选取自己最熟悉、最动情、最理解、最有意义的典型事物材料。准备时，作者还须考虑文章的结构安排、叙述说明方式等问题。

上述这些准备活动，集合起来，就反映出作者对文章书写的决定，如写些什么，怎样开头和怎样结尾等。当然，随着文本创作的进展，上面的内容也不断发展变化并与文本相互作用。在整个准备过程中，组织活动是个关键，它在很大程度地影响着书面材料最终的质量和数量。所以，一定要对书写计划充分重视，厚积薄发，以期收到良好的效果。

2. 创作阶段

在做了充分的准备之后，就需要把这一切通过文字的形式表达出来，无论是用笔写在纸上还是直接用计算机在屏幕上形成文字，这一阶段即创作过程，是整个书写的核心环节。

有的人将书写划分为形成观点阶段和将观点转化成文字阶段。但在实际的创作过程，这两个阶段不是前后相继的,而是平行进行的,相互作用的。我们会在总主题的指导下,一边创作一边构思,一边不断添加新的观点。几乎所有作家都有这样的体会:文章开头难,但一旦书写进入了状态,就会文思泉涌,倾泻而出。这时的思维非常活跃,无论是创新能力,还是组织能力都得以提高了。

经验告诉我们,本文的创作很少能立即写出完美、全面的短语句子,更不用说写成精彩的整篇文章。作者必须决定什么时候、怎样修改文本但又不阻碍或丧失创作思路。创作文本这一过程是复杂的,生成的书面文本不是精神文本的复制品,而是应需要再进行创造或再创造产生的。作者依托书写前的准备工作,围绕文章的主题,不断实现由思路转化为文字,而同时又产生新思路,这个过程是不断激发创造力的过程。这个过程能够继续下去取决于作者对书写目标的熟悉程度,取决于作者对行文构成的掌握和理解,也取决于作者自身知识和阅历的宽广。

创作文本是一个复杂的过程。有个著名作家曾将其创作过程描述成由"工作—放松—不做思考"的次序,他认为这样可以激发协作过程中的创造力。不过,尽管创作文本的过程非常复杂,它仍是多数经理必须着手进行的工作。

3. 修改阶段

无数的事实证明,好文章是精益求精的结果,既是写出来的,也是改出来的。据说托尔斯泰的《战争与和平》,成稿后还改过 7 遍;他的小说《为克莱塞尔乐章而作》,手稿约 800 页,发表时只剩下 5 页。由于人们对事物的认识是不断深化的,人的思想很难一下子把它准确周密地反映出来。这样,要达到"尽善尽美",就必须随着认识的不断深化而修改、再修改、反复比较、反复寻找、反复推敲。修改可以在书写过程中的任何时间进行,内容涉及对现有计划、目标、方法和整个文本的。不过,一般来说,修改是一个多应用于书面文本找出不足并实施改变的过程。这些改变可以是那些与文本含义有关的变化,或者是那些虽与含义无关但与拼音、语法等有关的变化,如增加、替换、删除、合并、扩大等。经验丰富的作者常用修改使文章的内容、形式发生变化,而缺少经验的作者只会使修改用于很小的变化。通常,经验丰富的作者开始压制对文本细节的关注,直到他们对文本的核心观念修订满意为止。

修改是书写的重要阶段,其范围和要求可以简要概括如下。

(1) 锻炼校正文章主题

主题是文章的灵魂,通过主题校正工作,有利于作者看主题是否正确、鲜明、集中、深刻和全面。

(2) 增删更换材料

看材料能否为表现主题、突出主题服务。材料是主题的载体,材料的质量如何,影响着主题的表现,因此修改时,需认真分析材料的精彩程度与可靠程度。

(3) 调整结构安排

看材料的组织是否达到最佳程度。文章要做到有序,必须有严谨的结构安排。因此,在修改文章时要注意对组织构造做细致的鉴定分析,以便重新调整组合,以使结构达到最佳。

(4) 斟酌变更书写手法

看手法能否为突出主旨服务。手法,即技巧,能否选用恰当的表达技巧,直接影响文章的表达效果,修改文章时,应对手法选择斟酌。

(5) 推敲调色言语

看语言能否准确、生动传神地表情达意。

可以说，文稿能够修改是书写的这一种方式的巨大优越性；同时，现代计算机中文本校正程序的广泛应用已使修改工作大为顺利。正是因为书写过程中有修改，才使得书写能达到正确、清晰、完整、简洁。

8.2.4 影响书写过程的因素

书写的三个阶段不能凭空进行，生成文本的环境、作者的技巧、能力和经验等，将对书写过程产生影响。

1. 环境因素

这里的环境因素，主要是指读者对象的性质、文化水平、专业技术和需要等对文本创作的影响。这就意味着，如果读者对象是物理学家，那么作者创作文本时就可以用一种特殊的风格书写并用一定的行业术语。然而，同样主题的文本，如果是以缺乏专门知识的人为对象，将用另一种风格书写，中间少用术语，即使使用，也要作出专门的解释。比较专业的科学术著作与科普书籍的区别，就更容易理解这一点。但不同的文本也有共同的特征，如使用共同的语言、使用同样的语法规则等。而这些不同的文本对于"非专业化"的读者理解"专业"读者的书面文本有着很大的影响，有时甚至会完全阻碍其理解。

2. 作者自身素质

作者书写的主题也受其自身因素的影响，如果这是自己非常熟悉而又有过丰富经验的内容，写起来肯定得心应手而且读者看了也会大有收获。例如，一本关于沉思实践的书就要求作者运用语言描述其经历的体验，可能的话甚至要写出思想状态。当然，这只能以第一人称"我"的方式描写。在书写中，可能用到诸如"放松"、"意识的变化状态"、"洞察力"等词语，也不可避免地使用一些专业词汇和术语。

作者的经验、能力和知识水平对文章创作过程同样具有重要影响。一般来说，作者的知识水平包括：

① 与任务相关的知识，如打字方法、研究技巧、统筹安排时间的技巧等；

② 与主题相关的知识，如有关主题及资料来源的知识、对主题相关的术语和专业知识的了解等；

③ 与读者对象有关的知识，如对读者的文化水平、专业知识、经验的了解等。

3. 书写时间与主题

对书写过程有重要影响的环境还包括进行书写的有效时间和书写主题。由于缺乏时间，在限定的时间内完成的研究成果很少能得到检查和修改。然而，写成的公司报告就有必要进行充分的检查和修改。经理有时间也确实有必要细心的修改——为保证效果和信誉。这里的检查和修改有时是内容中涉及的材料的复杂性所要求进行的，或者是因为其读者对象是总经理、董事长，但更多的时候是因为可利用的时间较充裕。

8.2.5 企业常用文书的书写技巧

1. 计划类文书

1) 概述

计划类文书是企业管理活动中使用范围很广的重要文体，是企业实现资源有效配置的重要方式和手段。所谓计划，就是企业对未来生产经营活动及所需的各种资源在时间上、空间上所作出的具体安排和部署。制定科学合理、切实可行的计划，不仅可以使企业在复杂多变的市场环境中辨明方向，知道该做什么、不该做什么，而且能够帮助管理者预见变化，制定应对措施，减少变化的冲击，从而使浪费和冗余减至最少。

根据划分角度的不同，可以把企业经营计划分为多种类型。如按计划的内容可分为销售计划、生产计划、人力资源计划、采购计划、成本计划、投资计划、财务计划等；按计划的期限可分为长期计划、中期计划、短期计划；按计划的层次可分为战略计划、管理计划、作业计划等。通常情况下，人们常常将时间上长远、牵涉面较广的称为"规划"；比较繁杂、全面的设计称为"方案"；比较深入、细致、带有明显行动性的称为"计划"；较为具体、直面一个现实问题的称为"安排"。尽管计划的类别有所不同，但企业经营计划却都涉及了"做什么"、"怎样做"和"做到什么程度"三个部分。

写好计划既有助于具体工作业务的组织和安排，也是一个管理者综合能力的体现，这不仅仅是文字表达上的事情。写计划分两步进行：首先，书写者必须根据计划的具体内容来合理确定计划的具体文种，即是规划、计划，还是方案、安排；然后，再根据该文种的具体要求进行撰写。举例来说，如果该计划历时较长、涉及总体战略性问题，就要用"规划"文体，因为规划没有必要写得太细，它的主要作用是明确方向、调动士气和激发热情；如果计划内容是一项具体的工作，则用"方案"或"安排"文体——工作内容比较复杂的用"方案"，较简单的用"安排"。

2）几种常见计划类文书的书写

（1）工作规划

工作规划具体有以下特点：时间跨度一般都要在三五年以上；内容大都是全局性工作或涉及面较广的重要工作项目；在写法上比较概括。规划是为了对全局或长远工作作出统筹部署。相对其他计划类公文而言，规划带有方向性、战略性、指导性的意味，因而其内容往往要更具有严肃性、科学性和可行性。这就要求书写者必须首先进行深入的调查和科学的预测，在掌握大量可靠资料的基础上，确定组织发展远景和目标，反复经过多种方案的比较、研究和选择，确定规划的各项指标和措施。

规划的格式由"标题＋正文"两部分组成，一般不必再落款，也不用写成文时间。规划的标题采用"四要素"写法：主体名称＋期限＋内容＋"规划"二字，如《×××公司2000—2005年战略发展规划》。规划的正文大致包括以下几方面内容。

① 前言。即背景材料，也就是制定规划的起因。这是制定规划的依据，因此应把诸多背景资料认真地加以综合、分析，而不能简单地罗列事实，这样才会使人相信规划目标是可靠的和言之有据的。

② 指导思想和目标要求。这属于规划的纲领和原则，是在前言的基础上提出的，因此要用精练的语言概要地进行阐述，使人读来感到坚定有力、受鼓舞。

③ 具体任务和政策、措施。这是规划的核心部分，是解决"做什么"和"怎样做"的问题，因此任务要明确，措施要具体。这部分书写通常有两种结构：对于全面规划或任务项目较多的规划，因其各项任务比较独立，没有多少共同的完成措施，一般采用以任务为主线的"并列式结构"，措施都在各自的任务之后分别提出；对于专题规划或任务较单一的规划，因其任务项目较少而其项目之间的联系又较密切，一般采用任务、措施合在一起写的方式。

④ 结尾。即远景展望和号召。这部分要写得简短、有力，富有号召力。

(2) 计划

这里的计划是指狭义的计划，计划期限一般在一年或半年，且大多是以一个企业的工作为内容范围，只在单位内执行。计划一般不以文件形式下发，因而除标题和正文外，往往还要在题下或文后标明"×年×月×日制定"等字样，以示郑重。计划的标题也采用"四要素"写法，任何一个要素都不应省略。

由于计划是对一个企业的全面工作或某一项重要工作的具体要求，所以书写时要做到具体、详细、深入。计划一般包括以下几方面的内容。

① 开头。开头要通过概述情况来阐述计划的依据，要写得简明扼要，同时要明确表达目的。

② 主体。即计划的核心内容。主体部分包括阐述"做什么"（目标、任务）、"做到什么程度"（要求）和"怎样做"（措施办法）三项内容，既要写得全面周到，又要写得有条不紊、具体明白。全面工作计划一般采取并列式结构，任务、措施分说。

③ 结尾。结尾或突出重点，或强调有关事项，或提出简短号召。

(3) 工作安排

工作安排是计划类文书中最为具体的一种。由于其工作内容比较确切、单一，不作具体安排就不能达到目的，所以其内容要写得详细一些，这样容易使人把握。书写工作安排的注意事项有以下几个方面。

① 发文方式。安排的内容由于涉及范围较小或是关乎企业内部的工作，所以一般有两种发文形式：一种是上级对下级安排工作，尽管涉及面较小，也要用文件形式下发，分为标题和正文两部分；另一种是单位内部的工作安排，由标题、正文、落款及时间三部分组成。不管哪种形式，作为"安排"本身都不该有受文单位，如果必须有，则或者以"文件头"形式下发，或者以"关于……安排的通知"的名义下发。

② 安排的标题可以是"三要素"写法（即主体名称＋内容＋"安排"），也可以是"两要素"写法（即省略主体名称），例如《×××出版社关于出版经济管理系列丛书的工作安排》、《关于出版经济管理系列丛书的工作安排》。

③ 安排的正文一般由开头、主体和结尾三部分组成，也有的省略结尾，主体结束后正文即随之结束。开头部分同计划的开头差不多，即阐述依据，要求简明扼要。主体是正文的核心，一般包括任务、要求、步骤、措施4方面内容。在结构上可按这4方面内容分别来写；也可把任务和要求合在一起，把步骤和措施合在一起写；也可以先写总任务，然后按时间顺序一项一项地写具体任务，每一项具体任务的具体要求及措施要依据工作性质及具体内容来定。不管结构怎样，其任务都要具体，要求都要明确，措施都要得当。

(4) 工作方案

方案和安排有共同之处，即书写题材都是单项的工作，只对一项工作作出部署和安排，这也正是方案、安排与规划、设想、计划、要点的根本不同之处。但两者在内容范围上也有大小之分：安排适合于上级对下级或涉及面比较大的工作，方案则适合于单位内部或涉及面较小的工作，如《×××公司关于新员工的培训方案》。方案和安排还有一种较为概要一点的写法，叫作"意见"：方案大多称"实施意见"，如《人事部关于员工精神文明建设的实施意见》；安排往往称"安排意见"，如《×××系统关于开展增收节支活动的安排意见》。

(5) 建议书

建议书一般是要向组织或群体推荐某种解决问题的方法或某种思路。一般而言，建议书有两种类型,即竞争性的建议书和非竞争性的建议书。竞争性的建议书主要是指其内容指向有限的资源,最终该稀缺资源的获得者只能是少数人或一个人的建议书。例如,很多科研项目的负责人会为争取到国家科研经费而撰写建议(申请)书,但国家规定只有一小部分的项目能争取到该经费,这样不同的建议书之间就有了竞争性。非竞争性建议书则不存在真正意义上的竞争。例如,某个组织收到了很多关于提高组织绩效方面的建议,只要合理可行,组织便可以全部接受。一般来说,一份较完整的建议书应该着重回答以下问题:第一,建议所要解决的问题是什么?如果你的建议有的放矢,说明你对组织所面临的问题有所了解;第二,问题的解决方式是什么?针对具体的问题提出你的解决思路和解决方式,如可以从人、财、物等要素方面以及内部和外部环境方面证明它是可行的;第三,这种解决问题的思路和方式将会给组织带来什么样的积极后果(利益)?其中应包括直接利益和间接利益,或者短期利益与长远利益,或者经济效益与社会效益等;第四,解决该问题所需的成本有多少?其成本包括具体的现金流出及需要的无形成本。

2. 调查报告

调查报告是为解决某些问题而调查分析实际情况、研究对策,然后向有关部门和上级领导所做的报告。调查报告有两种。一是主动报告。某项工作进展得如何,一个企业、一个部门发生了什么事件需要有关部门掌握、了解,都需要及时写出情况报告。二是被动报告。组织因工作需要,安排人员就某个方面、某个问题进行调查研究,事后提交的报告即为被动报告。调查报告的意义在于总结经验,发现、研究、解决问题。所以,调查报告要对反映的情况有所选择,要反映有意义的大事。

调查报告是对某些情况的真实反映,虽不必以正式文件的形式发出,也没有确指的受文单位,但却具有向上汇报、对下指导、平级交流三种功能和作用。调查报告既反映情况,又分析问题,而且还提出解决问题的意见。其写法多为报告形式,内容或信息量一般较多。调查报告根据书写对象和目的不同可分成很多种。从内容性质上分,有研究社会情况的,有推广典型经验的,有反映新事物的,也有揭露某些问题的;从调查对象上分,有围绕一个大问题进行多方面调查研究的综合调查报告,也有就一个问题、一个对象或事件进行调查的专题调查报告。

调查报告的标题一般有两种写法。一种是一般文章标题式写法,如《×××公司腾飞之路》;另一种是公文标题式写法,如《×××产品市场状况调查分析》。调查报告的正文一般包括4方面内容,即前言、事实、分析、意见(对策或建议)。

(1) 前言

前言部分要简要地说明调查目的、调查时间、调查范围以及所要研究和报告的主要内容等。有的调查报告中还包括调查方法及调查的整体思路等。

(2) 事实

即阐述调查得来的主要内容或主要问题。这部分是调查报告的主体,容量较大,所以要进行归纳,或以自然情况为序,或以内容的逻辑关系为序,分条列项地进行书写。每一大条都要有一个中心,或用序码标明,或用小标题的方式来概括,以使目目清楚。具体内容的写法主要是叙述,多用事实和数字说明,做到材料和观点相统一;表达上则要灵活一些,提出论点并以充分的论据证明,或以调查材料归纳出论点。

(3) 分析

分析是调查报告的研究部分,通过分析,或指出问题的性质,或找出产生问题的原因。

分析可以是理论分析，也可以是实践例证，但不管如何分析，都必须基于事实和数据，要具有针对性，揭示实质，不能凭主观想像，更不能主观臆断。

（4）对策和建议

调查研究的主要目的在于发现问题、分析问题，最终是为了解决问题。因此，在调查分析的基础上，还必须提出解决问题的对策和建议。所提对策和建议可以是原则性的或带有方向性的，也可以是具体的、可操作的。

调查报告容量较大，不但要对事物进行全面的分析、研究，还要提高人们的认识，指导实际工作，这就要求书写时不仅要深入实际，掌握第一手材料，而且还要具有驾驭题材、组织材料的能力。在具体书写时则应注意以下几点。

第一，要实事求是。即在调查所得的全部材料中找出能揭示事物规律的结论，不论是成绩还是问题，不论是经验还是教训，不论是建议还是对策，都应是实事求是的结果，并据此来选用比较恰当的报告结构方式。绝不能先入为主地用事先拟好的结论来套用或改造事实，或者为了采用某种熟知的结构方式而对号入座地去找材料甚至迁就某些材料。

第二，要突出本质。要在众多的由材料得出的观点中选用最能突出事物本质的观点来说明问题，并据此来选择恰当的具有代表性的材料来作为论据。

第三，要在观点和材料的表述上下工夫，做到既要有观点，又要多提供客观的依据。可以运用一组材料来说明一个观点，也可以运用一种方法来说明一个观点，还可以运用统计数字来说明一个观点。

3. 工作报告

所谓工作报告，就是将最近发生、发展与变动的各种工作情况写出来反映给有关部门和上级领导的一种文体，属于组织内部反映情况的一种公文。工作报告的显著特点之一是时间要求比一般公文的要求要高。这是因为工作报告强调的是工作动态，工作报告如果不能及时地将工作情况反映出来，上级就不能及时捕捉与工作状况有关的信息，这样的工作报告也就失去了意义。工作报告一般是就一个事件或事情的某一个侧面、某一个部分进行及时反映，主要强调单一事项的进程。工作报告在写法上应注意以下几点：第一，工作报告首先要遵循信息类公文的一般写法，即以发布信息为主；第二，工作报告一般是一事一报，目的是将事件的进展情况说清楚，因此文字越简短越好；第三，工作报告一般采用开门见山的写法，不对细节做过多的描述，一般不加撰写者的认识和评论；第四，工作报告强调动态性，所以在书写中一般多用动词。

4. 述职报告

述职报告是管理者向所属部门和员工以及上级组织和领导对自己在一定时期内的任职情况进行自我评述性质的报告。述职报告的种类很多，从时间上可分为任期述职报告、年度述职报告、临时述职报告等；从范围上可分为个人述职报告、集体述职报告；从内容上分则有专题（单项）述职报告、综合述职报告等。

1）述职报告的格式

（1）标题

述职报告的标题一般有4种写法：一是只写"述职报告"4个字；二是用"××年任××职务期间的工作汇报"这样的公文写法；三是用"×××（姓名）×××（职务）在××会议上的汇报（或报告）"的写法；四是新闻标题式的写法。

（2）正文

述职报告的正文包括三部分内容。

① 任职概况和评估。包括确定述职范围、任职时间、工作变动情况、岗位职责、目标及个人工作的自我评估。

② 尽职情况。这是述职报告的主体，主要写工作实绩、经验和问题。对于核心内容，多数是按工作性质不同分成几个方面来写，每个方面可先写实绩后写认识和做法，也可先写认识和做法后写实绩。但不管怎么写，都要体现个人的工作能力和管理水平，尤其是在处理敏感、棘手问题以及应对突发事件和重大事件方面，要写出表现自身素质、才能和领导水平的内容。

③ 今后的设想和信心。要从实际出发，对今后工作在科学分析的基础上作出战略性规划，以表明尽职的态度。

(3) 署名及日期

署名和日期可以写在标题下，也可以写在正文后。

2) 述职报告的书写要求

由于撰写述职报告的目的在于向人们汇报自己在职期间取得的业绩和存在的问题，因此述职报告的书写必须紧紧围绕自己的工作来进行，具体要求如下。

(1) 思路要清晰

述职报告是讲给别人听的，它除了题目和称呼外，基本上有一个较固定的"四部曲"。第一，介绍自己的职务和职责，以简短的话语拉开述职的序。第二，有条理地叙述自己在职期间所做的工作及所取得的业绩。这是述职的重点部分，要有理有据、有血有肉地详细介绍。第三，摆出工作中存在的不足和一些具体问题。第四，针对存在的问题，提出自己今后努力的方向和改进的措施。

(2) 以职责为中心

述职报告有很强的"自我"性，即"述"工作时要以自己的职责为中心；摆业绩时要把自己的与大家的分开，绝不能贪他人之功；谈存在的问题时，则要诚恳地讲出自身的不足，不能是"我们"的不足。

(3) 业绩要典型

述职者在讲业绩时并非"多多益善"，而应选择那些有影响的、人们认可的典型成绩。这时可以讲述人们关心的事或看得见的变化，也可以用数字对比进行说明，还可以列出所获得的奖项，但切忌不分巨细，一一列举。

(4) 问题要具体

述职报告除了讲述自己的业绩外，还必须找出工作中存在的问题。值得注意的是，讲问题时应该实事求是地讲出具体存在哪些不足，而不是用模糊性语言，说一句"当然，工作中还有很多不足之处"来搪塞。不管有多大问题，都要向接收者具体摆出来，这样才能树立自己的形象，赢得人们的认可。

如一位卫生局长在述职中讲了三个问题：一是自己在评定职称工作中感情用事，影响了大家的积极性；二是自己在处理医疗事故中为维护医院声誉，没有从患者的利益出发，而是主张进行"私了"，结果给医院造成了极坏的影响；三是自己收了不该收的礼品，使自己在廉洁方面有了污点。他所谈的问题震动了接收者，人们都为他的述职叫好。

(5) 态度要诚恳

述职报告要得到接收者的首肯，除了以事服人外，更需要以情感人。这就要求述职者态度诚恳。如一位任职一年的公安局长，在述职开始便深有感触地说道："同志们，此时此刻，首先让我怀着感激的心情向大家说一声'谢谢'，因为一年来我每一项工作的完成，都离不开在座各位的支持和配合，为了更好地接受大家的帮助和监督，这里我把一年来的工作成绩以及存在的问题向大家作汇报。"他话音一落地便获得了大家的掌声。当他谈到一位公安干警为了解救人质牺牲了生命时，他含着泪对大家说："是我低估了对手，是我没保护好我们的战士……"人们被他的真情打动了，静静地听他讲述。最后，他又向大家表示："没有不称职的群众，只有不称职的领导。今后，我要努力提高自己的素质，希望大家像帮助自己的亲兄弟一样帮助我，携手把咱们的公安工作创出新水平，为保一方平安做出新贡献！"话不在多，有情则灵，他的话不仅拉近了与接收者的心理距离，增强了亲和力，而且为自己今后的工作铺上了"红地毯"。

(6) 语言要平实

由于述职报告是以汇报自己的工作为主，所以一般不需要进行过多的修饰，也不需要什么华丽的词藻，尤其是自夸时更要有分寸，华而不实的语言只能使接收者产生反感。述职时，人们更喜欢平实的话语。如一位主抓基建的后勤主任的述职语言就很受大家欢迎。他说："实话实说，一年来，我累没少受，气没少生，人没少得罪，可取得成绩只有两项：一是大家看得见的，教学楼的地基起来了；二是大家看不见的，那就是把集资款跑来了，跑够了。"他讲的"大实话"不时引起人们的笑声和掌声。当然，述职报告的语言也可以出"新"，也可以适当幽默，但一切都要适度。

5. 工作总结

工作总结是组织、部门或个人对过去一个时期内的工作活动作出系统的回顾归纳、分析、评价，并从中得出规律性认识，用以指导今后工作的事务性文书。工作总结可以从性质、时间、形式等角度划分为不同的类型。从内容上分，主要有综合总结和专题总结两种。综合总结又称全面总结，它是对某一时期各项工作的全面回顾和检查，进而总结经验与教训。专题总结是对某项工作或某方面问题所进行的专项总结，尤以总结推广成功经验最为多见。总结也有各种别称，如个人自查性质的评估及汇报、回顾、小结等都具有总结的性质。工作总结的基本写法如下所述。

1) 标题

(1) 文件式标题

文件式标题一般由单位名称、时限、内容、文种名称构成，如《××公司2005年度新产品开发的工作总结》。

(2) 文章式标题

文章式标题以单行标题概括主要内容或基本观点，不出现"总结"字样，但对总结内容有提示作用。例如，某企业的专题总结《技术改造是振兴企业之路》，某高校的专题总结《我们是如何实行教学与科研相结合的》。

(3) 双行式标题

双行式标题分别以文章式标题和文件式标题为正副标题，正标题揭示观点或概括内容，副标题点明单位、时限、性质和总结种类。例如：《知名教授上讲台教书育人放异彩——××大学德育工作总结》。

2) 正文

(1) 前言

前言一般介绍工作背景、基本概况等，也可交代总结主旨并对工作作出基本评价。前言书写要力求简洁，要开宗明义。

(2) 主体

主体应包括主要工作内容和成绩、工作目标及任务的完成情况、经验和体会、问题或教训等内容。这些内容是总结的核心部分，可按纵式或横式结构形式撰写。纵式结构，是指按主体内容从所做工作、方法、成绩、经验、教训等方面逐层展开；横式结构，是指按材料的逻辑关系将其分成若干部分，各部分加小标题，逐一来写。

(3) 结尾

作为总结的结束语可以归纳、呼应主题，指出努力方向，提出改进意见，也可以表示对今后工作的决心、信心等。结束语要求简短利索。

(4) 落款

一般在正文右下方署名。如是报纸、杂志或简报上刊载的用于交流经验的专题总结，应在标题下方居中署名。

6. 协议书

1) 协议书与合同的区别

协议书是社会组织或个人之间对某一问题或事项经过协商，取得一致意见后，共同订立的明确相互权利、义务关系的契约性文书。合同即经济合同，是平等民事主体的法人、其他经济组织、个体工商户、农村承包经营户相互之间为实现一定经济目的，明确相互权利和义务关系的文书。因此，合同和协议书两者没有本质的区别，在明确贸易双方的权益和义务方面，两者要求是完全一致的；在保证双方实现各自的经济目的方面，两者具有同等法律效力。如果一方违背协议或合同，另一方完全可以依据协议或合同提出异议、索赔，甚至申请有关的仲裁。但是合同与协议书之间还是有一定区别的，主要表现在以下几个方面。

① 合同适用于生产、购销等具体环节，而协议书则常常用于技术、贸易合作等方面的总体构想，以及处理交易过程中出现的非常规性专门问题。

② 合同的订约主体是平等民事主体法人、其他经济组织、个体工商户、农村承包经营户，有较为严格的限制。而协议书的订约主体却没有统一的限制。

③ 经济合同内容相对比较单一，形式也比较规范。国家颁布的有关经济合同的法律，以及政府机关颁布的有关经济合同的各种规章，组成了严格完善的法律法规体系。协议书虽然也在个别法律法规中有所涉及，但总体上没有像经济合同那样高的规范化程度。

④ 合同的时效期一般不长，时效最长的经济合同不过几年；而协议书的时效长短变化却很大，有的协议书时效长达几十年之久。

2) 协议书的书写

协议书一般由标题、立约当事人、正文、生效标识4部分组成。

(1) 标题

一般只需在"协议书"之前写明该协议书的性质即可，如"赔偿协议书"、"委托协议书"、"技术转让协议书"等。

(2) 立约当事人

在标题下方写明协议各方当事人的单位名称或个人姓名。如果是单位，可在单位名称后注明法定代表人姓名、地址、邮编、电话号码等内容；如果是个人，可在姓名后注明性别、年龄、职务等内容。注明的项目可视协议书的性质而定。在立约各方当事人的前面或后面，一般应注明"甲方"、"乙方"等，以便使协议书正文行文简洁方便；"甲方"、"乙方"放在立约当事人名称或姓名前面时应在其后加冒号，放在后面时可加括号。

(3) 正文

正文一般由立约依据及双方约定的内容两部分组成。立约依据或立约原因是正文的开头，其作用主要是引出下文。正文是协议书的主体部分，一般用条款分条列项写出双方协商确定的具体内容。不同性质的协议书所包括的条款不同，具体应写哪些条款要视协议书的性质和双方协商的结果而定。

(4) 生效标识

协议书正文结束后，署上立约各方当事人的单位名称或个人姓名。如果是单位，应同时署上代表人的姓名，然后署上协议书的签订日期，并加盖单位印章或个人印章。如果协议书有中间人或公证人的，也应署名盖章。重要的协议书，可请公证处公证，由公证人员签署公证意见、公证单位名称、公证人姓名、公证日期，并加盖公证机关印章。

7. 商务信函

尽管随着电信技术和网络技术的发展，人们已渐渐习惯通过电话、互联网、录音等来传递交流信息，但在商务活动中，信函仍是人们应用最多也最为普遍的沟通工具。信函可用于多种主题，也可用于任何形式的交往。对很多人来说，书写信函是例常的，也是频繁的。作为一名管理者，应当具备信函书写的一般知识，掌握信函书写技巧，努力写好多种信函，这有助于事业的成功。

信函的风格不仅影响读者对发信人的印象，而且影响读者与发信人之间的关系。呆板生硬的书信会一下子把人拒之门外。有影响力的信函风格应该是：使用清晰、简洁而又准确的语言；避免使用陈词滥调、行话、抽象的词语和不必要的话；使用短句；采用自然、友好而又惹人喜爱的风格。这样的信函才能使撰写者与读者之间产生一种"情绪感应"，进而实现有效沟通。

商务信件的书写一般应遵循公司内的信件惯例，这些惯例包括：使用扉页，限定空白，规定字体大小，指定标题应用，等等。有时公司甚至会提供一个或几个参考版本。除了遵循公司的规范惯例外，写好商务信函还需要注意掌握下述方法和技巧。

(1) 要把写信当作面谈

最能引人入胜的信，是侃侃而谈，读来如见其人，散发着写信人的个性，就像坐在对面恳谈一样。要达到这种亲切、自然的效果，写给个人的信件要尽量使用口语而不必拘泥于形式，不要咬文嚼字、矫揉造作地使用一些过于正式的书面措辞；在行文中适当地插入对方的名字，也可以给对方一种亲切感。

(2) 开头的技巧

人们一般不愿意看到这样开头的信："我知道我应早点写信给你，但我实在没有什么东西可写。""一次一次地要提笔写信给你，但是被其他的事给干扰了。"这样的句子表露出一种不友善的态度。在回复信函时可用如下句子："收到你的信，我很高兴。""长久以来，你的来信总是邮递员所能带给我们的最受欢迎的礼物。"也可以用答复对方来信中所提的问题作为复信的开头。

(3) 结尾的技巧

信的结尾一般应向收信人表示友好的祝愿。有人这样作结束语，不免失之轻率："好了，我猜你也看腻了吧,我最好就此搁笔了。"这样的结尾,自以为很自然,不同凡响,实则笨拙无益。对个人的信函可以不必拘泥于标准形式的结尾,可写"一两天后再给你写"等,之后要再写一两句祝颂、共勉的话,如"工作顺利"、"生活愉快"、"等候佳音"、"盼望来信"等。

写信的字体应该整洁、干净、工整。如果像幼童涂鸦,乱糟糟的一团,会使人在看信前就产生不良印象,以致对写信者的外表、能力、性格、人品等产生不准确的推测。另外,在书写信函时须用钢笔,以表示尊重,一般不要用圆珠笔,更不要用铅笔,那样显得不严肃。墨水应选择黑色或蓝色。红色则表示绝交的意思,这是尤其要注意的。

对来信的回复不能拖得太久,公司企业间的来信更要注意。有些信是要立即回复的,如对公司的成功表示祝贺,对其他公司开业表示祝贺或是对他们的困难提供建议。在写信时,内容要具体,概念要明晰,条理要清楚,不要用太薄、太软、发黄、粗糙的信纸写信,这也有利于信的美观大方。在写完信后,要仔细检查一遍,不要有错字漏句,然后将信折好放入信封。若同时写几封信,要当心张冠李戴,错放或漏放信件。

(4) 信封书写

信封有一定的格式,一般应按规定格式写。信封地址要写得工整清楚,要是字迹潦草模糊、涂涂改改,不仅影响信件的投递,对收信人来说也是不礼貌的。书写信封一般应写明收信人的详细地址,收信人的姓名或公司、企业、团体的全名,寄信人的详细地址和姓名。

8.3 报告的书写

前面探讨过的有关管理沟通的一般原则和有关笔头沟通的特殊原则,都适用于写报告。掌握了这些原则和技巧,有助于写出有效的报告。要说明的是,上面的一些原则和技巧,以及下面的技巧,同时适用于所有笔头沟通形式,不要因为报告特别长或特别短就不顾这些技巧和原则,因为长而复杂的报告和短而简单的报告基本上有着相同的构成要素,差别只在于报告的规模。

8.3.1 报告的概念和类型

报告是一种搜集、研究事实的人与由于某种目的而要求看报告的人之间的信息或建议的交流形式。报告的最终作用通常是作为决策和行动的基础。

报告根据采用的形式不同,可以分为:口头、示范、信函、便笺、表格、多页文件。

具体地,报告有以下几种分类。

① 根据长度指标不同,有短报告和长报告。

② 根据语气指标不同,有非正式报告、一般报告和正式报告。

③ 根据主要内容指标不同,有工程报告、财务报告和营销报告。

④ 根据时间或进度指标不同,有每天报告、每周报告、月度报告;或中期报告、进度报告和最终报告。

⑤ 根据重要性指标不同,有日常报告、特殊报告和紧急报告。

⑥ 根据书写风格指标不同,有叙述性报告、说明式报告、评述式报告和统计性报告。

⑦ 根据流通范围指标不同,有办公室报告、公司报告、公共报告和私人报告。

不论报告采取什么形式,它必适合沟通对象的特点和他们的目的,并据此进行计划和交流。如有的报告几乎不需要什么计划，有的则需要很详细；有的采取口头形式，有的采用书面形式；有的较短，有的很长。下面主要针对比较难的一类报告——书面报告，讨论有关的技巧。

8.3.2 报告的目的和成功报告的必备条件

需要写一份报告时，首先应准确地知道写些什么内容及其原因，这是最基本的要求。如果这是领导布置的任务，还得弄明白授权调查的范围，即确定调查范围和限制，使得调查对象能够清楚调查的背景，因为调查得到的资料将提供沟通目标，指导调查和书写报告。

授权调查范围常常在报告开始时加以引用。如果得到的指示是很正式的书面形式，并且措辞合理，那么可以直接写进报告；如果得到的指示很清楚但比较冗长，可以在写进报告前进行一下精简；如果你清楚授权调查范围是什么，必须向要你提交报告的人或委员会进行询问：为什么需要这份报告？到底报告是为谁写的？他们想用这份报告干什么？

以例子说明。若你受国家审计局领导的要求，写一份有关全国开展抽奖申请的评估情况调查报告。委托方给了你很正式的授权调查范围。请注意文中是怎样清楚地阐明其目的的。

关于开展全国抽奖申请的评估情况研究

"关于开展全国抽奖申请的评估情况研究"的工作主要着眼于对开展全国抽奖申请的评估，以确定现在的抽奖申请是否按《国务院关于……的规定》中第五章的规定实行许可证制度。

调查工作的目的在于：

检查是否按照有关法案的立法宗旨，公平一致对待所有申请人，建立合理的评估程序以审查关于开展全国抽奖的申请，授予《国务院关于……的规定》第五章中的许可证。

确认申请人的最终人选是否是以合理恰当的方式确定的，是根据设定的评估程序和相关立法要求的情况下作出决定的。

确认授予的许可证是否符合合格申请的有关条件。

一个成功的报告，要具备以下几个方面的条件：

① 报告内容应该统一，一般只涉及一个主题，不应包括读者不需要的内容和与主题无关的内容；

② 报告内容应该完整，包括读者需要的所有内容；

③ 所有的信息应该准确，根据事实作出的推理应该正确；

④ 应按照基于逻辑分析和材料分类的计划描述主题内容；

⑤ 内容表述方式应使计划清楚，以使读者很清楚有关内容所在和原因；

⑥ 报告应以简单、精炼的风格书写，要便于阅读，不会令人误解；

⑦ 不管读者是否知道有关的技术和细节，报告对于所有可能的读者来说都是易于理解的。

8.3.3 报告的基本结构

表 8-1 所示的报告结构基本适用于所有的长报告和短报告，只不过长报告除了上述基本结构外，还包括一些"附件"。

表 8-1　报告的基本结构要素

部分	要素	部分	要素
1. 内容简介	授权调查范围或目的	3. 最后部分	结论
	程序或方法		建议（如果要求的话）
2. 报告正文	主要的事实		附录（如果要求的话）

1. 内容简介

这一部分的目的在于为读者引入报告的正文部分。一般地，内容简介按以下的格式来写，这种格式可以较好地解决开头不条理、比重失调、重点不对称的问题：

① 清楚说明真正的主题；
② 指出报告的目的，并介绍有助于理解这些目的的必要背景信息；
③ 简介如何去获得这些信息；
④ 以最简单的形式提出结论、事实和建议等；
⑤ 说明据以安排正文的计划。

总体而言，报告简介应做到：越简单越好，但要清晰；正确地把读者的注意力吸引到你真正的主题与目的上；与后面的内容相协调，例如，不要提及那些后面没有解决或不能解决的问题，也不要出现与后面部分不一致的说法。

2. 正文部分

报告的正文部分是在内容简介和最后部分之间的内容，其中列出所有的事实（例如调查的性质、有关采用方法和详细解释、整个程序、得到的结果），并分析这些事实，引导读者合乎逻辑地得出最后部分的结论和建议。

3. 最后部分

最后部分的作用在于简要、清楚、总结性地提出结论、建议。一个成功的结论部分的特征是：不要再引入任何新的观点；与内容简介和正文部分相协调；给读者留下想留下的印象。

8.3.4　报告的格式、布局、标题和编号

报告可以采用多种格式，除了明确规定的格式外，可以自由选择布局。下面介绍几种报告的格式。

1. 信函、便笺式

短小报告最简单的格式可以用信函或便笺的形式来写。这种格式不一定要设立小标题，但仍具有上面讲到的报告的基本构成部分。如图 8-2 所示。

2. 纲要式

上述关于开发区设厂的报告可以采用一个单独的小报告加上一封说明信的形式。将报告分为不同的部分，使用标题，但是基本结构不变。纲要式报告有助于读者一眼就能发现所需的信息。如图 8-3 所示。

3. 混合式

混合式即为介于上述两种格式之间的一种形式，它整体上是一封信，但是可能在正文部分有一些简单的标题。这种格式也很常见，因为它适用于各种长度的信，只要再加上小标题即可。

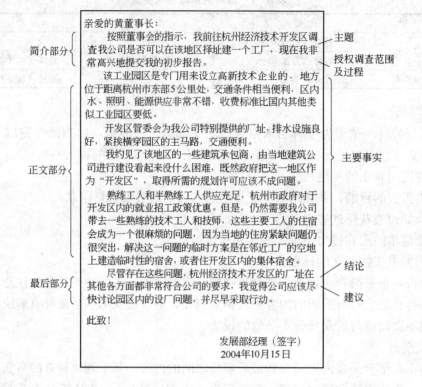

图 8-2 信函式报告

4. 标题设计

在报告的书写过程中,只考虑格式还不够,更主要的是报告的主题内容。在主题内容的设计上,要强调其内在的逻辑关系,使得读者看了之后能马上明白报告的内在关系。因此,在书写的过程中,要强调各部分标题的设计。

标题的设计的目的在于便于读者的阅读和理解。如果没有一个统一的标题体系,会使读者搞不清楚主体内容之间的关系。具体在标题设计上要注意以下几个问题:

① 标题的排版和空格应该反映报告的内在条理性;

② 避免激怒性的标题,尤其当报告是针对矛盾事务的解释时,一定不能采用损害读者尊严的标题;

③ 标题应富于启发性,且让人容易理解,否则就失去标题的价值;

④ 标题一般应由单词和短语构成,尽量避免用句子;

⑤ 标题应该准确,但又要简洁。

在标题的设计中,很重要的一点是要注意一致性原则。这是合乎逻辑内容组织的基本要求。通过一致性的标题把整体的不同部分联系起来。当然,在通常情况下,即使有了标题,仍要求在书写中在上下文之间使用承上启下的词句及前后引用,以帮助读者能有机地从前一部分过渡到后一部分。这种过渡性的句子,在大型报告中,可能是"功能型"段落,这些段落不增加新的信息,只是起介绍、总结、过渡的作用。

标题的一致性,是以标题编号来实现的。标题的编号方式可以根据个人不同的偏好作选择。有些作者喜欢用编号体系来强调不同层次标题的重要性;有的作者喜欢用数字和字母混合使用的编号方式来说明重要性递减变化。当然,假如标题的外观已经足够清楚,也可以不

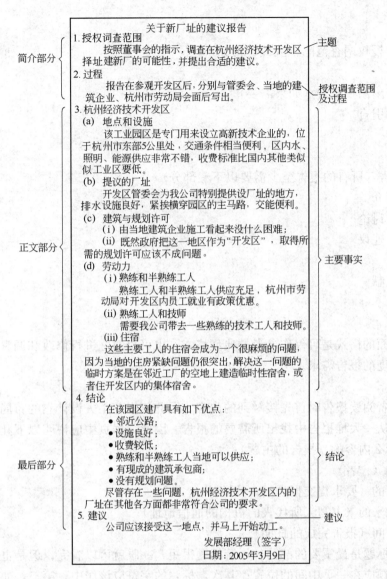

图 8-3 纲要式报告

用编号。

在论文和会议报告的书写时，使用"数字"体系比较常见，这种形式也是国际上采用比较多的编号方式。这种体系可以帮助读者方便地转移到相应的需要部分。

另外，还有一种不太常用的编号方式——直接为所有段落按层次编号。如果你的计划合理，标题清楚，采取直接为段落按次序编号也可以帮助读者顺利快速地找到所需的内容。这种编号在教材中、试卷中出现较多。有些机构的印刷风格也要求任何超过两页纸的文件都要进行段落编号。

8.3.5 长篇正式报告格式简介

1. 长篇正式报告的典型格式

一份长篇的正式报告的典型结构如下。

(1) 前页
- 扉页
- 授权（授权调查范围、区域、目标）
- 目录
- 附表与附图一览表（如果需要）
- 前言、引言
- 致谢
- 摘要

(2) 主报告（所有的报告至少需要以下三部分）
- 内容简介
- 事实与讨论
- 结论与建议

(3) 附页
- 参考文献
- 附录
- 索引

当然，上面的格式是可仅作参考的典型格式，也可以对之进行修改和调整，以适应不同类型、不同长度的报告需求。

2. 扉页

扉页是读者阅读报告时首先接触到的内容，因此值得花工夫设计它的布局。扉页的功能在于帮助读者从一大堆报告中找出所需要的报告。因此，扉页中应说明以下几个问题：

- 关于什么内容的（报告的主题）；
- 谁写的（作者）；
- 为谁写的（要求提交报告的人或团体）；
- 从哪儿来的（书写人所代表的机构的通信地址）；
- 什么时间（报告完成的日期）。

扉页中的标题是最重要的部分。尽管标题很短，一眼就可以看完，但是也应该很仔细设计。首先，标题应在一页中间的位置；其次，标题的字符应该居中；第三，如果标题超过两行或更多，应该注意把重要的词放在一起，不能把语意拆开，放到两行。

3. 参考文献

如果在写报告时使用了别人的著作和观点，应该在报告中予以声明，例如后面的参考文献。这对于学术论文和毕业论文来说，非常重要。如果引用人家的观点，又没有表示出来，就是剽窃他人的成果，侵犯他人的知识产权。要求从平时的书写中就要注意这个问题。在报告书写中，应该严格遵守下面3条规则。

① 任何不是自己的工作都应该清楚地注明参考文献，以免被认为是剽窃他人作品。

引用他人的话时应用引号；如果是反映了别人的主要观点，也必须用上引号。

② 报告中的文字和插图的每个参考文献都应列入参考文献中。

参考文献中的每一项文字中都应该涉及，要养成在文字中说明引用出处或数据来源的良好习惯。

③ 所有的数据和图片必须在文字中注明出处。

复习思考题

1. 什么是书面沟通？有哪些形式的书面沟通？
2. 书面沟通的优缺点有哪些？
3. 常见的书面沟通障碍有哪些方面？
4. 书写的技巧有哪些方面值得注意？
5. 如何书写好的书面报告？

案例分析

凯乐集团股份回购风波

最近几天，凯乐集团公司投资部经理王健忙得焦头烂额，他不断地接到股东打来的抱怨电话和咨询电话，还要接待一拨又一拨的来访者。他们大多数对公司的股东分配方案深表不满，而对公司答应过的上市计划更是耿耿于怀，一些情绪激动者甚至破口大骂凯乐集团公司是骗钱公司，说什么"表面上红红火火，在中央台的广告打得砰砰响，花大把大把股东的钞票，对股东却如此苛刻"。尽管王健对他们做了大量的解释、说服工作，仍不能消除他们的怨气。事情起源于一周前凯乐集团公司下属凯乐美食城娱乐股份有限公司的一则广告，公告的内容是这样的：

本公司派发1996年至1998年共三年的股票红利，每股人民币0.12元（税前），即日起凭股票资金卡到省证券登记中心划取。由于客观原因，本公司的股票在近三年内不能上市交易，为了广大股东的切身利益，公司决定以每股1.5元人民币汇购法人股、社会公众股和内部职工股，即日起在省证券登记中心开始办理相关手续，有意者请前往办理。

凯乐美食城娱乐股份有限公司
一九九九年三月八日

公告登出后，在社会上激起了巨大反响，人们对凯乐公司的种种美好愿望仿佛在一夜之间都化为泡影，一些借债买股的股东，本以为可以靠股票上市赚一笔钱，没想到等了几年空欢喜一场。美好的想像和冰冷的现实之间巨大的反差，使部分心理素质较差的股东作出了一些过激的反应，全然没有当初购买股票时对美食城公司的热望和憧憬。

风波背景

凯乐集团公司是一家全国知名的食品经营企业，1998年该公司的营业额为39亿元，利税7亿元人民币。从1996年起，连续三年处于Z省利税第一名。该公司成立于1987年，起家时仅三人，14万元贷款资金。公司在贺前乐经理的带领下，一步一个脚印，依靠凯乐系列产品，逐步发展壮大。

1993年，为了扩大企业规模，发展多元化经营，凯乐集团公司下属美食城娱乐有限公司决定采取发行股票的方式，向社会募集资金约2亿元，以进入饮食娱乐服务行业。凯乐集团公司当初决定采用发行股票募集资金的方式成立凯乐美食城娱乐股份有限公司。1993年正是全民炒股的疯狂时代，加上不断有杨百万、李千万的出现，而原始股更被视为稀缺资源，而且凯乐集团公司在全国具有较高的知名度。因此，当时发行股票时，面值1元的股票以1.5元的溢价发行，而且很快被抢购一空，凯乐集团公司的神奇发展速度，更助长了人们对其下属美食城娱乐股份有限公司的美好期望,人们不管法人股、社会公众股、职工个人股之间的本质区别,也不问美食城娱乐公司和集团公司之间的隶属关系,一个朴素的想法就是:只要买了该公司的股票,就是买到了发财的希望,急切地盼望手中的股票能早日上市。

平心而论,凯乐集团公司为了使美食城娱乐有限公司上市做了大量的工作。1996年公司花了2.1亿元在省城闹市区黄金地段开始建造凯乐美食城大厦。1999年2月份正式建成开始营业,主管部门对凯乐所属美食城的股票上市问题也非常重视,在全省不多的股票上市额度中,挤出一个名额给美食城,投资部对于上市的前期工作也做了精心准备。但是,由于美食城大厦迟迟没有完工,影响了财务报表中的主营业务收入利润,在证监会对美食城股票上市资格审查时,正是这一条要求连续三年主营收入增长率达到10%以上的规定成了美食城股票上市的拦路虎。1998年底,上级主管部门正式通知凯乐集团公司:因不符合有关规定标准,凯乐美食城娱乐有限公司股票近几年内不予上市。考虑到广大股东的切身利益,美食城娱乐股份有限公司发布了上述公告。

面对股东日益不满的情绪,投资部经理深感问题的严重性,他连夜起草了一份事情经过的报告,呈送给凯乐集团公司董事长兼总经理贺前乐先生。两人讨论了目前出现的情况后,一致认为造成现在这种局面,公司是有责任的,主要的问题在于公司和股东之间沟通不够,没能让股东了解很多的情况,以至于产生隔阂。目前最重要的事情是在近期召开一次凯乐美食娱乐股份有限公司的股东大会,在会上准备向股东就以下问题作解释和说明。

(1) 美食城娱乐股份有限公司仅仅是凯乐集团公司作为股东所发起的股份有限公司,拟准备上市的美食城娱乐股份有限公司和凯乐集团公司在财务上是完全独立的,因此,凯乐集团公司的业绩不等于美食城娱乐股份有限公司的业绩。

(2) 由于财务报表的原因,公司近三年内不可能上市,证监会审查时,曾打算利用集团公司的利润来为美食城娱乐公司润色,因涉及违规,放弃了这一想法。

(3) 美食城娱乐股份有限公司1999年开始正式营业,在这之前只有一些投资收益,无主营收入,故近三年红利每股近1.12元人民币。

(4) 本着对广大股东负责的态度,公司打算回购原先售出的股份,如对公司的持续发展有足够的信心的,也可持股,公司一定会以对股东负责的态度运作公司的业务,力争有一个好的回报,也不排除三年以后上市的可能性。

(5) 凯乐美食城娱乐公司本着"励精图治、艰苦奋斗、勇于开拓、自强不息"的企业精神,继续努力,争取在21世纪对社会做出应有的贡献。

(6) 公司对于广大股东多年来给予公司的支持和帮助予以深深的感谢,并希望一如既往,继续行使当家作主的权利。

最后,贺前乐董事长要求王健根据上面的6条意见,起草一份报告,由董事长在凯乐美食城娱乐股份有限公司股东大会上作报告。

问题讨论

请运用本章所学的技巧和方法,拟写一份笔头沟通报告,董事长将在股东大会上向全体股东作演讲。

第 9 章

谈 判 技 能

- ✓ 理解谈判的含义、分类、构成要素；
- ✓ 理解谈判的一般过程；
- ✓ 掌握谈判的策略与技巧；
- ✓ 了解谈判中的语言沟通与非语言沟通。

谈判是人类交往过程中一种非常普遍的社会现象，其本质是一种特殊的双向沟通的交往方式，是一个利益的交换和妥协的过程。人们运用谈判可以谋得更大利益，或者将损失降至更小。因此，在现代社会中，几乎所有商业及管理活动都离不开谈判。谈判有广义和狭义之分：狭义的谈判仅仅是指正式场合下的谈判；广义的谈判是指一切协商、交涉活动。本章只探讨狭义的谈判。

9.1 谈判概述

9.1.1 谈判的含义

谈判是在个人、团体或国家间存在利益冲突，又不愿意让这种冲突继续下去时，为达成协议而提出各种明确的提案，从事利益交换或实现共同利益的过程。换言之，谈判是双方在"争"与"让"、"取"与"舍"之间尝试寻求各方都同意接受的条件的过程。

谈判是实现合作与沟通的有效方法之一，它是一种从不平衡转变到平衡、从无序转为有序的过程。美国谈判专家费雪（Fisher）指出："每位谈判者都有两种利益：实质的利益和关系的利益。每个人的利益焦点并不是完全对立的。相互合作、互利互惠，会使谈判双方既得到实质的利益，又获得关系的利益。以合作为起点，最终将获得双赢的结局。"

9.1.2 谈判的分类

为了避免谈判的片面性，也为了有效地运用谈判技巧，必须对谈判进行分类。谈判可以从不同的角度、按不同的标准分成多种类型。

1. 按谈判目标划分

根据谈判的目标可划分为不成结果的谈判、意向书与协议书的谈判、准合同与合同的谈判、索赔谈判。

1) 不成结果的谈判

不成结果的谈判是谈判的初级阶段或准备阶段。在不成结果的谈判中，谈判各方不急于进入正式谈判而达成协议，而是相互了解、收集信息，判断是否可以开始正式谈判，并为未来可能达成谈判结果做准备。不成结果的谈判又可分为三种形式。

(1) 一般性会见

一般性会见旨在确定方向性或可能性。气氛大多热情友好，注意培养友谊和连续性。此时，谈判人员要注重第一印象，时间上应视对方方便。无论同什么类型的人员会见，均应重视信息的传递，努力创造具有吸引力的形象。

(2) 技术性交流

技术性交流是交易谈判的前奏，它的突出特点是广告性和审视性强。广告性是指大力宣扬自己的商品。要注意的是，若不是合作性技术交流，而是赢利性、交易性的技术交流，必然具有保守性，即保守技术秘密、隐藏商品缺陷。审视性是指对对方的技术能力充分地提问或讨论。

(3) 封门性的会谈

封门性的会谈顾名思义是想"封门"，即封杀某项交易的可能性，或终结正在进行中的谈判。封门性的会谈应注意"外交的委婉性"。谈判者要会做"卸责陈述"，即罗列不能继续谈判的原因，尽量把原因转嫁到与己无关的客观因素上，以减缓对方情绪上的波动。封门性的会谈还常常伴随"远期空头支票"，即谈判者在封门时常常做远期的、有条件的许诺，使对手抱有合作的希望，达到维护关系的目的。

2) 意向书与协议书的谈判

为了明确双方交易的愿望，保持谈判的连续性、交易的可靠性，谈判双方提出要求签订意向书或协议书。从法律的角度讲，意向书或协议书与初步谈判结果的记录具有同样的效果，即起到总结与展望的作用，但无法律约束力。只要不涉及交易细节和合同要件，一般情况下，意向书与协议书的谈判气氛轻松，谈判各方态度坦诚、地位平等，不以优势压人。不过，应提醒的是，意向书与协议书（特别是协议书）有时也有契约性的法律约束，关键在于写的内容和写的手法。

3) 准合同与合同的谈判

准合同与合同的谈判是为实现某项交易并使之达成契约的谈判。准合同是带有先决条件的合同，如许可证落实问题、外汇筹集等。准合同与合同从形式上无根本区别，但在法律上两者有根本的区别：准合同可以在先决条件丧失时自动失效，而无须承担任何损失责任；而合同则必须执行，否则为违约。因为这两者均是在交易诚意下所进行的谈判，所以从谈判的角度讲它们无本质区别，它们所表现的谈判特征也相似。准合同与合同的谈判的特点如下。

① 双方谈判人员是根据经过多次广泛洽商以后选定的交易目标进行谈判的，因此谈判中的议题十分明确。

② 谈判涉及双方的"权利与义务"、"利益与风险"等具体利益问题，因此谈判紧张激烈。

③ 双方为维护各自利益会展开真正的谈判较量，各种谈判手法只要有用都会被运用。

4) 索赔谈判

索赔谈判，是在合同义务不能或未能完全履行时，合同当事人双方进行的谈判。索赔谈判有以下特点。一是重合同。合同是判定违约的基础条件。二是重证据。证据是确立索赔谈判的重要法律手段。三是重时效。只有在有效期内，"索赔的权力"才受法律保护。四是重关系。索赔是件令人不愉快的事，但谈判双方应尽量避免把关系闹僵，这样既有利于索赔事件的处理，又有利于双方今后的合作。

2. 按谈判双方接触的方式划分

根据谈判各方接触的方式,谈判可划分为面对面谈判、电话谈判、书面谈判和网络谈判。

(1) 面对面谈判

面对面谈判是指谈判各方面对面地用语言谈判。这种谈判方式的优点如下。

① 面对面谈判是一种即时谈判。谈判各方可以详尽地陈述自己的观点,认真听取对方意见,并即时地作出反应,因此谈判效率较高。

② 谈判各方可以察言观色,掌握对方心理,便于施展谈判技巧。

③ 有利于沟通,减少误解,加强感情交流,形成较融洽的谈判气氛。

面对面谈判的主要缺点是成本较高,谈判各方不得不为聚在一起谈判花费交通费、住宿费、接待费及大量时间。

(2) 电话谈判

电话谈判是指谈判各方通过电话进行的谈判。电话谈判也是一种即时谈判,因此谈判效率较高,而且电话谈判不要求谈判各方聚在一起,因此费用较低。但在电话谈判中,谈判者不能察言观色,不能掌握对方心理,不利于沟通和感情交流,容易造成误解。

(3) 书面谈判

书面谈判是指谈判各方利用信函、电报、电传、传真等通信工具进行谈判的一种形式。在书面谈判中,谈判者不需要对对手的意见立即作出反应,有较充足的时间进行分析研究,有利于慎重决策。但是,书面谈判较耗时,效率较低。在进行书面谈判时要注意的是:谈判者应尽可能使用规范的书面格式和专业术语,书写内容要言简意明,力求使对方能全面、清楚地了解己方的条件和要求,以避免因文字表达不清而引起误解。

(4) 网络谈判

网络谈判是指谈判各方利用互联网进行谈判的一种谈判形式。网络谈判几乎具有以上三种谈判形式的所有优点:

① 通过互联网,谈判者足不出户就可以与世界各地的企业进行谈判,而且费用低廉;

② 通过音频、视频等工具,网络谈判可以实现面对面谈判的效果;

③ 互联网可以快速地传递各种文件格式,因此网络谈判效率更高。

作为一种新的谈判方式,网络谈判还有一些不完善的地方,如安全问题、电子文件的合法性问题等,但可以预见,网络谈判以其突出的优势将在不久的将来得到广泛应用。

3. 按谈判的结果进行划分

根据谈判结果,可以将谈判划分为胜负型谈判和双赢型谈判。

(1) 胜负型谈判

顾名思义,胜负型谈判的结果必是一方获胜,而另一方失败。在谈判中,双方是竞争对手关系,谈判紧张而激烈,双方都想压倒对手,削弱对手的谈判信心。

(2) 双赢型谈判

双赢型谈判强调的是:通过谈判,不仅要找到最好的方案去满足双方的需要,而且还要解决责任和任务的分配。双赢型谈判的结果是:你赢了,但我也没有输。在双赢型谈判中,谈判双方尽管有各种各样的矛盾和冲突,但双方还是把对方视为合作伙伴,努力合作与交流,为着一个共同的目标探讨相应的解决方案。

4. 按谈判进行的地点划分

根据谈判进行的地点，可将谈判分为主场谈判、客场谈判、主客场轮流谈判、中立地谈判 4 种。

（1）主场谈判

也称主座谈判，是指谈判中的某一方选择在自己的所在地进行谈判，以自己这一方为东道主。因为不离开自己熟悉的环境，在自己做主人的情况下组织谈判，可以给主方带来诸多方便。主方应注意礼貌待客，尽量给对方提供各种方便，做好谈判的一切准备工作，当好东道主。

（2）客场谈判

也称客座谈判，是指谈判中的一方到对方的所在地以宾客的身份参加谈判。谈判人员离开了自己熟悉的环境，尤其是初次来到一个陌生的地方，会受到许多无形的阻碍和许多条件的限制。因此，客方在环境不利的情况下应冷静思考、沉着应战、审时度势，灵活地发挥自己的优势。

（3）主客场轮流谈判

也称主客座轮流谈判，是指在一场谈判中谈判双方交换地点的谈判形式。主客座更换，一般换座不换帅，但有的情况也可能引起将帅的更换。这种情况的出现，通常是由于交易复杂、不寻常，而且拖延的时间较长。

（4）中立地谈判

中立地谈判是指在谈判双方所在地以外的其他地点进行谈判。在中立地进行谈判，对谈判双方来讲无"主"、"客"之分，享有同等的谈判气氛，双方的条件、地位是对等的，有利于双方各自发挥自己的正常实力。但有可能因第三方介入而使谈判各方的关系发生微妙的变化。

5. 按参加谈判的利益主体的数量划分

根据参加谈判的利益主体的数量，可将谈判划分为双边谈判与多边谈判。

（1）双边谈判

双边谈判是指谈判活动中只有两个利益主体，不存在第三方。在这种谈判中，双方的利益关系比较明确，也比较简单。双方在谈判过程中一般只需注意明确本方及对方的利益、意图，处理好双方的利益协调问题，就可以达成较理想的协议。

（2）多边谈判

多边谈判是指在谈判活动中有两个以上的利益主体参加谈判。在这种谈判中，参加谈判的每一方都是一个利益主体，他们有各自的意图和利益。实践中的多方谈判，往往先形成利益阵营，即在谈判主体之间根据大原则先分成派系，然后谈判在派系之间进行，而每一派系内部要本着求大同、存小异的原则，达成某种协议，互相配合，取得最后成功。因此，多方谈判比双方谈判要复杂得多。国际间的外交谈判、政治谈判、军事谈判多属于这种谈判。

9.1.3 谈判的构成要素

谈判的要素既包括构成谈判活动的必要要素，也包括谈判得以进行的基本要素，它从静态结构上揭示了谈判的内在基础。谈判人员只有从整体上认识谈判的各项要素，才能从全局上把握谈判的主动权，使己方在谈判的进程中做到有的放矢、攻防自如，从而达到谈判的预期目的。一般来说，谈判的构成要素主要包括谈判主体、客体、目的、策略和结果等。

1. 谈判主体

谈判主体就是指参与谈判的当事人。谈判是双方或多方利益的较量，谈判是在人与人之间进行的，谈判主体是谈判活动的主要因素，谈判主体可以是自然人也可以是经组合而成的一个团体；可以是双方，也可以是多方；可以只代表谈判人员自身的利益，也可以代表一个组织、一个地区或一个国家的利益。谈判活动的成效很大程度上取决于谈判主体的主观能动性和创造性。谈判主体有两种出现形式：一是出现在台前，即直接上谈判桌；二是位于台后，即不直接与对方谈判，而是为台前的谈判人出谋划策或准备文件资料。

2. 谈判客体

谈判客体是进入谈判活动领域的议题，是谈判活动不可缺少的因素，谈判的内容就是由谈判客体决定的。谈判议题就是指谈判双方要协商解决的问题，是谈判者利益要求的体现。谈判议题是谈判的起因、谈判的目的、谈判的内容，因此可以说它是谈判活动的中心。没有谈判议题，谈判就无法进行。谈判议题有不同的内容，它可以属于物质方面，也可以属于资金方面；可以属于技术合作方面，也可以属于行动方式方面。它最大的特点在于双方人士的一致性，如失去这一点，就无法作为谈判客体而促成谈判。

3. 谈判目的

参与谈判的各主体都希望通过谈判来达到一定的目的。如果没有谈判目的，谈判是不完整的，只能称其为闲谈。谈判与闲谈的主要区别在于是否存在利害与经济关系。谈判涉及各方的利益，因而往往是在对立与竞争的条件下进行的。虽然从表面上看，谈判可能是"轻松愉快"、"友好协商"、"真诚坦率"的，但实质上都是各方智慧、势力、胆识、应变力的交锋。因此，谈判有着明确的目的。并且，谈判目的与谈判意愿之间存在着紧密的关系，谈判意愿的转化往往影响着谈判目的的转化。

谈判目标是一种主观的预测和决策性的目标，它的实现还应根据谈判各方的利益需要、客观的因素等，制定具体的目标系统和设置目标层次，并经历各方多次的讨价还价来达到。从这个意义上说，谈判的目标类型有以下几种。

(1) 最优期望目标

最优期望目标是指对谈判某方最有利的理想目标。但是，由于谈判是各方利益重新分配的过程，哪一方也不会心甘情愿地将利益全部出让给对方，谈判的最优期望目标也只能是相对的。但这并不是说最优期望目标在谈判中毫无作用，也不说明最有期望目标是绝对达不到的。一个具有良好信誉、资金实力雄厚的企业，达到最有期望目标的机会是存在的。

(2) 实际需求目标

实际需求目标是谈判各方根据主客观因素，结合各方面的情况，经过科学论证、预测及核算后纳入谈判计划的目标。这是需要谈判者调动各种积极因素，使用各种谈判手段，努力争取实现的目标。比如引资谈判中，需求方提出的额度可能是 100 万元，这是需求方的最优期望目标，而他实际想到的是 70 万元，这个 70 万元的额度就是他的实际需要目标。这个目标是秘而不宣的内部机密，是谈判死守的最后防线，关系到己方的经济利益，如果由对方提出来，则己方见好就收。

(3) 可接收目标

可接收目标是满足谈判方部分需求，实现己方部分利益的目标。在上例中，供给一方因各种原因，不能完全满足需求一方的实际需求目标，如只能提供部分资金（50 万元）。因此，需求一方在制定谈判计划时，就要预计到这种情况的发生，制定相应的措施和目标（比如可接受的目标定在50万元～70万元之间），并抱着现实的态度，而不能"硬撑"。

（4）最低目标

最低目标是谈判方必须达到的目标，它与最优期望目标有必然的内在联系。在谈判中，表面上，需求一方一开始往往提出其最优期望目标，这实际上是保护最低目标（比如40万元）、可接受目标（50万元～70万元）乃至实际需要目标（70万元）的策略。然后，通过反复谈判，希望取得一个可能高于其最低目标的额度目标。

实际操作中，必须依据实际需求目标，认真制定规划，合理确定目标系统及目标层次。需要坚持三个原则：实用性、合理性及合法性。实用性，就是制定的目标是根据自身的能力和实际条件，是切实可以用于谈判的，这是确保谈判成功的基本原则。合理性，就是谈判目标的空间和时间的合理性，不同的时间、不同的谈判对手、不同的谈判领域里，目标的制定是有变化的。合法性，主要是指谈判的目标必须符合一定的法律和规则。行贿、损害集体利益、依强欺弱、提供伪劣产品或过时技术或虚假信息等，都属不合法行为。

4. 谈判策略

谈判策略是指谈判主体为解决谈判议题而依据谈判发展所采取的斗争方式和处理问题的方法及技巧。广义的谈判策略除包括具体的谈判策略以外，还包括谈判议题、谈判进度和谈判计划等的设计和安排。具体谈判策略是指谈判过程中具体采取的谈判方式和处理问题的方法及技巧，如声东击西、吹毛求疵、瞒天过海等。

5. 谈判结果

一次完整的谈判都会有两个结果。结果可能是有输有赢，也可能是多赢，还可能是破裂。没有结果的谈判是不完整的谈判，陷入僵局的谈判往往容易演变成不完整的谈判。不完整的谈判一方面会降低工作效率，另一方面也会影响谈判者的信心。

9.2 谈判的一般过程

一次完整的谈判过程一般包括5个步骤，即准备和计划、确定谈判计划、开局和阐述、讨价还价和让步、结束和实施。如图9-1所示。

9.2.1 准备和计划

准备和计划是指在思想上、物质上和组织上为谈判进行充分的准备工作，主要包括确定谈判目标、收集谈判信息、组建谈判队伍等。一般来讲，谈判的准备工作做得越充分，谈判的效果就会越好。同时，在谈判的准备和计划阶段，谈判的各方要就谈判的时间、地点等问题进行简单磋商，从而为下一步正式谈判打好基础。

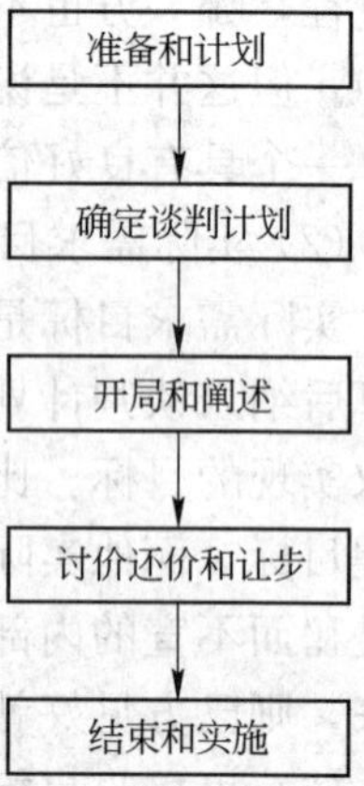

1. 确定谈判目标

确定谈判目标的中心在于两方面。一是明确谈判的目的。谈判的目的是谈判的根本目标，是其他谈判目标的基础。二是根据谈判目的，确定谈判的目标。最高目标是指在谈判中可获得的最佳结果，谈判者把最高目标作为谈判的努力目标；最低目标是指谈判者让步的最后限度。谈判是相互妥协的过程，其中必须有让步，确定让步的最后限度可以使谈判者从容不迫地面对对方的压力。最高目标和最低目标之间的差距就是谈判者的让步范围。

图9-1 谈判的一般过程

2. 收集谈判信息

谈判信息就是指与谈判有关的各种数据与资料，包括谈判双方冲突的性质与原因、对方参与谈判的人员、对方对谈判的理解、对方的目标与要求、对方对我方目标的态度与反应、对方坚守自己立场的程度、对对方来讲最重要的利益是什么等。如果是组织间的商务谈判，则还需了解市场、技术、金融、政治、法律等方面的相关信息。

3. 组建谈判队伍

谈判是在人与人之间进行的，谈判的成效很大程度上取决于谈判人员的主观能动性和创造性的发挥，因此筛选谈判人员，是一项非常重要的工作。除了个人素质以外，配备谈判班子和明确谈判分工也是保证谈判效果的必要条件。

4. 确定谈判时间和地点

谈判时间的安排是谈判准备的重要环节。如果时间安排得很仓促，谈判者准备不足，匆忙上阵，很难沉着冷静地在谈判中实施各种策略；如果时间拖延得很长，不仅会耗费大量的时间和精力，而且随着时间的推延，各种环境因素都会发生变化，还可能会错过一些重要的机遇。谈判地点的选择也不可忽视，不同的谈判地点会对谈判者造成不同的心理影响。

5. 确定 BATNA

BATNA，即 best alternative to a negotiated agreement，谈判协议的最佳方案，是指个体对于谈判协议可接受的最低价值标准。它决定了在谈判协议中可接受的最低价值水平。只要在谈判中你所得到的任何提议高于你的 BANTA，谈判就不会陷入僵局；反之，如果你的提议不能让对方感到优于他的 BATNA，也就很难获得谈判的成功。因此，在谈判之前确定自己的 BATNA，了解对方的 BATNA，将有利于在谈判中占据主动地位。

9.2.2 制定谈判计划

谈判计划是谈判者在谈判前对谈判的策略、风格、步骤所作的预先设计和安排，是谈判者行动的指针和方向。有了谈判计划，参加谈判的人员就能做到心中有数，打有准备之仗。

1. 确定谈判策略

确定谈判策略，其意义是选择能够达到或实现谈判目的的基本途径及方法。谈判策略是基于对谈判各方的实力和影响其实力的各种因素的细致研究，以及在认真分析的基础上确定的。一般说来，常见的谈判策略主要包括：对谈判作出计划；采取双赢方法；保持高期望；使用简单易懂的语言；多提问，对答案要眼观耳听；建立牢固的关系；保持人品的正直；适当让步；保持耐心；具备文化上的知识，使谈判适应于东道国的环境；等等。

2. 选择谈判风格

谈判风格是指属于谈判者个人惯常展示的谈判行为方式。谈判风格没有"好"与"坏"之分，只能说某种谈判风格具有或不具有什么特点。只有当某种谈判风格与某种谈判具体情况结合在一起时，才能以效果为标准断言其正确还是错误。有经验的谈判者总是在认真分析收集到的各种资料之后，有意识、有目的地选择最恰当的谈判风格。概括起来，谈判策略一般可分为合作、妥协、顺从、控制和避免5种类型。

① 合作型。采用这种谈判风格的谈判者对待谈判的立场是维持人际关系，确保双方都能达到个人目标。

② 妥协型。采用这种谈判风格的谈判者对待谈判的立场是既要考虑谈判目标，又要考虑双方的关系。这种谈判风格以说服和运用技巧为特点，其追求的谈判目标是找到某种权宜

性的、双方都可以接受的方案，使双方利益都能得到满足。

③ 顺从型。采用顺从型风格的谈判者对待谈判的态度是竭力维持人际关系，很少关心谈判双方的目标，把退让、抚慰和避免冲突看作是维护人际关系的方法。

④ 控制型。采用这种风格的谈判者对待谈判的立场是不考虑双方的关系，而只考虑采取相应的策略和手段确保自身目标得以实现。

⑤ 避免型。这种谈判风格的核心是逃避，因而当遇到冲突时，采用避免型风格的谈判者会不惜一切代价避免冲突。

3. 明确谈判程序

谈判程序也称谈判议程，是指所谈议题的先后次序。谈判程序一般有以下几种情况。

(1) 先易后难

这种程序的确定主要是为了给整个谈判创造一个良好的气氛，先将容易谈妥的议题确定下来，为谈判较困难的问题打下基础。

(2) 先难后易

这种程序的确定主要是为了突出谈判的重点和难点，先集中谈判各方的精力和时间将重点和难点谈清，剩余的问题也就容易取得共识和得到解决。

(3) 混合型

即不分主次，把所有的问题都排列出来加以讨论。经过一段时间的讨论后，把各种意见归纳起来，将已经明确统一的意见放在一边，再就尚未解决的问题加以讨论，以求最终得到解决。

在确定谈判程序时，还应注意以下几个方面。一是程序的针对性。具体的谈判程序应根据不同谈判的情况来确定。二是程序的相互性。也就是说，在确定程序时既要符合己方的需要，也要兼顾谈判对方的需要。三是程序的简洁性。在一次谈判中，谈判议题不易过多；否则将会造成谈判人员的思想负担。如果议题较多，可以安排多次谈判予以解决。

4. 确定谈判时间和地点

即确定谈判的具体时间及谈判的持续时间。如果谈判要分阶段进行，还要确定每个阶段时间的长短。应根据谈判的准备情况、谈判议题的多少和重要性、谈判对手的情况等确定时间长短。谈判的地点一般选择自己的领地比较有利，但重要的谈判最好选择一个中立的地方作为谈判地点。

9.2.3 开局和阐述

谈判进入开局和阐述阶段标志着谈判从幕后走到了台前，谈判双方开始正式接触。

1. 开局

开局是谈判双方就谈判的非实质性内容进行交谈，创造一种适宜的谈判气氛的过程。它的目标主要是对谈判程序和相关问题达成共识；双方人员互相交流，创造友好合作的谈判气氛；分别表明己方的意愿和交易条件，摸清对方的情况和态度，为实质性磋商打下基础。谈判开局对整个谈判过程起着至关重要的作用，它往往关系到双方谈判的诚意和积极性，关系到谈判的进展和发展趋势。一个良好的开局将为谈判成功奠定良好基础。

2. 阐述

阐述就是在谈判开局结束后，谈判双方表明各自对谈判相关问题的理解和利益需求。这包括谈判应涉及哪些问题、希望通过谈判取得哪些利益、双方的首要利益、双方对谈判的态度等。在商务谈判中，报价通常是谈判者所有要求的总称，因此阐述阶段又被称为报价阶段。进入阐述阶段标志着谈判开始触及到实质性内容，但这时谈判还不是对抗性的。

9.2.4 讨价还价和让步

在开局和阐述阶段，双方各自表明了对相关问题的看法和利益需求。双方的谈判条件必然会存在某些分歧和矛盾。为了解决这些分歧和矛盾，双方就必须进行讨价还价。在这个阶段，谈判各方使用各种谈判技巧，针锋相对，反复较量。要么己方放弃某些利益，要么要求对方放弃某些利益，双方也可进行利益交换或同时放弃某些利益。经过一系列的磋商，使彼此的立场和观点接近或趋于一致。此阶段包括让步与打破僵局。

1. 让步

让步是讨价还价过程中的重要行为，这是双方达成一致的重要条件。

首先，应坚持正确的让步原则：让步幅度不宜过大，不要做无谓的让步，应步步为营；要恰到好处，用较小的让步给予对方较大的满足；多在次要问题上让步，以求对方在重要问题上让步；不要与对方同等幅度让步，若对方大幅度让步，我方则以小幅度让步回应。

其次，选择恰当的让步方式，如表9-1所示。

表9-1 让步方式的比较

序 号	让 步 方 式	特 点
1	在最后时刻让出全部可让利益	态度强硬，开始时寸步不让
2	每次等额让出可让利益	步子稳健、谨慎
3	先高后低、最后再高的让步	机智灵活、富于变化
4	小幅度递减的让步	自然坦率、符合习惯
5	从高到低，然后再稍高的让步	以合作为主、竞争为辅
6	开始时大幅度递减，然后再反弹的让步	软弱老实、急于求成
7	前期让出全部可让利益，中间赔本让利，最后讨回赔本部分	果断诡诈、富于冒险
8	开始即让出全部可让利益	诚恳务实、坚定坦率

2. 打破僵局

谈判中常常会陷入僵局。谈判僵局是指由于某些原因而出现的双方各不相让而使谈判陷入进退两难的境地。原因主要有双方的目标差异太大、一方固执己见、一方态度不诚恳而故意拖延时间等。打破僵局的方法主要有：撇开争执不下的问题，讨论下一个问题；重新搜集信息，加强沟通，提出新方案；改变谈判气氛，如双方一同参加游览、文娱活动；更换谈判人员；请第三方做调解或仲裁等。第三方主要担当4种基本角色。

(1) 调停人

调停人是中立的第三方。主要使用劝说、讲道理、建议采取其他解决方案等方法来促进达成谈判协议。该方法成功的前提条件是冲突双方必须愿意通过谈判来解决他们的冲突。并且，中度冲突水平的调停方式最有效。另外，调停人必须是双方都认为是中立的，不具有强制性；否则，调停将达不到预期的效果。

(2) 仲裁人

仲裁人是运用权威来达成协议的第三方。仲裁可以是双方主动要求的，也可以是根据法律或合同的规定强制进行的。谈判双方设定的规则不同，仲裁人的权限也不同。与调停方式相比，仲裁的最大优点是能够使问题得到解决，但有时容易使感到失败的一方不满意。

(3) 和解人

和解人是受谈判双方信任的第三方，主要在谈判中提供非正式的沟通渠道。但有时和解人也做一些调查实情，解释信息，并劝说双方达成协议，因此和解人与调停人的角色有时难以严格区分。

(4) 谈判顾问

谈判顾问是技术纯熟并且公正的第三方，主要是试图通过沟通与分析，并借助自己在冲突管理方面的知识来促进问题的解决。顾问的作用不是解决问题，而是增进冲突双方的相互关系，并使他们最终能自己解决问题。顾问不提供具体的解决方案，而主要帮助各方学会理解对方，并能与对方共同合作。因此，这种方法注重长期效果，即在冲突各方之间形成崭新的、积极的认知态度。

从针锋相对到利益调和的途径

通盘协议是一种能够调和谈判双方利益，使双方更为满意的策略。但并非所有的谈判都可以运用它，这是因为达成通盘协议需要丰富的创造力和想像力来制定新的解决办法。普瑞特（Pruitt）和鲁宾（Rubin）提出了5种途径可以达成通盘协议。他们用丈夫和妻子讨论去哪里度假的例子说明了这个问题。丈夫倾向去山区，妻子倾向去海边，他们曾考虑通过妥协来达成协议，即在山区和海边各玩一周，但他们希望还有更好的方案，那么应该采取哪个途径呢？

1. 把馅饼做大（Expanding the Pie）

通过增加资源使双方各取所需来达成通盘协议。比如夫妻双方可以向各自的老板多请几天假，来增加在山区和海边的度假时间。

考虑：是否存在资源短缺？
　　　如何扩大关键性资源？
　　　双方如何各取所需？

2. 滚木法（Log-Rolling）

双方在不同的问题上交换让步，各自都在自己不重要但对方重要的问题上让步。比如，在去哪里住宿的问题上，妻子愿意住一流旅馆，而丈夫想露营。也就是说，休息对妻子最重要，而住宿地点对丈夫最重要。那么他们可以达成通盘协议：去一流旅馆的山区住宿。

考虑：双方的重要和次要问题是什么？
　　　双方是否可以把独立的问题融合在一起？

3. 交易法（Trade-Offs）

有时双方可以通过"非特定补偿"来达成协议。一方得到其想要得到的东西，但同时在某个无关问题上给对方以补偿。比如，如果丈夫愿意花钱给妻子买一辆新车，也许妻子会同意和丈夫去山区度假。

考虑：对方的目标和价值观是什么？
　　　如何满足对方的目标和价值观？

4. 减轻代价法（Cost Cutting）

由谈判一方找出对方立场后面的关切点及满足这些关切点的方法。因为只要能满足对方的关切点，他就会接受对方的要求。比如，丈夫不愿去海边的原因是不喜欢那里的嘈杂和拥挤，但如果能找到一个安静的旅馆让他享受静谧的快乐，这样就会减轻他的代价，他就会同意去海边。

考虑：自己的建议给对方造成了哪些风险和代价？
如何降低这些风险和代价？

5. 搭桥法（Bridging）

这是根据双方的关切点来达成的协议，这是夫妻都可以找到一种能够满足各自最重要利益的新方法。比如，假设丈夫对钓鱼感兴趣，妻子对游泳感兴趣，那么两个人可以选择去有沙滩的港湾，这样就使双方的利益联结起来了。

考虑：自己和对方的建议分别想解决哪些关切点？
在这些关切点中，双方的优先选择是什么？
怎样才能满足对方的优先选择？

9.2.5 结束和实施

结束和实施阶段的主要任务是将已谈成的协议正规化，并为实施和监控执行制定出所有必要的程序。这一阶段包括签订协议、落实协议、谈判总结。

1. 签订协议

在签订协议前，要逐一核实协议的所有条款，要确保双方都充分理解达成的协议；要努力使协议内容明确，避免使用模棱两可的语句，保证各项条款的完整性，防止条款之间出现矛盾的现象。

2. 落实协议

在谈判协议中应包括一项落实协议的条款，该条款明确规定做什么、何时做、谁来做等。协议一旦签署生效，双方必须认真履行，如果发生了违背协议的行为，必须予以审视、纠正和制止。因此，谈判者必须熟记协议条文，在协议执行的有效期间内对对方进行必要的提醒，以保证谈判协议的切实履行。

3. 谈判总结

在谈判结束后，应很好地总结。总结的内容应该包括：对谈判结果是否满意；谈判人员中谁是有效的谈判者；哪些策略和行动是有效的；哪些策略和行动阻碍了谈判的进程；谈判中时间利用得如何；谈判中是否了解对方最关心的问题；谈判是否达到了对方的目的；谈判前的准备工作是否充分；此次谈判哪些方面值得以后学习，哪些方面需要吸取教训等。

9.3 谈判的策略与技巧

所谓谈判策略，是指在谈判中谈判人员为了取得预期的成果而采取的一些行动和方法，它是谈判实践经验的概括。而在谈判中使用恰当的技巧，可以有利于提高谈判的效果。

9.3.1 谈判开局阶段的策略

谈判开局阶段非常重要，因为它为整个谈判奠定了基础。经验证明，在非实质性的开局阶段所创造的气氛会对谈判的全过程产生作用和影响。谈判人员在此阶段的任务是要创造一个对己方有利的谈判气氛，为谈判的后几个阶段打下基础，以及自己陈述己方的观点、愿望和对问题的理解。谈判开局阶段策略一般包括开局策略和报价策略两项内容。

1. 开局策略

谈判开局策略是指谈判者为谋求谈判开局中的有利地位或改变对方营造的不利于己方的谈判气氛而采取的行动方式或手段。常用的开局策略有以下几种。

(1) 友好式开局策略

即借助友好风趣的语言风格和形象生动的媒介与对方交谈，以打破对方的戒备心理、引起对方的好感和共鸣、实现开局目标的策略方法。友好式开局策略比较适用于谈判双方实力比较接近而双方过去没有商务往来的谈判。双方都希望通过友好式开局策略为第一次接触创造一个好的开端。

(2) 慎重式开局策略

即以严肃郑重的语言开场，表达出对谈判的高度重视和鲜明态度，目的在于使对方放弃某些不适当的意图以把握谈判。慎重式开局策略适用于谈判双方过去有过商务往来，但对方曾有过不太令人满意的表现的谈判。己方要通过严谨、慎重的态度，引起对方对某些问题的重视。

(3) 坦诚式开局策略

即用坦白率直、开诚布公的态度与谈判对方交谈，尽早向对方表露己方的真实意图，以取得对方的理解和尊重，赢得对方的通力合作，实现开局目标的策略方法。坦诚式开局策略比较适合双方过去有过商务往来且关系很好，互相了解较深的谈判。

(4) 强硬式开局策略

即通过强硬的语言或行为来表达己方的坚定态度，从而在气势上压倒对手的策略方法。强硬式开局策略会破坏谈判气氛，所以一般不轻易使用。只有当对手态度傲慢或己方想使用前倨后恭等谈判策略时才采用强硬式开局策略。

2. 报价策略

报价策略是谈判者用来摸清谈判对手的谈判条件和目标的行动方式或手段。常用的报价策略有以下几种。

(1) 先报价策略

先报价可以使己方具有较强的影响力，因为先报价方实际上是为谈判划定了一个基准线，最终谈判将以此为基础达成协议。同时，先报价还会影响谈判对手的期望水平，使谈判对手处于被动地位。先报价策略比较适合用在高度竞争和高度冲突的谈判中，给谈判对手造成心理压力。

(2) 后报价策略

后报价虽然失去了一些主动性，但后报价可以通过先报的价掌握更多的信息，并可以根据先报价者的报价水平来调整自己的策略，迫使先报价者被动让步，以此来争取自己的最大利益。当谈判者对谈判对手的目标不能准确判断时，经常采用后报价策略。

需要指出以下两个问题。第一，如果谈判双方都经验丰富而且彼此了解，先报价与后报价对谈判最终结果的影响并不大。第二，在谈判中，报价有一些惯例应加以注意。例如，一般应由发起谈判者先报价；投标者和招标者之间，一般应由投标者先报价；卖方与买方之间，一般应由卖方先报价。

(3) 卖方高报价、买方低报价策略

美国谈判专家卡洛斯（Carlos）通过调查发现：如果卖方开价很高，则谈判往往会在较高的价格上成交；而如果买方还价很低，则谈判往往会在较低的价格上成交。当然，最终谈判会接近中间价格成交。但是卖方报价并不是越高越好，同样买方报价也并不是越低越好，因为一方的报价只有在被对方接受的情况下才会产生预期的结果，才可能使买卖成交。报价的基本原则是：通过反复比较和权衡，设法找出所得利益与报价能被接受的成功概率之间的最佳组合点。

（4）郑重报价策略

报价态度要坚定、郑重，报价要清楚、完整，除非对方要求不作任何解释和说明。郑重报价会使己方形象显得认真而诚实，这对保障谈判成功有很大作用。大量经验表明，在相互信赖的谈判双方中，如果有一方要手腕谋求谈判上的优势，最终会导致谈判破裂。

（5）西欧式报价

在国际商务谈判中，有两种典型的报价战术，即西欧式报价和日本式报价。西欧式报价首先提出含有较大虚头的价格；然后根据买卖双方的实力对比和该笔交易的外部竞争状况，通过给予各种优惠如数量折扣、价格折扣、佣金和支付条件上的优惠（如延长支付期限、提供优惠信贷等）来逐步软化和接近买方的条件，最终达成交易。实践证明，这种报价方法只要能够稳住买方，往往会有一个不错的结果。

（6）日本式报价

日本式报价的一般做法是，将最低价格列在价格表上，以求首先引起买主的兴趣。由于这种价格一般是以对卖方最有利的结算条件为前提的，并且在这种低价格交易条件下除价格外的其他方面很难全部满足买方的需要，如果买方要求改变有关条件，则卖主就会相应提高价格。因此，买卖双方最后成交的价格往往高于价格表中的价格。日本式报价的优势在于：可以排斥竞争对手而将买方吸引过来，取得与其他卖主竞争的胜利；而当其他卖主败下阵来纷纷走掉时，这时买方原有的买方市场的优势不复存在了，买方想要满足一定需要，就只好任卖方一点点地把价格抬高。

9.3.2 讨价还价和让步阶段的策略

在谈判中，一方报价后，另一方绝不会无条件地接受对方的要价，因此，谈判便自然而然地进入磋商洽谈阶段——讨价还价和让步阶段。这个阶段里谈判双方的真正对抗和实力较量开始明显地表现出来，谈判气氛也开始变得紧张激烈。讨价还价和让步阶段的策略主要包括以下一些方法。

1. 调整策略

在讨价还价阶段，谈判双方开始根据对方在开局阶段所表现出来的行为调整自己的谈判策略。一般有三种情况。

① 对方让步比预期的快，且幅度大。这意味着对方实际的让步空间远比目前所作出的让步要大。在这种情况下，只要对方不愿意放弃交易，谈判者就要继续努力，迫使对方让步。

② 对方让步比预期慢，且幅度小。处理这种情况的关键是要找出对方不肯让步的原因。对方让步比预期慢且幅度小有两种解释。一是对方在虚张声势，在这种情况下，谈判者要继续努力，迫使对方让步；二是谈判者对对方让步空间的判断是错误的，这时需要调整谈判条件，适当作出妥协。如果无法确切判断出原因，最好的方法就是坚持己方的既定方案，仅在原定的尺度内让步，同时努力通过直接或间接的方法探寻对方不肯让步的原因。

③ 对方行为与预期相符。这表明谈判者对对方的判断基本正确，应继续坚持原方案，

不要轻易改变，并且谈判者还要把己方继续坚持原方案的意向暗示给对方，使对方明白，如果他不保持原定方案，己方就会采取强硬措施。

2. 情绪控制策略

情绪控制策略包括两方面的内容。

（1）自我情绪控制

讨价还价和让步阶段气氛紧张激烈，谈判者的情绪容易失控，而情绪失控往往导致不理智的行为，因此谈判者必须能够及时控制情绪。克服情绪激动的最好办法是冷处理。当感到情绪不稳定时，谈判者应有意识地把注意力集中在讨论的事实上。要注意的是，谈判者不应该故意进行情感表演，尽管故作生气及惊讶可能对新手有些影响，但对一个谈判行家来说根本不起作用。

（2）观察对手情绪

谈判者要学会观察对手的情绪，读出其背后的含义。一些谈判对手的情绪变化是在表演，而另外一些又善于掩饰紧张的感情。谈判者要敢于去怀疑它，并冷静地处理之。总之，当对手情绪波动，而你一直沉着冷静时，对手几乎拿你没有任何办法。

3. 时间控制策略

时间控制策略在谈判中非常重要，如果运用得当，会使谈判结果朝着对自己有利的方向发展。一般来说，时间控制策略主要包括三方面的内容。

（1）时间控制

时间限制会给谈判者带来一定的压力，因此谈判者要合理分配有限的时间，给己方关心的议题留出足够的讨论时间。时间控制的关键是及时识破对手的拖延战术。当对手对一些无关紧要的小事吹毛求疵时，谈判者应能够采取果断措施，把谈判引入正题。

（2）时机控制

时机控制没有一定的规律，全凭谈判者的主观判断。总结大量的谈判经验，有两条规律可供参考。

① 应当从对手那里得到行动时机的提示。要做到这一点，谈判者要善于提问和倾听。只要问题提得恰当，谈判者总可以获得许多有关时机选择的线索。

② 当不能准确选择时机时，应遵守这个准则：不要轻易开口。对于任何一项提议，谈判者应当先花时间去考虑一下，看看当时的形势是否适合作出答复。在没有考虑清楚之前，什么也别说。

（3）节奏控制

谈判者要善于掌握谈判节奏。一般来说，当谈判对己方有利时，谈判者应加快节奏，不失时机地争取更多的利益；当谈判对己方不利时，应放缓节奏，不急不躁，稳扎稳打，步步为营。

4. 让步策略

谈判实质上是一个理智的取舍过程，如果没有"舍"，也就不能有所"取"。让步不是单纯地降低自己的要求，而是一种策略。合理运用让步策略，不仅不会造成损失，相反会为谈判者创造更多的利益。但是在谈判中正确让步也不是一件容易的事，它需要气度、勇气，也需要特定的技巧。让步的技巧如下所述。

① 不作无谓的让步。每一次让步都应体现出有利于己的宗旨，都应换取对方在其他方面的相应的让步。

② 不要在重大问题上首先作出让步。经验表明，大凡吃亏者都是在重大问题上首先作出让步。

③ 只有了解对手所有要求之后才作让步。

④ 让步要本着"以小换大"的原则。让对手在重要问题上作出让步，自己在较小问题上作出让步。

⑤ 要使自己较小的让步给对方带来较大的满足。

⑥ 每一次让步的幅度不宜过大，节奏也不能太快，应做到步步为营，因为让步过大会给人一种软弱或自信心不足的感觉。

⑦ 要记录每次让步。让步是提高讨价还价力量的重要筹码。

⑧ 如果谈判需要进行若干次让步，要注意在让步时留下回旋的余地，以免导致谈判的最终失败。

⑨ 让步的时机选择要恰当，不到需要让步的时候绝对不作出让步的许诺，从而避免谈判对手过分挤压己方。

⑩ 每次让步后都要检验效果，并根据效果确定下一步的让步策略。

5. 化解僵局策略

在谈判中，当谈判双方的观点立场分歧不可调和时，就会出现僵持；当僵持不能很好解决时，就会出现僵局。僵局在谈判中随时都有可能出现。

1) 产生僵局的原因

(1) 观点争执

谈判双方都是为各自一方的利益而战，如果双方在关键利益问题上存在分歧，那么出现僵局甚至使谈判破裂都无可厚非；但是在现实中很多僵局都是由于双方在次要问题上各抒己见、互不相让导致的。这种僵局通常含有"斗气"成分，如处理不好，很容易两败俱伤。

(2) 意气用事

这是一种纯粹因为"斗气"产生的僵局。当谈判一方感到尊严受损，而又缺乏情绪控制能力时，会单纯为了要反对对方的看法而拒绝妥协。

(3) 理解错误

谈判中双方沟通出现障碍，造成信息沟通受阻或失真，使双方产生对立，从而陷入僵局。

(4) 僵局策略

在商务谈判中出现僵局是令人不愉快的。但人为地制造僵局，并把僵局作为一种威胁对方的策略，如果运用得当，会有利于己方的谈判。所以，在谈判中有些僵局是人为地制造的。

(5) 选错对手

如果谈判对手带有某种破坏性的情绪，或者他对与己合作根本不感兴趣，其谈判目的就是为了封门，那么谈判很容易陷入僵局，而且很难化解。

2) 化解僵局的策略

僵局会破坏谈判的合作气氛，浪费谈判时间，甚至伤害双方的感情，最终使谈判走向破裂的结局。所以，谈判者必须学会化解僵局，常用的策略有以下几种。

(1) 分析原因

谈判者首先要分析产生僵局的原因，才能对症下药。

(2) 回避分歧，转移议题

当双方对某一议题产生严重分歧,都不愿意让步时,可以回避有分歧的议题,换一个新的议题继续谈。这样做可以有效地避免双方陷入既浪费时间又毫无意义的对峙,并且其他议题的达成一致会对有分歧的问题产生正面影响,这时再回过头来谈陷入僵局的议题,气氛会有所好转,思路会变得开阔,问题的解决便会比以前容易得多。

(3) 暂时休会

当谈判出现僵局,而双方又情绪对立、无意退让时,可以尝试冷处理的方法,即暂时休会,给双方一个冷静下来进行周密思考的机会。

(4) 据理力争

当对方有意制造僵局,给己方施加压力,或是在一些原则问题上表现得蛮横无理时,要坚决据理力争。因为这时如果退让、妥协,不仅损害己方利益和尊严,而且会助长对方的气焰。

(5) 有效退让

当谈判双方在次要问题上各持己见、互不相让而陷入僵局时,谈判者应该明白,这样做并不能实现己方的真正利益,这时,放弃无谓的"斗气"而适当退让是最明智的做法。

(6) 寻找替代

谈判中一般存在多种可以满足双方利益的方案,当其中一种出现僵局时可尝试其他方案。当然,这种替代方案一定要既能有效地维护自身的利益,又能兼顾对方的利益要求。

9.3.3 谈判结束阶段的策略

在商务谈判中,在谈判双方立场趋于接近,并最终达成完全一致的情况下,双方即可宣布成交。口头宣布成交后,可以文字合同形式将全部的交易内容和交易条件按照双方确认的结果记录下来。到此,本次谈判可告结束。另外,如果在谈判的讨价还价和让步过程中,谈判双方争执不下,不能很好地取得共识,谈判者也可以采用谈判结束阶段的策略来促使谈判尽快达成协议。

1. 让步式结束策略

让步式结束策略是指谈判一方通过一些让步来结束双方的争执,以达成协议。它是谈判结束阶段最常用的策略。让步策略有4种形式:一是针对对方要求中的某一主要项目作让步;二是针对双方分歧中的某一主要项目作让步;三是在次要项目上让步;四是引入一项新让步,这项让步对方未曾要求,但对他有一定吸引力。使用让步策略的关键在于对让步程度的把握。如果让步过大,不但不会结束双方的争执,相反会给对方更大的压力;如果让步过小,则不会引起对方的兴趣。

2. 总结式结束策略

总结式结束策略是指在谈判结束阶段,谈判一方通过总结讨价还价和让步过程中双方已经同意的条件,尤其是特别指出己方作出的让步,以及强调如果对方同意目前的条件他将能得到的好处,来说服对方同意目前条件,达成协议。在谈判结束阶段,谈判各方通常都要先尝试用总结式结束策略来说服对方;如果失败,再采用其他策略。

3. 最后期限式结束策略

处于被动地位的谈判者总是希望谈判尽快达成协议。当谈判双方各持己见、争执不下时,处于主动地位的一方可以利用被动一方这一心理,提出解决问题的最后期限和解决条件。最后期限既给对方造成压力,又给对方一定的时间考虑,随着最后期限的到来,对方的焦虑会与日俱增，因为谈判不成损失最大的还是自己。因而，最后期限的压力会迫使人们快速作出决策。一旦他们接受了这个最后期限，交易就会很快顺利结束。

在具体使用最后期限式结束策略时，应注意以下几点。

① 不要激怒对方，使双方关系变得紧张，甚至恶化。最后期限式结束策略主要是一种保护性的行为，因此，当不得不采取这种策略时，要设法消除对方的敌意。

② 给对方一定的时间考虑，以便让对方感到这不是最后通牒，而是向他提供一个解决问题的方案，尽管这个方案的结果不利于他，但毕竟是他作的最后选择。

③ 在最后的谈判中，处在主动地位的一方在制定最后期限之后对原有的条件也应适当让步，使对方在接受最后期限时有所安慰，同时这也有助于达成协议。

4. 整批交易式结束策略

当谈判双方势均力敌时，可采用整批交易式结束策略来终止谈判。因谈判内容涉及许多项目，且在每一分项目上双方已经进行多次磋商和讨价还价，因此在最后阶段双方可以将全部条件通盘考虑，总体一次性进行条件交换，以结束谈判。整批交易式结束策略往往可以成功，因为只注重局部，则谈判空间小，容易产生僵局；而放眼全局，则谈判空间大，双方都有回旋余地。

9.3.4 入题的技巧

"万事开头难"，谈判也是这样。怎样开头，从何说起，也是颇费心机的。开头开得好，有三个好处：一是可以创造良好的谈判氛围；二是可以引起对方的兴趣；三是可以为进入正题做好准备，有利于谈判顺利进行。因此，讲究入题的技巧，有利于话题的展开。下面介绍几种入题的具体方法。

1. 迂回入题

为了避免入题时单刀直入，过于直露，影响谈判的融洽气氛，谈判时可以采取迂回入题的方法，如先从题外话入题，既可以介绍自己，也可将有关季节或天气的情况作为话题，或将目前流行的事物作为话题。通过题外话入题，要做到新颖、巧妙、不落俗套。

2. 先谈细节，后谈原则性问题

围绕谈判主题，先从洽谈细节问题入题，条分缕析，丝丝入扣，待各项细节问题谈妥之后，也便自然而然地达成了原则性的协议。

3. 先谈一般原则，后谈细节问题

一些大型的经贸谈判，由于需要洽谈的问题很多，往往进行多次谈判，这就需要先谈原则性的问题，再谈细节问题。一旦原则问题达成协议，细节问题也就有了解决的依据。

4. 从具体议题入手

对大型谈判中的第一次具体的谈判，一般应经各方预先共同确定本次商谈的具体议题，从这个具体议题入手进行谈判。

9.3.5 陈述的技巧

谈判入题后双方要对自己的观点进行陈述，这是影响谈判效果的重要一环。陈述时可运用下述技巧。

1. 开场陈述的技巧

开场陈述应表明己方的观点，主要包括以下内容。

① 明确谈判的主题，统一双方的认识。

② 表明己方通过洽谈应当得到的利益，尤其是至关重要的利益。

③ 表明己方的基本立场。在陈述时要把握大的原则而不是具体的内容。陈述的目的是让对方明白己方的意图，因此应以诚挚、轻松的方式进行。

当对方在陈述时，应认真倾听。这样既有利于弄清对方的意图，也可以表示出己方对对方的尊重及对谈判的诚意。即使对方的陈述与己方观点差距甚远也不要当场打断，待对方陈述完毕再进行反驳与辩论。

2. 让对方先谈

在谈判中，当己方对市场态势和产品定价的新情况不很了解时，应坚持让对方说明情况，然后再审慎表达己方的意见。有时即使己方对市场态势和产品定价比较了解，也不妨先让对方陈述利益要求，然后在此基础上提出自己的要求。这种后发制人的方式常能收到奇效。

3. 坦诚相见

坦诚相见是获得对方信赖的好方法，人们往往对坦率诚恳的人有好感。但应注意，与对方坦诚相见难免要冒风险，对方可能利用己方的坦诚逼你让步，因此坦诚相见是有限度的。

4. 使用正确的语言

陈述过程中使用的语言应当丰富、灵活，富有弹性。对于不同的谈判对手，应使用不同的语言。如果对方谈吐优雅，己方用语也应十分讲究，做到出语不凡；如果对方语言朴实无华，那么己方用语也不必过多修饰。

9.3.6 提问的技巧

提问是摸清对方真实需要、掌握对方心理状态、表达己方观点意见的重要手段。研究表明，谈判的成功率与提问多少有直接关系。从图9-4可以看出，在谈判中提问的比率与谈判成功的比率成正比。一般谈判中提问的平均值都处在A点的水平，即谈判中含有20%的提问，能够取得谈判成功的可能性可能也只有20%；而B点显示的是理想的谈判，此时谈判中有80%的提问，其取得成功的可能性也在80%左右。

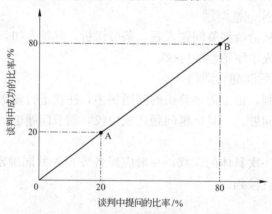

图9-4 成功的谈判与提问的关系

当然，提问也是需要技巧的，这些技巧主要有以下一些。

1. 精心准备

要想有效地提出问题，就要预先准备好问题。在谈判前谈判者应精心准备，找出关键问题，并猜想对方可能的回答，据此设计应对策略。如有可能，应在谈判前进行模拟谈判，让自己的人扮演谈判对手，借以发现对方可能的回答。

2. 掌握提问的时机

提问的时机对谈判很重要，谈判者可以选择以下时机进行提问。

① 在对方发言完毕之后提问。在对方发言时插话是很不礼貌的，而且没等对方把话听完就急于提问，很可能曲解或误解了对方的意图。如果谈判者确实对对方的发言有疑问，应及时把它们记下来，待对方发言完毕再提问。

② 在对方发言停顿、间歇时提问，这样有利于掌握谈判的节奏。

③ 在己方发言之前或之后提问。在谈判中，当轮到己方发言时，可以在谈自己的观点之前或之后对对方的发言进行提问。在自己发言之前提问时要注意，这时的提问不是要求对方回答，而是自问自答。这样可以争取主动，防止对方接过话茬，影响自己发言。

④ 先易后难，追踪提问。可以先提一些表面上容易回答而实质上与后面比较重要的问题相关的问题，等对方思想比较松懈时突然转向某一个重要问题，这常常可以使对方措手不及、破绽百出。

⑤ 想把被打岔的话题拉回到原来的话题上来时，可以运用提问。

⑥ 希望别人能注意自己的话题时，也可以运用提问。

3. 注意提问的语气和语速

不要用审问的口气询问对方，那样很容易造成对方的防范心理。提问时的语速也不要太快，那样显得不友好和缺乏耐心。

4. 注意对方的情绪

人受情绪的影响是在所难免的。谈判中，谈判者要随时留意对方的情绪，并适时地提出问题。尤其是在面对情绪不很稳定的对手时，谈判者通过使用强迫选择式、引导式等提问手段，往往可以得到意外收获。

5. 留足对方答复的时间

提问以后，应该给对方留有足够的时间进行答复。而且，提出问题后闭口不言，制造一种沉默，也会给对方施加一种无形的压力。

6. 保持提问的连续性

在提问时，尽量围绕着某一件事情进行提问，待该问题基本解决后再转入下一件事情，避免进行跳跃式的提问。

9.3.7 回答的技巧

有问必有答。在谈判中回答提问不是一件容易的事，回答者要面对相当大的精神压力，因为谈判者对回答的每一句话都负有责任，其回答将被对方理所当然地认为是一种承诺。因此，答复问题也必须运用一定的技巧来进行。

1. 精心准备

与提问一样，要想有效地回答对方提问，就要预先估计对方可能提出的问题，并精心准备如何回答，准备的时间愈多，所作出的回答将会愈好。

2. 不宜彻底答复对方的提问

答复者应当将答复的范围缩小，或者不做正面答复而对答复的前提加以修饰和说明。例如，对方询问己方产品质量如何，己方不必详细介绍产品所有的质量指标，只需回答其中主要的某几个指标，造成质量很好的印象即可。

3. 不宜确切答复对方的提问

不宜确切答复对方的提问有两层含义。

① 对于一些很难答复或者不便确切答复的问题，谈判者可以采取含糊其辞、模棱两可的方法作答，或者转移话题，把问题焦点转到对己方有利的议题上。例如，当对方询问己方能否将产品价格再压低一些时，谈判者可以答复："价格确实是大家非常关心的问题，不过，我方产品的质量和我们的售后服务是一流的。"

② 在谈判中，对方为了某种目的会故意提出一些模棱两可的问题，试图在你的回答中寻找漏洞。在遇到这类提问时，切忌自作聪明，按自己的心理假设来答复。谈判者要学会"以其人之道，还治其人之身"，也用似是而非、模棱两可的话作答，不给对方可乘之机。

4. 降低提问者追问的兴趣

谈判中，提问者一旦发现答复者的漏洞，往往会刨根问底地追问下去，使答复者极为被动。为了避免发生这种情况，答复者发现回答出错后，应及时终止出错话题，降低对方追问的兴趣。例如，可以这样答复："这个问题很容易解决，但现在还不是时候。"或"现在讨论这个问题为时还早，是不会有什么结果的。"

5. 给自己充分的思考时间，并适当拖延答复

在谈判中，对答如流并不是好事，因为一般情况下答复的好坏与思考的时间长短成正比。所以在遇到难以回答或关键的问题时，谈判者不应急于答复，而是要谨慎从事，在认真思考后再作答。如果对方催问，可以明确告知对方，己方必须认真思考，因而需要充分的时间。如果短时间内思考不出满意答案，而对方又追问不止，谈判者可以用资料不全或需要请示等借口拖延答复。

6. 委婉地拒绝不值得答复的问题

对于对方提出的与谈判无关的话题，谈判者可以礼貌地拒绝回答。

9.3.8 说服的技巧

在谈判过程中，经常需要说服对方接受己方的意见，达到预定的目标，但同时对方也会用同样的方法试图说服己方接受其提议。要想说服对手，除了理由充分之外，谈判者还要注意以下技巧。

（1）建立良好的人际关系

当一个人考虑是否接受他人意见时，一般情况下，总是先衡量一下自己与说服者之间的熟悉程度和友好程度。如果相互熟悉、相互信任、关系融洽，就比较容易接受意见。

（2）开诚布公，澄清利害

谈判者首先可以向对方诚恳说明要其接受己方意见的充分理由，以及对方一旦接受将产生什么利弊得失；其次，谈判者应坦率承认如果对方接受意见，己方也将获得一定的利益。

（3）要重视、尊重对方的观点

对于对方的反对意见，即使是错误的，也不应该轻视或给予嘲弄，而要持认真态度，予以慎重对待。只有使对方感到被尊重，说服才会有力、有效。

（4）设身处地，将心比心

许多说服之所以遇到困难，并不是没有把理由讲清楚，而是由于劝说者与被劝说者固执地踞守本位，不替对方着想。要想说服对方，就要设身处地地理解对方，体谅对方的难处，并可以在次要问题上适当让步，帮对方化解难题。

(5) 用事实讲话

只讲大道理，空话连篇，不仅没有说服力，而且会引起对方的反驳，而事实、例证却可使对方无言以对。

(6) 先易后难，循序渐进

谈判开始时，应先讨论容易解决的问题，创造和谐的气氛。要循序渐进地提出己方的观点，避免一下子全盘托出，使对方难以接受。

(7) 反复强调，加深印象

谈判者要反复强调双方合作与互惠互利的可能性与现实性，多向对方灌输"双赢"理念。

(8) 强调一致，淡化差异

谈判者应把重点放在双方立场、观点、目标相似的问题上，而不是分歧点上。

(9) 注意措辞

说服不能咄咄逼人，更不能对对方批评、责怪。说服应和风细雨，这样对方才能心悦诚服。

(10) 简化接受、说服的程序

当对方初步接受意见时，为避免节外生枝应设法简化认可的程序。如可以提前准备一份协议书草案，对方同意后在上面签字认可即可。

9.3.9 倾听的技巧

在谈判桌上，倾听对方的讲话是一门艺术，它可以使谈判者更多地了解对方、隐蔽自己，从而作出更好的决策，掌握谈判的主动权。倾听的技巧如下所述。

(1) 专心

谈判对方发言时，要始终以饱满的精神状态全神贯注地听，脑子里要设法撇开其他的事情，将注意力集中在对方所说的内容上。

(2) 耐心

在对方结束发言之前都应耐心倾听，不能表示出心不在焉或不耐烦的神气，不要因对方的叙述平淡而漫不经心，也不要在对方讲不清楚时流露出烦躁或不满意的神情，更不要在对方陈述不同意见时加以反驳。

(3) 细心

谈判者要具备足够的敏感性，不能仅从字面来理解对方发言，要能够理解对方的"弦外之音"，即善于从对方的话语中找出其没能表达出来的潜在意思，同时要注意对方说话时的每一个细节，包括对方的措辞、表述方式、语气与语调及身体语言。

(4) 多问

多问可以全面了解对方的观点与意图，有助于根据其想法恰当地制定自己的对策。

(5) 注意用眼神等动作与对方交流

周总理之所以为亿万人赞颂，很突出的一条就是他在听别人讲话时态度极其认真，不论对方地位高低、年龄大小，都同样对待。美国有一位外交家曾评价道："凡是亲切会见过他的人几乎都不会忘记他。他身上焕发着一种吸引人的力量。长得英俊固然是一部分原因，但是使人获得第一印象的是他的眼睛……你会感到他全神贯注于你，他会记住你和你说的话。这是一种使人一见之下顿感亲切的罕有天赋。"

9.4 谈判中的语言沟通和非语言沟通

在谈判中,语言表达能力至关重要。美国著名律师马格安·伯伦说过:"谈判最大的秘诀和最重要的能力之一,就是将自己表达的观点渗进对方的头脑中。"谈判过程实质上就是谈判者运用语言进行协商、谋求一致的过程。

9.4.1 谈判中的语言

谈判语言和日常生活的语言有着明显的区别。谈判是双方意见、观点的交流,谈判者既要清晰明了地表达自己的观点,又要认真倾听对方的观点,然后找出突破口,说服对方,协调双方的目标,争取双方达成一致。要想在谈判中获胜,就必须懂得合理使用各种谈判语言。

1. 谈判语言的类型

(1) 礼节性的交际语言

礼节性的交际语言的特征是礼貌、温和、中性和圆滑,并带有较强的装饰性。在一般情况下,这类语言不涉及具体的实质性的问题。谈判中适当地使用交际语言可以消除谈判双方的陌生感和戒备心理,联络感情,营造和谐的谈判气氛。

(2) 专业性的交易语言

交易语言具有专业性、规范性、严谨性等特点,它在谈判语言中占有最大的比重。在谈判结束后所签订的合同最能体现这种语言的特性。交易语言的作用是反映专业内容,明确谈判双方的权利及义务,减少和规避商业活动的风险。

(3) 模糊语言

在谈判中,谈判者经常会出于表达策略上的需要而故意运用一种模糊语言,例如"我方将尽快答复"、"我方将认真考虑"等。模糊语言是一种非常有用的谈判语言,它的作用主要表现在三个方面:第一,在对对方的意图判断不明时,谈判者使用模糊语言可以避免盲目作出反应而陷入被动;第二,在对方问及一些敏感问题或谈判者不愿立即回答的问题时,谈判者使用模糊语言可以保守秘密或为以后回答保留余地;第三,在面对对方压力时,谈判者使用模糊语言可以摆脱困境。

(4) 警告语言

警告语言态度鲜明、语气坚定,可以起到明确表态、澄清利害、敦促对方接受己方条件而达成协议的作用。在使用警告语言时要特别注意措辞,不要将警告语言说成威胁语言,如"在 6 月前你方一定要交货,否则后果你方负责"就带有威胁意味。威胁语言可能会引来对方的反威胁,导致状况逐步升级,以至于破坏双方的关系,甚至使谈判破裂。

(5) 诱导语言

为了吸引对方的注意力,使其改变立场,接受己方观点和条件,或者为了避开争执和直接的冲突,谈判者运用委婉、劝诱但软中有硬的语言会起到很好的效果。

(6) 幽默语言

在谈判中,幽默语言如同润滑剂,可有效地降低人与人之间的摩擦系数,化解冲突和矛盾,并能使谈判者从容地摆脱谈判中可能遇到的困境。

2. 谈判语言的特征

(1) 准确性

谈判的动力是需要和利益，谈判双方通过谈判说服对方理解、接受己方的观点，最终使双方在需要和利益方面得到协调和适应。所以，这是关系到个人和利益的重要活动，语言表述上的准确性就显得至关重要。谈判双方必须准确地把己方的立场、观点、要求传达给对方，帮助对方明了自己的态度。如果谈判者传递的信息不准确，那么对方就不能正确理解己方的态度，势必影响谈判双方的沟通和交流，使谈判者向对方传递了错误的信息，而双方又因错就错地达成了协议，那么就会招致巨大的利益损失。

(2) 针对性

在谈判中，双方各自的语言都是表达自己的愿望和要求的，因此谈判语言的针对性要强，做到有的放矢。模糊啰嗦的语言会使对方疑惑、反感、降低己方威信，成为谈判的障碍。针对不同的谈判内容、谈判场合、谈判对手，要使用不同的语言，如此才能保证谈判的成功。例如：对脾气急躁、性格直爽的谈判对手，运用简短明快的语言可能受其欢迎；对慢条斯理的对手，则采用春风化雨般的倾心长谈可能效果更好。在谈判中，要充分考虑谈判对手的性格、情绪、习惯、文化背景及需求状况的差异，使用针对性的语言。

(3) 逻辑性

谈判语言的逻辑性是指谈判者的语言要符合逻辑规律，表达时概念要明晰，判断要准确，推理要严密，要充分体现其客观性、具体性、连贯性和思辨性，论述要有说服力。这就要求谈判者要有缜密的逻辑思辨能力。

谈判的语言应该具有规范性。这是指谈判中使用的语言要专业性强，并要明文规范，以避免因为语言习惯的差异而产生误解，同时这样也可以提高谈判的效率。

(5) 灵活性

谈判形势的变化是难以预料的，谈判中往往会遇到一些意想不到的事情。尽管谈判双方在事先都尽最大努力进行了充分的准备，制定了一整套对策，但因为谈判形势变化的难以预料，所以任何一方都不可能事先设计好谈判中的每句话，具体的语言仍需谈判者临场组织、随机应变。谈判中切不可拘泥于既定的对策，以不变应万变，而应从实际出发，在谈判目的许可范围内有所变通，以适应对方的反应。

9.4.2 谈判中的非语言沟通

谈判中，双方除了用语言表达信息外，还会进行非语言沟通。非语言沟通是最普遍的沟通方式之一，我们平时都在自觉或不自觉地使用着这一方式。有时，身体语言比文字和言语更有力量。谈判者掌握非语言沟通的技巧有两个好处：准确把握对方的非语言信息；适当地发出自己的非语言信息。就前者而言，如果能敏锐地感受到对方发出的非语言信号，则可以从中了解对方的真实意图和情绪，以便能适时采取应对措施，引导出想要的结果来；就后者而言，如果能适当地运用非语言信息，就能在谈判中更多、更快地表达自己的用意，更轻松地达到目的。在谈判中，非语言沟通主要包括以下三种形式。

1. 动作

在谈判过程中，人们的举手投足都表示着特定的态度和含义。比如，对方身体略向前倾，以图听得仔细明白。而对方经常握拳、松手、重复一些无意义的动作，或者以手指敲桌，急躁时敲得更急，或者干脆把手插进口袋中，或者脚踏地发出声响，不停地抖着脚，这一系列动作则是在频频表示：他已经十分不耐烦了。谈判者一方面要善于观察对方的动作，并读懂其背后的含义，这对分析对手、掌握谈判是十分有帮助的；另一方面，还要善于控制自己的动作，以防被精明的对手窥得自己嘴上不曾透露的信息。此外，动作举止是一个人修养的表现，谈判者要想赢得对方的尊敬，就必须改掉掏耳朵、说话时手舞足蹈、抖脚等坏习惯。

2. 表情

人的面部表情十分微妙复杂，所能表达的信息比动作还要丰富。例如，在谈判中，如果对方有下面列举的某种表情，则表示对方产生了兴趣，己方的陈述有望获得肯定，此时一定要抓住良机。

① 口角上扬，嘴边常半开半闭。口角上扬表明对方的兴趣被己方调动起来了；而半开嘴巴就表明他将同你一起讨论某个话题了。

② 随着话题的变化，对方的表情也有所变化。这表明己方的话已使他进入"状况"，他已为你的话所动。

③ 眼睛眯起变细。这是对方思考的一种表现，此时他不但在仔细地听你讲话，而且大脑中也不停地进行反应。

④ 对方眨眼次数减少，睁大眼睛。频频眨眼表明了他的不耐烦，而眨眼次数减少表明他已经被你的话所吸引。至于突然睁大眼睛，是他已经明白了你的意思。

⑤ 对方随着你的指示移动目光。这表明对方已经投入到紧紧抓住你的每一言行的地步。

3. 言语辅助

成功的谈判者除了在谈判过程中语言逻辑严密、有说服力之外，还会运用语音、语调和节奏等辅助语言来加强沟通效果。一般来说，谈判者要强调某一重点时，停顿是非常重要的也是非常有效的，它一方面可以使对方加深印象，另一方面也可以给对方思考的机会。当然，停顿对于语气的加强也会起到强调的作用。另外，适度的语速有助于谈判对手准确理解你所阐述的问题；同时，说话声音的改变也会有助于沟通。比如柔和的语音表示友善和真诚，颤抖的声音则透露出紧张或激动，而鼻音的哼声则表现出傲慢、鄙视和缺乏诚意。

最后需要指出的是，谈判者必须将所有分散的动作、表情、语言辅助加以组合解读，才能准确、完整地理解非语言信息的意义。若把其一个个单独解释，不但难以判断，而且即使得到了判断结果也往往是靠不住的。

谈判人员的仪表

仪表是谈判者的广告，给人的初步印象是难忘的；仪表也是谈判的技术手段之一，是用以动员对方向自己靠拢的措施，它直接影响对方洽谈的情绪，有时会影响交易成败。仪表可反映在许多方面，如谈吐大方不做作；服装整洁不华丽；手势适当不过分；行动果断不拘泥；礼节周到不夸张等。在商务谈判中，仪表可集中表现在服饰、谈吐和举止三个方面。

1. 服饰

服饰是应该特别注意的，因为双方接触的第一个感性认识都是以服饰仪表开始的。服装整洁、挺括，仪表大方，给人一种认真、严肃和信心十足的感觉；而服装不整洁、熨烫不平，使人感到不严肃、不认真，会引起对方心理上不悦、不信任等不良反应。所以，每一位谈判者都应为自己塑造一个符合自己身份的形象。

谈判者的仪表至少应能使谈判对方感到舒服自然，这样才能吸引对方的注意力，使之集中在谈判者的发言和所做的事情上面，谈判者切忌蓬头垢面不修边幅，或服饰过于华丽、新奇，以防止过分吸引谈判对手的注意，有碍谈判的正常进行。由于国内外服装业发展快，样式变化多，实际上无法准确列举所有理想的样式、颜色、饰物及它们之间花色的理想搭配。原则上讲，任何服装至少应注意整洁、挺括。衣服应熨平整，裤子应熨出裤线，衣领袖口要干净，皮鞋要上油擦亮。头发要洗净吹得得体，男同志应当刮胡子，女同志可适当擦点胭脂、微量喷洒点香水，但不宜过浓。一般来讲，好的服装及配饰与性别、年龄、职业、场合、地位相符，而发型、鞋作为不可少的辅助条件会影响服饰效果，因此也应处理得当。

2. 谈吐

在谈判过程中，谈判人员的谈吐要大方，语言、仪态既不能有傲慢之举，又不可表现为急于求成、有求于人之态，以免暴露自己的弱点，使对方提高要价，受制于人。具体讲，谈判者的谈话应有分寸，这种分寸表现在谈话的距离、手势、音调、用语上。

(1) 距离要求。一般应对面而坐、立或至少90°（会晤性、外交性谈话另当别论）。而距离远近会体现议题的矛盾大小、结局的远近。若谈判者说话嗓门很大，又易溅出唾沫，那么谈话的距离至少保持半米远。

(2) 手势要求。谈判者的情绪可以通过手势反映，手势应与商谈的主题相适应。谈细节时，手势要小；谈大事时，手势可加大。运用手势时必须考虑周围环境的大小：外界空间很大，手势可以夸张一些；外界空间很小，手势就应收敛。

(3) 手势的含意。平掌摇动表示不同意；手指敲桌子可以表示谢谢；双手搓动可以表示高兴或着急（视眼动而变）；举手平掌表示别说了。也可随着话题，用手势加强语意。手抬高或双手外拉、掌心向内均表示大、小、强、弱、难、易、分、合等意思。而手指头又可表示数量、赞扬、批评、肯定、否定。谈判桌上手势运用很多。不过，手势过多者应注意手势的幅度，应超不过与对方相距的"中界线"，横不过自己的肩。

(4) 音调要求。不同的音调可赋予同一句话不同的含义。所以，谈判者的音调掌握对准确表达自己的论点，让对方准确理解自己的话有重要意义。

(5) 用语要求。各种思维需要用语言来表达，谈判的整个过程就是谈判者的语言交换过程。任何异常生动活泼或有声有色的谈判，无不是由外交语言、商业法律语言、文学语言和军事语言融会而成。除此之外，用语还依谈判的阶段分为寒暄、开场、交谈、结束等用语。因此，在谈判中应掌握好用语。

另外，谈判人员发言时间的长短，也反映出谈判人员的素质。富有经验的谈判人员在谈判过程中决不滔滔不绝没完没了，而是比较简练、沉着地阐明自己一方的观点，并静听对方的发言，以寻求达成协议的共同点。发言时，手势过分、语言过分对人造成一种咄咄逼人、难以对付的感觉，不利于造成良好的谈判气氛；过长的发言，会使对方感到厌烦。

3. 举止

谈判人员的举止是指其在谈判过程中，立、坐、行及其所持态度的表现对谈判产生的效果。

(1) 谈判者的站立表现出不同的情绪和心理。如信心、兴趣、疲惫、失望、冷漠、热情。好的谈判者应正确运用站立所表示的语言和思想。立：一般标准规范为两腿分开，相距一肩宽，双手相握放两腿间或背放身后，挺胸、抬头、目光平视对方，面带微笑。这可以反映谈判者对所负任务的信心、兴趣，对谈判有进取的劲头。

(2) 坐姿不同表达的内心世界活动也不同。一般来讲，双手放在桌上，挺腰近台而坐，反映对对方的关注、兴趣、积极性及对谈判成功的信心。

(3) 行姿要区分主宾。当为宾时，缓步进门，环视房间主人站的位置，以确定自己的走向。这可反映一种修养和稳重,信心及力量。当为主时,若自己先到房间,当迎接客人后,引客人入席,自己走在后面,轻步入席。这反映了礼貌、持重、信心。若晚到,应疾步入门,眼睛搜寻主宾,边走边伸手给主宾致意,这反映了歉意、诚意、合作的态度。

(4) 谈判人所持的态度直接反映了自身修养并直接影响谈判双方情绪和谈判结果。

总之,举止是内在形象的外在表现,因此在谈判活动中应尽力使自己取得最佳的仪表,以争取最佳的谈判地位。

复习思考题

1. 简述谈判的过程。
2. 试述谈判的一般过程。
3. 谈判中要收集对手的哪些信息?
4. 在谈判开局阶段常用的策略有哪些?
5. 在谈判的讨价还价阶段一般应用哪些策略?
6. 在谈判中应该怎样提问?
7. 在谈判中回答问题有哪些技巧?
8. 谈判中采取什么技巧才能说服谈判对手?

案例分析

中国电信开放的谈判

12月5日,美国最大的电信企业AT&T公司与上海电信公司、上海信息投资股份有限公司签署合同,共同投资组建上海信天通信有限公司。这是电信领域第一家中外合资企业。它的成立表明中国电信领域开始进入了一个新的里程碑,同时也表明中国开始履行WTO多边谈判协议的承诺。

由于合资领域引人注目,这次中外谈判成了我国尖端服务领域国际谈判的范例。谈判伊始,中外双方都以强大的律师阵容参加。中方律师团由留美法学博士、上海市锦天城律师事务所黄××律师领衔,由顾××、毛××、周××等知名律师组成。谈判过程中双方斗智斗勇,美方律师依仗的是丰富的跨国投资法律服务经验,中方律师则凭借对中美两国法律的熟悉,以及过硬的专业知识、认真的工作态度。

以往,大型国际合作项目谈判通常是由外方提供文本草案,但在这次谈判中,中方律师率先起草了第一版合同草案。整个谈判以中方文本草案为依据,这样就为中方争得了主动。

随着谈判的深入,AT&T公司谈及了具体投资方案,即AT&T公司将通过其为这一项目特意在美国特拉华州设立的全资子公司进行投资。中方对这一国际通行的做法表示理解,但由于电信服务是长期性的,其投资商必须由确切的资金来源、实力以及从事这一行业的资质和能力,中方真正合作方是AT&T,因而黄××律师提出,该AT&T子公司资金势力较为有限,将来在合同履行及违约责任承担上可能会有问题,进而他建议,由AT&T公司出具书面文件对子公司的履约作出相应承诺,中方仅在一个平等的限额内承担责任。AT&T公司经慎重考虑,同意黄律师的建议,出具了一份书面承担担保义务的文件。事后,美方谈判人员说,在此之前,AT&T公司从未出具过类似的文件,这是一次破例。

第9章 谈判技能

问题讨论

1. 中方在谈判中使用了什么策略?
2. 你认为,要使谈判取得更大的成功,还可以采取什么策略?
3. 如果你是 AT&T 公司的谈判代表,当谈判局面对己方不利时,你会采用什么策略来扭转形势?
4. 此案例给我们的启示有哪些?

第 10 章

团队沟通技能

学习目标

- ✓ 理解团队的概念、特征、类型、作用；
- ✓ 理解团队沟通的概念、特征及影响团队沟通的因素；
- ✓ 理解团队沟通的优缺点及障碍；
- ✓ 掌握团队沟通的常用技能。

美国著名管理大师肯布兰查德博士根据野雁的群体生活特点指出，一个企业必须具备野雁的天赋。在野雁的团队里，成员与成员之间之所以很默契，就是因为它们有一个共同方向、共同目标，以及良好的团队氛围。同样，在一个团队中，如果像野雁一样，有共同的目标和方向，领导也努力创造互相鼓励的环境和氛围，同事之间很默契，那么沟通自然是事半功倍。相反，一个团队如果没有明确的、共同的目标，不同的人各自为政，高层管理者的官僚主义倾向严重，低层的人都想明哲保身，那么沟通将为事倍功半。因此，团队管理是否成功以及团队在组织中的作用如何，其重要的一个因素就是团队能否进行有效沟通。可以说，团队的有效沟通是团队建设和管理的重要保障。

10.1 团队的概念及特征

10.1.1 团队的含义

20 世纪 70 年代以来，团队精神日益受到企业的高度关注和重视。团队建设与团队精神在企业再造和建立学习型组织及无边界组织中得到了广泛运用，已经成为组织提高其竞争力的一种基本手段，甚至连哈佛商学院也采用团队教学方式，它的 1/4 的作业要以团队的形式完成。所谓团队，是指按照一定的目的，由两个或两个以上的人员所组成的工作小组。任何团队都包含 5 个要素，简称为"5P"，即目标（Purpose）、定位（Place）、职权（Power）、计划（Plan）、人员（People）。目标是把工作上相互联系、相互依存的人们组成一个群体，使之能够以更加有效的合作方式完成某项任务；定位是将团队结合到现有的组织结构中，创造出新的组织形式；职权是指团队负有的职责和应享有的权限；计划是指团队具体分配和行使组织赋予的职责和权限的规划；人员指团队实现目标所需要的人员构成情况，它是团队能否成功的关键因素。需要说明的是，团队不同于"群体"。群体成员往往有各自的目标，个体只是被动地接受任务，按时完成工作即可，成员之间的沟通往往谨小慎微，决策时一般成员的参与机会较少；而团队成员往往拥有高度一致的目标，具有强烈的归属感，团队成员之间沟通渠道畅通，成员对决策的参与非常充分。

10.1.2 团队的构成

在团队中，起主导作用的是团队成员之间的相互配合与成员之间能够进行有效的团结与协作，它们便能够产生整体功能相加之和的效果。反之，若团队成员之间相互摩擦掣肘，能量相互抵消，团队则会一事无成。因此，加强团队成员之间的相互协作与配合，就成为团队建设和团队管理的核心问题。一般说来，团队的构成主要包括以下方面。

1. 团队大小

团队有一定的人数限制。国外对小型团队的规模问题曾做过大量研究。有人提出小型团队的规模最好是3~9人，有人则主张为20~40人。一般说来，小型团队的人数应以8~10人为团队的绝对标准。一个小型团队的人数应根据它的性质而定：第一，小型团队人数的下限要能保证一般地完成任务；第二，人数应以保证团队工作效率达到最佳程度为准；第三，超过了上限人数，工作效率就会下降，出现人浮于事的现象。所以，团队人数有一个最佳值的问题，过少或过多都会影响团队的能力。

2. 团队结构

团队结构是指团队成员的组成，它包括年龄结构、专业结构、能力结构、性格结构、知识结构及观点信念结构等。一个团队的结构应是这些结构因素的有机结合，这也就是团队成员的搭配问题。各种人员搭配协调一致、取长补短、紧密团结，提高工作效率，激发团队创新力；反之，则会使团队产生内耗甚至冲突，降低团队的效率，使团队失去应有的创新力。

3. 团队搭配

所谓团队搭配，就是指团队成员在团队中的不同地位和不同作用。团队角色有固定角色和流动角色之分。固定角色是个性特征显著，并在团队活动中地位稳定的主要人物；流动角色是围绕某一具体项目组合起来的发挥一定作用的人物。固定角色与流动角色必须合理搭配，团队才能如同一架由不同部件严密组成的机器一样高效运转。团队要培养出一些使团队成员感到富有活力、成为团队动力的角色，如：思路敏捷、专业知识丰富的带头人；经验丰富、善于出谋划策、有一定权威的倡导者；精力充沛、年轻有为的开路者；见多识广、互通情报、传递信息的联络者；埋头苦干、心灵手巧、善于实际操作的实干家。这样一个由不同角色组成的团队才具有较强的能力。

10.1.3 团队的类型

团队的类型很多。广义的团队包括企业间的战略联盟、国与国之间的经济联盟及政党、军队、企业中的团队等。而通常提到的团队大多指的是企业内部的小团队。每个团队都有其目标，人们通常根据团队建立和存在的目标，把团队分为三类：问题解决型团队、自我管理型团队和跨职能团队。

1. 问题解决型团队（Problem-Solving Teams）

这种团队形式是团队在企业中出现的最初形式。这种团队的建立，是为了解决某些具体的问题。20世纪80年代兴起的质量小组，就是问题解决型团队的典型代表。在这种团队中，来自同一个部门的员工组织在一起，每周用几个小时的时间聚集在一起，商讨组织存在的问题和探索改善组织的方法。如图10-1所示。

但是，在问题解决型团队中，成员通常来自同一个部门，技术知识面受到局限，仅能对相关的工作程序和工作方法交换看法或提供建议，影响力和作用力受到很大的局限。团队有

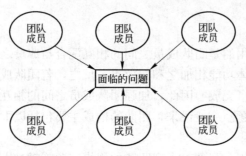

图 10-1 问题解决型团队

权执行自己的方案,但对涉及其他部门的重大变化,基本上没有权力单方面采取行动。因此,这种团队形式在调动员工积极性和作用发挥方面的力度不足。

2. 自我管理型团队(Self-Managed Teams)

为了更好地调动员工的积极性,提高团队的效率,许多公司都在探索新的团队形式。随着平等主义文化价值观念在西方国家公司的兴起,公司开始向团队进一步授权,将原来的团队改造成为自我管理型团队。

(1) 自我管理型团队的含义

自我管理型团队是真正独立自主的团队,不仅负责提出解决问题的建议和想法,而且还负责执行解决问题的方案,并对工作结果承担全部责任。如图 10-2 所示。一般来说,自我管理型团队独立负责一种产品或服务的生产和提供,且承担以往由上司承担的一些责任。例如在惠普公司,自我管理团队可以在未经管理者直接同意的情况下,自主作出聘用、组织和购买设备的各种决策。

自我管理型团队的责任范围包括:

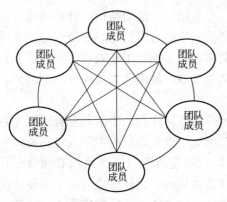

图 10-2 自我管理型团队

① 制定工作计划和节奏;
② 确定任务分配和实行工作轮换;
③ 吸纳和淘汰团队成员;
④ 决定团队领导者;
⑤ 设置团队的主要目标;
⑥ 团队成员相互评估绩效。

许多企业都建立了自我管理型团队。例如施乐公司、通用电气公司、百事可乐公司、惠普公司等。在美国,大约有 1/5 的公司采用了这种团队形式。关于运用自我管理型团队获得成功的案例非常多,例如美国完全食品超市的管理人员认为,公司的销售额之所以能翻一番,销售利润之所以能超过同类企业,主要原因就在于自我管理型团队发挥了作用。

(2) 自我管理型团队面临的问题

尽管有大量的案例证明了自我管理型团队的价值,但也有组织在采用了自我管理型团队之后,发现这种团队形式并不一定带来积极效果。与传统的工作组织形式相比,自我管理型团队成员的缺勤率和流动率偏高。一项对 500 个组织的 4 500 个团队的深度访谈调查,发现了自我管理型团队失效的一系列个体原因:

① 团队成员不愿意放弃旧的做法、权力和职位；
② 某些团队成员并不具备完成团队目标所需的技术、知识和能力；
③ 个人与团队在信念和目标上存在的冲突无法协调。

虽然自我管理型团队并非是万能的灵药，但最近的研究表明，自我管理型团队确实有助于提高组织的效率。例如，对于自我管理型团队授权的研究发现，成员的工作满意度、对客户提供的服务和团队成员对组织的承诺及投入都明显得到了提高。

3. 跨职能团队（Cross‑Functional Teams）

跨职能团队是由来自不同部门和不同工作领域的专业人员组成的团队。如图10-3所示。其实，在组织中采取跨越横向部门界限的组织形式早已存在。在组织结构设计中，扁平化组织设计的思想，其中就涉及跨职能团队的运用。

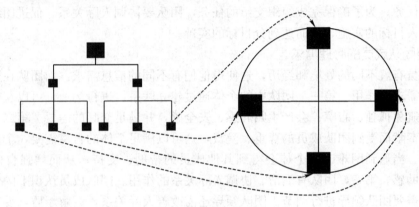

图10-3 跨职能团队

以一家向工业公司提供工业用电的AES公司为例。该公司的年销售收入增长率高达23%，年收益超过1亿美元，雇员超过1 500人。该公司采取了扁平化组织设计，组织结构只有4个阶层：工人、工厂经理、部门经理和公司经理。在公司职位设计中，并没有设置负责采购、财务、实施或操作的专职人员。但是这些工作对公司的日常运作都是必不可少的。因此，作为正式结构的补充，相关员工在工厂经理的指导下，组成团队来完成这些工作。

在这家公司的成功运作中，我们发现跨职能团队在其中发挥着关键作用。跨职能团队作为一种有效的组织形式，能够促进组织内部不同部门和领域的员工之间进行信息的沟通和交流，有助于开拓组织的视角，激发出新的观点和解决问题的办法，保证复杂项目的协调和顺利运作。

但是，由于跨职能团队涉及众多的部门，团队成员具有不同的背景和观点，且需要面对各种复杂的工作任务，因此从其最初的建立到成员之间的充分协作需要消耗大量的时间。为了提高跨职能团队成员的协调性，组织需要采取以下措施：
① 注意选拔人员，务必保证所挑选的人员具有团队所需的业务和沟通技能；
② 明确团队的目标，保证目标对团队成员具有足够的吸引力；
③ 确保团队成员了解团队的运作方式；
④ 进行高强度的团队建设，确保团队协调性；
⑤ 使团队成员能看到取得的成果，从而激发团队的士气。

10.1.4 团队的作用

团队是组织的重要组成部分，是由个体构成的，但它不是个体简单的聚合，而是有组织、有领导、有规范、有共同目标的人群结合体。它能把每个成员的个人力量汇合成整体力量，这一整体力量将大于各个个体力量的机械相加，其增加的力正是团队力。团队不仅影响组织与个人绩效，而且是上下沟通联系的桥梁和纽带。具体作用如下所述。

1. 完成组织赋予的任务

一个组织有总目标和总任务，组织会把总任务逐级下达给所属的团体并由这些团队去推进和完成。团队在接受上级下达的任务后，就要组织团队成员根据本团队的分目标制定出每个人的具体目标。团队领导要通过宣传、鼓励和思想教育工作，使大家齐心协力地、出色地完成各自的任务。为了确保完成组织交给的任务，团队要协调人际关系，促进团结，增进友谊，促使个人目标的实施，从而达到分目标的实现。

2. 满足团队成员的心理需求

团队成员有着不同的处境和经历，这使得他们有不同的信息需求。而团队在这方面有满足他们心理需求的作用。第一，团队中的个体通过建立联系，进行沟通，可以获得同情、支持与友谊，避免孤独、寂寞；会产生归属感、安全感，并满足交际的需要。第二，个体会因在团队中的奉献而受到团队成员的尊重、爱戴，这可以满足个体的自尊需要，个体由此产生自我确认感。当遇到困难时，个体会得到其他成员的帮助、支持，从而增强自信心、力量感，克服无助感。第三，团队有润滑、协调人际关系的作用。团队成员认识上的分歧、利益上的冲突，需要团队领导进行调节。团队领导还需改善人际关系，调解矛盾，妥善处理实际问题，润滑成员间的关系，促进成员的团结与进步。

10.1.5 成功团队的特征

团队始终是组织内部的一个"任务的接收者"、"问题的发现者和解决者"及"发明的创造者"。一个高效和成功的团队，一般具有下述特征。

1. 规模较小

各种有效的团队，其成员大都少于10人。从理论上讲，成员较多的，比如30人、50人，也可以成为一个团队，但这样规模的团队更有可能被分割成若干子团队，而不是作为一个单位行动。团队规模较小是出于实用的考虑，也是团队成功的需要。成员过多会妨碍团队建设性的合作和有效的沟通，成员们一起实际工作的机会将减少，从而难以实现团队工作所要求的观点分享，难以形成共同的信念。

2. 有共同的愿景和目标

共同的愿景是团队之所以存在的主观原因，而共同的目标是共同愿景在客观环境中的具体化，并随着环境的变化而有所调整。共同的愿景和目标包容了个人愿景与个人目标，充分体现了个人意志与利益，它们是鼓舞成员斗志、协调成员行为的核心力量，具有强大的凝聚力和吸引力，使团队中的各个成员都愿意为之而努力奋斗。

3. 成员具有强烈的团队意识

团队意识主要表现为团队成员对团队的责任感、满足感、自豪感和归属感。这种意识能凝聚人心、鼓舞斗志，吸引团队成员自觉地实现团队目标，自愿地为团队做贡献。如中国科学院心理研究所曾对某工厂一个"信得过"班组进行了个案分析。研究表明，这个拥有14

人的先进班组的基本特点就是具有很强的团队意识。形成团队意识的条件有以下几条：第一，共同的利益和共同的目标是形成团队意识的基础；第二，合理的管理制度和奖惩制度有利于团队意识的形成；第三，开展团队之间的竞争有利于团队意识的形成；第四，自然形成的群众领袖人物是形成团队意识不可缺少的条件；第五，友爱互助是团队意识的纽带。

4. 具有良好的行为规范

团队规范是指团队成员都必须遵守的行为准则，它影响着团队成员的行为，并规定团队对其成员行为可以接受或不能容忍的范围。每个成功的团队都具有良好的行为规范，这种行为规范或者是明文规定的，或者是不成文的。这种行为规范能够对团队成员产生积极而主动的影响，团队成员能够通过团队的行为规范自觉约束自己的行为，也能够通过观察和学习其他团队成员行为来使自己更好地符合团队的规范。

5. 有效的技能互补

一个成功的团队不仅注重个人的技能和价值，而且更加注重团队成员之间技能的互补和融合，更加看重具有不同技能的人的价值，因为这些人具有不同的视角、不同的专长，从而能发挥出不同的作用。团队的主要职责就在于将不同特质的人结合在一起，并使他们互相协作，以尽可能地完成团队的任务。一般认为，一个有效的团队至少应具备以下三方面的技能，即技术性的能力、解决问题和决策的能力、处理人际关系的能力。一个团队如果没有最基本的技能互补，尤其是没有技术技能和沟通技能的互补是很难发挥其作用的。

6. 能够开展有益的竞争

竞争是人类在生存和发展中普遍存在着的实践活动。它是促进生产力提高、科学昌盛、文化繁荣的一种力量，也是促进人们能力发展的重要推动力。竞争对人的影响主要包括四方面：一是竞争使团队内部更团结，其成员对团队更加忠诚，内部分歧减少；二是竞争使团队成为组织严密、纪律严明的团队；三是竞争使团队成员更加效忠和服从，形成坚强的阵线；四是竞争能够更加充分地体现公平，从而使团队成员更好地发挥自己的聪明才智。在成功的团队中，既存在着竞争又存在着协作，团队的成功就是凝聚力和竞争力协调作用的结果。

7. 通畅的沟通渠道

团队拥有全方位的、正式的和非正式的沟通渠道，信息沟通畅通高效，层次少，基本无滞延，沟通气氛开放、坦诚，成员在团队会议中能够充分发表自己的意见，也能接纳他人意见，并能够及时得到反馈意见。

8. 互相帮助和激励

在一个成功的团队中，团队成员不仅有过硬的专业知识、实用的技能和丰富的经验，更重要的是，团队成员能够相互合作，互相学习，能够公而忘私，把团队的利益放在第一位，并且能够勇挑重担、不断进取。当遇到困难时团队成员能够相互激励，互相帮助，齐心协力，共同战胜困难；当发现错误时，团队成员能够相互包容，而不是相互指责、埋怨；当团队取得成功时，团队成员能够彼此分享成功的喜悦，并由衷地产生自豪感和荣誉感。总之，一个成功的团队能够荣辱与共，在失败和成功中接受考验和锻炼。

9. 绩效结果

团队的绩效是成员们一道工作得怎么样的函数，包括个体的结果和集体的工作产品。集体的工作产品是多个成员一同生产出来的东西，如访谈、调查或实验。不管它是什么，集体产品都反映团队成员共同的和现实的贡献。卡特森伯奇和史密斯把团队定义为："一个团队是一个小数目的人群，他们具有互补性的技能，承诺一个共同目标、一系列绩效目标，以及使他们共同负责的方法。一个团队的实质是共同的承诺,没有它,群体作为个体运作;有了它,他们便成为一个强有力的集团绩效单位。"由此可见,团队比其他群体更具任务取向,更强调成员的互赖性。通常团队对其成员都具有一套明确的规则和奖励办法,它用集体的目标和对任务的兴趣代替个人的意志和协调人际冲突。

10.1.6 团队中心人物

任何一个团队都应具有一个不可缺少的要素——中心人物,如正式团队中的厂长、车间主任、班组长等,非正式组织中的中心人物则是自发形成,且能在人们相互交往、相互了解中共同认可的。

1. 中心人物的产生

心理学研究表明,任何团队的中心人物都不是天生的,而是造就出来的。一般来说,中心人物的出现主要取决于以下一些因素:团队的性质及目标,团队成员的能力和人格,团队在特定时间里所处的情境等。在团队中,中心人物一般具有以下特征:精通业务,注重贡献和工作实效;能有效地解决个人或群众遇到的困难,善于发现人才、培养人才和使用人才;热情直爽,乐于助人,对人坦诚相见;敢于为大家讲话,并承担责任;建立有效的工作次序;具有较广的知识面和较丰富的生活经验。

2. 中心人物的作用

中心人物是团队的核心,他能够影响团队成员的思想和行为,并且在团队中扮演着组织者、引导者和激励者的角色。其具体作用主要体现在以下几个方面。

(1) 统一团队意识

团队就某一管理问题展开讨论时,各种意见的比较、分析、综合往往由中心人物来完成。而中心人物的意见也相对具有权威性,易于为大家认同,从而有助于团队形成共识。在出现严重分歧的情况下,中心人物一方面要调动团队成员的积极性,分享他们的观点;另一方面要鼓励成员发表有关的、简洁的评论,从而把讨论推向深入。

(2) 公平地分配责任

团队所有成员都要承担具体的责任,因为每个成员都有为团队做贡献的才能和热情,共同分担责任可以培养积极的团队精神和士气。这就意味着中心人物要有合理分配责任的能力,要避免责任分配的苦乐不均,这样成员才会感到自己受到了认真的对待,并能为团队做出自己的贡献。

(3) 制定恰当的决策流程

对团队来说,制定一个恰当的决策流程,确保团队成员不陷入争执和惰性的泥潭之中,是很重要的。在团队作出结论和制定行动计划之前,中心人物都应先确定争论点或问题,然后再讨论,最后得出结论。不要假定大家的看法都一致,通常人们会有不同的想法、担忧和行动计划,因此有必要先对讨论的目的给予明确的阐释再讨论决定。

(4) 鼓励创新性的观点

作为中心人物,要能够创造一个让成员感到安全、愿意冒险、敢于大胆设想的环境,要鼓励成员大胆创新,防止成员对他人的观点持消极态度或简单地下判断。

(5) 进行科学的分析和评价

团队成员一旦提出可供选择的解决问题方案,中心人物就应该用坦率和客观的方式对它们进行评价,包括各自的优点、弊端、期望的结果、成功的可能性及所需的进一步的信息等，并要提醒团队这是团队成员共同的事情，这样团队成员就会超越个体的利益和不安全感来考虑问题，进而减少惯性冲突和防卫。

(6) 维持团队的团结稳定

由于人们思想认识的差异，团队中不可避免地会出现各种矛盾、冲突。中心人物则能利用与绝大多数成员关系比较密切、融洽的地位来解决矛盾，鼓舞团队的士气，维持团队的相对稳定，不让某些有问题的成员破坏团队的正常运转。如果某人试图支配和控制讨论，或将观点强加于他人，那么，中心人物就应直接告诉这个人他的行为是不合适的；如果某个成员过分消极和爱挑剔，那么，中心人物就应鼓励这个人以一种较有建设性的方式参与团队的活动，这样才能有效地抑制消极态度，倡导积极态度。

10.2　团队沟通技能

10.2.1　团队沟通的含义及特点

所谓团队沟通，是指为了更好地实现团队目标，团队成员之间所进行的信息传递与交流。概括起来，团队沟通具有下述特点。

1. 平等的沟通网络

团队成员之间的关系是平等的，是一种任务的协作和分工，而不是管理与被管理的关系。根据这一特点，团队形成了内部平等的沟通网络，团队成员之间是平等的沟通关系。另外，在团队内部既有正式的沟通渠道又有非正式的沟通渠道，信息传递高效直接，中间环节少。

2. 规范的沟通

与非正式团队相比，由于团队是一种工作的协作方式，团队成员为着同一个目的工作，有共同的目标，团队中的每个成员共同对团队所要达到的目的负责，同样也对团队采用的工作方法负责。所以在这种情况下，团队的沟通是以任务为导向的，有一定的群体规范和路径。

3. 沟通气氛融洽

团队内充满着健康、坦诚的沟通气氛，成员彼此间不仅能有效地进行工作任务方面的沟通，而且能进行情感上的沟通。不仅如此，团队成员还具有很高的情商，在各种沟通情景下能够做到有效倾听他人的意见，并清楚地表达自己的观点。

4. 外部沟通频繁

团队要有效地实现自己的目标，必须处理好与其他团队的关系。例如，团队要处理好与组织内的处于垂直关系的团队之间的关系，以使信息和资金流动通畅；要处理好与水平层次上其他团队与部门之间的关系，以获得其他部门的技术支持和帮助。此外，团队还要处理好与外部顾客的关系，与社会公众的关系以及团队制度、作风、文化和整个组织制度、文化之间的关系等。处理好这些关系，才能实现团队与其他团队之间的配合和协作，并最终更好地实现团队目标。

5. 团队领导有高超的沟通技巧

善于沟通的团队领导者首先能够将团队的目标和对成员的期望有效地传达给成员，担当好"牧师"的角色。其次，在团队的实际运作中，有效的领导者能充分倾听成员的声音，根据实际情况适当放权,调动成员的积极性,共同决策并参与计划的制定,当好"教练员"的角色。也就是说,作为领导者,应了解和理解团队成员的心理,尊重他们的要求,通过自己的组织协调能力以及令人拥戴的领袖魅力去影响和引导团队成员按照既定的方向完成组织目标,而不是监管、控制他们。

10.2.2 团队沟通的优缺点

团队沟通的形式是多种多样的,各自具有不同的特征。下面就团队沟通的优势和缺陷,作进一步的分析。

1. 团队沟通的优势

关于团队沟通的作用,早期最有名的例子是 Coch 和 Frenet 对生产男式服装的 Hatwood 公司的调查。该公司决定加快工艺流程改造,并进行工艺重组。但以前在进行工艺重组时,工人的反应非常强烈,持敌对态度。为了实施计划的改革,公司管理层采用了三种不同的策略。

策略一:与第一组工人采取沟通的方式,向他们解释将要实行的新标准、工艺改革的目的以及这样做的必要性和必然性,然后给他们一个反馈的期限。

策略二:告诉第二组工人有关目前工艺流程中存在的问题,然后进行讨论,找出解决问题的办法,最后派出代表来制定新的标准和流程。

策略三:对第三组工人,要求每个人都讨论并参与建立、实施新标准和新流程,每个成员都参与,如同一个团队一样。

结果令人惊奇,虽然第一组工人的任务最为简单,但他们的生产率没有任何提高,而且对管理层的敌意越来越大,在 40 天内有 17% 的工人离职;第二组工人在 14 天里恢复到原来的生产水平,并在以后有一定程度的提高,对公司的忠诚度也很高,没有人离职;第三组工人在第二天就达到原来的生产水平,并在一个月里提高了 17%,对公司的忠诚度也很高,没有工人离职。

这一案例告诉我们,在充分的团队沟通之后,员工的自我管理能力、创新能力、信息共享程度、员工参与程度和工作绩效较传统管理方式下的员工要好得多。美国一位沟通专家 Maier 指出,团队沟通合作比单个个体工作的优越之处在于:

① 可以产生更多的点子和信息,使考虑问题和解决问题更为全面,管理决策质量更高;
② 提高了团队成员之间的理解,关系更加融洽;
③ 因为"社会效应",当个人处于被他人包围之中时,往往会更有干劲和活力,所以团队有较高的动力和业绩水平;
④ 消除影响问题分析和解决效率的个人偏差和盲点;
⑤ 更容易采用"风险转移"的观点,即采取更冒险的方案和更创新的行动。

英国管理沟通专家 Nicky Stanton 认为,团队沟通具有两大优势。一是能产生更多的承诺。当人们参与决策时,会对决策承担更多的义务。因为一旦群体参与决策制定过程,他们会更好地了解政策的背景和必要性,而且由于个人参与了决策,更容易持赞成态度。二是能产生更好的决策,其原因在于:

① 群体决策可提供更多的可利用的信息;
② 群体决策可以产生更多、更好的决策;
③ 群体决策可以产生更大胆的决策;

④ 群体决策能产生更高的生产率，因为群体成员在工作时常常为了取得社会的承认而更加积极、认真。

2. 团队沟通的缺陷

以团队沟通合作方式来解决问题，也存在着很大的局限性，它的缺陷主要表现在以下几个方面。

(1) 时间与效率

以团队沟通的方式制定决策，使过程变得太长，群体会因为集体思考而降低行动的效率，也会因为混乱而给成员造成伤害。尤其是在时间紧迫的情况下，强调群体决策，如果所有人达不成一致意见，就会延误决策的制定。而在一个人独自工作时，不存在与他人协调的问题，无需听取已知的信息，在提建议之前不必先试探群体的气氛。有人提出这样的说法：会议的长度是参加人数的平方。当然，如果时间不是问题时，团队沟通的效率也就不成其为问题了。

(2) 群体压力

团队沟通时的"从众心理"可能导致不好的决策，由于其他人的存在会产生一种群体压力，它会使某个人同意一个平庸的决策。

(3) 专家或领导压力

当团队沟通时，如果专家或领导不是以平等的、团队参与式的风格与其他成员沟通，或者即使专家或领导设法采取平等、民主的参与式沟通风格，但其他成员不能适应这样的氛围，就会阻碍充分的双向沟通的实现。较为严重的是，如果这些专家或领导以权威的身份对其他成员的观点采取压制和否定的方式，不但不利于问题的解决，反而恶化领导与群体成员之间的关系。

(4) 说而不做

群体更容易倾向于"以说代做"，因为大家有一种"反正不是我一人决定"的感觉，不愿意积极去解决问题。有时会议成员去讨论某个重要的问题，仅仅是为了得到"我也参加讨论了这个重要的决定"的成就感。

10.2.3 影响团队沟通的因素

团队沟通受到团队行为规范、成员角色分担及团队领导个人风格等各种因素的影响。概括起来，影响团队沟通的因素主要表现在下面几个方面。

1. 团队成员的角色分配

每个团队都由若干个成员组成，这些成员从团队成立之后到团队解体之前都扮演着不同的角色。按照团队成员对团队工作所起的作用，可将团队成员角色分成积极角色和消极角色两大类。

1) 积极的角色

在团队中，起积极作用的角色主要包括以下几个。

① 领导者。该角色能确定团队目标任务，并激励下属完成工作。

② 创始者。该角色能为团队工作设想出最初方案，其行为包括明确问题、为解决问题提出新思想和新建议等。

③ 信息搜寻者。该角色能为团队工作不断澄清事实，收集证据，提供相关信息。

④ 协调员。该角色能协调团队活动、整合团队成员的不同意见，并能减轻工作压力，

解决团队内分歧。

⑤ 评估者。该角色主要承担方案分析、计划等工作。

⑥ 激励者。该角色能起到保持团队凝聚力的作用。

⑦ 追随者。该角色能将计划付诸于实施。

⑧ 旁观者。该角色能以局外人的眼光评判团队的工作,并给出意见。

2) 消极的角色

在团队中,起消极作用的角色主要包括以下几个。

① 绊脚石。是指那些固执己见、办事消极的人员。

② 自我标榜者。是指那些总想靠自吹自擂、夸大其辞来寻求他人认可的成员。

③ 支配者。是指那些试图操纵团队,干扰他人工作,以便提高自己地位的队员。

④ 逃避者。是指那些与别人保持距离,对工作消极应付的队员。

需要说明的是,团队中一个成员可能同时扮演着几个角色,也可能几个成员扮演着同一个角色。另外,团队成员所扮演的角色不是一成不变的。譬如,一个团队成立后,成员希望自己的领导是民主型的,能为团队工作提供指导,并鼓励各成员全力参与工作,但该领导可能是属于支配型的,他喜欢独断专行,成员若不服从就对之采取惩罚手段,这样的团队领导与成员的期待相去甚远。在沟通过程中,经过一段磨合期,两者就会互相适应——领导与成员的角色都会发生相应的变化。

在一个团队中,如果积极角色多,消极角色少,则该团队沟通是通畅的和有效的;如果两类角色比例相差无几,或者消极角色大大超过积极角色,那么这样的团队就无效率可言了。因此,在团队管理过程中,应根据工作需要不断调整成员构成,尽量增加积极角色,减少或剔除消极角色。

2. 团队的行为规范

团队行为规范是团队成员共同遵守的行为准则,是团队内部的法律。一般来说,团队的规模越大,团队的行为规范可能就越复杂。团队行为规范可以以明文规定的方式存在,如规定、条例等,也可以以心照不宣的方式存在。前者容易被遵守,后者往往被团队新成员所忽略,或在不经意中触犯。例如,在一次例行的工作午餐中,大家一开始谈论着昨晚的甲级足球联赛,过了一会又聊到与工作相关的一些事情,但并没有直接谈团队正在做的某个项目。后来在谈话的间歇,一位刚来不久的新成员突然说:"我真希望天气能好起来,这种鬼天气使得我的孩子老是在家呆着。"这样的闲聊似乎没什么不好,但是其他成员听了后默不作声,不愿搭腔,甚至有人显得不高兴。这位新成员对此感到很尴尬。之后有人告诉这位新成员:"工作午餐中谈论家庭孩子是不合时宜的。"这个例子表明,不成文的规范容易被触犯;同时,一旦发生这种情况,其他成员就会以不同方式对"犯规者"施加压力,迫使其遵守。在这一方面,团队内的沟通有时就会显得很微妙。

团队行为规范对团队来说非常重要,通过理解并遵守团队规范,不仅使团队成员知道自己该做什么,不该做什么,而且能够建立起相应的团队规则和秩序,增强团队成员相互合作的主动性和自觉性。但团队行为规范也有其消极的一面。例如,它们会阻碍团队成员创造性地工作,维护低效率或已经过时的做法,也有可能产生团队内的不公平现象,等等。所以,团队领导者要对团队行为规范给予调整和引导,以便于充分发挥团队行为规范的积极作用,而把团队行为规范的消极作用降到最低程度。

3. 团队领导者的个人风格

领导者角色在团队中的作用举足轻重。领导者个人的性格特征、管理风格与团队沟通效果密切相关。如果团队领导者是专制型的，或是放任自流的，那么团队沟通就会低效或无效。前者压制了来自团队成员的新思想、新建议，后者则会使团队沟通显得漫无目的。现代管理越来越强调柔性管理，所以如果团队领导采用民主型的领导风格，则无疑会使团队沟通更加有效率。

10.2.4　团队决策的类型和方法

1. 团队决策的类型

组建团队的目的是为了分析并解决问题。"工程队"、"项目组"、"委员会"等团队便是发挥这种功能的典型例子。这些团队常常随着问题的产生而组成，随着问题的解决而解散。一般来说，团队决策的类型主要有以下 6 种。

(1) 沉默型

如果团队成员提出的某种想法未经讨论就被放弃，这种方式就属于得不到响应的"沉默型"决策方式。这种沉默表明该团队内的沟通几乎不发生，毫无效率可言。

(2) 权威型

这种情形中，团队成员可以讨论问题，分享信息、提出想法，但最后还是领导说了算。这种方式比较专制，团队成员可能抱怨团队决策机制不够民主，长此以往，成员可能不再积极参与团队内的沟通。

(3) 少数人联合型

这种方式下，少数人结成一派，尤其是少数人与实力派人物结成联盟。当这些人强烈赞成某一意见，其他人尚未发表看法之时，会有一种错觉发生——似乎团队已经达成一致。事实上，是可能多数人反对这一意见，但是没有人愿意打破这种貌似一致的局面。显然，这种方式下作出的决策也没有经过团队内的充分沟通。

(4) 少数服从多数型

这种模式为众人所熟悉。一个问题提出后，经过讨论，形成一个对策或建议，然后大家投票表决，根据票数来决定采纳或否决某项提议。这是一种被广泛采用的团队决策模式。

(5) 一致型

团队成员准备接受某个意见时，即使有人还持保留意见，作为一个整体的团队也还是达成了一致意见。"一致型"模式并不必然，表示所有成员完全而热情地支持某一意见，只是说明该问题经过了公开讨论，所有不同的观点都被考虑过了。尽管团队成员可能不完全赞同该意见，但是讨论通过的结果尚在可接受的范围之内。

(6) 完全一致型

当所有成员都完全同意或支持某个观点、建议、办法时，就是"完全一致型"的决策模式。这种情况是很少的，但却是一种理想的模式。

以上 6 种类型中，后两种是人们追求的解决之道，尽管这两种类型耗时费力，但能使问题顺利高效地解决；而前四种方式虽然能迅速地作出决定，但那些持不同意见者可能会很失落，并且可能丝毫没有支持团队决策的动力。

2. 团队决策方法

团队决策的方法多种多样，在决策过程中变化无常。但是，多年来人们在团队决策中往往采用下述几种方法。

(1) 议会讨论法

该模式在西方社会应用得十分普遍。它根植于英国议会的相关法律,已有700余年的历史。具体做法如下:首先有人以动议的形式就某个建议作陈述,然后由大家辩论、修改、完善,最后投票表决。尽管有众多学者对这种方法的烦琐、低效提出抱怨,但此种方法保障了多数人行动的权利,也保护了少数人争辩、投票的权利。这种程序最适合于议会及各类正式商务会议。甚至有些团队规定,所有正式会议都要采用这种议会讨论法的某些程序。

(2) 冥想法

这种方法是基于人们通常解决问题的逻辑顺序而被提出来的。具体做法如下:确定问题的范围;分析与问题相关的数据或信息;提出可能的解决办法;考虑每种解决方案的利弊,实施最佳方案。

(3) 头脑风暴法

该方法是小型团队产生创意最流行的做法,它最早是由美国人奥斯本(A. F. Osborn)于1957年提出的。该方法的目的是引发创意,其规则很简单,但要求严格遵守:严禁提出批评、非难;鼓励随心所欲地自由想像;提出的想法越多越好;对各种想法进行综合和改进。

实施头脑风暴法有以下5个方面的要求:一是根据禁止批评的规则,消除妨碍队员自由想像的各种清规戒律;二是让以往从各自专业的角度参加决策的团队成员站在怀有共同目标的同一立场上提出创意;三是在开会时有主持人增加一些余兴,使会议有一种轻松愉快的气氛,以便队员自由想像;四是鼓励队员把他人的设想加以综合、修正、完善,以便造成敢于打破清规戒律的局面;五是事先让队员了解本方法的规则,并确定实施起来不会有难度。

这种实施方法的关键在于严禁批评别人,因为这种批评的态度可能会压抑新思想的产生。团队中的每个人都努力参与提出创意,不管这个想法看起来是多么奇怪甚至愚蠢,其目的是为了产生尽可能多的想法,然后通过综合修改完善,得到完美的决策。这种决策过程需要有一个协调者来维护上述几条游戏规则。

(4) 德尔菲法

该方法是由兰德公司于20世纪50年代发明的。这种方法多半用于收集专家意见,它的运用有赖于"监督小组"和"回答问题小组"之间的互动。具体步骤如下。第一,"监督小组"就某个问题设计出一套问卷,然后让"回答问题小组"来回答。"回答问题小组"的成员可以是某一领域或多个领域的专家,也可以是普通人,成员构成取决于问卷的目的。第二,"回答问题小组"的成员互不联络,他们单独完成问卷,即该小组只是个名义上的小组。第三,"监督小组"根据答卷作出小结,然后将数据、资料返回给"回答问题小组",同时再给出一份问卷,以便弄清小组内的相同意见及其分歧所在。这一步可能需要重复多次,当然问卷需要不断修改。第四,"监督小组"最后就问卷结果,写出小结,供决策者使用。

实施该方法有以下三个要求。一是选择合适的人参加"回答问题小组"。因为该小组要反映专家们或相关领域特定对象的知识水平和判断力,所以选择什么对象作为小组成员,从中吸取其远见卓识,就成为该方法成败的关键因素。二是由"监督小组"向"回答问题小组"及时反馈信息。通过各种形式向回答者反馈信息,使其能够得到更多的信息并以此修正原先的意见,就可以得到比较可靠的回答。三是用统计方法来处理问题。通过多次反馈来收集答复,就不会受特定意见的影响,这样就可以归纳出含成见较少的意见。

10.2.5 团队沟通的流程

1. 相互了解情况

相互了解情况是团队沟通的前提和基础,它不仅影响团队内部的人际关系,同时也决定着团队工作的效果和效率。任何成功的团队都必须是紧密配合、协调一致的团队,而配合协作的关键在于成员之间关系和谐、融洽。因此,要营造和谐、融洽的团队氛围,就必须在团队正式执行任务之前让成员们相互了解与交流,包括了解团队成员的姓名、专业特长、性格特点、兴趣爱好、工作方式、生活习惯以及在研究、分析、组织、写作方面所具有的技能等,既要了解团队成员各自的优点,也要正确看待团队成员各自的缺点和不足。团队成员只有进行广泛的对话与交流,才能认识、熟悉进而建立起良好的人际关系。

2. 明确组织对团队承担的责任

组织决定采用团队这种工作方式,这就意味着它有责任帮助和引导团队实现既定目标。组织也必须对团队承担起必要的责任。这些责任包括4个方面。第一,组织必须对团队成员进行培训,并给予团队自主权。第二,明确团队的任务和完成任务的时限。第三,对团队的自然环境、社会环境予以控制与协调,为团队的有效运营提供必要的保障。第四,帮助团队选择完成任务的流程并加以评估检验。如果组织能够对团队承担起这样的责任,那么团队的业绩可能会很好。当团队获得组织的有力支持时,成员会主动承担责任,他们往往会变得更富有创造性、更有活力,将工作做得更好。

3. 明确团队应承担的责任

在明确了组织对团队承担的责任之后,团队还必须明确自己应承担的责任,这些责任包括4种。

(1) 营造分享式的管理氛围

团队是一个规模较小的组织,团队的成员既是团队目标的具体落实者,同时也是目标的领导者。这就要求团队成员必须具有主动意识,要从全局的角度来明确团队的任务、所追求的目标等,以便统筹安排自己的工作,并不断与其他成员主动进行沟通。

(2) 制定时间进度规则

团队从一开始就必须在时间、工作方式等细节方面达成一致意见,如每人每天、每周、每月能够花费多少时间开会,应花多少时间做准备工作。必须考虑其他人在时间方面可能会存在哪些问题,每个人愿意贡献的时间有多少,团队工作时间是多少,等等。团队应能做到在时间和工作要形成统一意见,如准时到会,开会不缺席,必须在最后期限内完成任务,等等。

(3) 建立双向沟通机制

团队在维持关系和完成任务的过程中应保证双向沟通,保证作出的决策符合伦理准则。团队建立时要考虑如何在成员之间进行沟通,如何让迟到和缺席的人了解信息。为了让团队成员能够相互沟通了解,增强凝聚力,团队成员应该互相交换电话号码,了解各自的日程安排,并确定团队可以聚在一起开会的时间。在团队协作期间应确定具体开会的时间和次数,并且保证每个人都很清楚这样的时间安排。

(4) 及时向组织汇报工作进展情况

团队既有相对的独立性,同时又要在组织的支持下开展工作,这就要求团队应保持和组织的互动,随时向组织报告工作进展情况,以得到组织的信任和支持。

4. 设定团队目标

团队一旦组建起来，就必须制定明确的目标。在实现目标过程中，还应根据环境变化及时对目标进行调整。一般来说，明确目标的过程包括下述步骤。

（1）弄清组建团队的原因

即组织为了什么目的而组建团队，以及组建团队的背景如何和团队有可能面临哪些困难。

（2）明确组织对团队的要求

即组织希望团队解决什么问题，达到什么目的，解决这些问题需要哪些条件，需要组织提供哪些方面的支持和条件，需要其他部门给予什么配合与协助。

（3）了解团队成员的想法和愿望

在设立团队目标之前，不妨借用一些技术手段，了解团队成员对团队目标的投入程度。了解他们在完成团队目标时愿意付出多少时间和精力。这当然不是要求每个人发誓竭尽全力，每个人都有自己的需求和行事风格，不可能要求所有成员完全一致。这里强调的是通过了解团队成员的想法和愿望，使团队成员能够更好地为了实现目标而同舟共济。随着团队绩效的取得，团队成员对团队的忠诚度会逐渐提高。当他们在合作过程中体会到成功的滋味时，他们会更加积极、更愿意为团队目标的实现投入精力和时间。

（4）制定团队目标

团队应根据自身的优势和劣势以及组织对团队的要求制定出切实可行的目标。需要注意的是，在制定目标时，一定要讲求实际，不能把目标定得过高或过低，如果目标定得过高，实现不了，不仅会给团队带来不利的影响，而且也会失去组织对团队的信任和支持；如果目标定得过低，唾手可得，这样的目标也就失去了意义。可行的目标应该是既具有挑战性，而且又能够达到。

（5）制订行动方案

在明确目标以后，需要制订出具体的行动步骤。首先，应根据团队的目标、任务等情况设计调查问卷，要求每位团队成员根据自己对本团队目标、任务的理解给出团队的具体行动方案。然后，通过分析、综合团队成员对团队目标、任务的理解情况，进一步制订出有效的团队行动方案。最后，将团队行动方案变成工作计划，并制定相关的措施来保证工作计划的实施。

5. 建立信息反馈机制

在团队运作过程中，需要收集各方面信息。一个有经验的团队有自己的信息反馈渠道，其主要从所属组织或团队成员以及其他相关源头获得信息。团队成员可以通过履行团队任务和与团队其他成员交流获得反馈信息。一般来说，团队对于反馈信息来源的管理，可以通过如下途径。

（1）运用反馈表

反馈表的内容可以围绕团队的任何方面，如个人的、相互交往的或团队任务的。团队成员通过定期填写有关问卷，分析问卷，可以从中获得有关的反馈信息。

（2）对团队运作流程进行观察和诊断

可以邀请团队以外的人观察和分析团队工作，然后帮助成员分析结果，设计出提高质量和效率的办法。

（3）制作录像带或录音带

将一段工作经历录制下来，然后进行回放。通过这种手段，团队成员能够了解他们在一起是如何工作的。这样，团队成员对协作过程中的优点和缺点就会一目了然。

(4) 应用计算机系统

应用计算机软件不仅能够改善团队的工作流程和效率，而且能够为团队的信息反馈提供强大的技术支持。

(5) 对反馈系统进行讨论

讨论的重点在于弄清楚以下问题：反馈是有效的吗？收集的反馈信息是否客观、全面？得到的信息是否和团队自身拥有的其他知识相一致？它是否能给团队达成有效协作提供真知灼见？讨论这些问题能使团队信息反馈机制更加健全和完善。

6. 培养团队精神

团队精神是团队得以成功的灵魂。具有团队精神，团队就能够成为一个有机的整体，取得骄人的业绩；缺乏团队精神，团队则如同一盘散沙，一事无成。所谓团队精神，是指团队成员为了实现团队的利益和目标而相互协作，以及尽心尽力的意愿和作风。概括而言，团队精神主要表现在两个方面。

(1) 强烈的归属感和一体感

在团队与其成员的关系上，团队精神表现为团队成员对团队有强烈的归属感和一体感。团队成员强烈地感受到自己是团队的一员，并且由衷地把自己的前途与团队的命运联系在一起，愿意为团队的利益和目标的实现尽心尽力。团队成员对团队表现出绝对的忠诚，一旦成为团队一员，他们同甘共苦、同舟共济。不仅如此，团队成员对团队还具有很强的荣誉感，他们绝不允许有损害团队形象和利益的事情发生，会为团队的成功而骄傲，为团队的困境而担忧。在对待团队的任务上，团队成员会尽心尽力，全方位地投入。他们衷心地将团队的事视为自己的事，做事积极、主动、认真、充满热情。在处理个人利益和团队关系时，团队成员会将团队利益放在第一位，个人服从团队，宁愿牺牲自己的利益而顾全团队的利益。团队成员对团队的这种强烈的归属感和一体感，主要来自于团队目标与成员目标的高度一致，也就是说，团队目标既符合团队的利益，又符合绝大多数成员的利益，是一个集体和个人双赢的目标。团队通过一系列的制度使它与其成员结成一个高度牢靠的统一体，通过持久而强大的宣传及教育活动在潜移默化中培养成员对团队的共存共荣意识及深厚的感情。

(2) 运作上的默契

在团队成员之间的关系上，团队精神表现为成员之间创造出的一种"运作上的默契"。正如在一流的球队中球员既有自我发挥的空间又能协调一致一样，杰出的团体也会发展出"运作上的默契"，即每一位成员都非常留意其他成员的工作状态，而且人人都会采取相互配合、协调一致的方式。这主要表现为：一是团队成员视自己为团队大家庭中的一员，大家同舟共济、相互依存；二是队员之间相互信任，能够互相容纳各自的差异性，真诚相处；三是在工作中相互帮助，共同前进。

7. 维护关系和履行任务

团队成员之间必须互相配合、互相沟通才能顺利地实现目标。而实现目标的关键在于营造团队中和谐的人际关系，保证成员之间彼此理解、精诚合作，并都能全力以赴地投入时间和精力去履行任务。因此，维护关系和履行任务就成为团队实现目标的关键和重点。事实上，团队成员在相互交往的同时也在履行着各种不同的任务。一般来说，维护关系是指团队成员之间通过充分的信息传递和交流形成良好人际关系的过程。维护关系所交流的信息既包括个人方面的，也包括团队及团队任务方面的。可以说，团队成员正是通过语言及非语言的沟通手段来实现团队成员之间以及团队成员与团队之间的和谐互动的。履行任务是指团队成员明确自己的职责，全身心地完成工作的过程。这个过程包括收集整理信息、分析问题、找到解决问题的方案并加以论证和实施。在这个过程中，团队成员的主要作用在于出色地履行职责，圆满地完成各自承担的任务。

10.2.6 团队沟通的障碍

在团队沟通过程中，常会受到各种因素的影响和干扰，使沟通受到阻碍，影响沟通的效果。这些因素有个人的，也有组织的；有工具性的，也有文化的。这些阻碍包括以下4个方面：文化因素、社会因素、心理因素和物理因素。

1. 文化因素

文化因素是指来自文化、知识、经验等方面的因素所造成的沟通障碍。

① 表达障碍。如用词不当、词不达意、口齿不清或字体难辨；观念含糊、逻辑混乱；无意疏漏、模棱两可；等等，都会使对方难以了解发送者的意图。

② 语义障碍。人与人之间的沟通，主要借助于语言（包括口头语言和书面语言）来进行，但语言只是作为交流思想的工具，并不是思想本身，而是用以表达思想的符号系统。因此，在日常生活中，一词多义的情况是常见的，这就使沟通容易产生语义上的障碍。人的语言修养不同，表达与理解语言的能力不同，对同一种思想、观念或事物，有些人表达得很清楚，有些人表达得不清楚。同样，对某一信息，有人能马上理解，有人听来听去还是不理解；有人接受信息后做这样的解释，有人会做那样的解释。因此，用语言表达意思，往往会产生语义上的障碍。

③ 文化程度障碍。由于双方的教育程度、文化素质相差太大，会使对方理解不了、难于接受。如大学生向文盲讲科学道理，文盲是难以深刻理解其意的。

④ 经验障碍。发送者和接收者由于经验水平相距太大，会产生理解障碍。这是因为发送者将信息编码时，只是在自己的知识和经验范围内进行编码；同样，接收者也只能在自己的知识和经验基础上进行解码，理解对方传送信息的含义。因此，当发送者与接收者的知识水平、经验水平相距太大时，在发送者看来很简单的问题，接收者因没有这方面的知识经验，而理解、接受不了。造成这种情况的原因是双方没有"共同经验区"；相反，如果沟通双方有较多的共同经验区，则信息就能很容易地被传送和接收。

2. 社会因素

社会因素主要有地位障碍、职业障碍及组织结构障碍。

① 地位障碍。发送者和接收者双方地位悬殊，容易造成沟通的障碍。研究表明，一般上级或主管人员容易存在一种"心理巨大性"，下属则容易产生一种"心理微小性"。而"心理巨大性"易使上级满不在乎，"心理微小性"易使下级不敢畅所欲言，这会阻碍上下级之间的信息沟通。如占据高位、掌握实权的人，如果官僚主义、命令主义作风严重，群体成员会敬而远之，影响上下沟通的通畅；若领导者平易近人、发扬民主，以普通劳动者的身份和下级接触，就能消除地位障碍。

② 职业障碍。由于职业上的不同，不懂对方的行业用语，也会造成沟通的困难，即所谓的"隔行如隔山"。消除的办法是使用双方都能听懂的语言，在社交场合尽量不使用行业语言。

③ 组织结构障碍。由于组织层次过多、部门设置不合理等，信息从较高层逐级向下传递到最低层，或从最低层逐级向上传递到较高层时，因为每经过一个层次，都会出现失真，积累起来，便会对信息沟通的效果带来极大的影响。研究表明，信息从基层向高层沟通时，许多细节会被滤掉；而信息由高层向基层传递时，又会逐级添加许多细节。消除组织结构障碍的方法，是精简机构，减少层次，提倡越级交往。

3. 心理因素

心理因素主要有认识障碍、态度障碍、情绪障碍和人格障碍。

① 认识障碍。认识方面的障碍是由双方认知失调而引起的。由于各人的认识水平不同、需求动机不同、看问题的角度不同，对同一信息往往会作出不同的理解和评价。另外，人们的知觉具有选择性，对信息的重视程度不同，凡他认为价值大的信息会引起注意，认真接受；凡他认为价值不大或没有价值的信息，就会不重视甚至不予理睬。

② 态度障碍。如果沟通双方存在偏见、持不同的态度，也会造成沟通的障碍。

③ 情绪障碍。情绪的障碍对信息的传递影响很大，如果双方都处在情绪或心境不佳的状况，就难以沟通意见，甚至会歪曲对方的信息。当某人情绪较好时，对别人的意见和建议会爱听并乐于接受；当某人情绪不佳时，则对别人的意见和建议大打折扣，接受程度就差。即使是同一人，由于其接受信息时的情绪状态不同，也有可能对同一信息作出不同解释和行为反应。

④ 人格障碍。一个人的性格、气质、价值观等方面的差异，常常会成为沟通时的障碍。人们在沟通时，由于价值观的不同，往往会按照自己的观点对信息进行筛选：符合自己观点和需要的，很容易听进去；不符合自己观点和需要的，就不愿意听，尽量使信息适合自己的"胃口"，或者从自己的需要出发猜测别人的意图，或者从别人的谈话中找"言外之意"，从文件中找"弦外之音"。

通常一个诚实、正直的人，发出的信息容易使人相信；反之，一个虚伪、狡诈的人，发出的信息即使真实，也难以使人相信。同样，气质也影响沟通的效果。情绪急躁的人对信息的理解容易片面，情绪稳定的人能较好地接收、理解信息。

4. 物理因素

物理因素主要是客观上的障碍，包括自然障碍、机械障碍、距离障碍和信息过量的障碍。

① 自然障碍。如刮风下雨、闪电雷鸣或环境中存在较大的噪声干扰，都会造成沟通的障碍。

② 机械障碍。如通信设备的性能不好、质量不高甚至发生故障，也会造成沟通困难甚至信息失真、沟通中断。

③ 距离障碍。空间距离过远、环节过多，同样会影响信息传递，造成沟通困难。如人与人之间的距离过远，听不清楚对方的声音，或看不清对方的表情、手势，都会影响沟通的效果。

④ 信息过量的障碍。我们生活在一个"信息爆炸"的时代，管理人员常常被淹没在大量的信息中，而事实上，他们只需利用所获取信息中的一小部分进行决策。信息过量不仅使管理者缺少处理信息的时间，而且也使他们难于向同事提供有效的、必要的信息，沟通也随之变得十分困难。所以，应该筛选有用的信息并进行沟通。

10.2.7 团队沟通的技巧

团队中,团队成员越多样化,就越会有差异,也就越需要成员间进行有效的沟通。

在沟通过程中,人们经常会被置于两难的境地:他们一方面想通过这一过程满足需求,而另一方面又害怕与人进行沟通。人们为了生理及情感的需求绝对需要与人沟通,但同时又必须承担一定的沟通风险。在一个团队中,不同的人对不同的事物有不同的理解,再加上复杂的关系,就使得沟通愈发复杂。在维护和完成任务的过程中就存在着这样一个问题:如何更好地进行沟通,以完成团队的任务和目标?我们知道,团队沟通的目的在于每个成员能分摊领导职能,追求目标。在这一过程中,必须使用各种沟通技术,如:语言的、非语言的、倾听的及各种提问等。任务、信息和团队目标越复杂,沟通的技巧对团队的成功就越重要。

1. 语言沟通

假设你的团队在讨论是否该承担一个大的项目,这个项目需要你们在时间和精力上做出大量牺牲,但它将把成员整合成一支优良的团队,甚至会为其工作赢得奖赏。既要一个整体良好的团队,又要独立的私人生活,这两种愿望带来的压力便流露在每个成员在讨论时发表的意见中。因此,要去除这种压力,团队成员必须进行对话,即成员们必须交换和适应相互的思维模式,直到每个人都能对所讨论的意见有一个共同的认识。

如果对抗是两个问题之间的较量,对话则是一种交谈,通过这种交谈,人们琢磨出他们都能认同的含义。对话经常需要对想法进行重新界定。因为一个观念越抽象,压力越难消除,沟通就越困难,团队工作越艰难,越重要,其影响越深远,就越有必要找到将团队成员不同含义综合成共同含义的方法。这就要求在沟通时运用坦诚、负责、肯定及恰当的语言,创造一种成员之间相互关注、支持交流、降低防卫的氛围。

(1) 坦诚

在崇尚个人主义的文化中,比如在北美,坦诚是一种受重视的沟通方式。坦诚指的是开放性的沟通,了解自己,关注他人,关注你的需求或明确要他人知道的事情。一个坦诚的陈述通常很直接,但它同时很谦恭有礼,顾及他人的感情,而不是攻击他人,坦诚是为你自己的沟通负责,不让别人来操纵你的反应。

坦诚之人展示自我,希望影响他人,高度重视他人权力,高效的坦诚之人知道怎样运用外交手段和沟通手段。吉布在比较支持性群体和防卫性群体后指出,支持性群体的成员开诚布公,不带偏见地表达其观点,着力于问题而非人。他们重视坦诚而不运用计谋,有同情理解之心,而不仅仅表现中庸,所有这些目标均可用坦诚和支持性的沟通来完成。

(2) 负责

如果每个人都能对团队共同的感受和想法负责,一切则会容易得多,因为负责的语言为他人改变其观点和观念留下余地。吉布发现当语言更富假设性而非肯定性时,团队就会有更多的合作、更少的防御。缓和自己的语气,接受他人的观点以保持开朗、合作的氛围。当然,肯定并不总是负面的,它取决于怎么说,取决于情势,以及你自己的专门知识。

大致说来,"我认为"或"很可能"这些词清晰地表达了自己的看法,但留下了让人可以不同意的余地;"总是"、"决不"和"不可能"则终止协商,即便当你有专业知识时,为你的想法提供支持也有助于建立你的可信度。

(3) 肯定

当别人通过承认你的想法和感受，真正倾听你并做出回应时，你会有被认可的感觉。而当你被肯定时，就容易做出坦诚，容易出效率，也容易对团队做出贡献。吉布观察到人们不仅在感受到被操纵或被攻击时会变得具有防御性，当他人对他们表示中立或冷漠时也会这样。肯定一位团队伙伴将有助于他全力以赴地工作，也有助于团队创造一种合作的氛围。

（4）恰当

恰当是指使用适合自己、适合团队情况的语言。选择恰当的语言取决于自己是否对他人敏感，以及自己如何判断想要达到的目的。这种选择同时需要用心和动脑。恰当包括自己能考虑到的知识层次、背景和感受。

2. 非语言沟通

所谓非语言沟通是指人们从语言中包含的指示或语言之外的提示中解析出的含义。人们常常没有意识到从其眼神、身体、脸部表情和声音——甚至从他们运用时间的方式，从触摸或从他们保护其自身方式中存在的非语言信息，因为这种沟通是如此复杂，要解析一个人的含义有时会非常困难。

人们对你的看法——你的能力、可信度、亲和力，与你的非语言沟通有直接的关系。那么怎样促进团队伙伴表达其看法及当你开口时可帮助他们理解你的非语言沟通方式呢？

（1）运用肢体语言，促使团队成员参与沟通

有时，不太开放的成员不善于抓住说话的机会，需要有人帮他们一把。要帮助他人参与沟通，根本在于你的关注。你通过保持目光接触和用让他人感到舒服的姿势，为他人着想，面向说话人，往前靠这样的方式，对成员表示你的反应。比如你可通过点头、微笑、表情悦然，竖起大拇指，以及在他们讲话时用"嗯"、"对"、"是的"等来鼓励他们。

（2）表现出强烈的自信心，使同伴倾听于你

假如有一个令你兴奋、激动的主意，但你又担心面临质疑，在解释这个想法时，假如你全力以赴，感受到激动，你的脸、身体、嗓音都能表露出积极的情绪，同伴会受这种情绪的感染，就会听你的建议；如果你表现出一种焦虑，你的同伴会看到一个紧张不安的表情，就会对你的建议产生疑惑。因此，当你沟通时需要你的脸、身体、声音、演讲能力的全力支持，使你传递的信息有趣、可信。

3. 倾听和提问

记得有这样一个古老的哲学问题："森林中一棵树倒了下来，那儿不会有人听到，那么能说它发出声响了吗？"关于团队沟通，我们也可以问类似的问题："如果你说话时无人倾听，那么能说在进行沟通吗？"

语言沟通和非语言沟通都传递信息，只有倾听和提问才能提供一些必要的及时的反馈，使人理解别人传达的信息。倾听和提问可以为个人及团队进行成功的沟通引发对话，创造氛围，并对互相合作进行分析。

10.2.8　知名企业的团队沟通技巧

1. 讲故事

波音公司在1994年以前遇到一些困难，总裁康迪上任后，经常邀请高级经理们到自己的家中共进晚餐，然后在屋外围着个大火堆讲述有关波音的故事。康迪请这些经理们把不好的故事写下来扔到火里烧掉，以此埋葬波音历史上的"阴暗"面，只保留那些振奋人心的故事，以此鼓舞士气。

2. 聊天

奥田是丰田公司第一位非丰田家族成员的总裁,在长期的职业生涯中,奥田赢得了公司内部许多人士的深深爱戴。他有1/3的时间在丰田城里度过,常常和公司里的多名工程师聊天,聊最近的工作,聊生活上的困难;另有1/3的时间用来走访5 000名经销商,和他们聊业务,听取他们的意见。

3. 解除员工后顾之忧

某航空公司总裁凯勒尔了解到员工最大的担心是失业,因为很多航空公司都是旺季时大量招人,在淡季时辞退员工。凯勒尔上任后宣布永不裁员。他认为不解除员工的后顾之忧,员工就没有安全感和忠诚心。从此,该公司以淡季为标准配备人员,当旺季到来时,所有员工都会毫无怨言地加班加点。

4. 帮员工制定发展计划

爱立信是一个"百年老店",每年公司的员工都会有一次与人力资源经理或主管经理的个人面谈时间,在上级的帮助下制定个人发展计划,以跟上公司业务发展,甚至超越公司发展步伐。

5. 鼓励越级报告

在惠普公司,总裁的办公室从来没有门,员工受到顶头上司的不公正待遇或看到公司发生问题时,可以直接提出,还可越级反映。这种企业文化使得人与人之间相处时,彼此之间都能做到互相尊重,消除了对抗和内讧。

6. 动员员工参与决策

福特公司每年都要制定一个全年的"员工参与计划"。动员员工参与企业管理。此举引发了职工对企业的"知遇之恩",员工投入感、合作性不断提高,合理化建议越来越多,生产成本大大降低。

7. 返聘被辞退的员工

日本三洋公司,曾经购买美国弗里斯特市电视机厂,日本管理人员到达弗里斯特市后,不去社会上公开招聘年轻力壮的青年工人,而是聘用那些以前曾在本厂工作过而眼下仍失业的工人。只要工作态度好、技术上没问题,厂方都欢迎他们回来应聘。

8. 培养自豪感

美国思科公司创业时,工资并不高,但员工都很自豪。该公司经常购进一些小物品如帽子,给参与某些项目的员工每人发一顶,使他们觉得工作有附加值。当外人问该公司的员工:"你在思科公司的工作怎么样?"员工都会自豪地说:"工资很低,但经常会发些东西。"

9. 口头表扬

表扬不但被认为是当今企业中最有效的激励办法,事实上这也是企业团队中的一种有效的沟通方法。日本松下集团很注意表扬人,创始人松下幸之助如果当面碰上进步快或表现好的员工,他会立即给予口头表扬;如果不在现场,松下还会亲自打电话表扬下属。

10.2.9 团队中不同角色的不同沟通技巧

第一,作为领导者,应了解和理解团队成员的心理,尊重他们的要求,用一种"服务管理心态",通过自己的组织协调能力及令人拥戴的领袖魅力(Charisma)去影响和引导团队成员按照既定的方向完成组织目标,而不是监管、控制的心态。

"现代领导学"指出:没有人愿意被"管理",只接受"影响和指引",未来的企业管理正向高度的授权发展，"领导学"将适用于一个高素质的团队。无论大家是否意识到，当你当上领导（或管理者）时，都会情不自禁地做同一件事——使自己的团队成员趋近于自己，包括趋近于你的工作方式、为人处事、性格爱好……每个人都喜欢与自己兴趣相投或性格相近的人相处，并容易相处融洽。俗话说："世上无二我，除非两个我"，世界是由不同特征的个体组成的，假如有一天世上的所有人都变成了同一种面孔和剩下同一种思想，那是多么可怕的事啊！因此，作为领导者最大的难度就是要避免这一误区。注意求同存异，保留不同的思想，利用好团队的合力。虽然，谁都喜欢别人赞同自己，不同的声音听起来总有点刺耳，作为领导由于维护自己领导的尊严，比一般人更难做到倾听不同的声音，尤其是当这声音是来自下属的时候。但是，恰好又是最需要这些不同的意见，因为这些意见往往是最珍贵的。接受不同的意见和观点，对此加以重视和思考，既有利于防范决策风险，又赢得下属的尊敬。因为只有在一个开明的领导下，在友好团结的工作气氛中，员工才不会明哲保身，才会以高度的责任心和在领导的高度信任下勇于提出自己的意见。

第二，作为其他团队成员来说，要理解领导者，积极主动地与领导者沟通，配合领导者做好公司的日常管理工作。这里所指的领导者是从日常的业务工作中分离出来，从事团队内部计划、组织、协调、指导工作的专业人员。

第三，对于所有团队成员而言，一个团结的团队才会有战斗力，在这个团队里，团队成员才能有愉悦快慰的心情去为达到组织目标而奋斗。每个人都希望在这样的团队里工作。我们经常说："对事不对人"，只有良好的沟通，才能做到这一点。

① 多了解和理解你的沟通对象。因为良好的沟通是建立在沟通双方相互了解和理解的基础之上的。

② 要用"双赢"的沟通方式去求同存异，达到良好的沟通目的。提倡"高驱力，高同感"。"高驱力"指的是能积极地向别人推销自己的主张，意味着在谈判中决不轻易地屈从和迁就；而"高同感"意味着能认真地倾听别人所提出的与自己不同的意见和主张。既有"高驱力"又有"高同感"，这意味着既能维护自己的尊严和利益，又决不忽视对方的利益和尊严，而这正是取得"双赢"结局的保证。

"相互作用分析"心理学指出，人们在交往中会表现出4种人生态度："我不行，你行"或"我不好，你好"、"我不行，你也不行"或"我不好，你也不好"、"我行，你不行"或"我好，你不好"、"我行，你也行"或"我好，你也好"。"相互作用分析"心理学认为，对于一个成年人来说，只有"我行，你也行"或"我好，你也好"的人生态度，才是健康的人生态度。在公司就应该提倡这种健康的人生态度。

③ 每人都应抱有一颗"宽宏大量的心"，善于理解和原谅别人。实际上，只要想起共同的理想、共同的组织目标，以及那些等着去完成的伟大事业，再想想那短暂的生命，就无暇为小事而争执和烦恼了。

④ 学会从多个角度考虑问题，树立"否定之否定"的思想，营造和维护良好的合作环境。我们应尝试从多个角度去思考问题，这样才能辩证地理解他人的行为和思维。例如，一个高度凝聚力、高度一致的团队也有它的不足，不足在于缺乏创造力。因为许多精彩的创意就是在碰撞中产生的，而且经过碰撞的思想才更加经得起推敲。

复习思考题

1. 什么是团队？团队与群体的联系与区别是什么？

2. 团队有哪些类型？成功的团队具有哪些特征？
3. 团队中心人物在团队中具有哪些作用？
4. 简述团队决策的类型与方法。
5. 试述团队沟通的流程。
6. 团队沟通的优缺点有哪些？
7. 团队沟通的障碍有哪些？
8. 常用的团队沟通技能有哪些？

第 11 章

跨文化管理与沟通技能

学习目标

- ✓ 理解文化的概念；
- ✓ 理解两个文化差异模型；
- ✓ 理解跨文化沟通的障碍；
- ✓ 掌握跨文化沟通与管理的策略；
- ✓ 了解跨国企业的跨文化管理策略；
- ✓ 了解我国企业的跨文化管理策略。

11.1 文化与跨文化沟通

11.1.1 文化的概念

文化，涉及了人类生活的各个方面。同时，文化又是一种积淀物，是一个大的群体通过若干代的个人和群体努力而获取的。这些共同接受并采用的言行模式和沟通方式，使我们在某一特定的时间内，生活于具有一定技术技能、受到一定地理环境限制的社会之中。

按荷兰文化协作研究所所长霍夫斯特德（G. Hofstede）教授的观点，文化是一个环境中人的"共同的心理程序"（Collective Mental Programming）。文化不是一种个体特征，而是具有相同的教育和生活经验的许多人所共有的心理程序。既然如此，在不同的群体、区域、国家中这种程序就互有差别。这是因为他们的心理程序是在多年的生活、工作、教育下形成的，因而具有不同的思维模式、行为方式。

11.1.2 文化模式及其发展

文化模式理论，最初是由美国文化人类学家克罗伯和克拉克洪在对 160 个文化定义进行了广泛而深入的分析之后提出的。他们认为："文化是由各种外显和内隐的行为模式构成的，这些行为模式是通过符号习得和传播的，它们构成了人类群体的独特成就，其中包括体现在人工制品方面的成就。文化的本质内核是由传统的（即历史衍生的和选择的）观点，尤其是其所附带的价值观构成的。文化体系从一方面来讲，可被视为进一步行动的制约因素。"

在克罗伯和克拉克洪的推动下，文化模式理论在美国盛极一时。许多人类学家都对文化模式理论作了进一步的阐述，其中贡献最大的当数罗丝·本尼迪克特。她在其《文化模式》一书中正式提出了"文化模式"的概念，她认为文化的发展是一个整合的过程，在历史的发展中，一些文化被选择、吸收，渐渐规范化、制度化、合理化，并被强化为人的心理特征和行为特征；而另一些文化则被抑制、排除、扬弃，失落了整体意义和价值。文化的这种内聚和整合就渐渐形成一种风格、一种理想、一种心理的和行为的模式。她还认为，不同民族和社会有不同的文化模式,每一种文化模式都有自己的特色和价值取向及潜在的价值意识。由此可见,本尼迪克特所说的文化模式实际上是一种文化的整体意义和价值,因此可以称之为"价值模式"。

我国著名文化人类学家司马云杰认为,任何一种文化的存在都不是散漫的、无结构的,而是按照一定的法则、秩序结合起来的。文化在一定的生态环境中创造、积累、内聚、发展,各种物质渐渐稳定结构,也慢慢定型,文化的这种内在结构及其特征的稳定形态,就称之为文化模式。由此可见,文化模式实际上是文化要素的内在结构及其活动规律的表象形态。

11.1.3 跨文化管理及其发展

跨文化管理并不是一个新的事物,它起源于古老的国际间的商贸往来。早在古埃及人、腓尼基人、古希腊人就开始了海外贸易,并懂得了如何与不同文化背景下的人们做生意。到了文艺复兴时期,丹麦人、英国人及其他一些欧洲国家的商人更是建立起了世界范围的商业企业集团。当他们与自己文化环境以外的人们进行贸易时,他们就会对与他们不同文化背景下产生的语言、信仰及习惯保持敏感以避免发生冲突并顺利实现交易。这些事实上就是在从事跨文化的经营与管理活动。但这时候的跨文化管理活动完全取决于从事贸易活动的商人们的个人经验,有关文化及文化差异与相似的研究也仅仅是人类学家的事。公司与企业还很少注意对文化及其差异进行研究跨文化管理,也还没有成为一门独立的科学。

跨文化管理真正作为一门科学,是20世纪70年代后期在美国逐步形成和发展起来的。它研究的是在跨文化条件下如何克服异质文化的冲突,进行卓有成效的管理,其目的在于如何在不同形态的文化氛围中设计出切实可行的组织结构和管理机制,最合理地配置企业资源,特别是最大限度地挖掘和利用企业人力资源的潜力和价值,从而最大化地提高企业的综合效益。

兴起这一研究的直接原因是第二次世界大战后美国跨国公司进行跨国经营时的屡屡受挫。美国管理学界一直认为,是他们将管理理论进行了系统化的整理和总结,是他们最先提出了科学管理的思想,也是他们最先将这一思想应用于管理实践并实现了劳动生产率的大幅提高,因此他们的管理理论和管理实践毫无疑问应该是普遍适用的。然而,第二次世界大战后美国跨国公司跨国经营的实践却使这种看法受到了有力的挑战。实践证明,美国的跨国公司在跨国经营过程中照搬照抄美国本土的管理理论与方法到其他国家很难取得成功,而许多案例也证明对异国文化差异的迟钝及缺乏文化背景知识是导致美国跨国公司在新文化环境中失败的主要原因,因此美国人也不得不去研究别国的管理经验,从文化差异的角度来探讨失败的原因,从而产生了跨文化管理这个新的研究领域。

除此以外,日本在20世纪60年代末和70年代初企业管理的成功也是导致跨文化管理研究兴起的重要原因。在这一时期,日本的跨国公司和合资企业的管理日益显示出对美国和欧洲公司的优越性,在这种情况下美国也明显感觉到了日本的压力,产生了研究和学习日本的要求。美国人对日本的研究大体上有两种方式:一种是专门介绍日本从中总结出好的经验;另一种是联系美国来研究日本,进行对比。经过研究,美国人发现,美日管理的根本差异并不在于表面的一些具体做法,而在于对管理因素的认识有所不同。如美国过分强调诸如技术、设备、方法、规章、组织机构、财务分析这些硬的因素,而日本则比较注重诸如目标、宗旨、信念、人和价值准则等这些软的因素;美国人偏重于从经济学的角度去考虑管理问题,而日本则更偏重于从社会学的角度去对待管理问题;美国人在管理中注重的是科学因素,而日本人在管理中更注意的是哲学因素等。研究结果清楚地表明,日本人并没有仿造美国的管理系统进行管理,而是建立了更适合于其民族文化和环境的管理系统。这个系统远比美国已有的管理系统成功。这一研究结果的发现使得人们对文化及不同文化下管理行为的研究变得更加盛行。

11.2 文化差异模型

对于文化差异,目前有两种流行的分析方法。一是由著名的 Kluckhohm 和 Strodtbeck 小组提出的价值观取向文化模型。这是一般的人类学方法,它强调价值观取向的多样性。二是由荷兰人类学家霍夫斯泰德提出的国家文化模型,它是基于在工作目的上存在的价值观和信念差异建立的文化模型。

11.2.1 价值观取向文化模型

目前,在分析文化差异时引用最多的方法之一是克拉克洪-斯托特帕克(Kluckhohm-Strodtbeck)的构架。这一构架定义了 6 项基本的文化维度:与环境的关系、时间取向、人的本质、活动取向、责任中心和空间概念。

1. 与环境的关系

人们是服从于环境还是与环境保持和谐的关系,或者能够控制环境?针对不同的态度,可以将一种文化区分为宿命的、和谐的和进取的三种。有些国家相信他们能够控制环境;而以儒家文化为主的亚洲国家(如我国),则更希望和环境之间保持一种和谐的关系。可以肯定的是,这种对环境的态度必将影响到组织中群体的实践活动。比如,这可以很强烈地影响到群体对外部威胁和压力的态度。在一个持进取态度的群体中,目标的使用非常广泛,人们有强烈的达到目标的愿望和动力,同时对没有达到目标的惩罚也很严厉。相比之下,具有和谐态度的群体中,人们也会设定目标,但是人们会预期到目标可能发生偏差,因而对偏离目标的行为所持的态度较暧昧。

2. 时间取向

一种文化注重的是过去、现在还是未来?不同的社会对时间的价值观也是不一样的。比如,美国人将时间看成是一种紧缺的资源,因而比较关注现在和近期未来;而日本人则以一种更长远的观点看待时间。这种文化差异反映在群体在对待所要作出决策的任务时,会有截然不同的态度,前者会非常注重短期利益,希望以最少的时间来取得最大的收益;而后者则比较看重决策在未来所产生的收益,即使眼前会有一些损失。

3. 人的本质

人究竟是善、恶还是两者的混合。在很多发展中国家,人们认为自己本质上是诚实可信的。而北美人对人的看法倾向于善恶之间,认为人的本质是好的,但必须要小心才不被利用。这种对人的本质的认识将直接地影响到群体中的领导风格。如果认为群体成员的本质都是诚实可靠的,那么领导的风格更倾向于参与和放任自流的。而在另一极端上,群体领导则可能是非常专制和独裁的。居于两者之间的文化中,领导可能会重视参与,但同时也会采用严格的控制手段来识别违规行为。

4. 活动取向

一些文化重视做事和活动,强调成就;而另外的一些文化则倾向于存在和及时享乐。此外还有一些文化重视内省与自我控制,希望远离物质的束缚。这种文化差异反映在群体决策中,就是重视做事、强调成就的群体更能以一种理性和客观的态度来进行决策;而强调存在和及时享乐的文化中,决策的作出是比较情绪化的。

5. 责任中心

文化还可以按照对他人幸福的责任来划分。比如,美国人是高度个人主义的,他们相信一个人的责任就是照顾好自己;而以色列人和日本人更重视群体,对群体的依赖使他们会为了维持群体身份而甘愿忍辱负重。反映在群体决策中,就是合作共事与独立行事的区别。

6. 空间概念

这个文化的纬度是说明在不同的文化中行为和活动是公开进行还是在私下进行。举例来说,日本人的组织特性表现出他们社会的公开特性,在那里几乎没有私人办公室;北美人则更倾向于保持自己的个人空间,重要的活动和会议都是在关着门的房间里进行的。在表 11-1 中,根据斯蒂芬·P·罗宾斯的研究给出了美国文化在这些维度上的倾向(如表中的实线所示)。

如果用这种尺度来衡量中国的文化,也可以相应地在表中画出一条折线(如表 11-1 中的虚线)。从表 11-1 中可看出中美两种文化之间的明显区别。其中除了在"空间概念"这个维度中两种文化相近之外,其他的维度均不相同。

表 11-1 克拉克洪-斯托特帕克文化维度的变化(中国和美国的比较)

价值维度	变化		
与环境的关系	控制	和谐	屈从
时间取向	过去	现在	未来
人的本质	善	混合	恶
活动取向	存在	控制	做
责任中心	个体主义的	群体的	等级的
空间概念	隐私的	混合的	公开的

注:表中实线代表美国,虚线代表中国。

11.2.2 霍夫斯泰德的文化差异理论

对于文化差异和距离,霍夫斯泰德(Gerte Hofstete)的理论给我们提供了认识途径,对于分析国际企业组织中的文化冲突问题提供了理论依据。20 世纪 80 年代初,他在对 IBM 这家大跨国公司的 50 种职业、66 种国籍的雇员所回答的 11.6 万份问卷(每份问卷大约有 50 个问题,涉及价值观、知觉和满足)进行分析的基础上,归纳出比较不同文化价值观的 4 个方面:权力距离、不确定性的规避、个人主义与集体主义、男性化与女性化。见表 11-2。此后,他接受了有的学者用中国人的价值观(儒家文化的价值观)进行跨文化研究后对其理论的质疑,从中归结出他的文化价值观的第 5 个方面:长期观——短期观。从霍氏的各文化维度指标值中,可得出东西方的文化差异是十分明显的,就是在同为东方文化圈的中国、日本、新加坡等也是较明显的。就如中日两国文化都是一种集体主义导向,但两种集体主义却有较大的不同,日本企业中的集体主义更是一种团队主义,具有团队精神。文化差异是由各国的历史传统及不同的社会发展进程所产生的,表现在社会文化的各个方面。此外,除了民族、地域文化差异之外,不可否认,还有投资合作伙伴公司"公司文化"的风格差异。可以说,公司内文化差距越大,产生文化冲突与困惑的可能性与强度就会越来越大。

表 11-2　霍夫斯泰德关于文化对组织影响的 4 个维度

维　度	定　义
权力距离	权力在社会或组织中不平等分配的程度
不确定性的规避	一个社会考虑自己利益时受到不确定的事件和模棱两可的环境威胁程度,是否通过正式的渠道来避免和控制不确定性
个人主义与集体主义	社会是关注个人的利益还是关注集体的利益
男性化与女性化	社会是否对男性特征,例如进攻、武断的赞赏,还是对其他特征的欣赏,以及对男性和女性职能的界定

1. 权力距离

霍夫斯泰德的 4 个维度考虑的主要是从社会角度来分析文化对组织的影响,他充分考虑了权力、环境以及社会对女性的重视程度,通过权力距离这个维度,判断权力在社会和组织中不平等分配的程度。对这个维度,各个国家由于对权力赋予的意义不完全相同,所以也存在着很大的差异。比如,美国对权力的看法跟阿拉伯国家的看法就存在很大的差异,美国不是很看重权力,他们更注重个人能力的发挥,对权力的追求比阿拉伯国家要逊色不少;阿拉伯国家由于国家体制的关系,注重权力的约束力,由此阿拉伯国家的机构,不管是政府部门或者企业都多多少少带有权力的色彩。

2. 不确定性的规避

霍夫斯泰德认为,人们抵抗未来这种不确定性的途径主要有三种:科技、法律和宗教。人们用科技来抵抗自然界的不确定性,用法律(成文和不成文)来抵抗来自其他社会成员的不确定性,而宗教则被人们用来化解无可抵抗的死亡和来世的不确定性。霍夫斯泰德的调查表明,不同民族文化之间在不确定性状态的回避倾向上有很大的不同,有的民族把生活中的未知、不确定性视为大敌,千方百计加以避免,而有的民族则采取坦然接受的态度,"是福不是祸,是祸也躲不过"。为了对这种不同进行衡量,他提出了不确定性规避(Uncertainty Avoidance)的概念。

所谓不确定性规避是指一个社会感受到的不确定性和模糊情景的威胁程度,并试图以提供较大的职业安全,建立更正式的规则,不容忍偏离观点和行为,相信绝对知识和专家评定等手段来避免这些情景,其强弱是通过不确定性规避指数(Uncertainty Avoidance Index,UAI)来体现的。一个鼓励其成员战胜和开辟未来的社会文化,可被视为强不确定性规避的文化;反之,那些教育其成员接受风险,学会忍耐,接受不同行为的社会文化,可被视为弱不确定性规避的文化。

强不确定性规避国家的人们比较起来更忙碌,常常坐立不安,喜怒形于色,积极活泼,其文化对法律、规章的需要是以情感为基础的,这不利于产生一些根本性的革新想法,但却可以培养人们精细、守时的特质,因而善于将别人的创意付诸实施,使之在现实生活中生效;而弱不确定性规避国家的人们比较起来则显得更沉静些,也更矜持,随遇而安、怠惰、喜静不喜动、懒散一些,人们对于成文法规在感情上是接受不了的,除非绝对必要,社会不会轻易立法，其文化能容忍各种各样的思想和形形色色的主意，因而有利于产生一些根本性的革新想法，但却不善于将这些想法付诸实施。

3. 个人主义与集体主义

另外，个人主义和集体主义这个维度也很能说明问题。在霍夫斯泰德的研究中，一个社会的个人主义与集体主义倾向是通过个人主义指数（Individualism Index，II）来衡量的。这一指数的数值越大，说明该社会的个人主义倾向越明显，如美国；反之数值越小，则说明该社会的集体主义倾向越明显，如日本和亚洲大多数国家。见表11-3。

表11-3 部分国家或地区个人主义指数

国家或地区	得分	排名	结论
美国	91	1	很强的个人主义倾向
英国	89	3	很强的个人主义倾向
法国	71	10	较强的个人主义倾向
德国	67	15	较强的个人主义倾向
日本	46	22	较强的集体主义倾向
中国香港	25	37	较强的集体主义倾向
韩国	18	43	较强的集体主义倾向
中国台湾	17	44	较强的集体主义倾向
危地马拉	6	53	很强的集体主义倾向

我国改革开放之前，提倡的都是集体主义，组织考虑的是大集体，而不是小集体。而在美国，他们就几乎没有集体主义这个概念，跟他们说集体主义，可能他们都会一脸茫然。撇开当时的政治条件不谈，假使当时美国可以来我们国家投资，那种情形真的是不可想像的。美国人不可能白白地把钱抛到我国而不要求回报，所以即使政治条件允许，美国人当时也是不可能来我们国家投资的。这种影响不仅仅体现在所有权方面，在行政方面影响也是很大的。在强调集体主义的社会，为了保证集体的利益，上级自然会派一个组织上信得过的、政治过硬的人来领导这家企业，而个人主义者就不允许这种情况了。这种矛盾在事前就应该考虑到，否则后果将是不堪设想的。

4. 男性化和女性化

霍夫斯泰德把这种以社会性别角色的分工为基础的"男性化"倾向称之为男性或男子气概所代表的维度（即所谓男性度，Masculinity Dimension），它是指社会中两性的社会性别角色差别清楚，男人应表现得自信、坚强，注重物质成就，女人应表现得谦逊、温柔，关注生活质量；而与此相对立的"女性化"倾向则被其称之为女性或女性气质所代表的文化维度（即所谓女性度，Feminine Dimension），它是指社会中两性的社会性别角色互相重叠，男人与女人都表现得谦逊、恭顺、关注生活质量。

男性化与女性化的倾向用男性度指数（Masculinity Dimension Index，MDI）来衡量，这一指数的数值越大，说明该社会的男性化倾向越明显，男性气质越突出（最典型的代表是日本）；反之，数值越小，说明该社会的男性化倾向越不明显，男性气质弱化，而女性气质突出。几个主要国家或地区的男性度指标的得分情况参见表11-4。

在男性气质突出的国家或地区中，社会竞争意识强烈，成功的尺度就是财富功名，社会鼓励、赞赏工作狂，人们崇尚用一决雌雄的方式来解决组织中的冲突问题，其文化强调公平、

表 11-4　部分国家或地区男性度指数（MDI）一览表

国家或地区	MDI 得分	MDI 排名	结　　论
日　本	95	1	很强的男性化倾向
英　国	66	9/10	较强的男性化倾向
德　国	66	9/10	较强的男性化倾向
美　国	62	15	中上的男性化倾向
中国香港	57	18/19	中上的男性化倾向
中国台湾	45	32/33	中等的男性化倾向
法　国	43	35/36	中等的男性化倾向
韩　国	39	41	中等的男性化倾向
瑞　典	5	53	很弱的男性化倾向

竞争，注重工作绩效，信奉的是"人生是短暂的，应当快马加鞭，多出成果"，对生活的看法则是"活着是为了工作"；而在女性气质突出的国家或地区中，生活质量的概念更为人们看中，人们一般乐于采取和解的、谈判的方式去解决组织中的冲突问题，其文化强调平等、团结，人们认为人生中最重要的不是物质上的占有，而是心灵的沟通，信奉的是"人生是短暂的，应当慢慢地、细细地品尝"，对生活的看法则是"工作是为了生活"。

5. 儒家动力维度

地位和级别关系以及遵守这个级别的价值观是典型的儒家思想。此外，作为一种文化特征的儒家动力维度还强调忍耐、节俭、羞耻感以及个人的稳定、保全面子、尊重传统和对祝福、喜爱、礼物的回报等。当然，儒家动力维度并非儒教国家所特有，一些重要的价值观念在印度、巴西这样的非儒教国家中也存在。

由于儒家文化圈经济上的繁荣，促使学者们对"儒家动力学"加以关注。最近发展起来的儒教国家通常在权力距离上得分高，儒教思想中对等级秩序的强调，无疑使得企业家、领导者的角色更易实现；具有羞耻感的价值观对于社会关系比较敏感，从而支持了人与人的相互关系；节俭则提高了储蓄率，拥有更多的再投资资金，使经济增长得以实现。这些国家还善于学习和接受技术革新，其忍耐力则带给人不屈不挠的精神。

然而，仁厚教文化中过分重视面子的做法，也会阻碍原则、法规的行使而限制商业的发展；对传统的尊敬太多，不仅阻碍改革，而且缺少创新；人格的稳定性和统一性被强调时，自由、冒险、探索、独立等企业家品质也是难以形成的。

马克斯·韦伯曾认为：以儒家思想为核心价值观的东方文化，存在着一种保守的"惯性"，无法形成有利于资本主义发展的"新教伦理"，因而对现代经济的发展形成一种滞后力。直至 20 世纪 60 年代，西方学者及大部分的东方学者仍停留在对这种文化以及衍生出的管理思想的否定上。随着日本及其他一些儒教国家的崛起，人们的观点开始发生变化。东方管理思想中重视人的作用和人与人的依赖关系，强调团队精神，追求组织和谐，注重精神激励，提倡群众参与等内容，都与当代企业管理的发展变化相吻合。

11.2.3　两种文化差异模型的差异和联系

价值观取向模型和国家文化模型有着明显的差异，其根本差异在于它们分析文化的维度不同，价值观取向模型从人的本性、人与人的相互关系、行为方式、时间观念、人与自然的关系等5个方面来分析文化，而国家文化模型却从权力距离、个人主义与集体主义、男性主义与女性主义、不确定性规避、长期取向与短期取向等5个方面来分析文化。然而，价值观取向模型和国家文化模型之间仍有着许多内在联系和相通之处（见表11-5）。

表11-5 价值观取向模型与国家文化模型的相通之处

价值观取向模型	相通之处或对应点			国家文化模型
人的本性	性恶	人的本性是恶的或厌恶工作的	高权力距离	权力距离
	性善	人的本性是善的或喜欢工作的	低权力距离	
人与人之间的相互关系	等级关系	权力主义，每个人都有自己的位置，人是不平等的	高权力距离	
	个人关系	个人主导社会关系	个人主义	个人主义与集体主义
	集体关系	群体主导社会关系	集体主义	
行为方式	存在型	不注重努力工作，注重生活质量，顺其自然	女性主义	男性主义与女性主义
	工作型	重视工作和成就	男性主义	
时间观念	现在	计划是短期的	短期取向	时间取向
	未来	计划是长期的	长期取向	
人与自然的关系	自然支配人	命运决定结果，安于维持现状，不能容忍不同思想和观点，个人对组织的依赖性强	高不确定性规避	不确定性规避
	人支配自然	鼓励突破现状，鼓励不同的思想和观点，个人对组织的依赖性弱	低不确定规避	

注：本表是根据价值观取向模型和国家文化模型的假设及其管理内涵整理而成的。

  价值观取向模型与国家文化模型之间的这些内在联系和相通之处充分揭示了文化内涵的一些基本特征。如反映人性假设的性恶与性善、反映人与人之间关系的个人主义与集体主义、反映人们社会地位差别的等级关系或权力距离、反映人们时间观念的长期取向与短期取向、反映社会性别差别的男性主义与女性主义，以及反映人们对待风险的态度的高不确定性规避与低不确定性规避和反映人与自然关系的自然支配人与人支配自然等。这些特征正是分析文化的基础。因而，价值观取向模型和国家文化模型对于我们分析文化现象及其对管理的影响都是一种有力的工具。

  1. 为人们分析、认识和理解文化现象提供了基准

  文化现象是一种复杂的社会现象。目前人们对文化尚无统一的定义，人们对文化现象的认识和理解自然有很大偏差。价值观取向模型和国家文化模型反映了文化价值观中共同的基本特征，这些文化价值观的基本特征可以成为人们更好地分析、认识和理解文化现象的基准，人们可以透过这些文化价值观的基本特征来分析、认识和理解任何一个国家的文化。

  2. 为人们分析、比较不同文化现象提供了有力的工具

  在跨文化交流中，人们常常需要分析和比较不同文化现象，以便能够识别不同文化间的差异。价值观取向模型和国家文化模型由于为人们认识和理解文化提供了基准，因而它们可

以作为人们分析和比较不同文化的有力工具。尤其是国家文化模型分别采用了定性和定量方法来分析文化现象，对不同国家文化从权力距离、个人主义与集体主义、不确定性规避、男性主义与女性主义、长期取向与短期取向等5个方面进行了定量分析，使人们能对不同国家文化价值观的差异有一个更明确的认识。

3. 为跨国公司进行跨文化管理奠定了基础

随着经济全球化的推进，跨国公司在不同国家文化背景下开展经营活动已非常普遍。对于同一问题，不同的国家文化价值观会有不同的理解，从而导致不同的行为模式。这给跨国公司的管理带来了严峻挑战，即要求跨国公司根据不同国家文化采用相应的管理行为模式。由于价值观取向模型和国家文化模型为人们分析和比较不同国家文化差异提供了有力的分析工具，因而可以帮助跨国公司管理人员有效地分析、认识和理解不同文化之间的差异及其管理内涵，从而有针对性地采取相应的管理行为模式。

然而，价值观取向模型和国家文化模型并不是完美无缺的。其局限性表现在以下两个方面。

① 这两个模型都只涉及文化的价值观部分，而对文化的行为模式部分却没有涉及。一般地，文化包括两部分，即不易察觉的价值观部分和易于察觉的行为模式部分。价值观取向模型和国家文化模型为人们分析、认识和理解文化的价值观部分提供了有力的工具，这对于人们认识和理解文化是必要的。但是文化价值观部分是不易察觉的，它必须通过易察觉的外在行为模式来进行分析判断，而价值观取向模型和国家文化模型都没有为人们分析、认识和理解文化的行为模式部分提供有力的工具。

② 这两个模型只适用于国家文化这一层面，并不完全适用于文化的不同层面，如作为亚文化的企业文化分析。

11.2.4 跨文化沟通的障碍

跨文化沟通的障碍无处不在，国家间文化差异、组织间文化差异、个体文化差异都对管理沟通带来影响。无论是国家、地区的文化差异，还是组织、个体之间的文化差异，归结起来不外乎价值观的差异、信仰差异、习俗差异、思维方式差异，并由此而带来的语言和表达风格的差异、生活和行为上的差异、非语言方法的差异等。由于这些差异导致的文化冲突，演变成跨文化沟通障碍。

从文化表现形式考察，跨文化障碍主要有观念冲突、制度冲突、行为方式冲突。

所谓观念冲突，是对问题本质认知的不同而导致的信仰和价值观——成员意识、外在和内在动机取向、道德观——的冲突。这些冲突根本上影响甚至决定了人们的行为和人与人之间的正式或非正式关系。如有的国家或地区主张个人主义至上，有的国家主张集体主义至上等。这种价值取向受所在国家和地区的主流文化意识和习俗的影响，而主流文化意识又是在相当长的历史背景下形成的，要转变几乎是不可能的。为此，要真正消除跨文化沟通的障碍，在不了解对方的主流文化背景和习俗情况下，是不可能的。从事国际经营活动的人，想到国外去推销产品、管理跨国公司，了解对方的文化非常重要。

所谓制度冲突，狭义的理解是规范人们行为的标准、规则上的冲突。由于"游戏规则"不一样，最后表现在不同文化背景下个体的工作风格、工作效率、工作方式也不一样。

所谓行为冲突，是指不同文化背景下的个体在待人处事的方式方法上的冲突。它往往是由观念的不同、制度的不同而导致的。

表 11-6 东西方在价值观和权力观上的比较

	东方文化	西方文化
价值观	·东方强调集体价值观 　　东方人以"我们"这样的常用称谓来表达其理念，他们关注团体的利益，结果是团体内部和外部成员之间有清晰的界限，外来人员要融入到新的组织中要花费相当多的精力和时间。 　　相互之间一旦构成利益共同体后，成员会感觉到自己在这个团体里面，成员之间能够形成共同的目标，而且这个团体会越来越团结。	·西方强调个体价值观 　　在西方人的观念里面，非常看重"我"这个称谓，人员之间的互利互惠是自愿的、自我激励的、自我驱动的。 　　成员把自己在这个组织里所能得到的利益，看作是激励自己为实现组织目标的重要手段。在管理工作中，个体导向高于团队导向。
权力观	·东方强调权威 　　在东方人的权力态度中，权威主要从正式职位中获取，"如果我是老板，我就希望你们把我当老板对待。"而下属也往往这样认为："你是老板，你应该告诉我怎么做。"	·西方主张平等 　　西方人主张平等；相互之间主张非正式关系和平等的交流；在问题的讨论过程中，人们更愿意被组织看作是咨询的对象，更愿意被认为是参与组织决策的成员。

在英国，沟通中出现的许多困难是由于英国人习惯于含蓄表达所造成的。在中东文化中，人们习惯于对事情做过度的表达，这一倾向加剧了沟通的困难。另外一个普遍存在的问题是表达情感的文化准则，这些准则会因为历史背景的不同而各异，有一家跨国公司曾在印度进行贸易谈判，正是由于人们习惯的差异，使谈判在某一阶段遇到了障碍。当地人努力地来回摇头，好像表示反对；但这家公司之后发现，在这一国家的这一地区，摇头的动作表示的不是反对，而是赞成。

由于跨文化冲突的存在，给我们生活和工作带来沟通障碍，这些障碍如果冲突非常严重，将会消耗人们的精力，消磨他们的精神和意志。同时，有些冲突的发生，不管其频率如何，将给那些多元文化比较显著的企业（如跨国公司）的内部管理带来混乱。特别是当冲突发生后，成员们不是努力去缓和冲突，而是借机挑起事端，会给管理工作带来很大困难——这也就是我国很多合资企业最后中外双方分道扬镳的原因之所在；同时，也使得成员个体心情压抑、工作不愉快，因而影响企业效益。

11.3　跨文化管理的沟通原则及总体策略

文化冲突是一种客观现象，谁都无法回避也无法制止；同时，文化冲突也促进着各民族文化的发展，实现文化的交融，使人类不断取得进步。因此，从哲学的角度来讲，其负面效应远远小于正面效应。也可以说，文化冲突与文化融合是统一的不可分割的两个方面，文化融合是化解文化冲突的必然逻辑，是实现人类进步的阶梯。进行跨文化管理，是利用跨文化优势，消除跨文化冲突，企业成功跨国运营的战略选择。美国著名管理学家德鲁克认为，国际企业其经营管理"基本上就是一个把政治上、文化上的多样性结合起来而进行统一管理的问题"。面对企业在跨国经营中所受多重文化的挑战，减少由文化摩擦而带来的交易成本，必须要把公司的运营放在全球的视野中，建构自己的跨文化管理战略，从而实现企业跨国经营的成功。

11.3.1 跨文化管理的沟通原则

要实现跨文化间的良好沟通，重点需要做到以下方面。

1. 培养文化融合的人力资源队伍

不论企业经营性质如何，组织都要适应国际化经营。国际化人员配备被称为国际化经营的致命弱点，经常会出现选择不当的问题，从而对跨国经营产生不利影响。许多企业选择在跨国公司工作的人员时，只注意到他们的技术能力，而忽视了跨文化的人际交往能力。跨国经营者必须是一些确实愿意与不同于自己文化背景的人打交道、有很高文化敏感性和灵活性、有较强的政治意识的人。为避免引起所在国的不满，文化敏感性是十分重要的。一位成功的国际化经理应具备以下特点：

① 对其他文化中的价值观、信仰和习俗有所了解，尤其是对有古老文化的国家的历史；

② 理解不同的生活哲学和价值观念；

③ 了解和使用其语言，对语言和非语言交际都很敏感；

④ 尊重不同的生活哲学和道德观念，意识到自己的价值观和行为准则受自己的文化背景的影响，但不一定就是正确的；

⑤ 对同种文化中不同个体间的差别有足够的认识，能够预测差异，积极面对挑战和变化；

⑥ 具有对文化的整合能力、对文化环境的应变能力、决策和决断能力以及能良好发挥跨文化信息媒介的作用。

没有一种管理模式在所有国家都适用，不同国家的人有着完全不同的背景、学历、文化和宗教信仰，而且生活在各自不同的社会政治、经济制度中。管理人员必须考虑到所有这些因素，因为这些因素可能对其工作有相当明显的影响。

2. 创造良好的组织沟通气氛

由于跨文化管理中不同员工的价值观不同，因此应该让员工意识到多元化价值观的存在，发现他人重要的价值观，并能理解他人的价值观。和谐融洽的组织气氛，可以消除沟通时双方的紧张感和约束感，做到知无不言、言无不尽。另外，要保证组织有畅通的沟通渠道。企业高层管理者要主动创造沟通交流的机会，增加对下属成员的信任，保证沟通渠道清晰明朗。

3. 建立共同的价值观

在一个文化中被认为是有价值或者神圣的事物，可能在另一个文化中会被认为是无关紧要的。问题在于我们很难发现那些对我们已经习以为常的事情，对于另一个文化会存在什么问题——特别是当我们发现很难认清它们对我们自己文化的重要性的时候。共同的价值观可以消除文化差异造成的隔阂，使人们更快地融入到组织中来。价值观的渗透常常比我们意识的还要广泛。这不仅是因为价值观、信念在不同文化中的差异，而且是由于它们的重要性并没有被真正认识到。

11.3.2 跨文化管理沟通的总体策略

原英特尔公司总裁安得鲁·格洛夫说过："英特尔公司相信，尽管解决问题中有冲突，但把问题尽可能提出来公开给大家，是一个公司健康的内在要求。而冲突的处理正是经营的核心问题。"从这句话引申出来，就给我们制定跨文化沟通策略提供了很好的建议：正视文化差异，寻求共同发展。这也是跨文化沟通策略选择的第一个建议。

大多数研究者认为跨文化冲突的存在是不可避免的，关键在于如何在跨文化冲突的背景下以积极心态来寻求发展。著名心理学家马斯洛在跨文化冲突的背景下以积极心态来寻求发展。著名心理学家马斯洛在分析冲突的价值时，深层次地观察了社会中冲突的两面性功能。一方面，他认为管理者都理性地认识到冲突和竞争的价值，他们认为冲突是自由市场系统中必要的"调味品"；另一方面，他们的行为都偏好于在尽可能的情况下回避冲突。为调和两个方面之间的矛盾窘境，不少研究者和实践者已在努力寻找问题的答案，下面这个实验可能给我们启发。

［实验］某研究人员为考察冲突的价值及人们对冲突的态度，把实验对象分为两组，并事先确定，评价组织绩效好的标准包括解决问题的方案数量和质量两个方面。实验开始时所分的这两个组，在成员构成和规模上是相同的，唯一的差别是，其中一个小组中有一个特别的"盟友"。在实验开始前，研究者要求这位盟友扮演"挑刺者"的角色，他必须对小组其他成员提出的结论性的观点提出挑战，要求其他成员严格地遵循提出假设和观点的逻辑性。最后，对照这两个组所提出建议的绩效时，发现有"挑刺者"小组的绩效要明显地好于对照组。休息一会后，实验继续进行。实验小组被告知在第二阶段，他们将完成相似的任务，但他们在开始讨论前，容许每个小组"剔除"一位成员。结果，在原来有"挑刺者"的小组中，无一例外地要求那位盟友离开该小组。事实上，每个组员都意识到自己的竞争优势很大程度上来自于"盟友"的挑刺，但他们不能接受来自盟友的使他们感到不舒服的冲突。"我知道他给我们小组的业绩带来积极的效果，但我不喜欢他的这种个人主义行为"，一位组员如此说。

这个实验告诉我们的是，经常情况下，由于我们过于追求环境的舒适性，而不愿意正视冲突，结果却是没有得到本来应该得到的成就；由于对冲突所带来的作用缺乏足够的理解，也缺少有效的冲突管理技能，就只能采取回避文化冲突的策略。结论是，应对跨文化沟通，要正视文化冲突的客观存在，以"求同存异"的理念去解决冲突问题。

1. 取长补短，兼收并蓄

具有较高跨文化沟通素质的人，一般具有以下特征：既懂得宣传自身文化的优点，又懂得怎样赞美其他文化优点；碰到文化差异时，既有能力设法消除文化壁垒，又能理解和尊重（至少能接受）文化差异；既能够较好地掌握外语、了解当地风土人情，又具有较高的跨文化沟通技能。除上述三者外，最关键的特征在于能预测文化差异，并积极面对挑战和变化。

从上述特征来看，要把自己培养成具有优秀跨文化沟通的人必须：
① 能意识到自己的价值观和行为准则，以及自己所属文化的特征；
② 具备在不同的文化背景下灵活应变的能力；
③ 对语言和非语言沟通具有较强的敏感性；
④ 对其他文化中的价值观、信仰和习俗有所了解；
⑤ 对同种文化中不同个体之间的差别也有所察觉。

2. 兼顾多元，差别管理

跨文化沟通时，由于文化多元，导致方法和途径的多样化。随着经济全球化的加快，文化多元化现象将越来越明显，可能在很短时间内，中国的大量企业中，也同时有来自欧洲、美洲、亚洲、非洲等各个地区的员工在一起工作。于是，文化多元将日益明显。在这样的背景下,差别化管理将是跨文化沟通中一个有效的途径选择。有研究表明,在跨国大公司中,不同工作之间采用差别化管理,能为跨国企业带来显著的经济绩效回报。它主要包括:获取和维持不断提高的市场份额;通过降低员工流动率来节约成本;由于不断开阔文化观和愿景边界等,使得组织的创造力和解决问题的能力得到提高;对工作中的公平和公正的认识增加;积极影响员工的工作动机,并且把不同文化之间的冲突降低到最低程度。

所谓差别化管理,是指以实现多元文化的优势最大化和劣势最小化为目标,对组织活动中内部运作系统、政策和计划的制定和实施进行有效设计。差别化管理,首先要求管理者为所有不同文化背景的雇员提供平等机会和公平的意愿,而不考虑雇员间在性别、种族、年龄和其他特征方面的差异。其次要注重遵守法律和制度,按照既有的、为大家所认可的规则行事,避免因疏忽法律规定而出现投诉行为和相关损失。第三,也是最重要的,要求根据不同工作地及工作地所处社会的主流、非主流文化的不同特点,选择相应的沟通策略。

对不同工作地,以及这些工作地社会的主流和非主流文化的分析,可参照以下问题。

① 工作地内从事管理活动的所有人员之间的文化差异性如何?是否都属于组织内部的主流文化群体?

② 如果某个体来自非主流文化群体,那么由此导致的差别化环境,在何差异化程度下是积极的,何种程度下是消极的?

③ 这种特殊的非主流团体或个人是否在组织内部具有冲突的历史?

在跨文化沟通时,每位管理者要鼓励员工(包括自己)对主流文化和本人的文化偏好有一个客观的认识。因为在现实情况下,组织中来自不同文化背景的团体,经常由于不了解来自另一个团体的文化价值,而出现个体之间的差别。在了解了工作地的主流文化后,还应对非主流文化也有一定的认识。比如说,日本人面临不确定性大的环境时更容易发生冲突,而美国人则偏好于回避冲突,但在某些地区,如美国的唐人街,人们也是倾向于冲动的。

总体来说,跨文化沟通的差异化管理策略中,管理者要结合不同工作地的特征,理解和明白文化冲突产生的根源,有的放矢,把主流文化、非主流文化和个人偏好等方面结合起来考虑,选择相应的沟通方式和方法。

11.3.3 跨国战略联盟企业文化差异分析理论框架的构建

到不同的文化地域、背景进行跨国经营所形成的国际企业,作为"一种多文化的机构",必然会面临来自不同的文化体系的文化域的摩擦与碰撞,可以说它处于一个"文化边际域"中,即处在不同文化交汇与撞击的区域内。在这个区域中,不同的文化环境,还有不同的经济、社会和政治等因素,必然会形成较大的文化差异。由于文化的演变是一种漫长而缓变的过程,这种文化差异对企业来讲,在一段时间内是不会消灭的,并可在一段时间内保持稳定。文化差异的客观存在,势必会在企业中造成文化之间的冲突,并使企业经理人员与员工在心理上形成"文化休克"(Cultural Shock)的反应。文化边际域的存在是企业进行跨国经营所形成的国际企业所必须面对与重视的现实,它是企业中文化差异与文化距离的产物,是国际企业跨文化冲突与困惑的真正发端,从而成为企业跨国经营的重大挑战。戴维·A·利克斯就指出过这一挑战,他认为:"大凡跨国公司大的失败,几乎都是仅仅因为忽视了文化差异——基本的或微妙的理解所招致的结果。"在一个这样的企业中,处于不同文化背景的各方经理人员由于不同的价值观念、思维方式、习惯作风等的差异,对企业经营的一些基本问题上往往会产生不同的态度。如经营目标、市场选择、原材料的选用、管理方式、处事作风、作业安排及对作业重要性的认识、变革要求等，从而给企业的全面经营隐藏下危机。

1. 跨国企业文化差异分析的两个维度：企业文化基本要素和企业文化差异来源

(1) 企业文化基本要素

虽然不同的学者对企业文化的理解不同，但企业文化无外乎包括三方面的内容。一是企业成员的行为方式。包括企业成员处理与周围环境和人与人之间关系的各种习惯化的行为，以及生产活动、社会活动和日常生活中的各种习惯化的行为。二是隐藏在行为方式背后的企业成员对客观事物的基本看法，即价值观。它隐藏于企业成员的意识之中，既可能是清晰的，也可能是不清晰的；既看不见，也摸不着，但它无时无刻地影响着企业成员的行为方式。三是企业成员行为的结果，即企业文化的物质形态。如各种反映企业文化的建筑物、标志、办公用品等。

在管理实践中，管理者最为关注的是企业组织成员采取什么样的行为以及引发企业成员这些行为的内在原因。因此，从企业管理的角度来看，企业文化是指企业在长期的经营实践中逐渐形成的并为企业全体成员共享和认同的企业价值观和行为模式。也就是说，企业文化的基本要素是企业价值观和企业行为模式。

约翰·科特的研究也发现，根据社团组织型文化的可察觉性特征和这些文化对文化改革的对抗性特征，可将其分为两个不同层面。在较深层次的不易察觉的层面，文化代表着基本价值观念，这些价值观念是一个人类群体所共有的，即使这一群体中成员不断更新，文化也会得到延续和保持；而在较易察觉的层面，文化体现了企业的行为方式或经营风格。这两个层面的文化并不是绝对分开的，它们是互相影响的。

(2) 企业文化差异来源

企业文化是企业在长期的经营实践中逐渐形成的，它的形成往往受到其内外经营环境的影响。一般情况下，企业文化的形成首先受到国家文化的影响。作为一种从属于国家文化的亚文化，企业文化必然具有国家文化的一些核心价值观和行为模式。在跨国战略联盟中，联盟伙伴来自不同的国家，具有不同的国家文化背景，因而联盟伙伴间的企业文化必然表现出基于国家文化的差异。其次，企业文化的形成还受到除国家文化之外的其他内外经营环境因素的影响，如外部环境中的政治法律、社会文化、经济、科技、市场竞争状况以及内部环境中的企业资源和能力，而这些因素对企业文化的影响又与企业自身发展历程密切相关。不同的企业，其自身发展历程是不同的，影响企业文化形成的内外经营环境因素自然不同，因而不同的企业必然表现出基于自身发展历程的企业文化差异。也就是说，跨国战略联盟企业文化差异来源于两个方面：一是国家文化差异，二是企业自身发展历程的差异。

对于来自不同国家的企业，因受到不同国家文化的影响，它们的企业文化都具有本国国家文化的一些基本特征，而表现出基于国家文化的企业文化差异。对于同一个国家的企业来说，受到的国家文化的影响是相同的，所不同的是与企业自身发展历程有关的其他内外经营环境因素的影响。由于不同企业处于不同的发展阶段和经历了不同的历史事件，即处于不同的内外经营环境，经历了不同的企业管理实践，受到了不同内外环境因素和企业管理因素的影响，因而即使在同一个国家，不同的企业在企业文化方面也存在差异，即表现出基于企业自身发展历程的企业文化差异。

2. 跨国战略联盟企业文化差异分析的理论框架

上述分析说明，企业文化的基本要素是企业价值观和企业管理行为模式，跨国战略联盟企业文化差异主要来源于国家文化差异和企业自身发展历程差异。因此，可以根据企业文化基本要素和企业文化差异来源，将跨国战略联盟企业文化差异分为基于国家文化的企业价值观差异、基于国家文化的企业管理行为模式差异、基于企业自身发展历程的企业价值观差异和基于企业自身发展历程的企业管理行为模式差异，在此基础上，构建跨国战略联盟企业文化差异分析的理论框架。

（1）基于国家文化的企业价值观差异

这类差异主要来源于国家文化，它既可以反映同一国家的企业文化价值观的共同特征，也可以反映不同国家的企业文化价值观的差异。对于这类差异分析，可以借鉴霍夫斯泰德的国家文化模型，分析以下因素：权力距离、个人主义与集体主义、不确定性规避、男性主义与女性主义、长期取向与短期取向。

（2）基于国家文化的企业管理行为模式差异

这类差异也主要来源于国家文化，是国家文化在企业管理行为模式上的反映。它既可以反映同一国家的企业管理行为模式的共同特征，也可以反映不同国家的企业管理行为模式的差异。对于这部分的差异分析，价值观取向模型和国家文化模型并没有为我们提供可资借鉴的工具，但可以借鉴威廉·大内的研究成果，主要分析以下因素：雇佣制度、决策制度、责任制度、控制机制、人员职业发展途径、评价与晋升制度、员工与组织的关系。

（3）基于企业自身发展历程的企业价值观差异

这类差异主要是由于企业自身在长期的发展过程中受到各种内外经营环境因素的影响而形成的，反映了企业文化的个性。企业文化个性的形成与企业面对的经营环境及其采取的战略有关。战略管理的一个基本原则是：企业战略适应企业经营环境，企业文化支持企业战略。由于不同企业经历了不同的发展阶段，面对着不同的经营环境，因而采取了不同的战略，企业战略不同相应地需要不同的企业文化支持。也就是说，企业自身发展历程不同，其所面对的经营环境不同；相应地，企业战略不同，支持战略的企业文化也不同。对于这类差异的分析，可以从两方面入手：一是企业的战略导向，即成本领先导向、差异化导向和集中导向；二是企业处理各种关系的观点，如企业中心、顾客中心、股东中心、社会中心等。

（4）基于企业自身发展历程的企业管理行为模式差异

这类差异是企业在长期发展过程中为了适应经营环境变化而执行企业战略所发生的行为的积淀，是基于企业自身发展历程的企业价值观在企业管理行为上的反映。对这部分差异的分析，可以分析以下因素：管理策略、工作流程和规则等。

根据以上分析，跨国战略联盟企业文化差异分析的理论框架也可概括为表11-7。

和其他文化现象一样，企业文化是一种复杂的社会现象。它既来源于企业管理实践，又决定企业管理实践。在跨国战略联盟中，联盟伙伴间企业文化差异是客观存在的。企业文化差异是企业文化冲突的根源，是决定跨国战略联盟成败的关键因素之一。因此，正确识别跨国战略联盟伙伴间企业文化差异是实现跨国战略联盟企业文化协同和成功实施跨国战略联盟的基本前提。现有的文化分析工具主要针对国家文化，虽然对国家文化价值观分析是有力的和有效的，但并不完全适用于跨国战略联盟企业文化差异的分析。因为一方面，现有的文化分析工具只能分析国家文化的价值观部分，并不能分析国家文化的行为模式部分；另一方面，企业文化除受到国家文化的影响外，还受到与企业自身发展历程有关的其他内外经营环境因素的影响。本书根据企业文化基本要素和企业文化差异来源，将跨国战略联盟企业文化差异分为：基于国家文化的企业价值观差异、基于国家文化的企业管理行为模式差异、基于

表 11-7 跨国战略联盟企业文化差异分析的理论框架

企业文化差异类型	企业文化差异分析要素
跨国战略联盟企业文化差异 — 基于国家文化的企业价值观差异	权力距离 个人主义与集体主义 不确定性规避 男性主义与女性主义 长期取向与短期取向
跨国战略联盟企业文化差异 — 基于国家文化的企业管理行为模式差异	雇佣制度 决策制度 控制制度 控制机制 人员职业发展途径 评价与晋升制度 员工与组织的关系
跨国战略联盟企业文化差异 — 基于企业自身发展历程的企业价值观差异	企业的战略导向： 　成本领先导向 　差异化导向 　集中导向 企业处理各种关系的观点： 　企业中心 　顾客中心 　股东中心 　社会中心
跨国战略联盟企业文化差异 — 基于企业自身发展历程的企业管理行为模式差异	管理策略 工作流程和规则

企业自身发展历程的企业价值观差异和基于企业自身发展历程的企业管理行为模式差异。在此基础上，运用已有的相关研究成果，构建了跨国战略联盟企业文化差异分析的理论框架。这一分析框架全面考虑了国家文化的影响和与企业自身发展的关系。历程有关的其他内外经营环境因素的影响，可以比较全面地有力地分析跨国战略联盟企业文化差异。

3. 跨文化冲突的表现

跨文化冲突表现在国际企业管理的各个方面，其中某些特定的管理职能对文化更加敏感些，主要表现在员工激励、协调组织、领导职权和人力资源决策等方面。

在激励方面，工资是调动员工积极性的关键因素，但各个国家由于文化不同而导致对工资的态度和政策不同。当美国的海外经理给东道国墨西哥的工人涨工资时，却适得其反，墨西哥的工人减少了工作时间而去享受闲暇。这是因为美国人和墨西哥人对诸如工作这样的基本概念所持的态度因文化不同而不同。美国文化中人们对工作的态度是积极热情；而墨西哥人对工作的态度则是——工作仅是为了维持所期望的生活水平而采取的方法，是一种谋生的手段。

在协调组织方面，跨文化冲突从日本企业进军马来西亚的企业的苦衷可见一斑。在马来西亚时常发生工人"集体歇斯底里"的情况。因为区区小事，一个工人大喊大叫便会引发整个车间的骚动，造成停工。由于多数工人来自各个不同的地方，还不习惯城市工厂的现代化劳动管理。这种心理压力增多就会发生歇斯底里现象。

在领导职权方面，中意合资企业迪玛公司陷入困境也是由于跨文化的冲突。这家拥有丝绸处理高新技术的企业市场前景是相当广阔的。但企业的中方董事长耐不住"大家长"脾气,对企业的产供销直接干预,甚至将企业从银行的贷款放在老厂的账户上,终于将外方总经理气回国,企业陷入困境。

在人力资源决策方面,微软公司的原则是:需要人力时立即到市场上去找现成的,最短时间就能担当某个最具体的工作;培训5%的人员,另外的95%靠自学和在职"实习";公司业务成长而员工没能"跟着成长",就会被淘汰。所以吴士宏主张帮助员工"跟着企业成长",在中国市场实施可持续发展的人力资源策略;由于不能克服这种跨文化的冲突,吴士宏辞职了。

4. 跨文化管理的策略

(1) 本土化策略

要本着"思维全球化和行动当地化"的原则来进行跨文化的管理。通常跨国企业在海外进行投资,就必须雇佣相当一部分的当地职员。这主要是因为当地雇员熟悉当地的风俗习惯、市场动态及政府方面的各项法规,而且和当地的消费者容易达成共识,雇用当地雇员无疑方便了跨国企业在当地拓展市场、站稳脚跟。"本土化"有利于跨国公司降低海外派遣人员和跨国经营的高昂费用、与当地社会文化融合、减少当地社会对外来资本的危机情绪;有利于东道国在任用管理人员方面,主要考虑的是该雇员的工作能力及与岗位的匹配度,选用最适合该岗位的职员。但其缺点也是致命的。由于公司的各个成员都只重视自我的发展,无法形成一个集体价值的企业文化,使得企业对个体来说缺少长久的凝聚力。全球营销中产品的快速创新和多样化,以及人类种族之间的空前交往和融合,"多向交叉文化"策略已经成为许多跨国公司采用的人事管理制度。在具体运用中,可采用以下方法来避免由于个体之间存在的巨大的文化差异而造成的"文化冲突":

① 尽量选用拥有当地国籍的母国人;

② 选用具有母国国籍的外国人;

③ 选用到母国留学、工作的当地外国人;

④ 选用到当地留学、工作的母国人等。

(2) 文化相容策略

根据不同文化相容的程度又可以细分为以下两个不同层次。

① 文化的平行相容策略。这是文化相容的最高形式,习惯上称之为"文化互补",就是在跨国公司的子公司中并不以母国的文化或开发国的文化作为子公司的主体文化。母国文化和东道国文化之间虽然存在着巨大的文化差异,但却并不互相排斥,反而互为补充,同时运行于公司的操作中,充分发挥跨文化的优势。一种文化的存在可以充分地弥补另外一种文化的许多不足及其比较单调的单一性。美国肯德基公司在中国经营的巨大成功可谓是运用跨文化优势,实现跨文化管理成功的典范。

② 隐去两者的主体文化,和平相容策略。就是虽然跨国公司中的母国文化和东道国文化之间存在着巨大的文化差异,而两者文化的巨大不同也很容易在子公司的日常运作中产生"文化摩擦",但是管理者在经营活动中却刻意模糊这种文化差异,隐去两者文化中最容易导致冲突的主体文化,保存两者文化中比较平淡和微不足道的部分。由于失去了主体文化那种对不同国籍的人所具有的强烈影响力,使得不同文化背景的人可以在同一公司中和睦共处,即使发生意见分歧,也很容易通过双方的努力得到妥协和协调。

(3) 文化创新策略

文化创新策略即母公司的企业文化与国外分公司当地的文化进行有效的整合，通过各种渠道促进不同的文化相互了解、适应、融合，从而在母公司和当地文化基础之上构建一种新型的国外分公司企业文化，以这种新型文化作为国外分公司的管理基础。这种新型文化既保留着强烈的母公司企业文化特点，又与当地的文化环境相适应；既不同于母公司企业文化，又不同于当地企业文化，是两种文化的有机整合。因为要从全世界角度来衡量一国或一地区文化的优劣是根本不可能的，这中间存在一个价值标准的问题，只有将两种文化有机地融合在一起，才能既含有母公司的企业文化内涵，又能适应国外文化环境，从而体现跨国企业竞争优势。

(4) 文化规避策略

这是当母国的文化与东道国的文化之间存在着巨大的不同，母国的文化虽然在整个子公司的运作中占了主体，可又无法忽视或冷落东道国文化存时，由母公司派到子公司的管理人员，就必须特别注意在双方文化的重大不同之处进行规避，不要在这些"敏感地带"造成彼此文化的冲突。特别在宗教势力强大的国家更要特别注意尊重当地的信仰。

(5) 文化渗透策略

文化渗透是个需要长时间观察和培育的过程。跨国公司派往东道国工作的管理人员，基于其母国文化和东道国文化的巨大不同，并不试图在短时间内迫使当地员工服从母国的人力资源管理模式，而是凭借母国强大的经济实力所形成的文化优势，对于公司的当地员工进行逐步的文化渗透，使母国文化在不知不觉中深入人心，东道国员工逐渐适应了这种母国文化并慢慢地成为该文化的执行者和维护者。

(6) 借助第三方文化策略

跨国公司在其他的国家和地区进行全球营销时，由于母国文化和东道国文化之间存在着巨大的不同，而跨国公司又无法在短时间内完全适应由这种巨大的"文化差异"而形成的完全不同于母国的东道国的经营环境。这时跨国公司所采用的人事管理策略通常是借助比较中性的、与母国的文化已达成一定程度共识的第二方文化，对设在东道国的子公司进行控制管理。用这种策略可以避免母国文化与东道国文化发生直接的冲突。如欧洲的跨国公司想要在加拿大等美洲地区设立子公司，就可以先把子公司的海外总部设在思想和管理比较国际化的美国，然后通过在美国的总部对在美洲的所有子公司实行统一的管理。而美国的跨国公司想在南美洲设立子公司，就可以先把子公司的海外总部设在与国际思想和经济模式较为接近的巴西，然后通过巴西的子公司总部对南美洲其他的子公司实行统一的管理。这种借助第三国文化对母国管理人员所不了解的东道国子公司进行管理可以避免资金和时间的无谓浪费，使子公司在东道国的经营活动可以迅速有效地取得成果。

(7) 占领式策略

占领式策略是一种比较偏激的跨文化管理策略，是全球营销企业在进行国外直接投资时，直接将母公司的企业文化强行注入国外的分公司，对国外分公司的当地文化进行消灭，国外分公司只保留母公司的企业文化。这种方式一般适用于强弱文化对比悬殊，并且当地消费者能对母公司的文化完全接受的情况下采用，但从实际情况来看，这种模式采用得非常少。

11.3.4 我国企业的跨文化管理战略

对于我国而言，改革开放的政策效应及经济发展的示范效应吸引了大量来自发达国家跨国公司的投资，中国已连续三年成为仅次于美国的第二大投资东道国。此外，随着我国综合国力的提高和企业整体实力的增强，我国企业的国际化经营也在尝试着展开。而且，中国政府已加入世贸组织（WTO），正在不断地融入国际社会，国家也出台了重点支持发展一批大企业集团的政策。我国许多大企业集团也纷纷把目标瞄向了"世界500强"。这一切都在鼓励与促进有实力的企业集团首先迈出国门，进行跨国经营。我国企业在决定其跨国经营与国际化的动机，已不再是一种走向世界的感情冲动，而是谋求发展、顺应世界大趋势的慎重、庄严的抉择。对于长期在国内实行"内向"经营、受计划经济束缚的我国企业，要跨出国门，并避免跨国经营的失败，探索我国企业的跨文化管理，无疑更有现实意义。纵观国内的研究资料，在这方面还相当地缺乏。在此，西方的管理经验教训也是我们有用的借鉴，也是我国企业发挥"后发优势"的前提。

我国企业的跨文化管理战略，要注重从以下几个方面入手。

1. 识别文化差异，发展文化认同

前面已论述了国际企业中的文化冲突与困惑源于企业中存在的文化差异。按美国人类学家爱德华·郝尔的观点，文化可以分为三个范畴：正式规范、非正式规范和技术规范。正式规范是人的基本价值观、判断是非的标准，它能抵抗来自外部企图改变它的强制力量，因此引起的摩擦往往不易改变；非正式规范是人们的生活习惯和风俗等，因此引起的文化摩擦可以通过较长时间的文化交流克服；技术规范则可通过人们技术知识的学习而获得，很容易改变。可见，不同规范的文化所造成的文化差异和文化摩擦的程度、类型是不同的。只有首先识别文化差异，才能采取针对性的措施。

发展文化认同需要跨国经营的管理人员发展跨文化传统与跨文化理解的技能、技巧，可体现在两个方面。

（1）跨文化传统

国际企业经营的经验表明，一个跨国企业的成功取决于该企业的"集体技能"，即企业中存在着一个基于跨文化理解统一的价值观系统条件下形成的"核心技能"（Coreskill），而跨文化传统是促成此核心技能的中介。不同文化背景的人彼此相处，必须建立跨文化沟通的机制。企业领导集体需要有意识地建立各种正式的和非正式的、有形的和无形的跨文化沟通组织与渠道。

（2）跨文化理解

理解是促成沟通成功的重要条件。它包含两个方面的意义。一是"要理解他文化，首先必须理解自己的文化"。对自己的文化模式，包括其优缺点的演变的理解，能够促使所谓文化关联态度的形成，这种文化的自我意识使我们在跨文化交往中能够获得识别自己和有关他文化之间存在的文化上的类同和差异的参照系。二是善于"文化移情"，理解他文化。文化移情要求人们必须在某种程度上摆脱自身的本土文化，克服"心理投射的认知类同"，摆脱原来自身的文化约束，从另一个不同的参照系（他文化）反观原来的文化，同时又能够对他文化采取一种较为超然的立场，而不是盲目地落到另一种文化俗套之中。

我国企业跨国经营的对象主要在于发展中国家、第三世界国家，跨国经营中的管理人员更要注重上述跨文化管理技巧与技能的培养。

2. 进行跨文化培训，造就一批高质量跨文化管理人员

企业跨国经营中，在东道国的文化环境中，要面临两种不同的适应策略。一是被人改变——追随文化策略；二是改变人——创新文化策略，即由被动适应转向能动改观。当然，

比较友好的策略当属第一种，这样的结果是使企业的跨国经营成为东道国的"当地化经营"。在这一种过程中，最重要的环节是学习过程，即对东道国文化的学习。因此追随文化策略又称为学习策略。对我国企业的跨国经营而言，其实力远不能与西方大公司相比拟，学习策略无疑是友好而且有效率的方式。跨文化培训的主要内容有对文化的认识/敏感性训练、语言学习、跨文化沟通及冲突处理、地区环境模拟等。这样可减少驻外经理人员可能遇到的文化冲突，使之迅速适应当地环境并发挥有效作用；维持企业内良好的人际关系，保障有效沟通；实现当地员工对企业经营理念的理解与认同；等等。

敏感性训练（也叫T小组）是跨文化培训中一种重要方式。它是为了加强人们对不同文化环境的反应和适应能力，促进不同文化背景的人之间的沟通和理解。敏感性训练的目标一般包括：使一个人能更好地洞悉自己的行为，自己在别人心目中是如何"表现"的；更好地理解具体的活动过程；在集体活动过程中培养判断问题和解决问题的技能。具体措施是把不同文化背景的人或在不同文化地区工作的经理和职员结合在一起进行多种文化培训，打破每个人对不同文化环境的适应性，加强不同文化之间的合作意识和联系。

对我国而言，胜任跨文化环境下的管理人才资源还相当有限。人才是跨国公司最宝贵的资源，已成为公司竞争力的核心。制约我国企业跨国经营的人才瓶颈主要是外语沟通能力差，对国外的文化（尤其是拉美、非洲等国家）了解偏少。这需要加强与国外的文化交流与合作。企业要多与国内外高校展开培训交流计划。

3. 建立共同经营观，建设"合金"企业文化

通过文化差异的识别和敏感性训练等，公司职员提高了对文化的鉴别和适应能力。在文化共性认识的基础上，根据环境的要求和公司战略的需求建立起公司的共同经营观和强有力的公司文化；同时通过文化的微妙诱导，使个体与集体相互动，如同一群人随着音乐起舞而不会相互碰撞一样。这样不断减少文化摩擦，使得每个职员能够把自己的思想与行为同公司的经营业务和宗旨结合起来，在国际市场上建立起良好的声誉，增强国际企业的文化变迁能力。

对于开展跨国经营的我国企业，要在投资对象国建设"合金"企业文化，要加强跨文化参与。跨文化参与是跨文化沟通与理解的成功所必须需要的重要方式。国际企业的跨文化参与是指通过文化的交汇，达成跨文化和谐的具有东道国特色的经营管理模式，逐步建立跨国公司的管理文化，并逐步建立起以公司价值观为核心的企业文化。

摩托罗拉的跨文化管理

在跨文化管理上，全球跨国公司摩托罗拉主要有4种模式：阐明摩托罗拉自身价值观，按当地标准阐明价值观，大幅调整摩托罗拉价值观，全球一致。

这4种模式按复杂程度递增排列，前两种主要适用于东道国没有摩托罗拉人的情况，后两种则反之。

一、阐明摩托罗拉自身价值观

最简单的模式是摩托罗拉针对当地文化，并不作任何特别的调整，只是阐明一个既定的决策，并且实施这个决策而不管它是否与当地价值观或文化标准相一致。举例来说，摩托罗拉始终坚持正直、高尚的价值观，为此绝不行贿受贿。在芝加哥、莫斯科、汉城、圣保罗的摩托罗拉的宗旨也基本上是一致的。顾客满意卡和管理法规也明确表明，摩托罗拉人绝不允许参与贿赂，甚至有这种迹象也不可以。在一些情况下，摩托罗拉文化与东道国文化差异较大，公司也别无选择，只得遵守自身的准则，同时也尽量保持在东道国的可实行性上。

二、按当地标准阐明价值观

在跨文化管理的第二种模式中,摩托罗拉保持了它的核心价值观,同时也站在东道国价值观的角度上阐明了他们的准则。这些调整也许是象征性的,也许还与有限的资金和金钱观有关。

一个贴切的例子是日本摩托罗拉有限公司(NML)。自从很久以前现代工业在日本出现以来,礼尚往来就已渗透于日本文化之中。传统上大多数大型日本公司热衷于赠礼给那些他们认为有利可图的公司或个人,像政府官员、公司决策者、购物中心等。一些礼品是每年都要赠送的,其他一些则作特殊之用,比如贺礼或抚恤金。

很明显,NML公司这种传统与摩托罗拉主旨"坚持高尚操守"相悖。然而,NML公司确实针对这种传统认真做了一番调整,并详细做了说明。以下摩托罗拉管理法规中的特别豁免权是NML公司按日本习俗制定的。

(1)两个赠礼时节。在适当的赠礼时节(两个每年主要的礼物馈赠时节),NML公司将代表顾客选取恰当的礼品赠给慈善机构(而不是自己的主顾公司或代理处)。

(2)卖主的馈赠。除非拒收或退回礼品会破坏买卖关系,而且礼品是用于公司而非个人利益,否则公司是不允许接受卖主或商业伙伴的礼品的。原则上,所有礼品应加附一张由收到礼品者签名的信件A(委婉地告诉赠者礼物已被退回)退还给卖主。当然,也有例外。如果礼物非收不可,那收到礼物的人也该回敬信件B(委婉地提醒赠者以后不必赠礼)。

(3)最小价值的礼物。作为一项娱乐支出,"馈赠的礼物价值最小"成为摩托罗拉更可取的一个改进条例。鉴于总经理已事先特许了整个交易,这项条例一般来说,还是切实可行的。

三、大幅调整摩托罗拉价值观

以上两种模式融入了第三种模式——跨文化经营管理。第三种模式更可能照顾到摩托罗拉的当地雇员,而不是当地的非摩托罗拉人。举个例子,在摩托罗拉文化中一直保持着一个传统,就是每年颁发奖金给有着杰出业绩的员工个人。这也反映了英美文化对于个人业绩所作的价值上的肯定。然而,马来西亚的一个摩托罗拉机构建议,高绩效的奖金应该奖励整个团队。这反映了重视团队的马来西亚价值观。马来西亚摩托罗拉机构的经理是当地人,他强烈反对奖励个人的机制,认为马来西亚雇员更注重每年的加薪,至少应跟得上通货膨胀,还注重终身工作的稳定性。在这个案例中,显然摩托罗拉与马来西亚文化有相同的地方,双方都认为有功的员工应受到奖励。不同的是价值分配的标准不一样:

① 英美式的个人主义思想认为,如果奖励整个团体,一些出力不多的成员也会得到很高的奖金,而这是不公平的;

② 马来西亚式的思想认为,如果奖励个人,则会出现差别等级。

两种方法都赞同的人认为,如果不因地制宜,那么员工的业绩将会受损。也许双方都是对的,每一方都处于一种特定的文化之中,如果在一个美国机构中实行团队奖励法,那么美国摩托罗拉人的业绩也许会下降;同样,在马来西亚机构中实施个人奖励法,马来西亚摩托罗拉人的业绩也许会受损。

然而,这里的关键点也是显而易见的,马来西亚经理建议在马来西亚人中实行团队奖励制,而不是在美国人中。最终公司也是决定在马来西亚机构中实施团队奖励制。在作这项决定的过程中,摩托罗拉的管理人员在一定程度上也是出于为公司利益考虑,这个决定只是关系到马来西亚人的薪水问题,而不是全球摩托罗拉人。

这个案例也说明，在摩托罗拉两个基本核心"坚持高尚的操守，对人永远的尊重"之间适当做些权衡利益的调整有时是很必要的。

（1）在许多英美摩托罗拉人眼中，个人奖励法更能公平地体现摩托罗拉坚持高尚操守的价值观。这种奖励法使个人贡献更能准确衡量出来，更能体现公平。当然，有些人会认为这种办法在许多情况下并不可行。

（2）对比之下，在许多马来西亚摩托罗拉人眼中，团队奖励法则更能体现尊重员工的价值观，马来西亚人更倾向于这种奖励法。马来西亚人会强烈地感受到摩托罗拉对个人或团体真正的"尊重"，即对由于文化不同而造成喜好不同的尊重。

四、全球一致

第四种模式是最复杂的，因为它对整个全球摩托罗拉文化的道德行为准则会有真正意义上的或潜在的改变。为了说明这个问题，深入讨论上面马来西亚的例子。假设马来西亚文化影响的不仅仅是马来西亚摩托罗拉，并影响了全球摩托罗拉文化。设想如下：

① 摩托罗拉管理人员着手认真考虑奖励的价值；
② 管理层由来自不同文化背景的摩托罗拉人组成；
③ 管理层决定在实行团队奖励制下委派组长计划；
④ 如果在既定机构中的经理和雇员对这项计划表示赞同，管理层应使世界各地被选定的机构知道，这项计划是切实可行的；
⑤ 几个机构对这项计划表示赞同；
⑥ 这项计划先试行一段时间，并认真测定它对鼓舞士气和提高产量所起的作用。

在这几个假设的案例中，随着时间变化，在特定环境中摩托罗拉文化很有可能逐步承认团体奖励制。如果这样，在如今摩托罗拉文化所崇尚的个人价值和马来西亚人的团队价值以及其他一些文化之间将达成共识。应当坚信的是，乐于接受当地摩托罗拉经理与员工的建议对于公司未来发展为成功的跨国大企业是一个关键因素。

复习思考题

1. 什么是文化？
2. 阐述克拉克洪-斯托特帕克的价值观取向文化模型。
3. 阐述霍夫斯泰德的文化差异理论。
4. 跨文化沟通的障碍有哪些？
5. 跨文化沟通的原则有哪些？
6. 跨文化沟通的总体策略有哪些？

案例分析

案例 11.1　　　　　印度经理 David 败走中国

当今世界，随着科学技术的飞速发展，交通和通信的日新月异，国际贸易和跨国公司迅猛增长，全球化是一个趋势。

在经济全球化的背景下，各国在市场和生产中的相互依存日益加深，人力、资本、商品、劳务、技术和信息实现了跨国界的流动。越来越多的人生活、工作和学习在不同的文化

第 11 章　跨文化管理与沟通技能

的人群中，不同文化背景的人们彼此交往日益增多。为了在不同文化的人际间、组织间进行有效的沟通，在人际间建立良好的关系，在组织间增进理解与合作，跨文化沟通就显得日益重要。

在湖北有一家生产汽车饰件系统的合资企业，合资双方出资比例为50%：50%，自1996年合资以来出于某种考虑，公司总经理一直由外方担任，公司经营业绩可圈可点。该企业前身为国有企业，合资后在其领域无论从生产能力还是从设计开发能力都处于国内领先地位。

公司建有市级技术中心，该技术中心因为聚集了一批优秀人才并拥有先进的仪器设备而在国内首屈一指。他们曾经成功地开发了几款车的全套饰件系统，为企业带来了丰厚的回报，同时在业内树立了品牌。公司员工经过项目的锻炼和大量国外、国内的培训已经技术娴熟并且非常成熟。同时也形成了独有的工作作风，例如技术中心的设计师们形成了较灵活机动的工作风格：喜欢边听音乐边工作，会经常翻阅大量的专业报纸杂志，可以通过网络来关注业内最新的动态。因工作需要他们可以随时到生产现场观摩或请教一线员工。就这一点来说，禁止串岗的规定对他们基本没有约束力。另外，因为设计工作涉及机密性的缘故所以甚至连纪律检查人员都不能干涉他们岗位上的在其他部门看来是违纪的行为。尽管工作灵活甚至在外人看来有些松散，但过去所有的任务都出色完成了，管理层对此工作方式持默许的态度。技术中心的部门经理X赞许此工作方式，同时他采取透明、较民主的管理方式。

2001年2月该中心接受了来自广东某汽车厂全套饰件系统的设计任务，设计工作担子重且时间紧迫。为了更好地完成此任务并进一步提高综合设计能力，经公司经营委员会协商决定，由总经理M出面花巨资从合资方的英国技术中心聘请来了印度人David担任该中心的技术经理，而中心的原部门经理X担任技术中心行政经理（按道理，技术经理只负责技术方面；其他职责，包括薪水的确定、奖金的发放等都应由行政经理负责）。因该中心以前经常有与外方合作的横向项目，所以大家对David的到来见怪不怪，都像往常一样工作。然而David的到任打破了技术中心的平静，在技术中心员工和David之间造成了冲突并影响了工程进度，给公司造成了损失。公司内掀起的波澜，让员工们亲身体会到跨文化沟通的难题，也使David满怀困惑地离开了中国。

David刚来时并没有像其他新领导一样作正式介绍，大家是从其他渠道获悉他不像以往来的外国专家一样项目做完就走了，而是来担任技术经理的。然而David来了不到两个礼拜大家就发现他和以前见到的外国专家有着很大区别：尽管他的技术水平不错，可是工作作风和处事方式让大家难以适应，同时又喜欢打小报告。

他与设计中心员工相处的第12天就与设计师L发生了冲突。冲突的过程是这样的：L是技术中心元老级优秀设计师，工作出色且能独当一面，人际关系也好，大家都称他L大哥。他原来的办公位置在大办公室靠角落的地方。可David到来后在没有任何预兆情况下，以不便于管理为由要他与年轻的设计师N调换位置。事实上，大家都已经习惯了自己的位置并且都出色完成了工作。L感到莫名其妙，认为David是对自己的不尊重和轻视，于是给David发了个电子邮件表明了自己不愿意换位子的立场，并且说既然大家是同事就应该互相尊重，还说既然在中国工作最好学会吃"中国菜"，并希望能和他谈谈（原文为英语）。可David收到邮件后没有找L说明理由，而是把L的问题交给了技术中心原来的部门经理——现在的行政经理X，并把L给他的邮件转发给了X。在X的干预下L勉强同意换了办公位置。经过这件事，从此L不理睬David。大家从David对这件事的处理中感到了不和谐的因素。

没过几天David以公司花了大代价建技术中心为由,不允许大家上班时间离开自己的小格子,不允许上班时间翻阅专业类杂志,更让大家难以接受的是不允许大家下车间,说是有问题可以问工艺工程师。可事实上,工艺工程师大多不懂设计工作并且人员不足;同时设计师们都认为:如果按照他说的做,设计能力不但不会提高反而会下降,过不了多久设计师就会变成机器人,变得一无是处,这有悖于公司的初衷,对员工的发展不利。为此设计师们选派代表与David进行沟通,希望他能考虑中国的实际情况,同时向行政经理汇报了大家的想法。令大家想不到的是,David不但不接受设计师们的观点,连行政经理X与他谈话也毫无效果,反而变本加厉地连去洗手间的时间都控制。在David看来,设计师就应该在自己的格子里拼命地工作,不然就是偷懒,还向上层反应某人上班时间电话太多(这在以前是见怪不怪,领导层都知道的现象)。在David的高压下大家觉得太压抑、不能正常工作,整个技术中心的工作热情急转直下。

又过了1个月,大家想通过David的直接领导Y向David转达意见,可又打听到David是总经理M的老部下;无奈之下,大家干脆把David晾在了他自己的办公室,全当他不存在,除非特殊情况没人向他请示或汇报情况。后来的结果使原本要在中国工作3年的他只呆了不到两年便离开了,广东项目因David影响了设计师们的积极性而延迟了两个月,给公司造成的直接经济损失约250万元。

David带着困惑走了。公司内展开了讨论,如果不找出问题原因再遇到另一个David怎么办?

问题讨论
1. 跨文化沟通的障碍主要来自于哪里?沟通中应该注意哪些问题?
2. David在国外是个优秀的工程师,导致他败走中国的原因有哪几个方面?

案例11.2　　　　　　　　欧亚国际贸易公司

欧亚国际贸易公司总裁陈××近段时间来,连续收到了来自欧洲、中非、东南亚各地分公司经理的抱怨。从接到的电话、收到的电子邮件和便函,以及各次会议讨论看,其焦点是:他们认为,公司现有各项政策使得各地的分公司在当地竞争中处于越来越不利的地位,必须要考虑对公司的政策作调整。

一、公司背景

欧亚国际贸易公司是1990年在俄罗斯成长起来的一个比较年轻的食品贸易企业。当初,前苏联解体后,在俄罗斯和其他前苏联地区国家出现了经济的大幅度倒退,前苏联内部的企业因为经济危机不能正常生产,国内企业所能提供的食品远远不能满足当地老百姓的需要。在这样的情况下,一位在西北某高校从事国际贸易教学的教师辞职下海,在俄罗斯创办了自己的企业——欧亚国际贸易公司。随着公司在俄罗斯业务的不断扩展,企业取得了迅速发展,在短短5年时间,就在东欧其他国家(如白俄罗斯、罗马尼亚等地)设立了分公司;到2000年,公司已把业务延伸到中国国内、南亚、印尼、非洲等地。

欧亚国际贸易公司之所以能取得如此快的发展,主要有这样几个原因。一是进入俄罗斯市场早,前苏联解体后,当初国内有很多公司到俄罗斯做生意,但由于担心政局不稳,风险较大,没有大规模进入。欧亚国际贸易公司从一开始就做大手笔,取得了先发优势。二是依托国内产品供应。食品业在中国较为发达,而且供过于求,价格较低,在前苏联和东欧地区有较强竞争能力。三是公司一直注重品牌和形象建设,当后来中国假冒伪劣产品充斥前苏联市场时，该企业仍坚持初衷。

1995年以后，企业贸易进一步扩张到中国国内、南亚、印尼、非洲等地时，为了更好地培育竞争力，公司在中国国内设立了工厂，实现了生产、贸易一体化。这种组合一方面击垮了相当一部分竞争对手，但另一方面也带来了风险——经常不得不派一些无跨国工作经验的经理到陌生的地区去开拓业务。陈××也意识到公司这种扩张模式的脆弱性和风险性。

欧亚国际贸易公司在经营活动中，有一条原则，那就是要大量招聘当地员工，在公司全部约2 000名员工中，当地化的比例有的分公司达到70%，也有的只有45%。结果，由于各个分公司内部的员工来自中国、俄罗斯、东欧、东亚、南亚和其他国家和地区，少量还来自英国、荷兰、德国及法国，管理就成了很大问题。比如，尽管英语是公司的工作语言，某些职员仍不愿意使用英语，中国人、德国人、荷兰人及北欧国家的管理人员，能接受英语，但对于部分俄罗斯人、法国人和部分东欧人，则似乎不太愿意，还产生了一些摩擦。而且，来自不同地区的人在分公司内部都希望增强自己国家（或地区）员工的利益及生活习惯。为解决这个问题，欧亚国际贸易公司采取一个策略：把高级主管派到超出他们各自民族利益的地区担任经理。例如，一个英国人主管印度尼西亚分公司的工作；一个俄罗斯人主管罗马尼亚分公司的工作。但这个策略，遭到当地人的强烈反对，使主管工作开展较为困难。

二、地区经理关注的问题

陈××花了一天的时间把收到的问题作了整理、排序，归纳为以下几点：

① 有时，来自不同国家的员工在工作中相互对着干；

② 公司的伦理政策，尤其是反对给当地决策者送礼或行贿方面的规定，不利于公司在竞争中的地位；

③ 员工拒绝掌握当地语言及不愿去适应当地的文化规范；

④ 有的地区出现当欧亚国际贸易公司生意减少时，竞争者却生意上升的现象。

陈××彻夜思考这些问题，决定召开一个电话会议，让经理们就这些问题相互交流一下。他给各位经理5~10分钟时间提出自己的问题。讨论结果如下。

1. A，南亚分公司经理（罗马尼亚人）

在这里，虽然国内民众认为请喝酒、吃饭或送礼是贿赂或腐败行为，而且当地政府也要求公务员成为清廉、有教养的楷模，要求他们对自己的人民负责。事实上，这些都是形式。如果我们真根据当地政府所要求的那样去考虑行动，将会继续输给在这方面比我们领会得好的竞争者。行贿在这里可以看作"小费"，它意味着尊敬和感激，因为这些政府官员帮助了我们，作为回报，接受礼金是理所当然的。如果我们坚持强加原来在东欧地区的做法，可能问题会更加严重。

2. B，非洲地区经理（中国人）

在我们所在地区，往常一个人就能决定是否签合同，而且通常是总统或内务部长或地区行政长官。他们不反对个人决策，但他们的决策更多出于政治考虑——生意会怎样影响以后的外交政策和国际关系，这些是不需要我们去谈判的。也许，我们需要更多的政府间合作，这比产品价格更重要。

3. C，印度尼西亚地区经理（俄罗斯人）

我们总是弄不懂这里客户真正所指所想，他们也不会简单告诉你。我们和这些客户做生意真是难适应。他们会同意任何事，但最后的决策总是等不来，谈了意向但实际真正签的合同却很少。我最大的困惑是不知道自己在谈判中的位置，不知道如何结束一笔生意。除非从朋友那儿听到消息，否则连我自己都不知道谈判结果如何。

4. D，东亚地区经理（非洲人）

我想谈我所面临的两个文化交流问题。一个是我的员工们不懂当地礼节。他们虽然会讲当地语言，但并不知道其中的细微差别，不懂手势和礼仪，他们不习惯于东亚商人的意思。另一个是政府如何决策，往往不可捉摸。你不可能和有权决策的人打交道，因为事实上你根本不知道他是谁。通常，政府是一个由精明而严密的官僚阶层组成的特殊团体，你总是搞不清楚谁是真正的决策人，当然，这也有点像我们自己的做法。

陈××也听到其他一大堆类似的陈述，接着便坐下来开始起草他的建议。

问题讨论

1. 欧亚国际贸易公司面临哪些内部文化冲突和外部挑战？
2. 欧亚国际贸易公司应该如何调整它的政策，使之和现实相符合？
3. 陈××能给他的地区经理们提供哪些额外支持？
4. 请你试着给陈××提供一份差异化管理的策略思路。

第 12 章

危机管理与沟通技能

学习目标

- ✓ 理解危机的概念、分类、特征和危机管理的含义、特征；
- ✓ 理解危机管理过程；
- ✓ 掌握危机管理常用的沟通技能；
- ✓ 掌握同新闻媒体打交道的沟通技能。

企业面对的内外部环境日益复杂，这种复杂的环境给企业带来了诸多风险。如果不能有效地防范与规避风险，则可能会发生危机。沟通是危机管理的重要组成部分。没有有效的沟通，企业就无法和相关利益者进行信息交流，解决危机自然无从谈起。在现代社会里，人们对组织的社会责任寄予了更高的期望。倘若一个组织在发生危机事件后，不与公众进行沟通，不向公众表明态度，不透露企业面对危机正在尽力做什么，或是被动地应付公众、推诿责任，无疑会给组织信誉带来损害。

12.1 危机管理概述

12.1.1 危机的内涵

危机（Crisis）一词来源于希腊语中的 Krinein，原始含义是筛选，目前，不同学科由于角度不同对危机的含义有不同定义：危机管理理论认为，危机是事物的一种不稳定状态，在危机到来时，当务之急是要实行一种决定性的变革；企业管理学认为，危机是一种决策形势，在此形势下，企业的利益受到威胁，任何拖延均可能会失控而导致巨大损失；组织行为学认为，危机是组织明显难以维持现状的一种状态。本书将危机界定为：在任何组织系统及其子系统中，因其外部环境和内部条件的突变，对组织系统的总体目标和利益构成威胁而导致的一种紧张状态。

根据发生危机的主体不同，危机可以分为政府危机、企业危机和个人危机。本章主要研究企业危机。

12.1.2 企业危机类型

企业危机类型是指造成企业危机的各类危机事件，依据危机类别，主要可以分为内部危机和外部危机。如图 12-1 所示。

1. 内部危机类型

内部危机是企业经营管理不善引发的危机事件或状态，可以分为单一危机、综合危机。单一危机是指引发企业危机的某个事件，如信誉危机事件、安全危机事件、原料危机事件

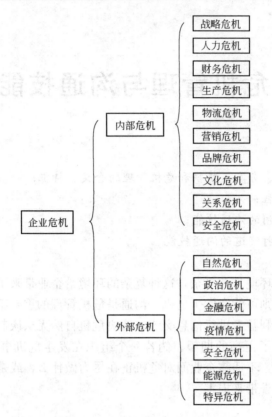

图 12-1 企业危机类型

等;综合危机是指企业多个危机事件相互作用的不利管理因素,这些不利管理因素涉及经营管理的各个环节,反映的是一种危机状态,可统称为"经营危机",一般是由于企业管理素质较低造成的。

目前企业危机主要属于综合危机范畴,为了利于对企业内部危机进行深入研究,按专业管理分类,企业综合危机可规划为战略危机、人力危机、财务危机、生产危机、物流危机、营销危机、品牌危机、文化危机、关系危机、安全危机等范畴。

① 战略危机。战略危机是因宏观战略管理不利因素造成的企业危机。主要表现为:企业决策层对国际形势、国家政策、行业动态等外部经营环境缺乏深入了解,对行业未来发展趋势预测偏差,对企业内部资源优劣势认识不足,从而导致确定的战略方向、战略目标、战略形态等战略管理要素不符合企业的经营环境,致使企业陷入危机。

② 人力危机。人力危机是因人力资源管理不利因素造成的企业危机。主要表现为:管理体制不健全、责权混淆、管理无计划、执行力低,员工发展空间小、工作环境简陋、福利待遇差、企业缺乏凝聚力、能动性差、忠诚度降低、培训机制滞后、人才流失率高等因人才素质低于行业竞争力要求,致使企业陷入危机。

③ 财务危机。财务危机是因财务管理不利因素造成的企业危机。主要表现为:财务体制不健全、无预算控制、负债率高、资金周转不灵、融资渠道不畅、收益率低、应收账款难以回收、投资亏损等因财务状况不健康,致使企业陷入危机。

④ 生产危机。生产危机是因生产管理不利因素造成的企业危机。主要表现为:原料供应不及时、生产设备老化、产品破损率高、生产成本失控、产品质量合格率低、不能按时供

货、生产研发能力弱等因生产资源优化不充分，致使企业陷入危机。

⑤ 物流危机。物流危机是因物流管理不利因素造成的企业危机。主要表现为：运输费用高、运输时间长、运输损耗大、库存积压、发生库存安全事故、物资供应短货、物流配送不及时、配送准确率低等因难以保障通畅的物资供输，致使企业陷入危机。

⑥ 营销危机。营销危机是因营销管理不利因素造成的企业危机。主要表现为：目标市场不明确、产品定位不准、产品缺乏创新、分销渠道不畅、销售政策不积极、价格体系无竞争力、促销手段传统、产品投诉多、售后服务无保障、市场断货、毛利空间萎缩、品牌知名度低等因市场拓展受阻，致使企业陷入危机。

⑦ 品牌危机。品牌危机是因品牌管理不利因素造成的企业危机。主要表现为：品牌结构不合理、品牌形象模糊、品牌知名度低、品牌忠诚度低、品牌形象受损等因品牌对销售的推动作用太弱，致使企业陷入危机。

⑧ 文化危机。文化危机是因企业文化管理不利因素造成的企业危机。主要表现为：领导人集权、经营观念落后、品德修养差、内部矛盾尖锐、信息沟通不畅、企业形象俗套、员工缺乏工作热情、创造能力低、行为不规范、企业文化虚拟等因组织缺乏向心力，致使企业陷入危机。

⑨ 关系危机。关系危机是因公共关系不利因素造成的企业危机。主要表现为：供应商停止供货、分销商不积极配合、客户终止合同、合作伙伴撤资、政府行政制裁、新闻媒体负面报道、金融机构催贷、经济纠纷、人事矛盾等因利益、情感分歧或企业形象受损，致使企业陷入危机。

⑩ 安全危机。安全危机是因安全管理不利因素造成的企业危机。主要表现为：安全责任不明确、安全管理体制不健全、安全防范不严密、违反安全操作规程、安全检查疏忽、肆意破坏、发生伤亡事故等因安全保障系数不达标，致使企业陷入危机。

2. 外部危机类型

外部危机是因国家、社会、自然界及其他单位等外部环境引发企业危机的各类事件，属企业不可控范畴，其危害具有公众性，需要借助外部危机管理，结合内部危机管理，双管齐下，才有可能利用互补优势实现对危机的抑制，最终消除危机的危害。

通常，外部危机表现形式单一，但容易引发关联危机。外部危机划分为：自然危机、政治危机、金融危机、疫情危机、安全危机、能源危机、特异危机。

外部危机同内部危机一样，各危害事件之间都存在必然的联系，并相互作用、相互影响。针对不同的危机主体，危机会产生不同的正负效应：一部分危机主体会受到危机危害，另一部分危机主体也可能借助危机获得收益。如制药厂，疫情危机可能对企业原料供应造成影响，但也可能使企业生产的药品供不应求。针对危机危害性的主要特点，本书仅侧重讲解危机的负面效应。

① 自然危机。自然危机是因自然灾害类危机事件对企业造成的危害。主要表现为：地震、洪水、飓风、风暴等自然灾害直接造成企业经济损失、人员伤亡或间接造成企业物流中断、订单流失等经济损失。

② 政治危机。政治危机是因国家政权动荡类危机事件对企业造成的危害。主要表现为：战火纷飞、人心惶惶、游行示威、流血冲突、社会混乱、外贸通路阻塞、投资环境恶劣、能源物资紧缺、物价飞涨、股市狂跌、外强入侵、外交关系紧张等因国民正常生活秩序遭到破坏，从而危及企业的生存。萨达姆政权的倒台就是伊拉克政治危机的典型代表。

③ 金融危机。金融危机是因经济萧条、通货膨胀类危机事件对企业造成的危害。主要表现为：物价上涨、股市暴跌、消费者信心指数下滑、投资项目减少、破产企业增多、市场经济疲软、国际经济纠纷增多、失业率猛增等因经济大环境萧条危及企业的生存。比如1998年席卷全球的亚洲金融风暴就属金融危机。

④ 疫情危机。疫情危机是因流行疾病类危机事件对企业造成的危害。主要表现为：环境严重污染、传染病扩散、医院人满为患、区域人口隔离、外来流动人口稀少、消费力大减，商店与酒店等餐饮业清淡、人心恐慌或动物瘟疫等因疾病传播威胁到生命健康，从而危及企业的正常经营。比如1997年英国疯牛病，2003年SARS病毒都属疫情危机。

⑤ 安全危机。安全危机是因国家安全类危机事件或外部单位安全类事件对企业造成的危害。主要表现为：反政府组织的政治颠覆、国民设施遭到破坏、种族冲突、恐怖暴力事件、战争、大量民众外逃等因国民生命、财产安全无保障，社会局势动荡或外单位火灾、房屋倒塌、毒气泄漏等安全责任事故，危及企业的正常经营。如以色列同巴基斯坦国家的种族冲突，2004年重庆天然气泄漏事件都属安全危机。

⑥ 能源危机。能源危机是因能源供应短缺类危机事件对企业造成的危害。主要表现为：能源供不应求、能源价格上涨、能源稀缺等受能源影响，致使企业不能正常开展经营活动的危机。能源危机最突出的是同能源关系紧密的航空、石油、运输、矿产等企业。比如伊拉克战争导致的石油紧缺和石油价格飞涨就容易对航空、石油等关联行业构成能源危机威胁。

⑦ 特异危机。特异危机是因国际争端类危机事件对企业造成的危害。主要表现为：两国之间的政治矛盾影响正常的贸易往来，国际公约之争造成贸易通道被封闭或引发反倾销案等。其根源一方面是由于国际间的政治矛盾；另一方面是因地域间经济的自我保护而产生的。比如日本引发的温州打火机反倾销案事件就属因地域间经济的自我保护形成的特异危机。

12.1.3 企业危机的特征

由上述危机表现形式可以看出，引发危机的因素大致包括企业的外部环境和内部管理两方面。企业要生存发展，必然要适应外部环境的变化。但如果外部环境的变化是突发性、致命性的，则会使企业措手不及，来不及做出反应就陷入危机，有时即使有时间做出反应，但由于受管理机制自身条件的限制无法做出正确的反应，这同样也会使企业陷入危机。外部环境的变化并不必然导致危机。一个企业，如果它有科学的、作用灵活的管理机制，那么它本身就具有很强的反馈和应变能力，因而可以预测、监控和处理危机，使濒临绝境的企业起死回生；反之，则必然会将企业断送掉。所以，真正的危机不在外部，而在企业内部，在于企业内部的经营管理体制。因而，企业危机实质上是内部经营管理危机。

具体到各类危机的一般性特征，主要表现在以下几个方面。

1. 时间的突发性

危机的出现往往没有任何征兆，或者是在征兆出现后迅速转变为实质性的危机，从形成时间上看非常短暂。一般来说，在一天到一周的范围内；如果是源于战争、政变或者是诸如自然灾害类的不可抗自然力造成的外部性，则这个时间会缩短为几个小时。

2. 范围的广泛性

危机往往不是孤立出现在一个地点。特别是在国际化和全球化程度高的企业、行业和产业中，作为个体或者少数出现的危机，在水平范围内会广泛扩散，直至蔓延辐射到整个行业或者产业平台。

3. 影响的渗透性

对于遭遇危机的企业而言,危机事件的垂直作用速度快,在组织内部渗透力极强。无论危机起源于决策中心还是基本操作单元,危机影响都会在短时间内上行或者下行。

4. 程度的严重性

除了在水平和垂直结构上的影响,危机事件形成后对企业的影响也是极其严重的。

5. 解决的迫切性

由于危机事件具备上述4个特点,所以无论从外部还是内部,都需要危机当事者迅速作出反应,遏制危机扩散的速度,减小影响范围,降低危害和损失程度。

12.1.4 危机管理的含义及特征

所谓危机管理,就是指组织为应付各种危机情境所进行的信息收集、信息分析、问题决策、计划制定、措施制定、化解处理、动态调整、经验总结和自我诊断的全过程。危机管理的目的正如华为公司基本法第九十八条危机意识中所言:"危机管理的目标就是变危险为机遇,使企业越过陷阱进入新的发展阶段。"

危机管理具有不确定性、应急性和预防性三大特征。

1. 不确定性

所谓不确定性,一般是指人们不可能或无法对问题进行客观分类的情形。在这种情况下,人们的行为在很大程度上依赖于他对自己信念的置信度。而危机管理工作就是以这种主观概率为依据的。例如,如果你骑自行车时感觉到前面有危险,但你并不能确定前面一定有危险时,你马上会有一个反应——减慢速度;当你减慢速度时,你并不能确定前面一定有危险,但是你觉得危险的可能性比较大,为了安全起见,你就这样做了。

危机管理的不确定性主要表现在4个方面:

① 管理对象的不确定性;

② 危机预测的不确定性;

③ 危机预控的不确定性;

④ 危机处理计划的不确定性。

2. 应急性

当意外事件发生时,企业陷于困境,所面临的公众压力处于极限状态,它们的公共关系也处于应急状态。企业危机管理便是立足于应付企业突发危机事件,通过有计划的专业处理系统将危机的损失降到最低。同时,成功的危机管理还能利用危机,使企业在危机过后树立更优秀的形象。

危机管理的应急性主要表现在以下两个方面。

① 在爆发阶段,危机的危害每分每秒都在增大,必须以极快的节奏和不同于平时的方式进行管理,这称为应急管理。

② 在紧急状态中进行危机管理,要克服由于时间紧急和形势危险而造成的心理压力,要在短暂的时间内迅速作出正确的决策,要紧张而有秩序地实施各种危机处理措施。

3. 预防性

任何危机都可能带来一定的风险,但这种风险在一定程度上是可以评估和预测的。在危机管理过程中,最重要的任务就是预防。应该说,危机管理的最佳境界就是避免危机发生。

可见，危机管理中应该把预防放在首位。预防性是有效危机管理最重要的特征，对危机管理成效的影响最大。

综合危机管理的特征，可以看到：由于危机管理的不确定性，不同的危机就有不同的管理艺术，在危机管理中，对于企业来说，最重要的不是掌握危机管理的程序，而是懂得危机管理中的变通；由于危机管理的应急性，危机反应和处理速度始终是危机管理的核心部分，没有速度的危机管理肯定不是最理想的危机管理；由于危机管理具有预防性，所以危机并不是最可怕的，最可怕的是一个企业没有预防危机的意识，没有抵挡危机的预警机制。

12.1.5 加强危机管理的意义

无论哪种形式的危机，造成的后果都是严重的，轻则会降低企业信誉，损害企业的形象，使企业利益受损；重则使企业从此一蹶不振甚至破产、倒闭，造成社会资源的极大浪费，甚至影响社会秩序的稳定。因此，加强危机管理对企业而言，是极为重要的。

1. 危机管理是提高组织管理绩效的决定因素

众所周知，危机的发生必然会导致组织管理系统内部的无序和系统失衡，从而影响企业的管理绩效。实施危机管理可以保证组织系统在相对稳定的环境下运行，也可以使组织实现渐进式的管理变革，促进组织兴旺发达。

2. 危机管理是提高组织管理水平的必需

历史和现实已经证明，缺乏危机意识，必然会导致管理水平低下。我国的组织和企业目前缺乏一种能够预防、察觉和化解危机的内在机制，这种机制应同时具有引导式的东方管理特征和防范式的西方管理特征。危机管理包容了企业在顺境、逆境之中及发展过程各阶段的管理内容，是一种起微观的、具有较强操作性的管理思想，因而它是目前较合适的管理模式。

3. 危机管理是防止组织老化，使组织之树常青的关键所在

在经济学中，有"帕金森"定律，即组织从成立之日起就日渐倾颓，这也就是说，组织存在的最重要职能便是防止老化。随着社会和经济的发展，组织的生存威胁越来越大，遇到的危机越来越多，因此要防止组织老化，就必须实施和加强组织危机管理。

中国危机管理认识误区

1. 危机管理就是公关危机：危机管理涉及面很广，任何组织都可能存在危机——政府、企业、社团、个体，因此危机管理的应用层面可以是宏观的，也可以是微观的，但许多人却误认为危机管理就是公关危机，对危机的管理也就多数停留在公关传播的领域。企业最大的危机是战略性的危机，如果是公司战略出现危机，那绝对是致命性的危机，所以危机管理首先应该关注战略的层面，其次才是策略的内容。例如收购危机、股权危机、资本运作危机等，这是属于战略性内容，而质量危机、技术危机、人才危机、公关危机是属于策略层面内容。

2. 大型企业才需要危机管理：中国许多危机管理的案例都集中在大型企业或著名品牌上，媒体对危机管理的关注点也多数集中在公关传播对品牌的影响上，往往忽略了中小企业的危机管理的应用及传播，导致许多中小企业误认为危机管理是大型企业的事情，而没有做相应的准备措施。从危机管理的案例分析，中国绝大部分企业危机是在中小型企业，而不是大型企业。每年都有大量中小企业因为没有解决危机而灭亡，主要是集中在战略危机、财务危机、人才危机、品牌危机和公关危机，但因为他们的社会影响度不高而没有广为人知

而已。

  3. 危机管理是在危机出现时才需要管理：中国企业的危机管理意识一般都是认为危机管理就是在危机出现时才出现的管理，日常不需要什么危机管理。这是最典型的危机管理误区。事实上，危机管理的基本功能并不是在危机出现后的工作，而是危机没有出现前的管理工作。这就如我们所说的，防火比救火重要的道理一样，危机管理真正要解决的是如何防范危机而不是解决危机，所以跨国公司一年要花费许多人力、物力和时间来进行防火演习、突发事件演习，所以一旦发生危机时，他们就可以很从容地应对危机，这就是危机管理的真谛。但中国企业大部分都没有这种意识，到了危机出现时才临时抱佛脚，以至于危机出现后根本没有解决危机的能力。

12.2 危机管理过程

  企业在生产经营中面临着多种危机，并且无论哪种危机发生，都有可能给企业带来致命的打击。对于企业来说，危机管理迫在眉睫，它不再仅仅局限于处理突发性事件，而注重挖掘企业管理的深层次原因，这日渐成为企业管理必不可少的组成部分。那么，如何进行科学的危机管理呢？法国管理学家费尧曾说过："管理不是一个点，而是一条线，是相互联系的运动过程。"危机管理也是这样，它的过程是消除企业危机因素的系列活动，它主要包括三个阶段，即危机预防、危机处理、危机总结。

12.2.1 危机预防

  危机管理的重点就在于预防危机，而不在于处理危机。出色的危机预防管理不仅能够预测可能发生的危机情境，积极采取预控措施，而且能为可能发生的危机做好准备，拟好计划，从而自如应付危机。危机的预防措施主要有以下几种。

1. 树立强烈的危机意识

  危机管理的理念就是居安思危，未雨绸缪。在企业经营形势不好的时候，人们容易看到企业存在的危机；但在企业如日中天的时候，居安思危则并非易事，然而危机往往会在不经意的时候到来。所以，企业进行危机管理首先应树立一种"危机"理念，营造一个"危机"氛围，使企业经营者和所有员工面对激烈的市场竞争，充满危机感，理解企业有危机，产品有危机，用危机理念来激发员工的忧患意识和奋斗精神，不断拼搏，不断改革和创新，不断追求更高的目标。

  另外，危机管理者应未雨绸缪，在危机发生之前就作出响应和恢复计划，对员工进行培训，培养危机意识并训练危机反应能力。此外，企业还要为组织或社区做好准备以反应未来可能出现的危机及其冲击，并做好各种计划，如行动计划、通信计划、消防演练及重要关系等。反之，就可能会出现这种情况——因为公司不知道如何使用灭火器，当"火灾"到来的时候，他们唯一的反应便是目瞪口呆，待到意识恢复的时候，解决问题的最好时机已经不复存在。

2. 引入危机管理框架结构

  以前，人们总是在危机发生时建立一个危机管理小组来协调和控制危机及其产生的影响，但这种小组是临时组建的，不具备行使一些特定任务所必备的各种技能，同时用来挑选小组成员也要花费很多时间。因此，可以尝试建立危机管理组织结构框架。它主要由三部分组成，一部分是信息系统，第二部分是决策系统，第三部分是运作系统。

信息系统主要负责对外工作，由信息整合部、信息对外交流部和咨询管理部组成。信息整合部对外派出信息侦察兵来收集信息，并对所收集的信息进行整理和评估鉴定；信息对外交流部负责应付公众、媒体、利益团体和危机之外的人；咨询管理部主要负责分析危机的影响和危机管理造成大众及相关利益集团对企业组织的看法，并提出改善的建议，把一些重要信息及时向企业高层报告。

决策系统由危机管理者统帅，负责处理危机的全面工作，他必须有足够的权威进行决策，一般由首席危机管理者（如公司的经营决策层担任），也可由中级或基层管理者担任，但是这时必须由高级决策层授予其较大的权限。

运作系统由部门联络部和实战部组成。其中联络部负责联络公司内部受危机影响的部门与不受影响的部门，是正常经营地区与受危机影响地区的联系纽带；而实战部则负责将危机管理者的策略计划翻译成实战的反应策略和计划，并通过专业知识来实施这些计划。这种危机管理框架结构，不管应付何种类型、规模与性质的危机，都清楚地限定了每一个部门的工作和目标。将组织内部的信息沟通和提供给外部团体的信息分开，减少了误解和对抗，降低了对企业信誉所造成的影响。

  3. 建立危机预警系统

危机预警系统就是运用一定的科学技术方法和手段，对企业生产经营过程中的变数进行分析及在可能发生危机的警源上设置警情指标，及时捕捉警讯，随时对企业的运行状态进行监测，对危害自身生存、发展的问题进行事先预测和分析，以达到防止和控制危机爆发的目的。

危机预警系统主要包括以下几方面内容。一是危机监测。指对可能引起危机的各种因素和危机的表象进行严密的监测，搜集有关企业危机发生的信息，及时掌握企业危机变化的第一手材料。二是危机预测和预报。指对监测得到的信息进行鉴别、分类和分析，使其更条理、更突出地反映出危机的变化，对未来可能发生的危机类型及其危害程度作出估计，并在必要时发出危机警报。危机监视与预测是相辅相成的，它们是企业进行危机预控和处理危机的基础与依据，其中最重要的是收集和整理信息，选择适宜的方法作出判断，以赢得危机处理的时间。三是危机预控。指企业应针对引发企业危机的可能性因素，采取应对措施和制定各种危机预案，以有效地避免危机的发生或尽量使危机的损失减少到最小。

一般地，危机的出现会有一些征兆。危机在出现前，会发出以下几种危机信号：

① 企业管理者成为热点新闻人物，开始被媒体竞相追逐；
② 企业被媒体频繁做负面报道，企业高管人员大量流失；
③ 企业扩张速度长期超过销售增长速度；
④ 企业负债过高，长期依赖银行贷款；
⑤ 企业销售额连续下降；
⑥ 企业连续发不出工资；
⑦ 企业连续 5 年以上亏损；
⑧ 企业受到大客户倒闭的牵连。

12.2.2 危机处理

危机预防管理只能使危机爆发次数或程度减到最低值，而无法阻止所有危机的到来，那么，企业亲临危机时如何应对呢？企业可以从以下几方面入手。

① 以最快的速度启动危机处理计划，如果初期反应滞后，将会造成危机的蔓延和扩大。当然，不能照本宣科，由于危机的产生具有突变性和紧迫性，任何防范措施也无法做到万无一失，因此应针对具体问题，随时修正和充实危机处理对策。

② 应把公众的利益放在首位。要想取得长远利益，企业从危机爆发到危机处理应更多地关注消费者的利益而不仅仅是企业的短期利益，拿出实际行动表明公司解决危机的诚意，尽量为受到危机影响的公众弥补损失，这样有利于维护企业的形象。

③ 开辟高效的信息传播渠道。危机发生后，应尽快调查事情原因，弄清真相，尽可能地把完整情况告诉新闻媒体，避免公众的各种无端猜疑。诚心诚意才是企业面对危机最好的策略。企业应掌握宣传报道的主动权，通过召开新闻发布会、使用互联网、电话、传真等形式向公众告知危机发生的具体情况、公司目前和未来的应对措施等内容，信息应具体、准确；随时接受媒体和有关公众的访问，以低姿态、富有同情心和亲和力的态度来表达歉意，表明立场。

④ 选择适当的危机处理策略，如危机隔离策略、危机中止策略、危机消除策略、危机利用策略。

——隔离策略。危机的发生往往具有连锁效应，一种危机爆发常常引发另一危机。为此，企业在发生危机时，应设法把危机的负面影响隔离在最小范围内，避免殃及其他非相关生产经营部门。

——中止策略。就是要根据危机发展趋势，主动承担危机造成的损失，如停止销售、收回产品，关闭有关工厂、部门等。

——消除策略。需要企业根据既定的危机处理措施，迅速有效地消除危机带来的负面影响。要善于利用正面材料冲淡危机的负面影响，如通过新闻界传达企业对危机后果的关切、采取的措施等，并随时接受媒体的访问并回答记者的提问。

——利用策略。这一策略是变"危机"为"生机"的重要一环，越是在危急时刻，越能昭示出一个优秀企业的整体素质和综合实力。只要采取诚实、坦率、负责的态度，就有可能将危机化为生机。处理得当，就会收到坏事变好事的效果。

⑤ 充分发挥公证或权威性的机构对解决危机的作用。利用权威机构在公众心目中的良好形象。处理危机时，最好邀请公证机构或权威人士辅助调查，以赢取公众的信任，这往往对企业危机的处理能够起到决定性的作用。例如雀巢公司的"奶粉风波"恶化后，成立了一个由10人组成的专门小组，监督该公司执行世界卫生组织规定的情况，小组人员中有著名医学家、教授、大众领袖乃至国际政策专家，此举大大加强了公司在公众心中的可信性。

12.2.3　危机总结

危机总结是危机管理的最后一个重要环节，它对制定新一轮的危机预防措施有着重要的参考价值，所以应对危机管理进行认真而系统的总结。

① 调查分析。对引发危机的成因、预防和处理措施的执行情况进行系统的调查分析。

② 评价。对危机管理工作进行全面的评价，包括对预警系统的组织和工作程序、危机处理计划、危机决策等各方面的评价，要详尽地列出危机管理工作中存在的各种问题。

③ 修正。对危机涉及的各种问题综合归类，分别提出修正措施，改进企业的经营管理工作，并责成有关部门逐项落实，完善危机管理内容，并以此教育员工，警示同行。

④ 前瞻。危机并不等同于企业失败，危机之中往往孕育着转机。企业应将危机产生的沉重压力转化为强大的动力，驱使自己不断谋求技术、市场、管理和组织制度等系列创新，最终实现企业的腾飞与发展。

危机的另一面

应付了眼前的危机，一切回归风平浪静时，企业确实可以松一口气了，但是作为危机管理工作，并没有结束。危机的应急处理只是解除了"危险"，还要尽可能使危机转化为发展的"机会"。知名大公司中美史克在这方面的做法值得借鉴。当该公司治疗感冒的药品康泰克因含违禁的PPA成分而被禁用时，面对危机，中美史克作出积极反应，迅速收回药品，虽然经济损失不小，但是在社会公众面前树立了大公司负责任的形象。因而，当PPA风波过去后，中美史克又推出了新康泰克，一种不含PPA而疗效与康泰克一样的感冒药。从而既延续康泰克已树立的有效治疗感冒的品牌效应，同时又因不含PPA成分符合公众需要，从而在无形中让PPA风波为中美史克公司推出新感冒药做了不花钱的广告（或者认为把危机处理成本转化为广告成本），并重新强调了公司对公众负责任的形象，一举两得。所以企业在危机处理后，还应加强危机后处理工作。这包括两个方面：一方面是把危机来源及危机的处理过程写进企业备忘录，强化这方面的预防工作，必要时通过制度建设堵住危机发生的漏洞，使企业不在同一地方摔两跤；另一方面就是寻找把"危机"转化为"机会"的可能。应该说，危机处理对企业存在一定的负面效应，但是如果处理得当，至少会树立企业负责任、关注公众利益、坚持一定道德标准的形象。这种与损失并行的收获对企业的后续经营和发展有极大好处，故在成功的危机处理案例中，危机处理后，虽然公司蒙受经济损失，但是公司的名誉却得到明显提高。

危机管理 4R

一些管理学者按照处理危机的顺序将危机管理分为4个阶段：缩减、准备反应、恢复。由于4个词对应的英文首字母均为R，便将这4个阶段称为4R。

第一，缩减（Reduction）阶段，也可称为危机预防阶段。在缩减阶段企业的主要任务是预防危机的发生和减少危机的影响程度。这一阶段对于内生危机和一些环境危机相当重要：在此阶段危机最易控制、花费也最小，企业只要对各种细小的变化多加注意，防微杜渐，就可以防止一些危机的发生。"危机管理的本质在于消除危机，而不是同危机开战。"三菱汽车作为一家实力雄厚的汽车厂商，本不应该出现产品设计缺陷，但由于其缺乏危机管理意识，忽视了问题出现的可能性，没有尽力缩减危机，结果导致在不应出现问题的地方出了问题，使得公司遭受巨大的损失。

第二，准备（Readiness）阶段。相信对于这句话经理们能取得共识："当大火出现在面前的时候才去学习灭火器的操作方法显然已经太迟了。"危机管理者应未雨绸缪，在危机发生之前就做出响应和恢复计划，对员工进行培训，培养危机意识并训练危机反应能力。此外，企业还要为组织或社区做好准备以反应未来可能出现的危机及其冲击，并做好各种计划，如行动计划、通信计划、消防演练及重要关系等。

第三，反应（Response）阶段。危机已经出现，威胁紧迫，冲击在即。管理者需要及时出击，在尽可能短的时限内限制危机苗头，既要面面俱到，不小视任何一方面，又要根据不同的情况确定工作的先后顺序，尽力运用各种资源、人力和管理方法解决危机，以防止大量损失和事态的恶化。反应一要及时，二要恰当。

第四，恢复（Recovery）阶段。危机结束以后，危机管理并没有完成，管理者还需对恢复和重建进行管理。就危机处理过程中反映出来的问题对于企业的危机管理工作进行改进，对于危机管理计划进行修改。可口可乐、三菱在对危机做出处理后，他们的工作还远未结束。建立一套危机预警和反应系统势在必行，唯有如此，危机管理才得以完成。

12.3 危机处理的沟通策划

沟通是危机管理的重要组成部分。没有有效的沟通，企业就无法和相关利益者进行信息交流，解决危机自然无从谈起。企业不仅要和员工、顾客、供应商、政府等有关方面进行沟通，而且还要进行有效的沟通，以保证信息的准确、及时，只有这样，才有利于尽快消除影响，避免进一步的危机。

12.3.1 危机沟通概述

1. 危机沟通的时效

从危机事件的特征看，只有在最短的时间内真实地和利益相关者沟通，并共享那些必须让对方知道的信息，才能发挥危机沟通的时效性。沃伦·巴菲特在所罗门兄弟投资公司危机后说："必须清楚地说明你并不了解全部情况，并迅速将你知道的说出去。你的目的是正确对待、迅速处理、公布消息，最后将问题解决。问题不会因时间的推移而自行改变。"

沟通的时间迟滞会引发诸多负面影响，比如：导致危机的扩散和恶化；失去对危机处理的内外部支持；引起利益相关者的猜测和不信任；纵容非正式渠道的不实信息的传播。例如，2004年2月5日元宵节晚，发生在北京密云灯会游客践踏伤亡事件。北京市的"紧急事件救援预案"全面启动，仅2小时后，在救援工作还在进行时已经通过媒体在网上公布了准确的伤亡状况，数小时后，胡锦涛等党政最高领导人作出批示，要求防止国内其他地方出现类似情况。次日，北京市市长王歧山发表"特别重大事故"电视讲话，通报进一步伤亡情况和危机处理程序；同时，社会保障机构和保险理赔机构开始参与善后工作；2月7日，政府已经在密云召开新闻发布会。

这次危机事件处理中，正是由于沟通的时效性掌握得当，而且启动了多层次沟通系统，才有效控制了类似危机的出现。

2. 危机沟通的渠道和组织

危机沟通作为危机管理的一个部分，在危机管理系统启动之后，会依照决策中心的指令，针对危机事件的实时发展进程，确定沟通对象和范围，并且同时选择适当的沟通渠道。在世界500强公司里，特别是一些从事消费品生产的跨国集团，如可口可乐、宝洁、强生、罗氏，其产品的自身特性和业务范围内各种经营活动为它们增加了格外的危机发生概率。一个瓶装厂的品质事件可能引发可口可乐在全球的销售危机，一个代理商对促销活动的错误解读，也可能使宝洁的新品上市计划失败，所以这些行业的领导者对于危机沟通特别重视，一般都设有专门的部门来处理，直接向最高决策层负责。

当危机发生后，这个部门立即成为最高决策层对内和对外的唯一沟通出口。所有的信息披露和处理意见,包括最高领导人的个人言论,都在并且仅在这个部门的确认和共同参与下才被视作有效。这一点往往被明示在公司的所有公共信息窗口上(包括网站、手册和产品介绍等),也是每个新进员工的员工手册不可或缺的组成部分。

  3. 危机沟通的对象和范围

  对象和内容的控制在危机沟通中非常重要。沟通部门在决策层的指示下,会选择进一步的沟通对象和授权适当的沟通权限,比如高层经理、公司网站、公共媒体或者政府机构,而沟通的范围,除了沟通对象之外,还包括不同权限的沟通内容。

  无论对于个人、企业还是政府而言,危机管理的最终目的是减小危机损失,防止危机恶化。危机管理的过程不但极其复杂而且充满变数,所以在强调时效和透明的前提下,并不意味着把所有原始信息一下子透露给所有人,未经过梳理和排序的信息往往也是无效率的,因为大多数受众并没有像专业人员那样分析信息和理解沟通内容的习惯,在这种情况下,反而会造成对沟通内容的错误解读,不但于事无补,甚至会使危机雪上加霜。当然,这不能为任何弄虚作假的行为提供任何借口。

  从这个意义上来说,危机沟通是管理沟通乃至整个管理活动中最具有挑战性的工作,成功的危机沟通过程往往也一波三折,风险性和艺术性都很强。

12.3.2 危机沟通的作用

  1. 良好的沟通是危机管理最重要的工具

  对于一个身陷危机情境的企业来说,如果管理危机情境的人与危机利益关系人之间没有沟通的话,就无法评估危机及其影响,更无法有效地处理危机。危机管理依赖于信息交换能力和危机管理者根据收集到的信息制定有效行动方针的能力。危机管理还需要收集危机现场之外的证据,包括科学和专业知识、以前的经验和危机前的相关预防措施,所有这些信息都要尽可能收集到手。由于危机环境中各种因素的影响,这些信息的收集存在着许多干扰。危机管理者应当确保传递的信息正确,努力降低伴随干扰所带来的信息失真,这就要求危机管理者充分考虑内外部因素的影响,通过有效的沟通来减少信息失真。

  2. 良好的沟通是展现企业竞争力和领导能力的机会

  危机提供了绝好的机会来成就或埋葬 CEO 或其他负责处理的人。由于处理得当,显示了非凡的领导能力,并且帮助解决了重大问题,许多 CEO 成为了传奇人物。包括克莱斯勒公司前任主席李·艾科卡(1979 年的政府保释事件等),强生公司前任主席杰佛逊·E·博克(1982 年和 1986 年 Tylenol 的干涉事件),以及通用汽车公司前任法律顾问、现任副主席哈里·皮尔斯(1994 年 NBC 电视台报道的通用汽车公司卡车事件)。各种企业里每天都会有领导人通过证明管理危机的卓越才能成为耀眼的明星。在危机中,有些领导人不仅毫发未损,而且极大地提高了声望,铺平了职业发展之路。他们一般是通过做以下工作来取得了这样的成就:迅速发现问题并允诺在最短时间内加以解决;在执行计划过程中表现出强烈的自信,但绝不傲慢自大;对受到危机影响的人表示不安和同情;如果是由公司造成的结果,领导人会为此道歉;迅速在企业中做出必要的调整以确保危机不再发生,并同公司的主要公众进行沟通;确定他们的领导地位,这并不意味着自己处理所有的事,而是要保证处理问题时要有人领导;承担职责和最终应负的责任,而同其他人分享荣誉和赞美。

  3. 良好的沟通有助于在危机管理中关系的改善

  出现危机并不意味着在企业领导人和公司主要社会公众之间关系的紧张,例如员工和顾客之间总是存在着无法逾越的问题——关系紧张。如果危机处理得当，就能够提供极好的机会，使企业领导人与企业赖以成功的人之间紧密结合起来，建立起一种健康的长期的关系。一般来说，在危机中企业领导人同危机关系人沟通时尤其应注意掌握以下几点，来赢得他们的信任：就当时的情况同他们进行沟通，并特别强调你希望他们做些什么及这样做的原因；把他们视为平等的团队成员，用一种容易理解和值得同情的方式说服他们来帮助你；对于他们的帮助要表示真心的感谢；让他们保持向上的精神；在危机结束以后一如既往地同他们保持良好的关系。

12.3.3 危机沟通的过程

1. 细分社会公众

公众是指具有相同的特点、对企业的成功很重要的个人或组织。公司员工、潜在顾客、现有顾客、供应商、分销商、新闻媒体等都是企业所面对的公众。危机中需要进行沟通的程度直接同危机本身的程度和受到影响的社会公众相关。企业应该分析所有可能受到危机影响的不同社会公众，并对之进行细分。在一般情况下，通过对社会公众的细分，有利于增强在危机发生过程中沟通的针对性及有效性，因为经过细分，便可因此而决定对每一组社会公众进行沟通的主要信息，从而确保每一种类型的公众得到相应的特定信息。

2. 确定沟通目标

为了沟通的有效性，在危机中进行沟通时，应该对每一受众设定一个明确的目标。有了目标，才有针对性，表达才会更准确。对不同的社会公众，其沟通目标会有所差异。如对股东，应该维持股价稳定；对于顾客，应能避免相关产品的负面影响，维持其对产品的信任感；对于执法机构，应避免受到处罚。

2000年11月16日，中美史克成为被国家药检局公布的暂停销售PPA药品的企业之一，并遭到了媒体的同声讨伐。同日，中美史克收到当地卫生局传真，要求立即停止生产、销售康泰克。17日上午，针对员工因康泰克产品的危机而产生的波动和担忧，公司高层召开了全体员工大会，总经理亲自出面解释，并书面承诺在此期间决不裁减员工。公司针对员工这个特定的公众，以解除员工为生产及公司前景的担忧为目标，以致员工公开信的方式，作出了如下解释性沟通：公司已经有相应的危机处理策略，替代产品的生产线也将投入生产。

3. 准备沟通信息

对公众进行细分，就是为了沟通的针对性。不同的受众，所想知道的主要信息也会有所不同。例如，当三株企业因被怀疑产品质量有问题而被告上法庭时，顾客最关心的是产品质量究竟有没有问题；媒体可能最关心的是企业的态度及采取的措施。在为不同的公众准备沟通信息时，应考虑以下三个重要变量：

① 语调——是高兴，劝慰，关注，愤怒，诚恳，还是其他？
② 内容——应包括哪些沟通内容？
③ 公众——公众对企业的了解程度如何？他们最关心什么？所包括的内容是否能满足他们的要求？

企业在准备信息时，可以先广泛收集一些相关报道，并结合自身情况，分析其中可能在公众中产生疑点的问题，提炼成题库并给出解答，以便在记者招待会上或其他场合发布。

4. 选好发言人

选好发言人是取得成功的关键。选择在目标受众中有良好声誉的发言人，发言时会具有很大的感召力，有利于加强公众对企业的信任感。不仅要选好第一发言人，而且要做好第二发言人的准备。因为当主要发言人不在时，要能保证在此情况下仍能及时向社会公众传达信息，以避免不良信息的扩散和危机的加重。

5. 运用沟通中的有力工具

① 新闻稿。发布新闻稿能让新闻媒体知道情况和企业所作出的决策，有助于澄清事实真相。

② 记者招待会。记者招待会是企业向公众传达信息的有效手段。它有利于确保新闻媒体从发言人那里得到口径一致的信息。

③ 互联网。现代企业必须重视互联网的作用，并充分利用网络这个工具来正确引导信息流、管理公众和网际沟通，进而加强公司的危机管理。信息不对称是 Internet 环境下的企业进行危机管理的根本原因。随着信息技术和社会的发展，网络的运用更加普遍和方便，从而使得任何信息的传播速度更加便捷。Internet 可能使企业的声誉迅速遭受不利影响；也可以为企业及时传递信息，挽回不利局面并起到立竿见影的作用。企业要扬长避短，充分利用 Internet 的优势来维护企业的声誉，使之成为有效的危机管理工具。企业可以通过其 web 站点来接收客户反馈意见的电子邮件；利用基于 web 的数据挖掘技术和 cookies 技术来获取客户信息；利用 Internet 呼叫中心来及时处理和解决客户的投诉和意见；利用 Internet 各种搜索引擎工具收集各种可能影响或危害企业信誉和形象的信息，并根据具体情况开展相应的沟通和公关工作。美国著名的服装设计公司 Intimate Brands 利用其商务网站展示其最新的服装设计式样，并设置专门的讨论区和客户讨论各方面的问题，就企业经营过程中出现的各种问题和可能引起危机的事件与客户进行交流。

除以上沟通工具外，电话、传真等也是沟通中的重要工具。企业在危机处理过程中应综合发挥各种工具的优势，来渡过危机难关。

12.3.4　危机管理中的常用沟通策略

1. 沟通理念的确定

企业进行危机管理，必须以一定的理念为指导。随着社会的进步及法制的不断完善，消费者的法律意识会进一步增强，用法律武器维护自身权益的事例屡见不鲜。事实表明，那些成功的企业无一例外地奉行顾客利益至上的理念。正是有了这样的理念，强生公司才会因为几十粒被污染的"泰诺"胶囊，将价值上亿美元的药品全部从市场上收回，宝洁公司才会在得到并不充分且结论并不完全一致的关于其某品牌卫生棉条可能引起中毒性休克综合症的证据之后，立即停止生产这一产品，并将其迅速收回。对于这些"长期赢家"来说，因为他们将与客户的相互信任和沟通置于公司考虑问题的首位，所以采取这些措施是理所当然的，他们的成功也是顺理成章的。

可以说，危机管理并没有什么玄妙或深奥之处，胆量和智慧其实只是源于最朴素的信条：顾客的利益至上。因此，企业在顾客的利益受损之后，应以"诚信"的态度主动性地承担责任，即坦诚地、可信任地进行沟通。任何被动的、不诚信的方式都会造成公众的不信任感，以致引发更大的危机。

2. 面对危机五大沟通原则

企业经营中，有时会有危机事件发生。当危机发生时，企业必须要从外界角度思考才能化解危机，企业该如何了解外界的感受，并适当采取必要的沟通方式呢？一般来说，应该掌握以下5种危机沟通原则。

（1）一定要有人出面

2001年，台湾市民指控屈臣氏贩卖过期商品，屈臣氏当时以"声明稿"否认一切指控并回避采访，直到事发后两周，屈臣氏才召开了一场戒备森严的记者会，加深了外界认为其不诚恳的负面印象。

危机发生后，企业经常会因为慌张而躲避媒体，但这往往会把小纠纷变成大风暴。媒体最需要的就是消息来源。即使当时事情的来龙去脉尚未弄清，企业也应该对外界有一个明朗的态度，可以由发言人代替公司有一个基本态度；否则，找不到当事人，媒体可能会转而采访竞争对手或一般员工，结果就更不可测。

（2）第一时间作出回应

某银行发生网络客户资料外泄事件。首先发现这个重大失误的消费者，起先试图通过客户服务人员向银行主管反应，然而折腾数日却没有结果，最后消费者只好诉诸媒体。尽管消息见报后，银行负责人立刻出面道歉说明，但这时对企业形象已产生负面影响。

危机处理有个"黄金48小时"的原则，两天内不出面，就会给人不负责任的印象。企业在说明真相前，应该先有一个大致设想，把媒体可能提出的问题分为"一定要主动说"、"被问了才说"及"绝对不能说"三种情况。应坚持有多少证据说多少话，避免一时情急自暴其短。

（3）真诚关怀并提供事实

某跨国药业公司出产的胶囊因意外事件，而导致7位消费者死亡。公司董事长认为，公司是为了大众健康而存在，在以消费者利益为优先考虑的前提下，他决定立刻全面回收胶囊；同时，发言人不断在媒体上呼吁消费者停止购买这种胶囊，工厂也开始重新设计包装，让民众拿旧产品更换新产品。另一方面，公司开放了800条民众咨询专线，并悬赏10万美元缉捕嫌犯。这一连串的动作，使该公司很快赢回了人心，为企业形象做足了正面广告。

当事件涉及群众时，企业应该持续与大众沟通，使群众相信企业是无心之过，将民意的不满转为支持。

（4）给予信心并展现实力

1993年，美国一名男子向电视台宣称，在百事可乐罐中发现一个针筒。百事可乐分析，这应该是场恶作剧。于是，他们当天就把百事可乐的装瓶过程拍成录影带，分送给各电视媒体。录影带显示，装瓶过程不到1秒，像针筒这么大的物体几乎不可能掉进去。当晚，百事可乐的执行长与食品卫生官员同时接受采访。官员强调作假指控会遭受惩罚；同时认为，无法从此单一事件推测其所有产品都遭受污染，官员的话间接为企业澄清了事实。几天后，那名把针筒放进百事可乐瓶中的嫌犯便宣告落网。

企业平时就应该在企业形象及关系管理上下工夫，关键时刻才能获得"雪中送炭"的帮助。一般来说，形象良好的企业也较能博取社会大众的支持。

（5）否认及傲慢为大忌

NBA职业篮球明星乔丹在耐克公司安排下到台湾举办球迷会，乔丹只在球迷会上现身短短90秒就匆匆而去，引发了上千球迷的不满。台湾耐克的态度十分强硬，以赠送球迷海报及球鞋聊表"心意"，但不愿向球迷道歉。直到消费者基会发起拒买耐克商品，有关部门也介入调查，台湾耐克总经理才在事发6天后鞠躬道歉。

要是错在企业，一定要在第一时间就认错，绝不可以因为掩饰而缺乏诚意。跟媒体接触要有一个大原则，那就是诚信。

3. 危机沟通者需要掌握的基本技巧

就企业危机沟通来说，危机管理者需要掌握基本的危机沟通方式，尤其是在培养反应和恢复能力方面的技巧。

① 创建坦诚和睦的氛围。坦诚和睦的气氛有利于增强公众对企业的信任感，是沟通顺利进行的重要保证。对于记者而言，记者经常对"套话"新闻没多大兴趣。他们希望有更多的机会进行随机提问和答辩。在提问及答辩过程中，创造良好的氛围是企业坦诚、积极面对现实危机的重要表现，它有利于新闻媒体对企业进行消除危机的正面报道。

② 证明企业已经认清了问题或正在努力采取措施弄清问题。如果员工、顾客和其他的社会公众感觉到企业并不重视出现的问题，他们可能会感到失望，甚至可能会产生敌意。在此情况下，可能会加重公众对企业的信任危机。因此，向公众证明企业正在或已经采取的措施是很有必要的。

③ 只传达能确切证明的信息。危机的复杂性决定了概括危机的信息具有复杂性。在信息的传递过程中，也会受到通道、噪声等各种因素的影响，因而信息失真是难免的。这就要求企业在沟通过程中充分重视信息的准确性，并传达确切的信息。如果提供一些似是而非的信息，而最终被证明是错误的信息时，会极大地损害声誉。

④ 对公众表现出诚恳态度。沟通的过程，不仅是传递平淡的信息，它往往是信息、思想与情感的融合。在传达信息的同时，融入诚恳的情感往往能赢得公众的共鸣与同情。一个小小的谎言往往会触发一连串的谎言。遮掩最初的一件小的事实可能是容易的；但随着事态的发展，要掩盖发展后的诸多事实却是困难的。正如《危机管理》的作者杰弗里·R·卡波尼格罗所言："传递一种诚实、坦诚、可接近的强烈感觉是很重要的，它是有效管理危机的最重要的因素之一。"

⑤ 告知社会公众进行反馈和建议的联系方式。沟通按沟通方向划分，可以分为单向沟通和双向沟通。在单向沟通中，受讯者不再向发送信息者反馈信息。它的缺点是：有时难辨是非，准确性差，信息接收者易产生挫折与抗拒心理。在双向沟通中，信息发送者不仅要发出信息，而且还要听取信息接收者对信息的反馈；发送与反馈可进行多次，直到双方有了共同的理解为止。它的优点是：准确性高，接收者可有反馈的机会，接收者对自己的判断比较有信心。通过这两种沟通方式的比较，不难发现双向沟通能使公众对信息持更高的可信度。因此，在危机管理中采用双向沟通方式，可以增强公众对信息判断的自信心，从而有助于相关利益者对企业的理解与支持。实施双向沟通，必然少不了反馈和建议的交流方式。故告知公众反馈和建议的联系方式自然不可缺少。企业也可以设立24小时开通的企业危机处理信息中心，随时接受媒体和有关公众的访问。

⑥ 强调企业对公众的感激。表达感激是一种情感沟通，有利于拉近交流双方的距离。向员工、顾客、经销商等公众在企业困难时给予的支持和配合表示感激是必要的，这种感激可以表达出企业对公众的重视与尊重。

总之，企业在危机管理的沟通过程中，要把握好总体策略，充分利用各种沟通工具，掌握沟通技巧与要领，以降低危机所造成的损失。

危机公关成功的"金科玉律"

就危机的沟通战术方面，福莱灵克公关咨询公司特别情况小组发明了一个简单公式：

$$(3W+4R)8F=V1+V2$$

该公式被公关界称为危机公关成功的"金科玉律"。

(1) 3W。3W 是说在任何一场危机中，沟通者需要尽快知道三件事：我们知道了什么 (What were we know)，我们什么时候知道的 (When were we know about it)，我们对此做了什么 (What were we do about it)。寻求这些问题的答案和一个组织做出反应之间的时间，将决定这个反应是成功还是失败。

如果一个组织对于它面临的危机认识太晚，或反映太慢，那它就处在一个滑坡上，掌控全局会变得极为困难；如果不能迅速地完成 3W，它将会无力回天。对于沟通者来说，信息真空是最大的敌人，因为总有人会去填充它，尤其是竞争对手。

(2) 4R。4R 是指在收集正确的信息以后，就该来给这个组织在这场危机中的态度定位了：遗憾 (Regret)、改革 (Reform)、赔偿 (Restitution)、恢复 (Recovery)。换句话说，与危机打交道，一个组织要表达遗憾、保证解决措施到位、防止未来相同事情发生并且提供赔偿，直到安全摆脱这场危机。很显然，这并不是一个声明或者一个行动就能取得所有"4R"的；相反，需要把 4R 当作一个过程来执行。

(3) 8F。8F 则是沟通时应遵循的 8 大原则。

* 真实 (Factual)：向公众沟通事实的真相。
* 第一 (First)：率先对问题作出反应，最好是第一时间。
* 迅速 (Fast)：处理危机要果断迅速。
* 坦率 (Frank)：沟通情况时不要躲躲闪闪，体现出真诚。
* 感觉 (Feeling)：与公众分享你的感觉。
* 论坛 (Forum)：公司内部要建立一个最可靠的准确信息来源，获取尽可能全面的信息，以便分析判断。
* 灵活性 (Flexibility)：对外沟通的内容不是一成不变的，应关注事态的变化，并酌情应变。
* 反馈 (Feedback)：对外界有关危机的信息作出及时反馈。

(4) V1 和 V2。如果 3W、4R 和 8F 都做得正确了，你的组织在危机中会成为 V1，即"勇于承担责任者 (Victim)"的形象便凸现出来。这个结果很不错，公众会认为你很负责任、会想办法解决问题并且让他们满意。相应地，他们会对你从轻处罚或抱怨，甚至还可以原谅你。

相反的，如果你不能做好 3W、4R 和 8F，你很可能会被当作 V2，即"小丑和恶棍 (Villain)"的形象。公众将认为你的行为和言辞避重就轻、不上心和不负责任。这反过来最终会导致雇员意志消沉、股东抗议、顾客投诉、管理层动荡等不良后果。

12.4 与新闻媒体沟通的技巧

12.4.1 新闻媒体对危机管理的作用

1. 帮助危机管理者传递信息

危机发生时，无论危机管理者是否愿意，有关危机的信息都有可能被媒体传递。如果这些信息是危机管理者所希望传递的信息，对于危机管理者来说，信息传递是免费的。组织和个人在危机管理中就要考虑媒体具有为其免费传递信息的可能，充分利用好媒体，将自己愿意传递的同时是媒体感兴趣的信息通过媒体传递出去，这样既节省成本，又实现了自己的目的。另外，在危机管理中，通过媒体传递信息是比较合适的，可以减少信息的失真，从而避免谣言的产生或终止谣言的传播。

2. 协助危机管理者进行危机预防、反应和恢复

媒体可以协助危机管理者做好危机预防工作，通过报道过去人们处理危机的经验和教训、介绍其他地方人们正进行的危机处理行为，教育大众要如何进行危机预防，并使人们认识到危机预防的必要性。

危机管理者有时需要在媒体的帮助下对危机做出反应。如果危机的潜在受害者是公众，就需要通过媒体向公众说明如何对危机做出反应，以避免或减少危机可能带来的伤害。媒体对危机恢复的影响主要是促进无形资产的恢复，如恢复在危机中受到损害的组织形象。

3. 提高组织或个人的形象

媒体报道可以提高组织或个人的形象，但报道的内容必须是：组织或个人是如何居安思危地采取预防危机措施；组织或个人对危机的积极态度；组织或个人是如何对危机的征兆进行积极的反应从而防止了危机的扩散和降低了危机所带来的损失；组织或个人又是如何进行有效的恢复行动，使危机尽快恢复并恢复得更好；等等。

这些报道使利益相关者感到组织或个人的危机预防和处理能力很强，增强他们对组织或个人的信心，同时提高组织或个人在他们心目中的形象；反之，组织或个人采取隐瞒、欺骗、逃避责任等不负责任的态度会使利益相关者失望，损坏组织或个人的形象。

4. 为危机管理者提供外脑

一场危机发生时，媒体除了报道危机事件外，媒体会请一些专家或学者对危机事件发表评论，就危机的产生原因、产生过程、目前的状态和危机管理过程中的失误、成功之处发表专家或学者个人的看法，并对进一步的危机处理提出建议。媒体的这种行为实际上是为危机管理者提供了免费的专家咨询。专家或学者的建议和看法值得危机管理者在后续的危机反应、危机恢复和危机管理评估中认真考虑，这些意见和看法可能给危机管理者带来很大的启发和帮助。

媒体还可能就危机事件采访社会公众和利益相关者，公众和利益相关者会从各自的角度表明对危机事件的看法提出个人的建议。媒体还有一个重要作用，就是会对危机有关的情况进行调查，为危机管理者提供统计数据。

5. 为危机管理者提供社会支持

媒体通过激发人们的同情心和使人们意识到危机的潜在威胁，从而帮助危机管理者取得社会支持。媒体通过对危机的报道将危机受害者所受到的伤害和痛苦向公众展示出来，由于人们都有对别人的痛苦产生同情的心态，部分同情心强并有能力帮助受害者的人会对危机受害者进行帮助。另外，危机的影响可能会波及其他公众，这些潜在的受害者通过媒体的报道意识到其所受的威胁，为了避免或减少危机对他们的影响，他们会支持危机管理工作。

12.4.2 新闻媒体对危机管理的不利影响

1. 媒体可能成为危机的制造者

媒体的信息是广泛传播的，媒体可以在短时间内使广大观众、听众或读者了解到媒体发布的信息，无论这些信息是真的还是假的，或者不完全是真的。而个人和其他的组织则没有

能力做到这一点，个人和非媒体组织与媒体组织在信息传播范围方面处于不平等的地位。媒体传递的有关组织和个人的信息是大部分人形成组织形象和个人形象的基础，从某种程度上说，媒体左右着社会公众对组织和个人的形象。

媒体在信息发布上的垄断优势使媒体成为危机的制造者，并使自己面临危机。媒体既然能在一定的程度上左右公众对组织和个人的印象，那么就能影响公众对组织或个人的资源供给，影响公众对组织或个人的产品与服务的偏好，组织或个人资源供给的减少和对产品与服务偏好的降低就可能导致组织或个人的危机。此外，在当今市场竞争激烈的情况下，媒体对产品和服务质量及安全性的怀疑直接导致消费者偏好的降低或转移，使组织或个人面临市场危机。

非媒体组织或个人与媒体在信息传播方面并不是完全被动的，如果媒体的信息传播使组织或个人的利益受到了非法的侵害，组织或个人可以通过法律途径维护自己的合法权益，这样媒体与组织及个人之间就发生了危机，也就是说，媒体制造危机的同时也使自己卷入了一场危机。

2. 媒体可能是危机的促进者

媒体在信息传播方面的优势使媒体能将信息向大众传播，这样媒体就具有对任何信息的放大作用。没有媒体的传播，一条信息只能局限在组织的内部，只有少数人知道；如果这条信息被媒体发布出去，那么这条信息就再也无法掩盖了，不管与这条信息有关的人是否愿意如此。媒体可以说是提供了一种信息放大的机制，就像扩音器一样，可以将微弱的声音放大为清晰的、大家都能听得见的声音。

媒体的信息放大作用会促进危机的爆发。危机的征兆出现时，有关危机征兆的信息只被少数人得知，此时危机管理者完全可能采取措施将危机抑制在萌芽状态。如果有关危机征兆的信息被媒体传播出去，危机管理者就可能无法控制事态了，只能看着危机的爆发。

媒体不但促进危机的爆发而且可以促进危机的深化。危机爆发之后，通过媒体报道人们对陷入危机的组织或个人的不满情绪，其他人觉得原来有不满情绪的人不止他一个。由于人有很强的从众心理，这时他们感觉到表达对组织和个人的不满的心理成本降低了，他们更愿意向媒体诉说他们的不满和造成这种不满情绪的原因。

其次，在危机发生前，曾经受到过组织或个人伤害的人觉得这是由于组织或个人的偶然疏忽所造成的，在危机发生后，他就可能因此修正其看法，这时他就会向媒体诉说他曾经受到的伤害。

再者，危机发生后，组织或个人成了媒体关注的焦点，媒体对组织或个人的信息表现出更浓厚的兴趣，媒体主动地获取组织或个人的信息表现出浓厚的兴趣，媒体除了主动地获取组织或个人的信息外，还会比平时更加容易接受公众提供的、对组织或个人不利的信息。这样，危机发生后，媒体得到对组织或个人不利信息的可能性也增大了。媒体对已陷入危机的组织或个人进行不利的报道无疑会促进危机的深化。

组织或个人的危机被一家媒体报道后，其他的媒体为了吸引公众以在新闻竞争中不处于落后的地位，就会相互转载，或者从其他角度描述危机和危机的进展，这样危机的信息就向更广的范围扩散，导致危机的扩大和深化。尤其是在各家媒体广泛、深入的报道下，不利的信息会越来越多地被揭示出来，这对组织或个人的危机无疑是雪上加霜。

3. 媒体可能是危机管理的妨碍者

如果危机管理者为危机的预防或反应付出了巨大的努力，但由于与媒体沟通的障碍，媒体对危机管理工作还横加指责,或进行了失实的报道,使危机管理者感到自己的工作得不到理解和支持而心情沮丧。这种对危机管理者的负面激励效应会影响到危机管理者的积极性,妨碍危机管理工作的展开。

媒体对危机现场的报道可能直接阻碍危机管理工作的进行。首先,危机发生时,大量的记者为获取独家新闻而纷纷涌向危机现场而导致交通堵塞,妨碍消防车辆、救护车、危机管理者车辆的通行,使危机管理工作无法及时地展开。其次,记者们还可能为了获取独家新闻占用危机管理所需的资源,使用了危机管理的资源,使之更加紧缺。如在海难事故中,记者可能会搭乘输送营救队伍的船只到达现场,阻碍营救者到达危机现场;记者也可能干扰进行危机管理的通信频道或使用进行危机管理的通信线路,使危机管理的信息交流受到影响;再者,记者们对危机管理者和受害者无休止的纠缠使危机管理者无法全身心地投入危机管理工作,使危机受害者无法得到充分的休息。

12.4.3 与媒体有效沟通的策略

从某种意义上讲,危机公关是否成功,主要取决于企业能否与媒介沟通顺畅。要使危机公关富有成效,需要把握一些与媒介沟通的策略与技巧。

① 在危机期间与公众的有效传播沟通十分重要。企业应善于做好这项工作,在态度上要非常乐意并且能够与媒介和其他外部组织有效地合作,千万不可逃避或态度强硬,将高姿态展示给公众;在方法上要掌握对外报道的主动权,以企业本身的实况为第一信息发布源。比如如实宣布所发生什么样的事件,对自身有哪些损害,公司正采取什么样的补救措施等。

② 要与新闻媒体保持密切联系,争取他们的谅解与合作,切忌与之对抗。在发布信息时,避免使用行政或行业术语,要用清晰的大众语言向公众表达。如选用一名业务熟练的较固定的发言人来表达公司对事件的态度,告诉公众本公司正在采取什么办法来解决问题。一般来讲,公司高级主管应该授权对外新闻发布机构或公关经理,让他们始终能得到最新信息及公司为了控制危机而采取的决断。作为新闻发布机构,也要与主管不断沟通,并运用专业知识判断和决定哪些信息可以传播给媒体,以及怎样进行传播。如果有必要和允许的话,对外新闻发布办公室应实行 24 小时工作制,防止危机中因传播失控所造成的真空。公司在危机公关期间,要挑选平时训练有素的人员协助公关活动,比如协助公关部门处理媒介打来的电话,回答和发布信息要口径一致。

③ 企业应该使自己成为危机信息权威渠道。如果企业在事件中确有不恰当行为,不必遮掩诡辩,经确认后应该尽快将其公布于众并采取积极的纠正措施。如果新闻报道与事实不符,应及时予以指出并要求更正。要知道,新闻媒介是企业发布信息的主角,企业予以积极地配合是非常必要的。有时企业一个明确的态度或一个较好的说明,就可以求得媒介的理解与支持。

④ 在企业危机时最有利的办法是,向媒介、政府、雇员、当地社区、消费者、股东、记者及其他关心此事的人提供较完整的信息并接受他们的询问。当然,只有确切了解事件的真实原因之后才能对外发布信息。如果在不解详情的情况下发布,会给自己造成被动。

⑤ 事件发生最初是危机最难处理的时候,因为企业在突发事件面前掌握的确切信息不多。此时应尽可能地用本公司的背景材料及其公司向来的作为、表现情况来填补信息发布的空白,以显示公司平时的形象以及愿意和外界进行合作与沟通的诚意,还可以使公司迅速有

效地成为权威的处理危机的信息源。不要发布不准确的信息，更不要用猜测或贬损他人的信息来填补空白，不然对己不利，甚至会吃官司。危机一旦发生，要坦诚地对待公众与媒介，当事人的坦诚往往博得新闻媒介的信任与支持。

总之，在处理危机时，公司应始终注意自身的形象，恶劣的形象不仅平时缺乏信誉，危机时更会带来负面影响，此时再高明的公关也无济于事。所以，公司或企业在平时就应打好形象的基础，尤其在网络时代信息传播飞快的情况下，企业必须随时注意自己的形象塑造，这是任何时候都不可或缺的。

12.4.4 企业正确应对新闻媒体的技巧

当危机来临，企业要有勇气面对危机公关，以负责任的态度展现在公众面前，对舆论进行疏导，与媒体一起渡过危机。正确的做法有以下几个方面。

1. 快速做出反应

由于我们生活在 24 小时新闻滚动播出的时代，信息不断更新，公司必须对危机做出即刻的反应。任何延误都可能使之造成的公司信誉和业务上的损失是无法弥补的。

2. 联合专业公关公司处理危机

由于企业自身资源的限制，以及处理相关问题的能力所限，很多时候需要借助专业的公关公司来共同处理危机。而公关公司则会凭借其丰富的操作经验及媒体资源，迅速将危机的影响控制住。

3. 让 CEO 出面

CEO 在公众面前的形象及其领导地位是无法取代的。CEO 不能在公司最危急的时候躲起来。CEO 应该向公司利益相关方表示关切，平息恐慌情绪，确保利益相关各方对危机保持正确的认识。重要的是，CEO 还需要团结并鼓舞公司雇员的士气。CEO 不能在此时坐在后面指挥而让其他高层管理者冲锋陷阵。

4. 对未知的事实不要推测

如果对不知道的事实妄加推测，事后可能会证明这一推测是错误的。如果出现这样的情况，你会发现你的主要利益相关各方：雇员、政府管理者及公众都会认为这是不可宽恕的。如果媒体觉得你是在故意误导，他们尤其会对你产生质疑。如果不知道实情，你就直接承认，并表示将会调查并及时将结果反馈给媒体。

5. 不要隐瞒事实真相

如果事情不妙，应该直接说明真相，不要试图掩盖事实；否则，你会看到更为糟糕的结局。在第二次世界大战期间，英国首相丘吉尔曾经说："那种认为糟糕的局面很快会自行消失的看法是非常错误的领导行为。"

6. 为媒体采访敞开大门

媒体的义务就是信息报道。对媒体来说，新闻是稍纵即逝且竞争激烈的商品。他们希望抢得"独家新闻"在市场上打击竞争对手。刊登坏消息的报纸比刊登好消息的报纸卖得多。因此，当有危机发生时，媒体对此就抱着特别的兴趣。公司至少在危机期间不能改变这种状况，因此应该接受媒体的报道，并积极同他们合作。公司能做的就是努力控制局面。

7. 统一口径，用一个声音说话

危机小组可能包括 3～4 个成员及一些专家顾问等，最基本的是要保证所有的公司信息要协调一致，并且只有公司发言人才能对媒体发表言论。但是所有的管理人员应该向雇员及其他风险承担者（如政府管理者和客户）传达同样的信息。

8. 频繁沟通

对媒体、企业员工和其他利益相关各方提供的信息要经常更新，防止谣言和不确定的消息四处扩散；严肃对待一切提问；注意媒体的截止日期。在当前24小时媒体新闻循环播放的时代，甚至有必要派人全天驻守自己的危机媒体中心。对于危机处理的进展情况也要在第一时间通知公关，以缓解公众紧张的情绪。

以负责任的态度处理危机，不仅要说到，而且要做到。企业除了与媒体保持随时沟通之外，还要以行动与公众保持随时沟通。因为只有行动才能真正解决危机。

复习思考题

1. 什么是危机和危机管理？
2. 列举企业危机的类型和特征。
3. 简述危机管理的过程。
4. 作为危机管理者，应该掌握哪些沟通技巧？
5. 在危机事件中，新闻媒体的作用是什么？
6. 同新闻媒体打交道应该遵循什么原则？
7. 找一个具体的例子，看企业是如何处理危机的？

案例分析

案例 12.1　　两个案例的比较分析

一、"中康"危机

1998年夏天抗洪救灾期间，湖南省水利厅购买了13万瓶由湖南中康长沙水有限公司生产的"长沙水"送往抗洪一线。谁知，不到半天，塔山英雄旅八连来人报告，喝了"长沙水"的战士中，有中毒或其他不良反应。连队领导随即把剩余的22箱"长沙水"打开，结果发现，除3瓶没有沉淀物外，其余近500瓶均有小碎片、青苔和悬浮状物质。事情发生后，战士们非常愤怒，决定投诉湖南省水利厅。

湖南省水利厅接到投诉后，立即与中康公司联系，协商问题的解决方法。在协商会上，中康公司董事长非但没有就"长沙水"质量问题给战士们一个满意的答复，反而盛气凌人，当众打开一瓶有悬浮物的"长沙水"一饮而尽。随后声称，他喝了一瓶这样的"长沙水"，却什么事也没有。面对董事长的荒诞表演，战士们无不目瞪口呆，协商会不欢而散。

1998年10月28日，湖南省产品质量监督检验所对"长沙水"进行质量检验后宣布："长沙水"为不合格产品。至此，新闻媒体纷纷开始披露"长沙水"喝倒了"抗洪英雄"的内幕，中康公司陷入了四面楚歌的境地。

二、"碧绿液"绝地反弹

"碧绿液"是法国著名的矿泉水品牌，产品畅销世界，在美国市场占据着重要的市场份额。1998年2月，美国食品与医药管理局突然宣布，经过对"碧绿液"抽样检查，发现一些矿泉水含有超过标准2～3倍的化学元素——苯，长期饮用可致癌。这一结论无疑是对"碧绿液"当头一棒，"碧绿液"公司意识到企业信誉受到挑战。在接下来的时间里，"碧绿液"显示出了超强的危机公关能力。

面对沉重的挫折,"碧绿液"公司既没有保持沉默,也没有"破罐破摔",退出市场,而是抓住这起事件,借机反弹,推出了一系列惊人举措,重新树立了公司的信誉。

在报纸报道上述消息的第二天,公司总裁就公开宣布:"公司收回2月9日以后出厂销往世界各地的全部产品,就地予以销毁。"有心的人们注意到总裁宣布的是世界各地,而不是只局限于美国一地。这一来,据估计,被销毁的矿泉水达1.6亿瓶,直接经济损失达2亿多法郎。

紧接着,他们公开检讨了自己的失误,总裁以准确的数据,公布发生事故的原因,宣称这是一项人为的技术事故——在净水处理过程中由于滤水装置没有定期更换,使滤水能力下降而造成含苯量过高,这就排除了水源被污染的因素。同时,"碧绿液"矿泉水公司还宣布对滤水系统采取了新的技术处理等各种措施。企业用于这些勇于大退一步的异乎寻常的举动,引起了迅速恢复消费者对"碧绿液"信心的作用,避免了危机的恶化。

然而,该公司的举措并没有到此结束。为了恢复公司的信誉,巩固市场,他们又进一步发动了大规模的宣传攻势。在"碧绿液"重新上市的当天,几乎所有的巴黎报刊都用了整整一个版面刊登广告。在绿色玻璃瓶上端的商标上,还印上了显眼的"新产品"字样,并配有文字说明:"出于对产品、质量的追求和消费者的尊重,我们加强了技术管理以保证其纯度,'新产品'这个标签就是这种纯洁度的标记。"

在危机发生地的美国,公司在广告宣传上更是费尽心机,总投资1.55亿法郎的广告费绝大部分投入美国市场,引发了爆炸性的轰炸效应。一系列的措施,加上强大的宣传攻势,再次征服了美国消费者的心,信誉危机终于烟消云散,并为企业创造了更完美的企业形象,也带来了丰厚的利润。

在这个案例中,"碧绿液"矿泉水公司处理危机的举措是出色的,他们不仅没有在危机面前束手无策,而且勇敢地借机反弹,树立了一个企业危机管理的成功范例。

问题讨论
1. 什么原因导致了两家公司截然不同的结果?
2. 在两个事件中,新闻媒体分别起到了什么作用?
3. 在处理危机事件的过程中,应该遵循什么原则?

案例 12.2　　　　　　　　　　"雄鹰"政策

美国强生公司由于在"泰诺"中毒事件中采用了"雄鹰"政策,成功地处理了危机,在企业危机管理史上谱写了光彩夺目的一页,还获得了美国公关协会授予的最高奖——银钻奖。

"泰诺"是美国强生公司生产的治疗头痛的止痛胶囊商标。这是一种家庭用药,在美国销路很广,每年销售额达4.5亿美元,占强生公司总利润的15%。

1982年9月29日至30日,有消息报道,芝加哥地区有人因服用"泰诺"止痛胶囊而死于氰中毒。开始报道是死亡3人,后增至7人。随着新闻媒介的传播,传说在美国各地有25人因氰中毒死亡或致病。后来,这一数字增至2 000人(实际死亡人数为7人)。这些消息的传播引起约1亿服用"泰诺"胶囊的消费者的极大恐慌。民意测验表明,94%的服药者表示今后不再服用此药。强生公司面临一场生死存亡的巨大危机。

实际上,对回收的800万粒胶囊所做的化验,只发现芝加哥地区的一批胶囊中有75粒受氰化物的污染（事后查明是人为破坏）。但面对这一严峻局势，强生公司依然紧急采取了以下决策。

1. 成立由公司董事长伯克为首的7人委员会，会员中有一名负责公关的副总经理。危机初期，委员会每天开两次会，对处理"泰诺"事件进行讨论、决策。

2. 经过调查，虽然只有极少量药物（75粒胶囊）受到污染，但公司决策人毅然决定在全国范围内立即收回全部"泰诺"止痛胶囊（在5天内完成），价值近1亿美元。同时，公司还花费50万美元通知医生、医院、经销商停止使用。这一决策表明强生公司坚守了自己的信条："公众和顾客的利益第一"，不惜做出重大牺牲以示对消费者健康的关切和高度责任感。这一决策立即受到舆论的广泛赞扬。《华尔街周刊》赞称："强生公司为了不使任何人再遇危险，宁可自己承担巨大的损失。"

3. 与新闻媒介密切合作，以坦诚的态度对待新闻媒介，迅速地传播各种真实消息，无论是好消息，还是坏消息。

4. 敞开公司大门，积极配合美国公众和医药管理局的调查，在5天时间内对全部收回的胶囊进行抽检，并向公众公布检查结果。

由于强生公司在"泰诺"事件发生后果敢地采取了一系列正确的决策，赢得了公众和舆论的支持，使公司信誉的损失减少到最低程度。

"泰诺"事件后，美国政府和芝加哥地方局发布了新的药品安全包装规定。强生公司抓住这一良机，进行了重返市场的公关策划，并为"泰诺"止痛药设计了防污染的新式包装，重将产品推向市场。为此，在博雅公关策划下，1982年11月11日，强生公司举行了大规模通过卫星转播的记者招待会。会议由公司董事长伯克亲自主持，他感谢新闻界公正地对待"泰诺"事件，介绍该公司率先实施"药品安全包装新规定"，推出"泰诺"防污染止痛胶囊新包装，并现场播放了新包装药品生产过程录像。这次招待会发布的"泰诺"胶囊重返市场的消息传遍全国，美国各电视网、地方电视台、电台和报纸广泛报道，轰动一时。在一年的时间内，"泰诺"止痛药又占据了大部分市场，恢复了其事件前在市场上的领先地位，强生公司及其产品重新赢得了公众的信任。

问题讨论

强生公司是如何渡过难关的？

附录 A　自我认知风格测试

该测试的目的是为了帮你去发现面临各类信息时的思考方式。答案没有对错之分，而且互相一样都是好的。要试着去真正发现你现实的或可能的反应，而不要刻意去想我应该如何反应。对于每个场景都会给出三对选择。在每一对选择中，选择最真实反映你的反应的答案。假如你不是非常肯定，就猜测与你最接近的答案。当回答完所有的问题后计算你的得分，这个得分可作为与他人比较的基础。

假如你是一个天体科学家，你的工作是收集有关水星的卫星的信息。下列哪一条是你在研究中最感兴趣的？

1. a. 卫星之间的相似性
   b. 卫星之间的差异性
2. a. 整个卫星系统是如何运作的
   b. 每个卫星的特点
3. a. 水星及其卫星与地球的卫星之间的区别所在
   b. 水星及其卫星与地球的卫星之间的相同之处

假如你是一个企业的总经理，要求你的分公司主管在年末作述职报告。下列哪一条对你最有吸引力？

4. a. 一个有详细分析数据的述职报告
   b. 着重整体远景的述职报告
5. a. 展示分公司对公司整体贡献的述职报告
   b. 展示分公司单独贡献的述职报告
6. a. 分公司的运作细节
   b. 分公司业绩数据的大体概括

假如你正在某一个亚洲国家访问，现在你正要写信回家讲述你的游行经历。下列哪一种是你最典型的叙述方式？

7. a. 对人和事件的详细描述
   b. 一般性的观感和感受
8. a. 重点介绍与本国文化的相似之处
   b. 重点介绍他国文化的独特之处
9. a. 整体的、概括性的经历观感
   b. 经历中某几个片段的个别的、独特的观感

假设你正欣赏由著名交响乐队演奏的音乐会。下列哪一条是你最有可能去做的？

10. a. 倾听单个乐器的不同演奏内容
    b. 倾听所有乐器合奏的和谐乐章
11. a. 集中于欣赏音乐整体旋律的全部情感

b. 主要欣赏乐曲不同部分所带来的不同的感受
12. a. 集中于欣赏指挥的整体风格
　　b. 重点在于欣赏指挥是如何演绎不同乐章的

假设你正考虑接受某一组织的工作。就决定是否接受这项工作，下列哪一种行动是你最可能采取的？

13. a. 系统收集该组织的有关信息
　　b. 依赖个人直觉或灵感
14. a. 首先考虑该工作是否适合自己
　　b. 首先考虑在组织中要取得成功所需要的政治关系问题
15. a. 收集数据和作决定都是很有条理性的
　　b. 主要考虑个人本性和内在感受

假如你继承了一份遗产，并准备进行投资。恰好你得知一家新成立的高科技企业在发行股票。当你决定购买该企业的股票时，下列哪一条同你实际情况较一致？

16. a. 你依靠自己的预感来投资
　　b. 只有在经过对该企业的系统调查以后，你才进行投资
17. a. 你进行投资多多少少有些冲动
　　b. 你按照一个预定的程度进行投资决策
18. a. 你能理智地将投资于不同企业的投资决策进行比较
　　b. 理智地将投资于不同企业的投资决策进行比较对你来说是件很困难的事

假如你正接受电视采访，以下是你将被问到的问题和相应的选择，选择最适合你的答案

19. 你是如何做菜的？
　　a. 使用烹饪手册
　　b. 不使用烹饪手册
20. 你如何预测下一赛季全国足球甲级联赛的冠军？
　　a. 经过系统研究球队的人员构成和以往战绩
　　b. 预感和直觉
21. 你最喜欢哪类游戏？
　　a. 随机性的游戏
　　b. 国际象棋、围棋等逻辑性的游戏

假如你是一个经理，现在需要聘请一个经理助理。下列哪些是你最有可能做的？

22. a. 使用一套问题来面试每个候选人
　　b. 以对每个候选人的个人感觉和直觉为判断
23. a. 主要考虑你和候选人之间的性格是否合拍
　　b. 主要考虑候选人能力是否满足职务的要求
24. a. 依靠候选人真实的、历史的背景作决定
　　b. 依靠个人感觉和印象作决定

评分标准

为了在两维的认知风格中决定你的得分，在下表中圈出你选择的条款。然后加总你圈出的条款数并填入下面的空括弧里。

附录 A 自我认知风格测试

搜集信息		评价信息	
1a	1b	13a	13b
2a	2b	14b	14a
3b	3a	15a	15b
4b	4a	16b	16a
5a	5b	17b	17a
6b	6a	18a	18b
7b	7a	19a	19b
8a	8b	20a	20b
9a	9b	21b	21a
10b	10a	22a	22b
11a	11b	23b	23a
12a	12b	24a	24b

直觉得分　　　感觉得分　　　思考得分　　　知觉得分
（　　）　　　（　　）　　　（　　）　　　（　　）

比较数据

	直觉	感觉	思考	知觉
男	5.98	6.02	6.08	5.20
女	6.04	5.96	6.94	5.06

参 考 文 献

[1] 高树军. 管理心理学. 北京：科学出版社，2005.
[2] MOLDEN D. NLP高级管理教程. 北京：经济管理出版社，2003.
[3] 苏勇，罗殿军. 管理沟通. 上海：复旦大学出版社，1999.
[4] 魏江. 管理沟通：理念与技能. 北京：科学出版社，2001.
[5] 赵慧军. 管理沟通：理论·技能·实务. 北京：首都经济贸易大学出版社，2003.
[6] 王建民. 管理沟通理论与实务. 北京：中国人民大学出版社，2005.
[7] 施奈德. 跨文化管理. 北京：经济管理出版社，2002.
[8] 罗宾斯. 组织行为学. 北京：中国人民大学出版社，1997.
[9] 胡巍. 管理沟通：原理与实践. 济南：山东人民出版社，2003.
[10] 胡巍. 管理沟通：案例101. 济南：山东人民出版社，2005.
[11] 康青. 管理沟通教程. 上海：立信会计出版社，2003.
[12] 申明，郭小龙. 管理沟通. 北京：企业管理出版社，2002.
[13] 盖勇，王怀明. 管理沟通. 济南：山东人民出版社，2003.
[14] 孙健敏. 管理中的沟通. 北京：企业管理出版社，2004.
[15] 陈春花. 管理沟通. 广州：华南理工大学出版社，2002.
[16] 贝克. 管理沟通：理论与实践的交融. 北京：中国人民大学出版社，2003.
[17] 王磊. 管理沟通. 北京：石油工业出版社，2001.
[18] 洛克. 商务与管理沟通. 北京：机械工业出版社，2002.
[19] 哈特斯利，麦克詹妮特. 管理沟通：原理与实践. 北京：机械工业出版社，2000.
[20] 时代光华图书编辑部. 有效沟通技巧. 北京：中国社会科学出版社，2003.
[21] MBA核心课程编译组. 哈佛商学院MBA最新核心教程：谈判与沟通. 北京：九州出版社，2002.
[22] 程艳霞. 管理沟通. 武汉：武汉理工大学出版社，2003.
[23] 黑贝尔斯，威沃尔二世. 有效沟通. 7版. 北京：华夏出版社，2005.
[24] 甘华鸣，李湘华. 大领导力：沟通力. 北京：中国国际广播出版社，2003.
[25] 王志凯. 沟通一本经. 西安：西北大学出版社，2004.
[26] 张明玉. 管理学. 北京：科学出版社，2005.
[27] 希斯. 危机管理. 北京：中信出版社，2004.
[28] 平川. 危机管理：政府、企业、个人立于不败之地的关键. 北京：当代世界出版社，2005.
[29] 叶秉喜，庞亚辉. 考验：危机管理定乾坤. 北京：电子工业出版社，2005.
[30] 李廉水，施卫东. 管理策划与沟通. 北京：石油工业出版社，2003.
[31] 朱德武. 危机管理：面对突发事件的抉择. 广州：广东经济出版社，2002.